国際海峡

坂元茂樹 編著

東信堂

はしがき

　安倍晋三首相は、2015年2月16日の衆議院本会議で、ホルムズ海峡に機雷が敷設された場合、「我が国が武力攻撃を受けた場合と同様に深刻、重大な被害が及ぶことが明らかな状況にあたりうる」と述べ、2014年7月の閣議決定での「我が国の存在が脅かされ、国民の生命、自由及び幸福追求の権利が根底から覆される明白な危険がある場合」とした集団的自衛権行使の「新3要件」に当たる可能性があるとしている。改定された「日米防衛協力のための指針」にも、自衛隊による集団的自衛権を使ったホルムズ海峡での停戦前での機雷除去が盛り込まれることになった。

　ホルムズ海峡は、国民生活の安定と繁栄に不可欠な資源の大部分を海外から輸入している日本にとっては、マラッカ海峡とともに国際交通の要衝であるが、そもそも国際海峡とはいかなる法的地位をもつ海域なのであろうか。国際航行に使用される国際海峡における通航制度である通過通航制度は、領海における無害通航制度とどの点で異なるのだろうか。「海の憲法」と称される国連海洋法条約で創設された通過通航制度は条約上の制度にすぎず、すべての国を拘束する国際慣習法として未だ成立していないのだろうか。通過通航制度と海峡沿岸国の法令規制の関係はどのように理解すべきか、特に海洋汚染に対する海峡沿岸国の法令執行措置との関係はどうか。武力紛争の発生時においても、通過通航制度は適用されるのか。海戦法規や中立法規との関係はどうか、そうした有事の際の海運に関する戦争保険の問題点とは何か、ホルムズ海峡や台湾海峡における固有の問題とは何か、などさまざまな問題がある。

　本書は、日本海洋政策学会 (当時：小宮山宏会長、現在：奥脇直也会長) の課題研究「日本の国際海峡をめぐる研究」(2012年～2014年度) の成果の一部である。本研究は、「わが国の国際海峡の管理と利用に関するあり方を中心として、海洋において対応を迫られる課題について総合的に研究することにより、海洋政策学の推進に寄与すること」を目的として行われた。

　日本海洋政策学会は、海洋の総合的管理、持続可能な開発等に向けた総合的な海洋政策の形成のため、学際的かつ総合的な学術研究の推進及

び深化に資することを目的とする、自然科学系及び社会科学系融合の学際的な学会であるが、国際海峡の管理と利用のあり方が研究対象であったため、研究会は社会科学系の研究者で構成された。

　研究会は、編者をファシリテーターとして、赤塚宏一日本船長協会副会長、奥脇直也明治大学法科大学院教授、上田大輔東京大学公共政策学連携研究部特任准教授、西村弓東京大学大学院総合文化研究科准教授、長谷知治東京大学公共政策大学院客員研究員、長谷部正道大和総研調査提言企画室主席研究員、許淑娟立教大学法学部准教授、和仁健太郎大阪大学大学院国際公共政策研究科准教授及び西本健太郎東北大学大学院法学研究科准教授(所属は 2012 年研究開始時)で構成された。このときのメンバーではないが、すでに国際海峡に関する論文を発表されていた中谷和弘東京大学大学院法学政治学研究科教授と石井由梨佳防衛大学専任講師に、それらの論文の本書への収録をお願いしたところご快諾いただいた。また、真山全大阪大学大学院国際公共政策研究科教授には、台湾海峡について書下ろしの論文をご寄稿いただいた。

　一口に国際海峡といっても、貿易立国日本の立場からみた国際海峡と沿岸国日本の安全保障等の観点からみた国際海峡という二つの視点から検討・評価する必要がある。本書の各論文は、できるだけ日本をとりまく国際海峡の問題をそれぞれの立場から多角的な観点から研究し、わが国の海洋管理に関する施策に資することを目的としている。本書の各論文は、国際海峡をめぐる諸問題を取り扱っている点で共通しているが、各々の執筆者は自己の見解に基づいて検討を行っており、必ずしも見解が統一されているわけでないことを、予めお断りしておきたい。いずれにしても、本書を読むことによって、読者が、日本が国際海峡に関して抱えている法的、政策的課題をご理解いただければ、執筆者一同大いに喜びとするところである。

　最後になったが、東信堂の下田勝司社長には本書の出版につき格別のご配慮をいただいた。また編集を担当して下さった向井智央さんに執筆者を代表して厚く御礼を申し上げたい。

2015 年 4 月

坂元　茂樹

国際海峡／目次

はしがき　i

第1章　日本と国際海峡　　坂元　茂樹　3
1　はじめに　3
2　国際海峡制度と日本の対応　9
3　日本の海域を取り巻く現状と課題　13
　(1) 外国船舶航行法と無害通航権について　13
　(2) 潜水艦の潜水航行について　16
4　ホルムズ海峡の通過通航権をめぐる米国とイランの対立　20
　(1) 通過通航権の法的地位　20
　(2) 平和安全法制における国際海峡の機雷掃海をめぐる議論　25
　(3) 武力紛争時における国際海峡の法的地位　28
5　おわりに　35

第2章　通過通航制度と海峡沿岸国の航行規制　　石井由梨佳　41
1　はじめに　41
2　海峡沿岸国の立法管轄権の射程　42
　(1) 海峡の法的性質　42
　(2) 通過通航制度　48
　(3) 立法管轄権の射程　50
　(4) 通航の自由から航行の安全へ　54
3　具体的な措置に関する分析　58
　(1) 強制船舶通報制度　58
　(2) 特定船舶の入域禁止措置　60
　(3) 小　括　66
4　氷結水域と通航権　66
　(1) 氷結水域と国際海峡　66
　(2) 北方海路とロシア　69
　(3) 具体的な措置　70
　(4) 北西航路とカナダ　71
　(5) 北極海航路の特殊性と通航権　74

5　おわりに　76

第3章　北極航路における沿岸国規制と国際海峡制度
　　　　　　　　　　　　　　　　　　　　　　　　西本健太郎　77
　1　はじめに　77
　2　カナダ及びロシアの国内法令　79
　　(1)　カナダ　79
　　(2)　ロシア　82
　3　内水であるとの主張の検討　83
　　(1)　歴史的水域　84
　　(2)　直線基線の設定　85
　　(3)　通航権の存続　88
　4　国際海峡であるとの主張の検討　89
　5　234条の適用可能性とその下での権限の内容　93
　　(1)　地理的適用範囲　94
　　(2)　国際海峡制度と234条との関係　96
　　(3)　234条の下での沿岸国の権限の内容　97
　6　おわりに　102

第4章　国際海峡と海洋環境保護　　　　　　　奥脇　直也　105
　1　UNCLOSの国際海峡レジーム　105
　　(1)　UNCLOSの国際海峡レジーム　105
　2　海洋環境保護との関係における沿岸国の規制権限　115
　　(1)　国際海峡内の領海を越える海域　115
　　(2)　海峡内への海洋構築物の設置　118
　　(3)　航行の安全及び海上交通の規制　121
　　(4)　水先料、曳航料などの特別の役務への対価の徴収　125

第5章　ホルムズ海峡と国際法　　　　　　　　中谷　和弘　129
　1　ホルムズ海峡の死活的重要性　129
　2　ホルムズ海峡に関するオマーン、イラン両海峡沿岸国の立場　132
　3　イランの言動に対する主要諸国の反応　142

4　省　察　144

第6章　台湾海峡の国際法上の地位と外国艦船航空機の通航
　　　　　　　　　　　　　　　　　　　　　　　　　真山　全　157

1　はじめに──海洋法と中台関係　157
　(1) 台湾海峡とその水域区分　157
　(2) 海洋法への中台関係の発現　159
2　台湾海峡の海洋法上の評価　165
　(1) 非領水中央回廊のある海峡　165
　(2) 海洋法条約と異なる通航制度構築の可能性　182
　(3) 直線基線の設定並びに内水及び領海における通航　187
3　台湾海峡と中台武力紛争　197
　(1) 中国の台湾進攻の国際法的評価　197
　(2) 中台武力紛争の法的性質　200
　(3) 台湾海峡における海空戦　205
4　おわりに　214

第7章　武力紛争時における国際海峡の法的地位　…　和仁健太郎　219
　　　　──通過通航権制度と海戦法規・中立法規との関係

1　はじめに　219
2　戦時・武力紛争時における船舶航行制限の諸態様　225
　(1) 害敵手段の行使　225
　(2) 平時海洋法に基づく船舶の航行制限　232
　(3) 水面防禦　236
　(4) まとめ　239
3　沿岸国が中立国である国際海峡　240
　(1) 問題の所在　240
　(2) 国連海洋法条約採択前の状況　241
　(3) 国連海洋法条約採択後の状況　259
4　沿岸国が交戦国である国際海峡　267
　(1) 問題の所在　267
　(2) 国連海洋法条約採択前の状況　268
　(3) 国連海洋法条約による通過通航権制度導入の影響　271

5　おわりに　274

第8章　国際海峡をめぐる実務的対応………… 長谷　知治　279
　　――海運に関連する戦争保険について

　1　はじめに　279
　2　海上保険の概要　280
　　(1)　海上保険の種類　281
　　(2)　海上保険契約について　281
　　(3)　海上保険市場の概要　283
　3　担保危険としての戦争等について　284
　　(1)　戦争等の意義について　284
　　(2)　戦争危険に関する国内法及びに主な運送関連条約上での取り扱い　287
　4　海運関連の戦争危険に対する保険の概要　292
　　(1)　船舶戦争保険について　292
　　(2)　貨物保険について　294
　5　過去の事例　295
　　(1)　イラン・イラク戦争　295
　　(2)　湾岸戦争　297
　　(3)　米国同時多発テロ　297
　　(4)　イラク戦争　299
　6　海運に関する戦争保険に係る政策的検討　300
　　(1)　特定タンカーに係る特定賠償義務履行担保契約等に関する特別措置法　301
　　(2)　戦争保険に係る国家再保険について　303
　7　おわりに　307

索　引　310
執筆者紹介　317

国際海峡

第1章　日本と国際海峡

坂元　茂樹

1　はじめに

　「海の憲法」と呼ばれる国連海洋法条約（以下、海洋法条約）は、「各国が海洋の利用について立法・司法・執行の権限を行使する際に協調した処理をするための客観的な枠組みを設けようとするもの」であり、「これらの条約規定は、各国の国内措置や法制に編入されたりすることを前提とするものである」とされる[1]。海洋法条約を起草した第三次国連海洋法会議では、領海の12海里拡大に伴い、世界の116ほどの国際海峡がいずれかの海峡沿岸国の領海になるという事態が明らかになるや[2]、海峡の自由通航を主張する米国や旧ソ連の海軍大国と無害通航の厳格な適用を求めるマレーシア、モロッコなどの海峡沿岸国の対立が先鋭化した[3]。

　米国は、12海里領海の採用によって戦略的に重要な海峡における軍艦及び軍用機の通航・通過の自由を奪われるのを阻止することを至上命題

1　山本草二「国連海洋法条約の歴史的意味」『国際問題』No.617（2012年12月）1頁。

2　Kathryn Surace-Smith, "United States Activity Outside of the Law of the Sea Convention: Deep Seabed Mining and Transit Passage," *Columbia Law Review*, Vol.84 (1984), pp.1052. 併せて、Cf. Lewis M. Alexander, "International Straits of the World," *Ocean Development & International Law*, Vol.13, No.2 (1983), pp.269-275.

3　これまでも国際海峡の通航をめぐっては、各国の利害の調整に多くの時間が費やされた。たとえば、地中海と黒海を結ぶダーダネルス・ボスポラス海峡（トルコ海峡）などは、トルコが黒海を内海と宣言（1453年）して以来、その通航制度をめぐり国際的に対立し、ようやく決着するのは1936年の「海峡制度ニ関スル条約」の締結であった。同条約では、商船は平時には国籍と積荷のいかんを問わず、完全な通過の自由を保障され、軍艦についてはトン数と隻数を制限し事前通報を条件として通過を認めたのである（第2条・第13条）。詳しくは、山本草二『海洋法と国内法制』（（財）日本海洋協会、1988年）113頁参照。

とし、第三次国連海洋法会議以前の海底平和利用委員会の1971年の夏会期に「米国・領海提案[4]」を提出した。3か条からなるその提案の内容は、①領海を12海里と定める、②国際海峡においてすべての船舶及び航空機は、通過に関して公海におけるのと同様の自由を有する、③領海外における沿岸国の漁業利益を認める、というものであった。その1年後の1972年夏会期に提案された「ソ連・海峡提案[5]」も、原則として、米国と同様に、通過中のすべての船舶は公海と同様の航行の自由を有するというものであった。ただし、狭い海峡については、海峡沿岸国に通航帯(corridor)の指定を認めた。両国の提案の相違は、ソ連案が、自由通航が認められる海峡を、「公海の一部分と公海の他の部分の国際航行に使用される海峡」に限定しているのに対して、米国案では、これに加えて「公海の一部分と外国の領海」を結ぶ海峡を含めていることである[6]。これに対抗したのが、1973年春会期に提出された「海峡8か国提案[7]」(マラッカ海峡のインドネシアとマレーシア、ジブラルタル海峡のスペインとモロッコ、バブエルマンデブ海峡のイエメン、多島海域を抱えるギリシャ、フィリピン及びキプロス)である。同提案は、海峡が領海の一部である以上、領海と海峡の通航を「一体として」として取り扱うことを主張し、米ソの主張する軍艦・軍用機の海峡の自由通航を阻止しようとするものであった[8]。

　国際海峡における通航の問題は、いうまでもなく、軍事的にも、また海運・貿易の観点からも重大な問題である[9]。第三次国連海洋法会議において、米国のスチーブンソン(John R. Stevenson)海洋法会議特別代表(当時)は、

---

[4] A/AC.138/SC.II/L.4. なお、正式の名称は、「領海の幅、海峡及び漁業に関する条文案」である。

[5] A/AC.138/SC.II/L.7. なお、正式の名称は、「国際航行に使用される海峡に関する条文案」である。

[6] 杉原高嶺「国際海峡における通過通航制度」『船舶の通航権をめぐる海事紛争と新海洋秩序』((財)日本海洋協会、1981年) 29-30頁。

[7] A/AC.138/SC.II/L.18. なお、正式の名称は、「国際航行に使用される海峡を含む領海の通航に関する条文案」である。

[8] 詳しくは、小田滋『注解国連海洋法条約　上巻』(有斐閣、1985年) 135-136頁参照

[9] 海峡における通航制度をめぐる学説の変遷については、杉原高嶺「海峡通航の制度的展開」山本草二・杉原高嶺編『海洋法の歴史と展望』(有斐閣、1986年) 342-347頁参照。

国際海峡における通過の十分な保障が会議の成否に決定的な重要性をもつとの見解を示していた。ソ連代表も、「ソ連の安全は海洋と海峡の通航に依存している[11]」との見解を示した。こうした中で、英国が、海軍大国と海峡沿岸国の対立を打開するために、「英国・領海・海峡提案[12]」を提出し、すべての船舶及び航空機が国際海峡において通過通航の権利を有するとの新たな制度を提案した。最終的に海洋法条約に導入されたのが、この国際海峡における通過通航制度である[13]。

海洋法条約(1982年)は、「公海又は排他的経済水域の一部分と公海又は排他的経済水域の他の部分との間にある国際航行に使用されている海峡」(第37条)においては、「すべての船舶及び航空機は、……通過通航権を有するものとし、この通過通航権は、害されない」(第38条1項)という国際海峡における通過通航権という新たな概念を創設した。通過通航権が適用されるのは、「公海又は排他的経済水域の一部分と公海又は排他的経済水域の他の部分との間にある海峡」という地理的条件と「国際航行に使用されている」という使用実績をもつ海峡に特定されている[14]。また、通過通航とは、「航行及び上空飛行の自由が継続的かつ迅速な通過のためのみに行使されること」(同条2項)をいうと定義される。

ちなみに領海条約(1958年)では、「外国船舶の無害通航は、公海の一部

---

[10] John R. Stevenson and Bernard H. Oxman, "The Preparation for the Law of the Sea Conference," *American Journal of International Law*, Vol.68 (1974), p.12.

[11] Third United Nations Conference on the Law of the Sea, Official Records, Vol.II, p.127.

[12] A/CONF.62/C.2/L.3. なお、正式名称は、「領海と海峡に関する条文案」である。その提案の大部分が、現行の海洋法条約の規定に反映されている。なお、これに対抗して、フィジーが、「国際航行に使用される海峡を含む領海の通航に関する改訂条文案」(A/CONF.62/C.2/L.19) を、マレーシア、モロッコ、オマーン及びイエメンの海峡4か国が「国際航行に使用される海峡を含む領海の航行に関する条文案」(A/CONF.62/C.2/L.16) を提出した。

[13] 第三次国連海洋法会議における、「英国・領海・海峡提案」を軸にした動きについては、小田『前掲書』(注(8)) 137-138頁及び栗林忠男「国際海峡における通航制度の新局面—第三次海洋法会議の趨勢と日本の立場—」『法学研究』第51巻6号 (1978年) 55-56頁参照。通過通航制度は、米国の安全保障上の重大な目的に合致するものであるとの評価を行うものとして、Cf. Surace-Smith, *supra* note 2, pp.1052-1053.

[14] 山本草二『国際法[新版]』(有斐閣、1994年) 376頁。

分と公海の他の部分又は外国の領海との間における国際航行に使用される海峡においては、停止してはならない」(第16条4項)と規定されるにとどまっていた[15]。領海条約におけるこの「強化された無害通航権」と通過通航権の相違は、①通航の無害性が要件とされていないこと、②上空飛行の自由が認められていることである[16]。言い換えれば、通過通航制度の下では、船舶はその通航が無害か否かによって通過の権利を奪われることはなく、仮に海峡沿岸国に有害な行為が行われたとしても、通航それ自体とは別個に処理される仕組みが採用されている[17]。具体的には、海洋法条約は、「主権免除を享受する船舶又は航空機が1の法令又はこの部の他の規定に違反して行動した場合には、その旗国又は登録国は、海峡沿岸国にもたらしたいかなる損失又は損害についても国際的責任を負う」(第42条5項)と規定するのみで、通過通航の権利が奪われることはない。なお、通過通航にあたるかどうかの基準を海洋法条約に求めるとすれば、「継続的かつ迅速な通過」(第38条2項)であるかどうかである。

なお、国際海峡における潜水船の潜水航行については、一般には肯定されている。その根拠としては、①第二部の領海には潜水船の浮上義務の規定があるのに対し(第20条)、国際海峡に関する第三部にはその規定がないこと、②通過通航権を行使する外国船舶は、「継続的かつ迅速な通過の通常の形態に付随する活動以外のいかなる活動も差し控えること」(第39条1項(c))とされているが、潜水艦を含む潜水船は、潜水航行が「通常の通過形態」であることが挙げられる[18]。

---

[15] 国際海峡の通航制度をめぐる法典化の歴史的経緯については、下山憲二「国際海峡の法的地位に関する一考察―ホルムズ海峡の検討を中心に―」『防衛法研究』第37号(2013年)72-73頁参照。

[16] 藤田久一『国際法講義I』(東京大学出版会、1992年)244頁。

[17] 杉原高嶺「領海における通航権と沿岸国の権限」『船舶の通航権をめぐる海事紛争と新海洋法秩序』第2号((財)日本海洋協会、1982年)94頁。

[18] 杉原高嶺『海洋法と通航権』((財)日本海洋協会、1991年)88-89頁。もっとも、杉原教授は、「通常の形態」につき、「これは場所と状況による。外洋では潜水航行が通常であっても、通航量が多く、かつ狭隘な海峡や湾内では、むしろ浮上航行が通常であろう。水深のない海峡ではいうまでもない。以上のようにみると、潜水航行が条約上の権利であるとは必ずしも断定しえない。条約がこれを明記しなかったこと、また、その海域が領海をなすことを

他方、海峡沿岸国は、国際海峡といえども領海であることから、通過通航に関して、①航行の安全及び海上交通の規制、②汚染防止、③漁獲の防止、④通関上、財政上、出入国管理上及び衛生上の事項について国内法令を制定し（第42条）、船舶の安全通航に必要な場合には、海峡内に航路帯を指定し、分離通航帯を設定することが認められている（第41条1項）。前述したように、海峡沿岸国は、こうした法令や他の規則の違反に対して船舶の旗国や航空機の登録国の国際責任を追及できるものの（第42条5項）、これによって通過通航権を否定することはできないとされる。なぜなら、海洋法条約は、「海峡沿岸国は、通過通航を妨害してはならず、…通過通航は、停止してはならない」（第44条）と規定し、海峡沿岸国が通過通航を妨害することも停止することも禁止しているからである。唯一可能なのは、民間船舶が航行の安全や汚染防止の法令に違反し、海峡の海洋環境に対し著しい損害をもたらし又はもたらすおそれがある場合に、海峡沿岸国に適当な執行措置をとることを許すのみである（第233条）[19]。

　こうした国際海峡における通過通航権に鑑みた場合、日本には、厳密に言えば、通過通航権が適用されるという意味での「国際海峡」は存在しない。なぜなら、国際航行に使用されている海峡は存在するものの、領海法の制定（1977年）という国内措置にあたって、24海里未満の国際海峡において、領海3海里を採用し、あえて公海部分を残しているからであ

　考えると、領海の規則（浮上航行）がいぜんとして適用されるか、あるいは、沿岸国の通航路の一環として（第41条）、または『航行の安全及び海上交通の規制』の法令制定権の行使として（第42条1(a)）、この問題は沿岸国の規律事項に属すると理解することができる」と述べ、国際海峡における潜水船の潜水航行につき否定的な見解を採用している。しかし、米ソが当時懸念したのは、潜水船の潜水航行が海峡沿岸国による規律事項の対象となることを阻止するために、後に通過通航権に連なる「航行の自由」を主張したという起草の経緯を踏まえれば、否定論は傾聴に値するものの国際的には通説的とはいえないように思われる。

[19] スコバッテイ（Tullio Scovazzi）教授は、「適当な執行措置」とは、海峡沿岸国にこうした船舶の通過を禁止することを許すものと解釈すべきであると主張する。Tullio Scovazzi, "Management Regimes and Responsibility for International Straits," in H. Ahmad ed., *The Straits of Malacca: International Co-operation in Trade, Funding & Navigation Safety* (1997), Pelanduk Publications, p.335. 詳しくは、本書第4章の奥脇直也「国際海峡と海洋環境保護」参照。

る。政府によれば、「国際海峡における通航権につきまして、御指摘の通過通航制度につきましては条約の第三部に規定がございます。しかし、現在までのところ、各国の実行の集積が十分でないために不確定な面等があります。同時に、海洋国家である日本として、諸外国が重要な海峡における自由な航行を維持する政策をとることを促進したい、そうした観点もありまして、国際航行の要衝である五海峡について現状を基本的に変更しないこととにいたしました」と説明した。

つまり、新しい国際海峡制度の確立をみるまで現状を維持するという趣旨であって、核兵器を「作らず、持たず、持ち込ませず」という非核三原則を維持するという政府の方針を変更するものではなく、同原則の適用に関する争点とも無関係である、と国会で答弁されていた。鈴木善幸(当時)農林水産大臣は、「なお、今般、いわゆる国際海峡にかかわる部分について暫定的に領海の幅を現状のままとすることは、いわゆる国際海峡における通航に何ら変更を加えるものではないので、わが国の権限の及ぶ限りにおいて非核三原則を堅持するとの従来の立場を変更するものでなく、また、かかる措置をとることは、前記の理由［坂元注：国民生活の安定と繁栄に不可欠な資源の大部分を海外から輸入し、貿易、海運に特に大きく依存する海洋国家、先進工業国としてのわが国独自の立場から

---

20 領海法の法的性格を単に宣言的性格なものとみるのか創設的効果をもつとみるのかについては議論がある。この点については、成田頼明「国内法からみた領海」『新海洋法条約の締結に伴う国内法制の研究第 2 号』((財)日本海洋法協会、1983 年) 155-156 頁参照。領海の拡張は国家統治権の及ぶ範囲の拡大を意味し、これに伴って国民の権利義務や法律関係に変動を及ぼすことになるので、その限りで創設的効果を有するものであるが、幅員と基線についてしか定めていない以上、実質的にみれば対外的には領海 12 海里を宣言するにすぎないとの成田教授の指摘は傾聴に値する。「領海法とする以上は、領海の法的地位、地方公共団体との区域との関係、領海の国内法上の管轄権または管理権の所在、領海における船舶の無害通航権に係る事項等を包括的に取り上げたものでなければならなかったといえるであろう」との指摘は、1996 年の改正でも措置されておらず、いまだに日本政府の宿題になっているように思われる。

21 橋本龍太郎内閣総理大臣『第百三十六回衆議院会議録第二十三号』(平成 8 年 5 月 10 日) 10 頁。

の総合的国益]に基づくものであり、非核三原則の問題とは関係がない」[22]と答弁していた。いずれにしても、非核三原則が沿岸国によって停止されえない国際海峡の通過通航権に対抗できないことは明らかであった。なお、この措置は、日本が海洋法条約を批准する際にも（1996年）、維持された。その結果、特定海域における外国船舶は、公海部分については航行の自由を享受し、領海の部分については無害通航の権利を享受する体制になる。逆にいえば、外国船舶は日本の海峡において通過通航権ではなく、無害通航の権利しか有しないということになる[23]。

本章は、日本が採用したこうした措置の今日的妥当性と、日本が国際航行に使用される海域（いわゆる「国際海峡」）に関連して有する問題点を探るものである。

2　国際海峡制度と日本の対応

2007年に制定された海洋基本法は、「国は、海に囲まれ、かつ、主要な資源の大部分を輸入に依存する我が国の経済社会にとって、海洋資源の開発及び利用、海上輸送等の安全が確保され、並びに海洋における秩序が維持されることが不可欠であることにかんがみ、海洋について、我が国の平和及び安全の確保並びに海上の安全及び治安の確保のために必要な措置を講ずるものとする」（第21条1項）と規定し、シーレーン防衛や海洋秩序の維持を日本にとっての重大な国益として位置づけている。

---

[22] 鈴木善幸農林水産大臣『第八十回衆議院予算委員会議録第十二号』（昭和52年2月23日）5頁。詳しくは、山本『前掲書』（注3）119-120頁参照。
[23] 奥脇教授は、「確かにこの便宜的なやり方が濫用されれば、海峡沿岸国は海峡に意図的に公海航路または排他的経済水域航路の『穴』をあけることにより、海洋法条約第III部の通航制度の適用を回避することができることになるのではないかという懸念が生じる。…海峡沿岸国のこうした便宜的措置は、海峡利用国が海洋法条約の下で享受することになる海峡全域における通過通航の権利を部分的に排除する効果をもつことになる。こうした帰結が、海洋法条約の趣旨と合致するか否かは微妙である」と述べる。河西（奥脇）直也「第III部　国際航行に使用される海峡」『新海洋法条約の締結に伴う国内法制の研究第2号』（（財）日本海洋協会、1983年）118頁。

いうまでもなく、領海は、沿岸領土の自然で不可分の従物であり、沿岸国は、12海里を超えない範囲で領海の幅員を自由に決定できる。慣習法上、沿岸国は、みずからの領域主権に基づいて、領海で水産動植物の採捕や鉱物資源の採掘について独占権をもち、沿岸運輸の禁止や税関の配置など、資源開発、経済活動、警察、関税、公衆衛生、安全保障上の包括的な権能を行使する。[24]

　日本は、領海法の附則2において、「当分の間、宗谷海峡、津軽海峡、対馬海峡東水道、対馬海峡西水道及び大隅海峡（これらの海域にそれぞれ隣接し、かつ、船舶が通常航行する経路からみてこれらの海域とそれぞれ一体をなすと認められる海域を含む。以下「特定海域」という。）については、第1条の規定［坂元注：12海里領海］は適用せず、特定海域に係る領海は、それぞれ、基線からその外側3海里の線及びこれと接続して引かれる線までの海域とする」と規定し、「当分の間」、五つの特定海域（対馬東水道は最大幅員が約25海里で12海里を設定しても1海里公海部分が残る。他の4海峡は24海里未満）において領海の幅員を3海里にとどめた。[25]これらの五つの海峡においては公海部分が残り、海洋法条約の地理的形状と使用実績は満たしていたとしても、通過通航制度は適用されないことになる。

　こうして公海部分を残した理由は、前述のように、領海法制定当時の日本政府の説明によれば、領海における通航よりもいっそう自由な航行を確保しようとする国際海峡の通過通航制度がどのように定着するかを見極めるために、五つの特定海域については、海洋法条約上の「国際海峡」とされることのないように、領海を3海里のまま凍結し、事態を静観

---

[24] 山本『前掲書』（注14）232頁。領海が領土の延長として排他的な主権をもつことについては、Cf. D.P. O'Connel, "The Juridical Nature of the Territorial Sea," *British Yearbook of International Law*, Vol.45 (1971), p.381.

[25] 海洋法条約第3条は、「12海里を超えない範囲でその領海を定める権利を有する」と規定するので、部分的にせよ12海里以下の領海を設定するのは許容されている。日本と同様に、領海の幅員を特定の海域で3海里としている国としては、マレーシアとフィリピンがあるとされる。國司彰男「各国関係法制の主要動向」（財）日本海洋協会『新海洋法条約の締結に伴う国内法制の研究第4号』(1985年)178頁。韓国も対馬海峡西水道につき該当すると思われる。

するという方針を取ったことによる。そうすると、奥脇直也教授が指摘するように、特定海域の制度は、「海洋法条約がわが国について発効するまで、あるいは海洋法条約が定める国際航行に使用される海峡における通航制度が国際慣習法として確立するまでのことであると考えられる[26]」。日本については、1996年に海洋法条約は発効しているが、依然として附則を維持しているということは、論理的には日本は通過通航制度が国際慣習法として成立していないと考えていることになる。後述するように、通過通航権が国際慣習法として成立しているとする米国とこの点で法的評価が異なっていることになる。ただし、昨今の議論によれば、この特定海域は非核三原則の考慮から取られた方針であるとの説明もある[27]。つまり、これらの海峡が領海とされれば通過通航の制度が適用され、核兵器搭載艦船の通過、つまり「核を持ち込ませず」を阻止しえないと判断されたためとのことである。なお、日本政府は、ポラリス潜水艦その他の核常備艦の領海の通航は無害通航とは認めないとの立場を国会で表明している[28]。

　しかしながら、本法附則は施行から30年以上が過ぎており、「当分の間」の凍結という消極的な立場よりも、通過通航制度がいかなるものであるか、また、他国の国家実行などの検討も踏まえて、安全保障情勢や領海警備のあり方、環境保全、人命の安全などにも配慮した、望ましい沿岸国の権限の再設定をめざして、附則を見直すか否かを含めて、検討する必要があるように思われる。その際、一口に特定海域といっても、他の国の沿岸との間にある「国際海峡」（たとえば、ロシアとの間の宗谷海峡や韓国との間の対馬海峡西水道）[29]と日本の沿岸のみの間にある「国際海峡」（たとえ

26　河西（奥脇）「前掲論文」（注23）118頁。
27　松井芳郎ほか『国際法［第5版］』（有斐閣、2007年）155頁（田中則夫担当）。
28　参議院外務委員会における三木武夫外相答弁（1968年4月17日）及び参議院内閣委員会における宮澤喜一外相の答弁（1974年12月25日）。詳しくは、山本草二「軍艦の通航権をめぐる国際紛争の特質」『船舶の通航権をめぐる海事紛争と新海洋法秩序』（（財）日本海洋協会、1978年）61頁。
29　なお、対馬海峡西水道においては、韓国側も領海の幅員を3海里にとどめている。

ば、対馬海峡東水道、大隅海峡、津軽海峡）の二種類があり、事案によっては異なる考慮が妥当する場合もありえよう。

　前述したように、海洋法条約第38条は通過通航権の制度を定め、通航の側面に関する限り、海峡の領域性を制約して、航行（上空飛行の自由を含む。）の機能性を優越させる構造をとっている。こうしたことも手伝い、国際海峡制度は、通航の自由を主張する海峡利用国と規制権限を行使したい海峡沿岸国の間の、政治的・軍事的・経済的なさまざまな利害の調整の中で存在するものといえよう。国際海峡における通過通航制度が設立されて以来、海上輸送量の増大や、海峡が封鎖される事例の発生など、国際海峡のシーレーンとしての重要性はますます増大している。

　2011（平成23）年8月10日の衆議院海賊・テロ特別委員会において、緒方林太郎委員は、「対馬の西水道については、一つの海峡があって、お互いが3海里、3海里で自制をして、そして公海部分をあけている。しかし、[宗谷海峡の]ロシアの場合は違うんですね。ロシアは、満額、中間線までばんと主張しているんです。けれども、日本だけが3海里を主張して、そして公の部分であいているというのは、本来日本が中間線まで主張すれば全部埋まってしまうところ、本来日本の領海であるべきところだけがあいている。非対称性がここに存在するわけです。…なぜこの海峡をこういうふうにしているんですかと言われたら、海洋の自由な航行を維持するため、それが利益だと。その利益と比較したときに、我が国が主張できる領海を主張しないというデメリットと、自由な航行を確保するというメリットを比較したときに、自由な航行が上だということですね」との質問を行った。宗谷海峡において中間線を設定しているロシアの立場と3海里にとどめる日本の立場の非対称性を強調し、国際海峡に対する領域的アプローチの必要性を強調する内容の質問である。

　これに対して、伴野豊副大臣（当時）は、「領海、海峡におけます基本的諸課題あるいは諸要素、我が国を取り巻く安全保障環境の変化等の要素も踏まえまして、特定海域におけます領海の幅の問題につきましては、国際的な情勢を注視しつつ、不断に、しっかりと検討させていただきた

いと思っております」と答弁している[30]。

　この国際海峡制度の問題を考える場合には、日本には両義性が存在するといえる。すなわち、資源の輸入ルートを確保するという観点からは、日本はより自由な通航（「通る」立場）を要求するが、他方で、安全保障の観点からは、中ロの潜水艦を含む軍艦と軍用航空機によって「国際海峡」を利用される沿岸国（「通られる」立場）である。こうした両義的な立場を認識しながら、国際海峡制度を精査し、国内措置のあり方として望ましい制度設計を展望する必要がある。その前に、日本の海域に関する国内法の現状を考えてみよう。

3　日本の海域を取り巻く現状と課題

(1) 外国船舶航行法と無害通航権について

　2008（平成20）年に制定された「領海等における外国船舶の航行に関する法律」は、2007（平成19）年に施行された海洋基本法第3条の「海洋については、海に囲まれた我が国にとって海洋の安全の確保が重要であることにかんがみ、その安全の確保のための取組が積極的に推進されなければならない」という「海洋の安全の確保」に基づく立法である。

　本法は、2008（平成20）年3月に採択された「海洋基本計画」の基本方針にみられるように、「周辺海域における密輸・密入国、工作船等犯罪に関わりうる船舶の侵入や航行の秩序を損なうような行為」が行われ、「我が国の海洋権益及び治安を損なうおそれのある事態が発生している」ことに鑑み、これに対処すべく制定された経緯がある。

　本法の性格は、海洋法条約第18条の通航に関連する国内立法であり、「我が国の領海及び内水における外国船舶の航行の秩序を維持するとともにその不審な行動を抑止するため、領海及び内水における外国船舶によ

---

[30]　第177回国会海賊行為への対処並びに国際テロリズムの防止及び我が国の協力支援活動等に関する特別委員会第2号（平成23年8月10日（水曜日））会議録。http://www.shugiin.go.jp/internet/itdb_kaigiroku.nsf/html/kaigiroku/020217720110810002.htm。

る正当な理由がない停留等を伴う航行等の禁止、これに違反する航行を行っていると認められる外国船舶に対する退去命令の措置等について定める必要がある」(法律案提出理由)との観点から制定された。

　海上における船舶への執行については、通航の態様による区別、すなわち、①無害通航、②無害でない通航、③通航にあたらないものの区別があるが、本法は基本的に③を規律する立法である。

　2月24日に閣議決定がされた海上保安庁法と外国船舶航行法の改正法律案は、尖閣諸島周辺海域において多数の中国漁船が領海内に入域して操業する事案や中国の漁業監視船や海洋調査船が領海内に入域する事案が多発している最近の現状から、海上保安庁が事案に即して機動的・効果的に対処できるように執行権限の強化をめざすものである[31]。そして、海上保安庁の執行権限の充実強化の一環として、海上保安庁法の改正(警察官が速やかに犯罪に対処することが困難な一定の遠方離島において、海上保安官等が当該離島における犯罪に対処することを可能にするとともに、そのための職務執行権限の付与(第28条の2及び第31条))と外国船舶航行法の改正(領海等において停留等を伴う航行を行うやむを得ない理由がないことが明らかであると認められる外国船舶に対して、立入検査を行わずに勧告を行うとともに、勧告に従わず航行の秩序を維持するために必要な場合は領海等からの退去を命令できるとした(第7条及び第8条))を行った。

　本法成立にあたって提案された、国家主権と国益を守る議員連盟による外国船舶航行法の改正法律案では、無害通航に関する条文を外国船舶航行法に挿入することが提案されたが、外国船舶航行法は海洋法条約第18条が規律する通航に関する国内法であり、無害通航権に関する第17条や第19条を扱うものではない以上、その提案の妥当性には疑問が残る。ただし、尖閣諸島周辺海域における中国公船の行動は無害でない航行と性格づけることが可能な状況であり、無害通航の問題を国内法令で規律すべきだという問題意識は評価できるであろう。

---

[31] この点について、「海上警察権のあり方に関する検討の国土交通大臣基本方針」(平成23年1月7日)参照。

なお、尖閣諸島の日本領海への侵入を繰り返す中国公船と海上保安庁との間では、次のようなやりとりが、現在、行われている。尖閣諸島周辺の日本領海内を航行中の中国公船「海監 15」及び「海監 27」に対し、巡視船より「貴船はわが国領海内に侵入している。領海内での無害でない通航は認められない。直ちに出域せよ。」と警告を実施したところ、「貴船はすでに中国の領海に入っている。我々の航行を妨害せず、領海から出なさい。」旨の応答があったという（2012 年 10 月 3 日の事例）。なお、保安庁の巡視船は、我が国の接続水域内を航行中の中国公船に対し、通常、領海内に侵入しないよう無線等により警告を実施し、監視警戒を継続している。また、中国公船が領海に侵入した場合は、ただちに領海から退去するよう退去要求を行っている[32]。

現在行われている中国による領海侵入は、執行管轄権行使の実績を作りたいとする中国の国家意思に基づくものであることに留意する必要がある。領海には外国船舶の無害通航権が認められているが、尖閣諸島周辺海域における事例の特異性は、中国公船が尖閣諸島周辺の日本領海を通過のために通航しているのではなく、公権力行使の目的をもって、換言すれば尖閣諸島が中国領土だとして巡視活動を行っていることである。本件の特異性は、中国公船が、公権力行使の目的のために日本の領海に侵入し、しかも、そのことをみずから公言していることである。

外国船舶の無害通航制度については、これまで、(1) 通航のあり方と (2) 無害性の認定基準をめぐってもっぱら争われてきた。前者は、通航とは領海内への立入りの目的と態様が特定されるものをいい、それ以外は通航とは認められないと解すべきかどうかという問題である。後者は、無害性の認定基準として船種別規制（船舶の種類や性質を基準とする）をとるべきか、行為態様別規制（船舶の行動の態様を基準とする）をとるべきかという対立である[33]。山本草二教授が指摘するように、「領海内での徘徊

---

[32] 日本政府が 2012（平成 24）年 9 月に尖閣諸島の 3 島を個人から取得・保有した後、2014（平成 26）年 10 月 31 日までの間に、中国公船による領海侵入事例は合計 98 件、のべ 321 隻（海監 158 隻・漁政 10 隻・海警 153 隻）に昇っている。

[33] 杉原『前掲書』（注 (18)）66 頁。杉原教授によれば、この他、通航の意図・目的を問題と

(hovering)、巡航 (cruising)、停船、投錨その他の不審な行為は、そもそも通航に該当しない」という解釈が可能な一方で、「これらの行為は『通航に直接の関係を有しないその他の活動』(第 19 条 2 項 (1) 号) に該当し、これに従事する外国船舶の通航は有害とみなされる」という解釈が成り立つわけで、どちらを根拠としても、沿岸国の保護権を規定した第 25 条 1 項(「沿岸国は、無害でない通航を防止するため、自国の領海内において必要な措置をとることができる」)に結びつけられる条約体制になっている。実際、中国公船は、尖閣諸島をみずからの領土と主張し、巡視活動を行っているのであるから、海洋法条約第 18 条 2 項の「通航は、継続的かつ迅速に行わなければならない」に反し、そもそも通航の要件を満たしていない。

　こうした尖閣諸島周辺海域における中国公船の動きのみでなく、日本の海峡における中国海軍の動きも活発化している。2008 年 10 月、中国海軍はソブレメンヌイ級駆逐艦など 4 隻が津軽海峡を通過し、2012 年 4 月にはジャンカイⅡ級フリゲート艦 3 隻が、同年 6 月にはルージュ級駆逐艦 3 隻が大隅海峡を通過した。さらに、2014 年 12 月には中国海軍の駆逐艦やフリゲート艦など 4 隻の船団が大隅海峡を通過し、日本列島沿いに太平洋を航行した後、宗谷海峡を通過した。2012 年 2 月にはジャンカイⅡ級フリゲート艦が、同年 10 月にはミサイル駆逐艦など 7 隻が宮古海峡を通過した。日本の海峡における中国海軍の動きが、日本の安全保障上、重要な問題として浮上してきている。

(2) 潜水艦の潜水航行について

　国家主権と国益を守る議員連盟による外国船舶航行法の改正法律案に

する通航目的基準説、さらには積荷の種類・目的地 (戦闘地域等) を考慮する積荷・目的地基準説があるとされる。

34　英国における密輸を防止するための「ホバリング・アクト」の起源は 1719 年に遡るとされる。G. Marston, "Hovering Acts", in Berhardt(ed.), *Encyclopedia of Public International Law*, Vol. 11(1989), p.148.
35　詳しくは、防衛省 HP における「東シナ海における中国海軍の動向」参照。
36　朝日新聞デジタル 2012 年 12 月 25 日。
http://www.asahi.com/articles/ASGDT6GC6GDTUTIL04K.html.

は、前述した、「1　無害通航でない航行の禁止」を挿入する提案とともに、「2　潜水船の航行方法」として、「外国船舶である潜水船その他の水中航行機器は、領海等においては、海面上を航行し、かつ、その旗を掲げなければならない」と規定している。周知のように、海洋法条約は、その第20条で「領海において」潜水船その他の水中航行機器の浮上航行を命じている。改正案のいう「領海等」の「等」が何を意味するのか明らかでないが、もし「領海に覆われた国際海峡」を指すのであれば、国際海峡においては、海洋法条約第39条は、船舶が通過通航権を遵守している間、「継続的かつ迅速な通過の通常の形態に付随する活動以外のいかなる活動も差し控えること」を規定している。当然のことながら、潜水艦の場合、「通常の形態」は潜水航行であると解すると、「等」で国際海峡を含めさせようというのは困難であろう。なお、「等」が内水を含ませる意図であれば問題はなかろう。

　韓国などは外国軍艦の入域に事前通告制を採用しつつ（他にノルウェー、スウェーデン、インド、ドミニカが採用）、その領海法において潜水艦の潜水航行を無害でない通航に含んでいる[37]。韓国は、1989年の米ソの「無害通航規則の統一解釈に関する共同声明」[38]と異なり、海洋法条約第19条2項を限定列挙とみなさず、我が国と同様に例示規定と読み、無害でない通航として潜水艦の潜水航行を含ませたと考えられる。ちなみに、米ソ統一解釈は、海洋法条約第19条2項を限定列挙とみなし、2項に該当しないものは無害であるとの解釈を採用している[39]。

---

[37] 李昌偉「韓国の領海法及び北朝鮮の経済水域における外国人、外国船舶及び外国航空機の経済活動に関する規定」『季刊海洋時報』第54号（1989年）51頁。

[38] 米ソ統一解釈については、Cf. *International Legal Materials*, Vol.28(1989), pp.1444-1447.

[39] 海洋法条約第19条1項の「通航は、沿岸国の平和、秩序又は安全を害しない限り、無害とされる。無害通航は、この条約及び国際法の他の規則に従って行わなければならない」との規定は、領海条約第14条1項をそのまま採用しており、当時の条文採択の経緯からして行為基準に限定していなかったことは明らかである。行為基準説を採用した国連国際法委員会（ILC）案に対して、米国修正案が出され現行の条文となった経緯があるからである。そうすると、2項に該当しない行為であっても、1項により無害とされない行為もありうることになる。

海洋法条約は浮上航行を潜水艦の無害通航の条件とはしていない。浮上航行の義務は通航する潜水艦が有する付随的義務として、第19条2項とは切り分けられ、第20条という別個の条文で規定されている。ただし、海洋法条約が要求する付随的義務たる浮上航行を沿岸国が要求したにもかかわらず潜水艦が浮上を拒み、かつ、遭難に関する信号を発しないときは、その時点で、その潜水航行を行う潜水艦の存在は沿岸国の平和、秩序及び安全を害する行為となり、沿岸国は無害でない通航として海洋法条約第25条が規定する「必要な措置」を保護権の行使としてとることが可能となる[40]。

　海洋法条約第25条は、「沿岸国は無害でない通航を防止するため、自国の領海内において必要な措置をとることができる」と規定する。本条文の原型は、1930年の国際連盟主催のハーグ国際法典編纂会議で採択された「領海の法的地位に関する一般規定」第5条とされる。同条文は、「通航権は、沿岸国がみずからの安全(security)、公序又は財産的利益を害するような行為から、また、内水に向かって航行している船舶の場合では内水に入るための船舶の許可条件の違反から、沿岸国を保護するためにすべての必要な措置をとることを妨げるものではない[41]」と規定していた。同条文のコメンタリーによれば、「本条は、沿岸国に必要ならば船舶の航行の無害性を検認(verify)し、みずからの安全、公序又は財産的利益を害するような行為から、沿岸国を保護するためにすべての必要な措置をとる権利を付与するものである[42]」とする。

　その後、1958年の領海及び接続水域に関する条約の起草に際して、国連国際法委員会の審議を経るにあたって、「財産的利益」が削除され、また「公序」という表現は多義的であるとして、「みずからの安全又はその他の利益」という表現に変更された。最終的には、米国提案により、領海条約第16条1項の草案の「沿岸国は無害でない通航を防止するため、自

---

[40] A.V. Lowe「一九五八年及び一九八二年の海洋法条約が近代海戦法に及ぼした影響」『季刊海洋時報』第48号 (1988年) 53頁。

[41] Shabtai Rosennne, *League of Nations Conference for the Codification of International Law* [1930], vol.4, p.1405.

[42] *Ibid.*

国の領海内において必要な措置をとることができる」という簡潔な表現に落ち着くことになった。[43]林久茂教授は、この「必要な措置」の具体的内容として、沿岸国に認められているのは、①船舶の通航自体の無害性を検認する権利、②有害な通航に対して、その通航を防止する権利、③有害な通航につき、それを処罰する権利と説明する。[44]

　日本の国内法令には外国船舶の通航の無害性・有害性を明確に概念づけた法令がないことから、たとえば漁具を格納しない外国漁船の領海内通航のように、海洋法条約第19条2項の無害でない通航との推定が可能なような場合であっても、2014(平成26)年に改正された外国人漁業規制法等で改善はみられるものの、十分な対応ができないという問題が残っている。例えば、尖閣諸島海域における中国漁船問題がそれである。[45]

　2004(平成16年)11月、中国の原子力潜水艦による石垣島周辺の日本領海における潜水航行に対して、日本は1996(平成8)年12月の閣議決定に基づき海上警備行動を発令した。これにより、浮上要求、退去要求などの措置を実施した。[46]中国海軍がいわゆる第一列島線を突破する海峡は、大隅海峡、奄美大島―宝島、沖縄本島―宮古島、与那国島―台湾及び台湾海峡の5か所しかないとされる。なお、前述の緒方議員の提案は、沿岸国たる日本の安全保障の観点からは問題が生じかねない。なぜなら、特定海域の領海を3海里にとどめることで、逆に潜水艦の潜水航行を防止しうるという側面があるからである。日本の3海里の領海部分において潜水航行する潜水艦に浮上航行を要求し、我が国沿岸での安全保障を

43　佐藤教人「領海における外国公船に対する執行措置の限界」『同志社法学』第66巻4号(2014年)60-61頁参照。

44　林久茂『海洋法研究』(日本評論社、1995年)59頁。

45　退去警告を受けた中国漁船の数は2013(平成25)年が88件、2014(平成26)年にいたっては9月までの統計で208件に上昇し、2011(平成23)年の8件と比較すると約25倍に増加している。

46　1996(平成8)年12月の「我が国の領海及び内水で潜没航行する外国潜水艦への対処について」の閣議決定は、自衛隊の部隊がわが国の領海及び内水で潜没航行する潜水艦に対して浮上・掲旗要求、退去要求を行うにあたり、あらかじめ閣議において、その基本方針と手順を決定した。なお、中国側は、当時、技術的原因から「石垣水道」に誤って侵入したとの説明をおこなった。なお、日本は「石垣水道」なる呼称は用いていない。

確保できるという側面があるからである。現行の制度は、潜水艦の日本沿岸への侵入に対し、3海里の緩衝区域を設けているという意味をもつと解することができる。これに対し、宗谷海峡において中間線までを領海とすれば、通過通航権が適用される「国際海峡」となり潜水艦の潜水航行を防ぐことはできなくなってしまう。

4 ホルムズ海峡の通過通航権をめぐる米国とイランの対立

(1) 通過通航権の法的地位

　ホルムズ海峡は、イランとオマーンの間に位置し、ペルシャ湾とアラビア海を繋いでいる。当該海峡の最も狭い部分は幅18マイル (33.8 km)、航路内水深は65～85 mで、国際分離通航帯が北側に湾内向け航路2.2マイル (4.1 km)、南側に湾外向け航路2.1マイル (3.9 km)、中央分離帯2マイル (3.7 km)にてオマーン海域に設定され、タンカーがペルシャ湾を通り抜けるための世界で最も重要なチョーク・ポイントとなっている。[47] 一日で1,700万バーレルの原油・石油が通過する世界のエネルギー安全保障でもっとも重要な国際海峡の一つである。ここを通過する原油の85％が、日本をはじめ、インド、韓国、中国といったアジア向けに海上輸送されている。

　2011年度実績では、世界で海上輸送される石油の約35％、石油貿易のほぼ20％がこの海峡を通っている。ホルムズ海峡は、マラッカ海峡、ジブラルタル海峡とともに、もっとも重要な国際海峡の一つである。[48] 日本は原油総輸入量の約88％を中東に依存しているが、2010年度の実績でいえば、ホルムズ海峡を航行する日本関係船舶は3,400隻（うち日本籍船舶は420隻）であり、原油タンカーはのべ1,200隻（うち日本籍船舶は140隻）である。ちなみに、同海峡を航行する全世界の船舶隻数は約26,000隻といわれる。

　ところで、ホルムズ海峡の通過通航権をめぐって争う米国とイランは

---

[47] R.K. Ramazani, *International Straits of the World-The Persian Gulf and the Straits of Hormuz* (1979), Sijhoff & Noordhoff, pp.1-9.
[48] 詳しくは、本書第5章の中谷和弘「ホルムズ海峡と国際法」参照。

ともに海洋法条約の非当事国である[49]。なお、オマーンは海洋法条約の当事国である。他方、米国とイランはともに1958年の領海条約の当事国である。ただし、オマーンは領海条約の非当事国である。ということは、イランは、領海における外国船舶の無害通航権を認める立場にあるだけでなく（第14条）、領海条約第16条4項の、「外国船舶の無害通航は、公海の一部分と公海の他の部分又は外国の領海との間における国際航行に利用される海峡においては、停止してはならない」という、「強化された無害通航権」を認める立場にある。いうまでもなく、1949年のコルフ海峡事件（本案）判決において、国際司法裁判所は平時の国際海峡における軍艦の無害通航権を承認した[50]。なお、イランもオマーンも外国軍艦に対して領海の航行に際して事前通告を要求している。

　注目されるのは、米国とイラン両国は、海洋法条約の非当事国ながら、通過通航権の法的性格についてまったく異なる立場を採用していることである[51]。

　イランは、海洋法条約署名の際に解釈宣言を行い、国際海峡の通過通航権について、その慣習法性を否定し、あくまで海洋法条約上の制度と解釈する旨を明らかにしている[52]。ということは、海洋法条約の非当事国

49　2012年5月に開催された米国上院外務委員会の公聴会では、クリントン国務長官は、「20年前、10年前、否、5年前でさえ、『国連海洋法条約』を批准することは重要であっても緊急を要することではなかった。しかし、今は状況が違う」と述べ、海洋法条約批准に向けての議論を促進したいと考えていた。そこには、南シナ海での中国の動きに対する航行の自由の確保という観点があったと思われる。こうした米国の最近の動きについては、都留康子「アメリカと国連海洋法条約─"神話"は乗り越えられるのか」『国際問題』No.617（2012年12月）42-53頁に詳しい。

50　*ICJ Reports 1949*, p.28. 国際司法裁判所は、国際海峡における軍艦の無害通航権を認めるとともに、無害か否かの認定は、通航の仕方あるいは態様において判断されるとした。*Ibid.*, pp.30-31.

51　両国の通過通航権の法的地位についての理解の相違については、Cf. Martin Wählish, "The Iran-U.S. Dispute, the Strait of Hormuz, and International Law," *The Yale Journal of International Law*, Vol.37 (2012), pp. 22-34 and Nilufer Oral, "Transit Passage Rights in the Strait of Hormuz and Iran's Threats to Block the Passage of Oil Trankers," *Insights*, American Society of International law, May 3, 2012, pp.1-6.

52　Interpretative Declaration on the subject of straits upon Signature of the LOS Convention by Iran. その原文は、以下の通りである。

である米国に対しては領海条約（あるいは慣習法として）の「強化された無害通航権」のみが適用されるという立場をとっていることになる。なお、通過通航制度の下では、すべての船舶及び航空機は、海峡を通過する目的に限定された航行の自由及び上空飛行の自由を行使でき（条約第38条）、海峡沿岸国は通過通航を妨害・停止してはならないとされる（条約第44条）。そうすると、ホルムズ海峡のイラン領海側では、イランは海洋法条約の非当事国であり、通過通航制度が慣習法化していない限り、イランが通過通航制度を受け入れる義務を負わないということになる。もっとも、領海条約第16条4項に基づき、イランには、イラン領海において外国船舶の「無害」通航を停止してはならない義務が残ることになる。

これに対して米国は、国際海峡における通過通航権が海洋法条約上の権利に過ぎないという主張を認めず、もはや慣習国際法上の権利であると主張している。[53]また、国際海峡については、2007年作成の米国海軍省の『指揮官のための海軍作戦法規便覧』のSec.2.5.3.1は、「通過通航は、(海岸線から海岸線の)全海峡を通じて存在し、沿岸国の領海が重複する海域のみではない」[54]（傍点筆者）との見解を採用している。ホルムズ海峡につい

 "It is, …, the understanding of the Islamic Republic of Iran that: Notwithstanding the intended character of the Convention being one of general application and of law making nature, certain of its provisions are merely product of *quid pro quo* which do not necessarily purport to codify the existing customs or established usage (practice) regarded as having an obligatory character. Therefore, it seems natural and in harmony with article 34 of the 1969 Vienna Convention on the Law of Treaties, that only states parties to the Law of the Sea Convention shall be entitled to benefit from the contractual rights created therein.

 The above considerations pertain specifically (but not exclusively) to the following:

 The right of Transit passage through straits used for international navigation (Part III, Section 2, article 38)."

[53] Diplomatic Note of August 17, 1987, to the People's Democratic Republic of Algeria (Intermediary for Iran). その内容の原文は、以下の通りである。

"The United States particularly rejects the assertions that the right of transit passage through straits used for international navigation, as articulated in the [LOS] Convention, are contractual rights and not codification of existing customs or established usage. The regimes of transit passage, as reflected in the Convention, are clearly based on customary practice of long standing and reflects the balance of rights and interests among all States, regardless of whether they have signed or ratified the Convention." こうした見解は、当然のことながら日本に対しても例外ではないと思われる。

[54] The Commander's Handbook on the Law of Naval Operations (NWP1-14M), July 2007, 2.5.3

ていえば、イランとオマーンの領海が重複しない海域を含む、進入路とともに海峡全体が通過通航権の適用される国際海峡だとの立場を採用しているのである[55]。

2011年12月28日、イランのラミヒ第一副大統領は、「欧米諸国がイランの原油輸出に制裁を課すなら、原油一滴たりともホルムズ海峡を通過させない」と表明した[56]。これに対して米国は、国際海峡の通過通航権の行使の名目の下に、ペルシャ湾に空母を派遣した[57]。

ところで、イランが機雷でホルムズ海峡を閉鎖するのは数時間で可能とされる。仮にイランが、原油を積んでいる日本船舶を含む外国船舶についてホルムズ海峡を通航させない措置をとったとしたら、我が国の経済にとって大打撃となる。ホルムズ海峡は、前述したように、イランとオマーンの間にある海峡で、海峡の最も狭い部分は両国の領海で占められている。領海条約第12条及び海洋法条約第15条が「二の国の海岸が向かい合っているか又は隣接しているときは、いずれの国も、両国間に別段の合意がない限り、いずれの点をとっても両国の領海の幅を測定するための基線上の最も近い点から等しい距離にある中間線を越えてその領海を拡張することができない」と規定するように、イランとオマーンの地理的中間線が両国の領海の境界となる。日本船舶は、前述したオマーン領海側に設定された分離通航帯を通航している。仮にイランがオマーン領海を通航している日本船舶の航行を妨害すれば、オマーンの主権に対する侵害となる。なお、オマーンは、通過通航権を定めた第38条につき、

International Straits. その内容の原文は、以下の通りである。

"Transit passage exists throughout the entire straits (shoreline-to-shoreline) and not just the area overlapped by the territorial sea of coastal nation(s).

Transit passage through international straits cannot be hampered or suspended by the coastal nation for any purpose during peacetime. This principle of international law also applies to transiting ships (including warships) of nations at peace with the bordering coastal nation but involved in armed conflict with another nation."

55　Navy Judge Advocate General, telegram 061630Z June 1998 about the Strait of Hormuz.
56　Annie Lowrey, "Iran Threatens to Block Oil in Reply to Sanctions," N.Y. Times on December 28,2011.
57　米国とイランのホルムズ海峡をめぐる対立については、Cf. Wählish, *supra* note 50, pp.22-23.

「海洋法条約は、オマーンがみずからの平和と安全の利益を保護するために必要な適当な措置をとることを妨げない」旨の解釈宣言を行っている。[58]

問題は、海洋法条約の非当事国であるイランのこうした行為に対して、他の海洋法条約の当事国が自国の法的権利を侵害されたと主張できるかどうかである。そうした主張を行うためには、オマーン領海側で行使している国際海峡の通過通航権がもはや慣習国際法であるとの認定が前提であるように思われる。なぜなら、海洋法条約の非当事国であるイランに海洋法条約の違反やその遵守をストレートに主張できないからである。海洋法条約上、条約の当事国は、同様に当事国であるオマーンに対して、ホルムズ海峡のオマーン領海側に通過通航の制度が適用されることを期待できるとしても、それを妨害したのはイランであり、その直接の被害国はオマーンだからである。

実際、イランは先に示したように海洋法条約署名の際に、通過通航制度について、海洋法条約の締約国に限り適用されるものであると宣言しており、通過通航制度を慣習法として認めない立場をとっている。国連海洋法条約が1994年に発効してからすでに20年近くが経過しようとしているが、通過通航制度が慣習法化しているか否かが争点となる[59]。ただし、仮にホルムズ海峡のイラン領海内に通過通航制度が適用されない場合であっても、イランは領海条約の当事国として、「強化された無害通航権」を認めなければならず、外国船舶の航行を恣意的に妨害することは許されない。なぜなら、この「強化された無害通航権」は、海洋法条約第45条2項でも確認されており、その慣習法性は確立していると考えられるからである。しかし、この「強化された無害通航権」では、国際海峡といえども基本的には無害通航権の制度の下に置かれ、潜水船は浮上して海面上を航行しなければならず、上空飛行の自由も認められていない。

なお、イラン・イラク戦争において、ホルムズ海峡はイランの戦争水

58　Interpretative Declaration on the subject of territorial sea upon signature and ratification of the LOS Convention by Oman.

59　通過通航制度の慣習法化に否定的な立場をとる学説もある。Cf. R.R. Churchill and A.V. Lowe, *The Law of the Sea*, 3rd. ed.(1999), Juris Publishing, p.113.

域とされ海上捕獲[60]が実施されたが、1982年、国連安全保障理事会は、「国際水域及び敵対行為の非当事国である沿岸国の港と施設に向かう船舶とそこからの船舶の通航する航路帯における自由な通航の権利を再確認」する決議552を採択している[61]。

　そこで、次に武力紛争時における国際海峡の法的地位について検討してみよう。ただ、その前に日本の平和安全法制における国際海峡における機雷掃海に関する議論を一瞥してみよう。

(2) 平和安全法制における国際海峡の機雷掃海をめぐる議論

　ホルムズ海峡で起こりうる有事は、イランによる機雷敷設のみならず、イランによる入湾船に対する無差別攻撃の通告、イランによる航行禁止区域の設定、さらにはホルムズ海峡によるイランと米国あるいは多国籍軍の軍事衝突の場合が考えられる。安倍晋三首相は、2015(平成27)年2月16日の衆議院本会議で、ホルムズ海峡に機雷が敷設された場合、「我が国が武力攻撃を受けた場合と同様に深刻、重大な被害が及びことが明らかな状況にあたりうる」と述べ、2014(平成26)年7月の閣議決定での「我が国の存在が脅かされ、国民の生命、自由及び幸福追求の権利が根底から覆される明白な危険がある場合」とした集団的自衛権行使の「新3要件」に当たる可能性があるとしている[62]。なお、新3要件とは、安全保障関連法案に明記された集団的自衛権を行使する条件であり、①我が国と密接

60　海上捕獲とは、戦時において交戦国が海上の私有財産(敵船及びその貨物)のうち一定のもの(敵船及び敵船上の敵貨、戦時禁制品など)を交戦国の捕獲審検所での審検を経て拿捕・没収する行為をいう。詳しくは、和仁健太郎「海上捕獲法の正当化根拠—ロンドン宣言(1909年)以前の学説・国家実行の検討—」『国際法外交雑誌』第113巻4号(2015年)48頁以下参照。日本は、2004年に「武力攻撃事態における外国軍用品等の海上輸送の規制に関する法律(海上輸送規制法)」を制定し、戦時禁制品捕獲の外国軍用品審判所の審判手続等を定めている。ただし、憲法第9条2項後段で「国の交戦権は、これを認めない」と規定しているので、交戦国が武力紛争法上有する「交戦権」に基づかず、「自衛権行使に基づく必要最小限度の範囲内の措置」と説明する。和仁「同上」46頁(注)3参照。

61　Security Council Resolution S/RES/552 (1984). 詳しくは、真山全「武力紛争と海峡通航(二)」『季刊海洋時報』第63号(1991年)42-43頁。

62　朝日新聞デジタル2015年2月16日。

な関係にある他国に対する武力攻撃が発生し、これにより我が国の存立が脅かされ、国民の生命、自由及び幸福追求の権利が根底から覆される明白な危険がある場合において（存立危機事態）、②これを排除し、我が国の存立を全うし、国民を守るために他に適当な手段がないときに、③必要最小限度の実力を行使すること、をいうとされる。武力の行使は、事態に応じ合理的に必要と判断される限度をいうとされる。

閣議決定後の国会において、安倍総理は、

「海洋国家である我が国にとって、国民生活に不可欠な資源や食料等を輸送する船舶の安全確保は極めて重要です。シーレーンにおける機雷掃海は、国際法に違反して敷設され、船舶の安全を損なう水中の危険物を除去する行為です。ただし、あくまでも国際法上の分類に従えば、一般に武力の行使に整理されるものであることは事実であります。

しかしながら、これは、その性質上も、あくまで受動的かつ限定的な行為であります。このように、機雷掃海は、敵を撃破するために大規模な空爆や砲撃を加えたり、相手国に攻め入るような行為とは性質を異にするものであります。

いずれにせよ、実際に発生した事態の個別具体的な状況に即して判断することとなりますが、新3要件を満たす場合には、武力の行使に当たる機雷掃海も、自衛のための必要最小限度の措置として憲法上許容されるものと考えています。このような考え方と、海外派兵は一般に自衛のための必要最小限度を超えるものであり許されないという新しい閣議決定の下でも変わらない原則との間に矛盾があると考えておりません」[63]

このように、安倍総理の答弁は、「受動的かつ限定的な」機雷掃海は、「敵を撃破するために大規模な空爆や砲撃を加えたり、相手国に攻め入るような」、換言すれば「能動的かつ無制限な」武力行使と異なるので、「受動的かつ限定的」である限りは新3要件の③の条件である「必要最小限度の実力を行使すること」にとどまるので例外的に許されるとの論理を提示し

---

[63] 第187回国会参議院本会議議録第2号（平成26年10月1日）3頁。http://kokkai.ndl.go.jp/SENTAKU/sangiin/187/0001/18710010001002c.html.

ている。これに呼応するように岸田文雄外務大臣も、「これまで政府は、自衛のための必要最小限度を超えて、武力行使の目的を持って武装した部隊を他国の領域へ派遣するいわゆる海外派兵は、一般に憲法上許されないと解してまいりました。この従来からの政府の立場を維持することは変わりません」とした上で、「機雷の掃海ですが、この活動の実態というものは、戦闘の当事者にならない我が国あるいは他の国の民間の船舶、こういったものを機雷や外部からの攻撃の脅威から防護し、安全な航行を確保する目的で行う受動的かつ限定的な行為です。…新3要件を満たす場合には、他国の領海内における武力行使に当たる機雷掃海であっても許容されるというふうに判断しております」と答弁している。[64]

なお、国際法上、機雷掃海のような軍事行動を「受動的かつ限定的な行為」だとして、他の武力行使と区別して扱う事例はない。我が国の商船隊の95％が外国船舶であり、当該外国船舶が機雷による攻撃を受けた場合には個別的自衛権では対処できないという認識の下、集団的自衛権の議論を持ちだしているのであろう。ただし、ロンドン宣言第18条の「封鎖艦隊は、中立港及び中立沿岸への接到を遮断することはできない」に違反する機雷敷設の場合、当該敷設による商船の被害が散発的なものである限りは、中立法違反の問題として扱われるべき問題である。日本による機雷掃海を国際法上の集団的自衛権で正当化するのであれば、日本の商船隊に対する意図的組織的なものである必要があり、なおかつ国際法が要求する集団的自衛権行使の要件を満たす必要がある。日本の行為の国際法上の合法性を決定するのは日本の憲法ではなく、国際法であるからだ。「受動的かつ限定的な」機雷掃海が自衛権行使の「必要性」と「均衡性」の要件を満たすものであるかどうか、また国際司法裁判所のニカラグア事件判決（1986年）で判示された、集団的自衛権の行使にあたっては、武力攻撃を受けた国の「攻撃を受けた」という宣言と、当該国の要請が必要であるという要件を満たすかどうかである。岸田外務大臣は、国会の質疑

---

[64] 第186回国会衆議院予算委員会第18号（平成26年7月14日）25頁。http://www.shugiin.go.jp/internet/itdb_kaigiroku.nsf/html/kaigiroku/001818620140714018.htm.

において、「我が国が集団的自衛権を行使するに当たっても、これは国際法上、武力攻撃を受けた国の要請又は同意が必要だということ、これはもう当然の前提であるという議論の中で閣議決定が行われています」と答弁している。仮に国際分離通航帯が存在するオマーン領海に第三国により機雷が敷設されたとの事態を想定した場合には、オマーンへの武力攻撃にあたるので、集団的自衛権の行使にあたっては、オマーンによる、攻撃を受けたとの宣言及び同国の日本への要請を必要とすることはもちろん、その場合にはオマーンについて、「我が国と密接な関係にある他国」という憲法上の新たな要件をクリアする必要がある。

なお、2013年11月に成立した常任理事国5か国＋ドイツとイランとの暫定合意により、イランに対する一部制裁が解除されており、イランがホルムズ海峡を閉鎖する行動に出る蓋然性は低いといえよう。もっとも、2015年4月27日に日米両政府が合意した「新たな日米防衛協力のための指針」では、「Ⅳ日本の平和及び安全の切れ目のない確保」の中で、「同盟は、日本の平和及び安全に重要な影響を与える事態に対処する。当該事態については地理的に定めることはできない」とした上で、「自衛隊及び米軍は、適切な場合に、海上交通の安全を確保することを目的とするものを含む機雷掃海において協力する」ことに合意した。また、「Ⅴ地域の及びグローバルな平和と安全のための協力」の中で、「日米両政府が海洋安全保障のための活動を実施する場合、日米両政府は、適切なときは、緊密に協力する。協力して行う活動の例には、海賊対処、機雷掃海等の安全な海上交通のための取り組み」が入れられた。

(3) 武力紛争時における国際海峡の法的地位

武力紛争時における国際海峡の法的地位について、海洋法条約も1958年の領海条約も明示の規定を置いていない。ただし、国連国際法委員会

65　同上23頁。
66　公益財団法人中東調査会「中東かわら版」2015年2月17日 No.249、2頁。
67　朝日新聞 (2015年4月28日) 大阪本社版 (10版) 7面。

(ILC)は、1958年の領海条約草案について、平時においてのみ適用される旨の言及を行っている[68]。武力紛争時に国際海峡における通過通航制度が適用されるかどうかという問題は、①国際海峡の沿岸国が中立国である場合と、②国際海峡の沿岸国が交戦国である場合に分かれ、さらに通航しようとする船舶が、(a)交戦国軍艦である場合、(b)交戦国商船である場合、(c)中立国軍艦である場合、(d)中立国商船である場合、に分けて考察する必要がある。さらに、上空飛行を考えた場合は、軍艦を軍用機に、商船を航空機に場合分けして考える必要がある[69]。

注目されるのは、1994年の「海上武力紛争に適用される国際法サンレモ・マニュアル」が、「平時に国際海峡に適用される通過通航権及び群島水域に適用される群島航路帯通航権は、武力紛争時においても引き続き適用される」(27項)と規定していることである。そのコメンタリーは、「27項の第1文は、通過通航権と群島航路帯通航権が、平時と同様に、武力紛争時においても引き続き適用されることを再確認している」と説明する[70]。これは23項の「交戦国の軍艦及び補助船舶並びに軍用機及び補助航空機は、一般国際法によって規定される中立国の国際海峡の水中、水上又は上空の通航権、及び群島航路帯通航権を行使することができる」の繰り返しのようにみえるが、23項のコメンタリーは、「23項の目的は、交戦国の軍艦、補助船舶及び軍用機が平時に国際海峡と群島航路帯において行使することができる通航権が、海上武力紛争の期間中においても行使可能であることを確認することである。海峡に対するこれらの権利は、公海又は排他的経済水域の一部分と公海又は排他的経済水域の他の部分を結ぶ国際海峡における通過通航権(海洋法条約第38条)、及び通過通航権によって規律されない海峡における停止されない無害通航権の双方を含む」

---

68 Report of the International Law Commission to the General Assembly, Document A/3159, *Yearbook of the International Law Commission*, 1956, Vol. Ⅱ, p.256.

69 この問題については、本書第7章の和仁健太郎「武力紛争時における国際海峡の法的地位—通過通航権制度と海戦法規・中立法規との関係—」参照。

70 竹本正幸監訳・安保公人・岩本誠吾・真山全訳『海上武力紛争法サンレモ・マニュアル解説書』(東信堂、1997年) 61頁。

とされる[71]。

　沿岸国が交戦国である国際海峡の場合、中立国の潜水艦が潜水航行できるかという問題を考えたとき、海峡沿岸国は国際海峡内で潜水航行する敵国潜水艦と中立国潜水艦を識別することは困難であり、中立国潜水艦は浮上航行を求められるであろう。そう考えると、通過通航権よりも無害通航権に近い通航権しか認められないのではないかと考えられる。なお、サンレモ・マニュアルは、「中立国の軍艦、補助艦、軍用機及び補助航空機は、交戦国の国際海峡及び群島水域の水中、水上及び上空において、一般国際法が規定する通航権を行使することができる。中立国は、予防措置として、交戦国に通航権の行使を適切な時期に通知すべきである[72]」(26項)と定めている。同様のことが、カナダの軍マニュアル815.1に規定されている[73]。問題は、「適切な時期の通知」だけで、海峡交戦国の安全が確保できるかどうかであろう[74]。

　米国とイランとの間に武力紛争が発生した場合、イランは交戦国(なお、本章では、交戦国とは、戦争宣言の有無にかかわらず、敵対行為に直接参加している国として用いている。)である米国に停止されない無害通航権を認める必要がはたしてあるであろうか。米国が海峡沿岸国であり中立の立場に立つオマーン領海側で通過通航権を行使し、24項の「国際海峡の沿岸国の中立は、交戦国の軍艦、補助船舶または軍用機若しくは補助航空機の通過通航によっても、当該海峡における交戦国の軍艦または補助船舶の無害通航によっても害されるものではない」ことを主張することもありうるが、オマーン自身は海洋法条約の署名に際して、「海洋法条約第19条、25条、34条、38条[坂元注：通過通航権]及び第45条の諸規定の適用は、沿岸国がその平和及び安全の利益の保護のために必要な適切な措置をと

71　『同上』58-59頁。

72　『同上』60頁。

73　National Defence, Joint Doctrine Manual: Law of Armed Conflict at the Operational and Tactical Levels (B-GJ-005-104/FP-021, 2001-08-13), para.815.1.

74　詳しくは、和仁「前掲論文」(注(69)) 273-274頁。

ることを妨げないというのがオマーン政府の理解である[75]」との解釈宣言を行っており、何らかの措置をとることも考えられる。たしかに、サンレモ・マニュアルは、1988年から1994年にかけて、人道法国際研究所が起草のために招集した一連のラウンドテーブルに個人資格で参加した法律専門家と海軍専門家のグループによって起草されたものであり、1913年の「オックスフォード・マニュアル」の現代版を意図したものであるが、法的に拘束力のある文書ではない。もっとも、米国海軍省は基本的にこのマニュアルに沿った海軍作戦法規便覧を作成している。

　1989年作成の米国海軍省の『指揮官のための海軍作戦法規便覧』のSec.7.3.5の「中立国の海峡」では、「1982年の海洋法条約に反映されている慣習国際法は、交戦国及び中立国の水上艦船、潜水艦及び航空機は、国際航行に使用されるすべての国際海峡内、その上空及びその水中で通過通航権を持つと規定している。中立国は国際海峡において、その通過通航権を停止、制限あるいは他の方法で妨害することができない[76]」と述べており、米国は、オマーンが仮に何らかの措置をとろうとしても、これに対抗するであろう。また、Sec.7.3.7の「中立国空域」では、「中立国領域は、中立国の領土、内水、群島水域（当該水域を有する場合）及び領海の各々の上部の空域にも広がっている。交戦国軍用機は、以下の例外を除き、中立国空域に侵入することを禁じられている。

　1　中立国の国際海峡及び群島航路帯の上部の空域は、通過通航や群島航路帯通航を行っている武装した軍用航空機を含む交戦国航空機に対し常に開放されている。このような通航は、継続的かつ迅速でなければならず、当該航空機の飛行の通常の形態で行わなければならない。交戦国軍用機は、通過中に敵対的行為を慎まなければならないが、自機の安全確保及び随伴する水上、潜水部隊の安全確保に沿った活動を行うこと

---

[75]　Cf.https://treaties.un.org/Pages/ViewDetailsIII.aspx?&src=TREATY&mtdsg_no=XXI~6&chapter=21&Temp=mtdsg3&lang=en#EndDec

[76]　Annotated Supplement to the Commander's Handbook on the Law of Naval Operations (NWP 9 Rev. A/FMFM1-10), 1989, Sec.7-3-1.

ができる[77]」との立場に立っており、上空飛行の自由につきオマーン側が何らかの措置をとるような場合は、米国はこれを阻止しようとするであろう。

　もちろん、米国のこうした解釈については、第三次国連海洋法会議における論争が再燃する可能性がある。スウェーデン代表が繰り返し発言したように、「海洋法条約は1907年のハーグ諸条約を含む戦争法、中立法上の権利義務に何ら影響しない[78]」との立場をとる国にあっては、海洋法における変化（例えば、通過通航権の承認）は海戦法や中立法に直ちに変更をもたらさないとの考えが表明されており、米国側の主張と対立することは必至である。仮に、中立法が従来のままであるとすると、交戦国軍用機の上空飛行や潜水艦の潜水航行を中立国たる海峡沿岸国が禁止することは可能となる。

　イラン・イラク戦争では、両交戦国とも戦争水域を設定して、対船舶攻撃と海上捕獲行為を繰り返した。ホルムズ海峡にはイランの戦争水域が及び、イランによる海上捕獲が実施された。これに対し、1983年の安全保障理事会決議540は、「国際水域における自由な通航と通商の権利を確認」し、ペルシャ湾内でのすべての敵対行為を直ちに停止するよう求めた[79]。また前述したように、1984年の決議552では、「国際水域及び敵対行為の非当事国である沿岸国の港と施設に向かう船舶とそこからの船舶の通航する航路帯における自由な通航の権利を再確認」し、さらに「クウェートとサウジアラビアの港に向かうかまたはそこからの商船に対する最近の攻撃を非難」して、「このような攻撃を中止すること及び敵対行為の非当事国である諸国に向かうかまたはそこからの船舶に対するいか

---

[77] *Ibid.*, Sec7.3.7.

[78] A/CONF.62/SR.136, 26 August 1980, A/CONF.62/SR.163, 6 April 1982, A/CONF.62/PV.187, 26 January 1983. スウェーデンは、海洋法条約署名時に、「海洋法条約は、1907年10月18日にハーグで採択された海戦の場合における中立国の権利義務に関する条約（第8条約）に規定される中立国の権利義務に影響を与えないというのがスウェーデンの理解である」との解釈宣言を行っている。Cf. https://treaties.un.org/Pages/ViewDetailsIII.aspx?&src=TREATY&mtdsg_no=XXI~6&chapter=21&Temp=mtdsg3&lang=en#EndDec

[79] S/RES/540(1983), para.3.

なる妨害も生ぜしめないことを要求」した[80]。

　しかし、これらの決議が言及しているのは「国際水域」及び「航路帯」であり、交戦国たるイランの領海において戦時禁制品を運んでいる船舶の海上捕獲までをも禁じる趣旨とは読めないだろう。真山全教授は、先の決議から、公海及びホルムズ海峡を含む交戦国領海において海上捕獲はなしえないと直ちに結論することはできないとし、イラン・イラク戦争におけるホルムズ海峡の事例からは、国際海峡の交戦国領海部分における海上捕獲の容認がおそらく示されようと結論している[81]。

　問題は、さらに進んで、イランが自国の領海部分を超えたホルムズ海峡を閉鎖しうるかであるが、真山教授によれば、学説は分かれており、①通航についての一定の規制はありえても、第三国は通商を継続する権利を持ち、したがって完全な閉鎖は許容されないとの説(Castren)、②沿岸国は当然に自衛権を有し、このことは、ある場合には、海峡を閉鎖することを正当化するとの説(Lowe)、③当該の海峡が第三国への唯一の航路となっている場合には閉鎖を認めないとの説(R.J. Grunawalt 米国海軍大学教授)があり、交戦国の沿岸防衛上の必要と国際交通の確保のいずれに重きを置くかで説が分かれている状態であるという[82]。なお、真山教授自身は、結論として、「海峡が第三国への唯一の航路であり、代替航路が存在しないという地理的状況では、やはりロンドン宣言の規定［坂元注：ロンドン宣言第 18 条「封鎖艦隊は、中立港及び中立沿岸への接到を遮断することはできない」］からしても封鎖は許容されないと解すべきであろう。そのような封鎖までも認めることは、国際交通の確保の要請に対し、交戦国

80　S/RES/552(1984), paras.2,4 and 5. イラン・イラク戦争における海上捕獲については、新井京「イラン・イラク戦争における海上経済戦―その国際法上の意味―」『京都学園法学』第 2・3 号（2000 年）387-431 頁参照。
81　真山「前掲論文」(注 61) 43 頁。
82　「同上」43 頁及び 47 頁 (注) 71 参照。

の必要を著しく重視するもの[83]」であると指摘する[84]。

　なお、日本政府は、通過通航権の慣習法性について未だ明言していない。海洋基本法の下で、「海上輸送の安全の確保」を謳い、ホルムズ海峡、マラッカ海峡という石油輸送の大動脈を抱えている現状に鑑みれば、仮に日本政府が、通過通航権が慣習国際法として成立していないという立場をとる場合には、米国との関係で調整の必要が生ずることも考えられる。仮に米国とイランの間で有事が生ずれば、米国とイランとの間で通過通航権の慣習法性をめぐって論争が生ずるであろう。そのときに、日米安保の同盟国である日本が米国の立場を支持せず、結果的にイランの見解を支持するというのでは、日米安保体制における日本への信頼感を喪失せしめる事態にもなりかねないからである。もっとも、米国の「通過通航は、（海岸線から海岸線の）全海峡を通じて存在する」との主張内容を含む慣習法性の認定は受け入れられないとの判断が日本の当局にある可能性もあり、事は単純ではない。

　他方で、この問題については日本独自の悩みもある。なぜなら、通過通航権の法的性格をどのように考えるという問題は、領海及び接続水域法の附則の問題と密接に絡み合っており、さらに問題を複雑にしているからである。1977年に制定された領海法の国会審議の過程で、「当分の間」の理由として、「より自由な通航制度を認める方向で…国際的に解決されるのを待つ[85]」と説明しており、現行の特定海域の制度は通過通航制度が慣習法として確立するまでと読めるからである。仮に日本が、通過通航制度が慣習国際法として成立しているとの立場をとれば、附則の改正が必要だとの議論を惹起するおそれがある。たしかに、附則という立法形

---

[83] 「同上」45頁。同様の見解をとるものとして、Cf. N. Ronzitti, "The Crisis of the Traditional Law Regulating International Armed Conflicts at Sea and the Need for its Revision," in Rozitti ed., *The Law of Naval Warfare* (1988), p.23.

[84] ロンドン宣言以前に、敵船・敵貨捕獲、戦時禁制品及び封鎖という三つの制度の正当化根拠として、どのようなものがあったかを検討し、同宣言が、戦時禁制品と封鎖制度について、中立違反説の立場に立ったことを明らかにするものとして、和仁「前掲論文」（注(60)）69頁参照。

[85] 『第八十回衆議院予算委員会議録第十二号』（注20）（昭和52年2月23日）5頁。

式をとったことは削除が容易になされうることを確保しているようにも読めるが、国会答弁の経緯として、通過通航権の慣習法性の承認と「当分の間」と定めた附則が一見リンケージされているようにみえる。もっとも、両者は必然的にリンケージする問題ではなく、切り離して論じてもいいのではないかと個人的には考える。

5　おわりに

　日本は、領海内における外国船舶に対して、外国人漁業規制法、入管法、外国船舶航行法など各個別の法令により、それぞれ個別の保護法益を維持するという観点から部分的に規制するという方式をこれまで採用してきた。領海における領域主権の性格を踏まえた、外国船舶の領海内への入域とそこでの活動を総合的に規律する基本法と呼べるべきものは未だ整備されていない。こうしたこともあり、無害でない通航に該当する外国船舶に対して的確に対応できない状況が続いている。領海が日本の領域の一部であり、領域として日本の国家利益を実現する海域であるという認識を基本に据えて、領海法の附則の問題に対処する必要がある。仮に無害通航に関する規定を国内法に設けるのであれば、領海及び接続水域法において規定すべきであろう。

　1968年に日本が領海条約に加入した際に、政府は、「我が国は、主要な海運・漁業国として、海洋が最大限に各国の自由な利用に開放されることに重大な関心を有しており、領海における無害でない通航に関する取締りについても、国際慣習が濫用されないことに主要な関心を有することから、無害でない通航を一般的に禁止する等の国内立法を行う考えはない」[86]と答弁したが、当時から時代状況は大きく変わっている。中国海軍による我が国南西諸島の領海における潜水航行事例が多発している状況においては、これまでの「通る」立場だけではなく、「通られる」立場の

---

[86] 「新しい領海警備法制等の構築のための検討について」『海洋法条約に係る海上保安法制』第2号((財)海上保安協会、1995年)50頁。

論理の構築も必要ではないかと思われる。

　これまでのような、船舶の通航権の強調だけでは済まない事態が、我が国周辺海域で発生しているのである。領域性の立場から特定海峡の問題が国会で審議されるのは、それなりに時代状況を映しているといえる。まさしく長嶺安政政府参考人が答弁したように、「さまざまな諸要素、安全保障環境その他、基本的な諸要素をよく勘案した上で、今後この領海の幅の問題につきまして、国際的な情勢も注視しながら、不断に検討してまいると先ほど副大臣から答弁がありましたが、そういう観点から総合的な検討を進めていく」ことが迫られている。[87]

　栗林忠男教授によれば、日本には69の海峡(5海峡を含む。)が存在するという。[88] 1980年、火災事故を起こしたソ連原子力潜水艦が与論島と沖永良部島の間の海峡(17海里)を通過した。日本が海洋法条約を批准する以前の事例であるが、当時、政府は、当該海峡が1958年の領海条約にいう国際海峡(国際航行に使用されている海峡)であるかどうかを明らかにしていない。[89] なお、領海条約と海洋法条約における国際海峡の定義は、排他的経済水域という新しい海域区分が加わっているものの、基本的には同一である。[90] 今後の中国海軍による南西諸島近海での活動などを考えると、海上保安庁が1977年2月15日に衆議院予算委員会に提出した幅員6海里から24海里程度の日本の69の海峡について(北は択捉海峡(22海里)から南は父島と母島(19海里))、将来に備え、どの海峡が、使用実績などを踏まえ、国際海峡と考えられるかを予め整理しておく必要があろう。[91] 海

---

[87] 衆議院海賊・テロ特別委員会速記録(2011年8月10日)8頁。
[88] 栗林「前掲論文」(注13)70頁。
[89] 杉原「前掲論文」(注17)90頁。
[90] 国際法委員会の草案では、「通常(normally)国際航行に使用される海峡」となっていたが、解釈上の争いを招くとして、1958年の第一次国連海洋法会議で削除された経緯がある。横田喜三郎教授によれば、「いやしくも国際航行に使用されていれば、通常使用されていなくても、無害通航を停止することができないことになる」と説明される。横田喜三郎『海の国際法　上』(有斐閣、1959年)191頁。この解釈が現在も妥当するとなると、国際海峡であるかどうかの敷居は極めて低いことになる。
[91] 詳しくは、水上千之「新海洋法秩序における国際海峡通航制度とわが国の関連国内法整備の場合の問題点」『新海洋法条約の締結に伴う国内法制の研究』第1号((財)日本海洋協会、

洋法条約成立以前の領海法の準備段階での政府側委員の答弁の中に、「海洋法会議で今後草案が固まった場合に、国際海峡というようなものが、ほかにあり得るかどうかにつきましては、まだやはり確定的なことは申し上げられませんし、あるいはあるということになるかもしれませんけれども、それがどういうものであるかということは、これも草案の最終的なでき上がりぐあいによると思います」と述べ、含みをもたせていた。

さらに前述したように、特定海域が設定されたことの前提となる「通過通航制度」について、その法的地位、とりわけ慣習法として定着しているかを検討する必要がある。

日本の検討課題の第1点としては、次のようなことが考えられる。まずは国際海峡をめぐる国家実行を検討する必要があるが、その出発点として、海洋法条約に規定されている「国際航行に使用されている海峡」の定義につき、再検討する必要がある。第三次国連海洋法会議において試みられていた定義を参照しながら、どのような要素が国際海峡を構成しているかを確定することから始め、どのような類型の国際海峡があるかを探求する必要がある。たとえば、海洋法条約以前より国際条約によって規律されている海峡や、海洋法条約と両立することを想定しながらも特別なレジームを設けている海峡、公海や排他的経済水域を横切る海峡など、それぞれの類型に応じて、どのような実行が蓄積されているかは検討に値する。とりわけ、日本の特定海域と同様に公海を残している事例や、通過通航制度を用いない海峡の事例との比較検討はきわめて重要な課題となるだろう。

第2点は、第1点と密接に関連するが、国際海峡に対する各国の立法

1982年) 69-70頁。なお、水上教授によれば、「領海の幅が凍結される海域として、5つの海峡の他に、外国船舶の通航量からみて、伊豆七島周辺水域及び野付水道が考慮されたが、前者は同水域の漁場確保のため、後者は、北方領土問題がからむために特定海域とはされなかったとされる」。当時、防衛庁は、大隅海峡に関して、本土に近いとの理由で凍結に反対し、南西諸島に代替の国際海峡をつくる場合には吐噶喇(トカラ)海峡(屋久島と口之島の間)を提案したとされる。「同上」70頁。

92 衆議院農林水産委員会議録第19号 (1977年4月20日) 7頁。

例(必ずしも多くないと推察されるが)の比較を通じて、国際海峡における沿岸国の義務や規制権限行使のパターンを析出する必要がある。このことにより、沿岸国の保障措置・保護権と海峡利用国の通過通航権の関係性を探ることが可能となる。この析出作業においては、航行安全の確保の手段である航行支援設備の整備(航路指定方式など)のあり方や、海峡における汚染時における人命及び環境保全のための沿岸国の権限、さらには、海峡における空海軍の配備などが論点となり得よう。

第3点は、武力紛争時における国際海峡の地位である。平時・武力紛争時における国際海峡制度の異同を確認すると同時に、中立国との関係を検討する必要がある。すでに論じたように、この点については、中立法の観点からも、議論が対立している状況である。第1点や第2点で示した海洋法条約の敷居を確定するためにも、武力紛争法や中立法の観点から、議論を再整理する必要がある。なお、前述の日米両政府が合意した「新たな日米防衛協力のための指針」では、「Ⅳ日本の平和及び安全の切れ目のない確保」において、「自衛隊は、日本における主要な港湾及び海峡の防備、日本周辺海域における艦船の防護並びにその他の関連する作戦を主体的に実施する。このため、自衛隊は、沿岸防衛、対水上戦、対潜戦、機雷戦、対空戦及び航空阻止を含むが、これらに限られない必要な行動をとる。米軍は、自衛隊の作戦を支援し及び補完するための作戦を実施する」ことが合意された。[93]

第4点は、マラッカ・シンガポール海峡やホルムズ海峡という海上交通のチョーク・ポイントにおいて武力紛争や摩擦があった場合は、迂回が困難または迂回ができるとしても航海距離に大きな違いが生じるため、航海日数の増加や燃料消費等海上輸送に大きな支障を生じさせる事態となる。また、例えばイラン・イラク戦争時においても、航行制限海域内の就航に特別慰労金が支給され、夜間航行規制や船団方式による入出港等の制限が存在するものの、基本的には護衛等もない中で航行することを日本関係船舶が求められており、こうした紛争地域の航行をどのよう

---

[93] 朝日新聞(2015年4月28日)大阪本社版(10版) 7面。

に担保するかは、実務上は大きな問題となる。

　さらに、地球温暖化に伴い北極の海水面が広がり、近年着目されている北極海航路も検討の課題となり得るであろう。北極海航路における国際海峡の通航がいかなるレジームで規律されるのか、これは国際海峡の定義問題にも関わるが、実務的にどのような調整が考えられるかが検討の対象となり得るであろう。現在のところ、カナダやロシアは、自国の沿岸海域を内水化することによって、国際海峡制度の適用を否定している[94]。この他、海峡をめぐる特別な条約であるモントルー条約を有するトルコの海峡も注目に値する事例といえよう。航行支援との関連では、強制水先を義務付けているトレス海峡の運用も一つのケーススタディを提供する。トレス海峡やボニファシオ海峡をはじめとして、いくつかの海峡は、交通の輻輳と海峡環境の脆弱さという特徴から特別敏感水域（PSSA）に指定されていることにも留意する必要がある。

　日本は海峡沿岸国であると同時に海峡利用国であり、その両者のバランスの上に立った政策決定が重要である。山本教授によれば、「国連海洋法条約は、各国の裁量にゆだねる柔軟な規定をおき、国際紛争の処理、補足条約、国内実施法令の整備などによりさらに拡充を進めるという動態性を備えている」[95]とされる以上、日本としては不断に日本の国益にもっとも即した「国際海峡」に関する国内措置を追及する必要があろう。

　海洋法条約批准時には、日本は、他の国の国際海峡を「通る」視点のみを強調するきらいがあったが、大隅海峡や津軽海峡は北東アジアからの北米航路の最短ルートに近接しているために他の外国船舶に利用されており、日本の「国際海峡」の問題を考えるにあたっては、「通られる」という視点の導入も必要になってきている[96]。こうした国際海峡がもつ両義性

---

[94] 西元宏治「北極海をめぐる国際法上の諸問題」奥脇直也・城山英明編『北極海のガバナンス』（東信堂、2013年）28-29頁。詳しくは、本書第3章の西本健太郎「北極航路における沿岸国規制と国際海峡制度」参照。
[95] 山本「前掲論文」（注1）4頁。
[96] 赤倉康寛・竹村慎治「北東アジア―北米コンテナ航路の日本近海における通航海域の把握・分析」『運輸政策研究』Vol.14, No.1（2011年）17-23頁。

に着目した、国際海峡の通過通航制度に関する日本の政策の形成が必要となろう。

〈追記：幅員が6海里ないし24海里程度の海峡・水道　（　）内は海里〉

1　択捉海峡(22)	2　国後海峡(11)	3　根室海峡(8)
4　色丹水道(11)	5　宗谷海峡(20)	6　利尻水道(10)
7　焼尻島―北海道(13)	8　奥尻海峡(10)	9　大島―小島(21)
10　小島―北海道(11)	11　津軽海峡(10)	12　久六島―本州(17)
13　飛島―本州(15)	14　粟島―本州(10)	15　佐渡海峡(17)
16　舳倉島―七ツ島(14)	17　嫁礁―能登半島(9)	18　隠岐海峡(23)
19　見島―相島(16)	20　伊豆半島―大島(12)	21　大島―利島(11)
22　神津島―三宅島(13)	23　神津島―銭州(13)	24　三宅島―御蔵島(9)
25　御蔵島―藺灘波島(19)	26　対馬海峡西水道(23)	27　対馬海峡東水道(25)
28　沖ノ島―小呂島(22)	29　壱岐水道(6)	30　鳥島―男島(19)
31　下甑島―鷹島(10)	32　鷹島―津倉瀬(8)	33　鷹島―野間岬(19)
34　津倉瀬―宇治群島(15)	35　宇治群島―草垣島(16)	36　草垣島―黒島(22)
37　黒島―湯瀬(9)	38　湯瀬―硫黄島(9)	39　大隅海峡(16)
40　硫黄島―口永良部島(16)	41　屋久島海峡(6)	42　種子島海峡(10)
43　吐噶喇海峡(22)	44　平瀬―口之島(7)	45　中ノ島水道(11)
46　諏訪瀬島―平島(8)	47　諏訪瀬水道(9)	48　悪石島―小宝島(干出)(18)
49　小宝島―宝島(7)	50　宝島―上ノ根嶼(21)	51　サンドン岩―奄美大島(13)
52　奄美大島―喜界島(13)	53　奄美大島―徳之島(10)	54　徳之島―沖永良部島(18)
55　沖永良部島―与論島(17)	56　与論島―沖縄島(12)	57　伊平屋列島―沖縄島(11)
58　粟国島―渡名喜島(12)	59　出砂島―久米島	60　渡名喜島―慶良間列島(9)
61　鳥島―久米島(12)	62　下地島―水納島(24)	63　多良間島―石垣島(18)
64　新城島下地―波照間島(11)	65　西表島―沖ノ神島(8)	66　黄尾嶼―沖ノ北岩(11)
67　媒島―嫁島	68　嫁島―孫島(17)	69　父島―母島(19)

第2章 通過通航制度と海峡沿岸国の航行規制

石井　由梨佳

1　はじめに

　本章は、国連海洋法条約第3部第2節の通過通航制度が妥当する、国際航行に使用されている海峡（国際海峡）における沿岸国の立法管轄権、すなわち国際海峡の使用条件を国内法令で定める権限の射程を主題とする。

　通過通航制度は、通航という特定の目的についてのみ沿岸国の管轄権を制約する一方で、通航以外の点についてはその海峡を構成する水域の法的地位に影響を及ぼさない（海洋法条約第34条1項。以下括弧内の条項は、特別に断りがない限りは海洋法条約のものである）[1]。そこで、沿岸国の管轄権とその海峡の利用国の通航権が、国連海洋法条約採択時点で既に緊張関係にあったことは理解に難くない。

　通過通航制度の創設にあたり締約国が重視したのは、沿岸国の安全保障と外国軍艦通航の確保との均衡だった。しかし今日ではそれに加えて、海洋の環境保全を目的とした通航規制の射程が議論されるようになっている。条文上、沿岸国は航行の安全と排出による汚染防止について、国際海峡の使用条件を定めることができる（第42条1項）。しかし、そのような沿岸国の規制は国際海峡制度の下で機能化した沿岸国の管轄権を領域化する契機を孕み、潜在的に国際紛争を惹起する危険性を有している。豪州がトレス海峡に導入した強制的水先案内制度やロシアやカナダの北

---

[1] United Nations Convention on the Law of the Sea, adopted on 10 December 1982, entered into force on 16 November 1994, *United Nations Treaty Series*, Vol. 1833 (1994), p.397.

極海規制を巡る議論は、それを示唆している。

　歴史的に見れば、二つの公海を結ぶという地理的条件と、それが国際航行に用いられているという機能的条件を満たす海峡について、領海とも公海とも区別される固有の地位を認める見解は、遅くとも18世紀から提唱されてきたし、関連する国家実行も蓄積されてきた。しかし、そこで一般国際法上形成された停止されない無害通航制度の内実については、一致しない点が多く見られた。また、通過通航制度が国連海洋法条約に導入されたとき、それが条約創設的な側面を有していたことは否定できない。条約上設けられた沿岸国の立法管轄権について、国際法上の位置付けが十分に明らかにされていないことが、沿岸国と海洋利用国との間の対立を招来していると考えられる。

　そこで本章は国連海洋法条約上の通過通航制度を起点として、国際海峡における沿岸国の立法管轄権の射程を、具体的な事例に即して考察することにしたい。

2　海峡沿岸国の立法管轄権の射程

(1) 海峡の法的性質

停止されない無害通航制度

　沿岸国の立法管轄権の射程は、国際海峡の法的地位と密接に関連する。そこで本節では立法管轄権の射程を論ずるに先立ち、停止されない無害通航制度、及び、通過通航制度がどのような特質を有しているのかを、国際海峡制度の歴史的な形成過程に注意を払いながら検討しておきたい。

　良く知られているように、国際海峡における沿岸国と利用国の権限と、水域の法的性質を巡っては、遅くとも18世紀以来多様な議論が提起された。ブリェール (Erik Brüel) は1947年の著作である『国際海峡』においてその学説の流れを整理し、議論の主軸が、国際海峡に固有の地位を認めるべきなのか、あるいはそれは領海、湾、公海あるいは自由海 (free sea) として扱われるに留まるべきなのかという点にあったことを明らかにしてい

る。[2]

　そして前者の見解、すなわち海峡に固有の地位を認めるべきだという見解は、バッテル（Emerich de Vattel）が二つの海を結ぶ海路とそうでない海路とを初めて区別して、前者において無害通航は停止してはならないと述べたのを契機として、受容されるようになる。[3]

　オコンネル（Daniel Patrik O'Connell）はこの見解が広く支持されるようになる決定的な契機を、1894年の万国法学会が、海峡における無害通航について、領海とは異なる原則を策定したことに求めている。[4] そこでの決議では「沿岸国は公海と公海を結ぶ海峡における航行を停止してはならない」という原則を学術団体の決議としては初めて取り入れたものだった。[5] これを継承して翌年の1895年の国際法協会の決議は「海峡は閉鎖してはならない」という原則を採択した。[6] ゴディ（Paul Godey）もさらにその翌年、海峡における海洋利用のうち通航についてだけは公海と同じ扱いにしなくてはならないが、それ以外の場合には、沿岸国はそれが沿岸水域において有しているのと同じ権利を行使することが出来るという構成を提示した。[7]

　この流れを受けて、1930年のハーグ法典編纂会議では、その幅が領海幅の2倍以内である海峡においては特別な地位を認めて航行を停止してはならないこと、また両岸が同一の国か異なる国かで水域の地位を区別しないことが、法典案に取り入れられた。[8] 停止されない無害通航権が条

2　Erik Brüel, *International Strait: a Treatise on International Law* (1947), Nyt nordisk Forlag, p.45ff. 同書は1936年にデンマーク語で書かれた著作を英訳して1947年に公刊したものである。

3　Emer de Vattel and Albert de Lapradelle, *Le droit des gens, ou, Principes de la loi naturelle*, Vol. 1(1916), Carnegie Instituion of Washington, p.292.

4　Daniel Patrik O'Connell & Ivan Anthony Shearer, *The International Law of the Sea* (1982), Clarendon Press, p.301.

5　Institute de Droit International (IDI), "Règles sur la définition et le régime de la mer territoriale," *Annuaire de l' Institut de Droit International*, Vol. 13 (1894), p.161, Art. 10

6　International Law Association, *Report of the 17th Conference*, Brussels, October 1st-4th (1895), p.102.

7　Paul Godey, *La mer cotière : obligations réciproques des neutres et des belligérants dans les eaux cotières et dans les ports et rades* (1896), Pedone, p.32.

8　League of Nations, Doc. C.196 M.70, 1927, V.36.

約上の地位を得たのは、1958年の領海及び接続水域に関する条約(「領海条約」)においてである(同条約第16条4項)。[9]

他方において、沿岸国が国際海峡において有する権限の性質が、領海におけるそれとどのように異なるのかについては、概ね次の二点を要因として、見解の一致を見なかった。それゆえに、停止されない無害通航制度が一般国際法上の地位を得たとはいっても、その内実は安定したものとは言い難かった。

海域の特定

第一に、海峡を構成する海域について確立した法理がなかったために、いずれが固有の地位を認めるべき国際海峡かという問題が残った点である。

まず領海幅が定まらなかったことから、沿岸国の排他的な権限が及ぶ水域の特定ができなかった。[10] 1894年の万国法学会決議では、領海幅の上限を6海里としたので海峡幅は12海里を越えない範囲と規定されたが、[11] 国家実行は一致していなかった。この問題は領海幅の問題というより領海の法的性質に関する理解の問題であり、単純な解決を許すものではなかった。[12]

次に、海峡の両岸が異なる国に属するか、同じ国に属するかで水域の区別がなされることがあった。すなわち上記の1894年の決議では、(1) 海峡の両岸が異なる国に属する場合は、その間の水域は領海を構成すること、(2) 同じ国に属する場合でその水域が複数の海洋間の航行に不可欠であるときには同じく領海を構成すること、しかし(3) 事実上交通に用いられていない場合には河川に準ずることが規定された。[13] 1895年の国際法

---

9 Convention on Territorial Sea and Contiguous Zone, adopted on April 29, 1958, *United Nations Treaty Series*, Vol. 516, p.205.

10 Brüel, *supra* note (2).

11 IDI, *supra* note (5), Art 10.

12 領海の法的性質に関する分析について、西本健太郎「海洋管轄権の歴史的展開(1)-(6)(完)」『国家学会雑誌』125巻(2012年)159、283、413、551頁、126巻(2013年)55、246頁参照。

13 IDI, *supra* note (5), Art 10.

協会の決議もこの区別を用いたが、国際交通に必要な水域についてだけ規定したため、最後の (3) の場合は除かれている。[14]

このうち (3) の規則は、グロチウス (Hugo Grotius) が 1625 年の『戦争と平和の法』において、「海洋が陸によって閉じ込められている場合には領有が可能」とし、海峡を河川と湾と同列に位置付けて「その海峡が両岸の土地と比べてそれほど大きくない場合には、両岸を所有している国が海峡を領有できる」と述べているところに、その起源を見出すことができる。[15] よく知られているようにグロチウスは海洋に対する沿岸国の領有権を原則として否定しながら、保護権と管轄権を認める論理構成を提示したが、例外的に一部の水域の領有権を認めている。

しかしグロチウスの議論は、海峡を「陸に閉じ込められた」ものとしてのみ把握しており、国際航行に用いられる水域としては位置付けていなかったため、19 世紀末の議論とは前提が異なる。ひいては、両岸が同じ国に属するのか、違う国に属するのかで水域の性質を区別することもその根拠を欠くように思える。この点については 18 世紀には異議が出されており、例えばバインケルスフーク (Cornelius van Bynkershoek) は、1744 年の『海洋論』の中で、英国とフランスの間にある海峡において、仮に両岸が英国に属していたとしても、それは英国が海峡において排他的な権限を有するということにはならないと指摘している。[16] 万国法学会決議の (1) と (2) の区別は 1926 年の法典化会議準備委員会における報告書でも提案されたが、[17] 本会議で外された。[18]

---

14 International Law Association, *supra* note (6), p.102.

15 Hugo Grotius, Francis W. Kelsey (trans.), *De jure belli ac pacis libri tres* (1925), Clarendon Press, p.209.

16 Cornelius van Bynkershoek, Ralph Van Deman Magoffin(trans.) *De Domino Maris Dissertatio* (1923), Oxford University Press, p.64.

17 Publication of the League of Nations, Legal Questions, 1926 V 10, Official No. C. 44 M. 21; League of Nations, Committee of Experts for the Progressive Codification of International Law, "Questionnaire No. 2, 'Territorial Water,'" *reprinted in American Journal of International Law, Special Supplement*, Vol. 20 (1926), p.62, 88ff, 141; 議論について Brüel, *supra* note 2, p.175ff; Shabtai Rosenne, *League of Nations Committee of Experts for the Progressive Codification of International Law* (1925-1928): *Documents* Vol.1 (1972), p.68ff.

18 Shabtai Rosenne (ed.), *League of Nations Conference for the Codification of International Law* [1930], Vol. 2 (1975), Oceana Publications, p.247.

最後に、この区別とも関連するが、領海あるいは内水と公海を結ぶ海峡と、二つの公海を結ぶ海峡の区別が必要かについても議論が分かれた。万国法学会の決議は「複数の海」を結ぶこととしか定めておらず、それが公海であるか領海であるかは区別していない[19]。また、国際法協会の決議も「複数の国の間の交通」としか定めていない[20]。領海条約の策定時にはこの二つを区別することが国際法委員会において提案され[21]、第1次国連海洋法会議で議論されたが[22]、最終的にはその区別は設けられなかった（領海条約第16条4項）。

　これに対して、両者を区別するべきだという論者は国際交通の意義を狭く捉え、海峡沿岸国ではない国が、自国から他国へ移動するときにその海峡が不可欠であることが、海峡に固有の地位を認める根拠だと主張する。例えばハイド（Charles C. Hyde）は1922年の著作において「公海と内海（inland sea）を結ぶ海峡について、海峡も内水も同一の国に囲まれており、かつ海峡がすべてその国の領海にあるならば、類推によってそれは湾と見なされるべきである」と述べている。ハイドはそのような湾は「閉鎖海」として観念され、外国船舶の航行は排除されると述べている[23]。第3次国連海洋法会議ではこの見解が支持され、海洋法条約は両者を区別している（第37条、第45条1項参照）。しかし、条約採択後も、公海とイスラエルの領海とを結ぶティラン海峡にいかなる地位を認めるかを巡って議論が展開された経緯は[24]、この問題の根深さを示すものである。

沿岸国の権限

19　IDI, *supra* note (5).
20　ILA, *supra* note (6).
21　ILC, *Yearbook of the International Law Commission*, Vol. II (1956), p.59.
22　UNCLOS I, *Official Records*, A/CONF.13/39, Vol. III, p.79; O'Connell, *supra* note (4), p.315.
23　Charles C. Hyde, *International Law Chiefly as Interpreted and Applied by the United States* (1922), p.279.
24　Mohamed ElBaradei, "The Egyptian-Israeli Peace Treaty and Access to the Gulf of Aqaba: A New Legal Regime" *American Journal of International Law* Vol. 76 (1982), p.534; Ruth Lapidoth, "The Strait of Tiran, The Gulf of Aqaba, and the 1979 Treaty of Peace between Egypt and Israel" *American Journal of International Law* Vol. 77 (1983), p.84; Ruth Lapidoth, "Straits, International" *Max Planck Encyclopedia of Public International Law* (2012), Oxford University Press.

第二に、領海に対する沿岸国の権限の性質について見解が一致せず、従って無害通航権の射程について対立が残った点である。[25] 19世紀初期ごろまでは領海では外国船舶に対しても沿岸国船舶と同じ権限が行使されるという見解もあったが、同世紀中ごろには、領海において領有権と管轄権を切り離し、外国船舶に対する権限を制約する見解が広く共有されるようになった。[26] しかしその管轄権の定義と意義、及び沿岸国の行使の規制に関しては多様な議論が展開されていた。[27]

　そのことから海峡においても、無害通航の射程、とりわけ軍艦の通航の可否を巡って対立が残った。例えば、戦間期には軍艦の領海における無害通航と認められないことを根拠として、同様に海峡の通過を認めないことも可能であるという主張がなされたこともあった。[28] 1949年のコルフ海峡事件は、平時においては軍艦であっても無害通航が認められると述べ、行為態様別規制に整合的な判示をした。[29] 国際司法裁判所 (ICJ) は国際海峡においては、沿岸国による主観的判断を否定する方向で解釈を示したといえる。[30]

　しかし領海条約締結以降も、領海の無害通航において船種別規制を取る国家は少なくなかった。条約採択時に削除されたが、1956年の国際法委員会 (ILC) 草案の段階において、軍艦が領海を通航する際には沿岸国による事前の承認が必要だという文言が挿入されたことは、[31] 権限の理解に関する不一致を示すものといえるだろう。

---

[25]　Daniel Patrik O'Connell, "The Juridical Nature of the Territorial Sea" *British Yearbook of International Law* Vol. 45 (1971) p.303.; 西本、前掲注 (12) 参照。

[26]　O'Connell, *ibid*; 杉原高嶺『海洋法と通航権』(日本海洋協会、1991年) 26頁。

[27]　Ivan Anthony Shearer, "Problems of Jurisdiction and Law Enforcement Against Delinquent Vessels" *International and Comparative Law Quarterly* Vol. 35 (1986), p.320.

[28]　Brüel, *supra* note (2), p.75.

[29]　"Corfu Channel Case," Judgment of April 9, 1949, *I.C.J. Reports* 1949, p.4.

[30]　杉原、前掲注 (26)。

[31]　International Law Commission, "Articles concerning the Law of the Sea with Commentaries," *Yearbook of International Law Commission* (1956), Vol. 1, pp.199-216, art. 24.

(2) 通過通航制度

1973年から始まった第三次国連海洋法会議において、領海幅の上限を12海里に設定するにあたり、それまで公海として利用していた航路が領海によって塞がれてしまうことを受けて、海峡利用国は、停止されない無害通航制度では、軍艦や航空機の通航の自由を確保するのに十分ではないことを懸念した[32]。停止されない無害通航制度の下では、外国船舶には浮上航行義務が課せられることと(領海条約14条6項)、海峡の上空において外国航空機の通過が認められないことに争いはなかったためである。とりわけ、冷戦下において米国やソ連らは海峡における軍艦の通航の自由を確保する必要があった。そこで会議では国際海峡に関する作業部会が設けられ、公海と同じ通航の自由を保障しようとした米国案[33]やソ連案[34]と、無害通航のみを認めようとした海峡沿岸国案[35]との対立を折衷する形で、国際海峡独自の制度が検討されることになった。作業部会では、航行及び上空飛行の制度と、水域の性質の問題を分けて、通航という機能のみについて交渉を進めるという工夫が用いられた[36]。通過通航制度が適用される海峡は様々な基準によって限定されたけれども、このことによって、通航の利益に重きを置いた権限配分が可能になった。杉原高嶺は通過通航制度の成立過程を仔細に分析した上で、そこでは「『沿岸国利益に対する利用国利益の優先』の論理が強く浸透している」ことを指摘している[38]。

---

32 経緯については、Satya Nandan & Rosenne Shabtai, *United Nations Convention on the Law of the Sea 1982 A Commentary*, Vol. II (1993), p.354; Nandan & Anderson, "Straits used for Internataional Navigation: A Commentary on Part III of the United Nations Convention on the Law of the Sea 1982" *British Yearbook of International Law* (1990), p.159., p.161-165; 杉原高嶺「通過通航制度の法的性格」『一橋論叢』第19巻 (1984年) 22-27頁参照。

33 "Report of the Committee on the Peaceful Uses of the Sea-Bed and the Ocean Floor beyond the Limits of the National Jurisdiction," A/8421, p.241.

34 *Ibid*, A/8721, p.162.

35 UN.Doc. A/AC, 138/SC.II/L.18.

36 UN Doc. A/CONF. 62/C.2/L.3; A/CONF, 62/C, 2/L, 16.

37 *Ibid*., p.164.

38 杉原高嶺「海峡通航の制度的展開」山本草二・杉原高嶺編『海洋法の歴史と展望：小田滋

当時の研究の中には、冷戦下における海峡の軍事的重要性に着目し、大国の相互抑止力の確保が全ての国の共通利益に資すること、各国の個別利益がそれに服すること、従ってその確保を可能にする通過通航制度は一般的な性質を伴うものだとするものがある[39]。米国が通過通航制度は国際慣習法上のものだと主張しているのも、この見解を基礎にしている[40]。

　しかし各海峡沿岸国は、通過通航制度をそのままの形で受け入れたわけではない。1998年のモレナール（Erik J. Molenaar）の研究は、幅が24海里以下の海峡についての沿岸国の国内制度が多様であることを具体的に明らかにしている[41]。通過通航制度独自の国内法を有している国がある一方で、領海の制度を海峡にも適用している国がある[42]。また、通過通航制度が適用される海峡の地理的、機能的条件を満たすにも関わらず、それを自国国内法上領海または内水として扱っている国もある[43]。

　さらに、通過通航制度それ自体を容認しない旨の宣言をしている国もある。具体的には、イランが通過通航権は条約上の権利であり条約の非当事国の船舶はそれを主張できないということを署名時に宣言し[44]、オマーンが沿岸国の利益、平和、安全を守るために必要な措置を取ることを妨げないと同じく署名時に宣言した[45]ことが挙げられる。また、イエメンは二つの海を結ぶ海域においても領海の制度が妥当することを宣言し

先生還暦記念』(有斐閣、1986年) 337、389頁。

39　John Norton Moore, "The Regime of Straits of the Third United Nations Conference on the Law of the Sea" *American Journal of International Law* Vol. 74 (1979), p.77.

40　United States, Diplomatic Note of August 17, 1987, to the Democratic and Popular Republic of Algeria (intermediary for Iran), *reprinted in* United States Department of State, *Limits in the Seas: United States Responses to Excessive National Maritime Claims No.112* (1992), p.68.

41　Erik Jaap Molenaar, *Coastal State Jurisdiction over Vessel-source Pollution* (1998), Kluwer Law International, p.299.

42　*Ibid*, p.300.

43　*Ibid*, p.301.

44　Islamic Republic of Iran, upon signature on 10 December 1982, *available at* http://www.un.org/Depts/los/convention_agreements/convention_declarations.htm.

45　Oman, upon signature on 1 July 1983 & upon ratification on 17 August 1989, available at *ibid*.

た。[46]モロッコは1973年に幅が24海里未満の海峡においても無害通航のみが認められるという国内法を制定し、[47]その国内法は今日に至るまで改正されていない。[48]ただしモロッコは署名、批准にあたり海峡制度についての宣言は出しておらず、海洋法条約採択後の立場を明らかにしていない。[49]通過通航制度は、海峡を閉鎖してはならないという、既に成立していた規範を基礎にしているとはいえ、海洋法条約において初めて創設された規則を含んでおり、その実施に関する国家実行は一貫していない。

(3) 立法管轄権の射程

外国船舶の通航権と沿岸国の立法管轄権

それでは国際海峡における立法管轄権の射程は、以上のような海峡制度の性質とどのように関連しているだろうか。本節では、国際海峡が国家領域であることに鑑み、領海における立法管轄権の理解を踏まえ、それが、通過通航制度が適用される国際海峡においてどのように修正されているかを検討したい。

領海沿岸国の立法管轄権の性質は、言うまでもなく、無害通航権の論理構成と密接に関連する。[50]そのため、外国船舶が法令に違反した場合に当該船舶が通航権を喪失するかという問題が重要になる。周知の通り、この論点を巡っては19世紀末から主に二つの学説が対立していた。[51]一方は、無害性の認定は沿岸国の平和、秩序、安全を害しているかを基準とするべきであり、法令違反と無害通航権を否認する根拠とは区別するべきだという立場（分離説）である。[52]もう一方は、無害性の認定を沿岸国

---

46 Yemen Arab Republic, upon signature on 10 December 1982, para.1, available at ibid.

47 Act No. 1.73.211 establishing the Limits of the Territorial Waters, and the Exclusive Fishing Zone of Morocco, of 2 March 1973, Art. 3, *available at* http://www.un.org/Depts/los/LEGISLATIONANDTREATIES/PDFFILES/MAR_1973_Act.pdf.

48 *Ibid.* at 301.

49 Morocco, "Declaration upon ratification," 31 May 2007, available at *supra* note (43).

50 *Supra* note (25).

51 山本草二『海洋法』（三省堂、1992年）128頁 ; O'Connell, *supra* note (4), p.267.

52 山本、同上。

法令の遵守の要件と結びつけるという立場(接合説)である[53]。更に 20 世紀前半以降は、厳密に法令違反を要件とするものではないにしても、外国船舶が沿岸国の重要利益を害する行為を行う目的で領海に立ち入ることを、無害でないことの根拠とする見解(折衷説)が提唱されるようになった[54]。

ただし法典化作業において、沿岸国の法令事項は常にこの論点と連動して検討されたわけではなかった。まず領海条約では、船舶が遵守するべき法令は「この条約の規定及び国際法の他の規則」に従って制定されることが定められたが(領海条約第 17 条)、具体的な規律対象は漁業について定められたのみである(同第 14 条 5 項)。草案では沿岸国が制定できる事項についての例示的な列挙が提案されたが、それは条約には取り入れられなかった[55]。

海洋法条約では、小田滋が指摘するように 21 条 1 項の列挙事項は 19 条 2 項と必ずしも適切に関連付けられなかった[56]。それは、山本草二が指摘するように、沿岸国が領海内で維持しようとする保護法益の性質が、沿岸国の法令によって確定されるべきものとは限らないことに因るものだった[57]。法令制定は「有害活動の内容・構成要件について国際的に周知させる」機能を有するが、国内法令が無害でない事項を網羅しているわけではない[58]。この理解は分離説と整合的であり、また、法令の違反が 19 条 2 項に該当するほどの害を沿岸国にもたらすのでなければ、当該外国船舶は通航権を喪失しないという帰結をもたらすことになる[59]。

この議論は、通過通航権が適用される国際海峡においても基本的に妥

---

53 同上。
54 同上。
55 Commentary, *supra* note (32), p.187; ILC, "Report of the International Law Commission covering the work of its eighth session," A/3159, Yearbook of International Law Commission, Vol. II (1956), p.253, 274.
56 小田滋『注解国連海洋法条約 上巻』(有斐閣、1985 年) 116 頁。
57 山本、前掲注 (51)、128 頁。
58 同上、132 頁。
59 小田、前掲注 (56)、116 頁。

当する。そこで、法令の違反が船舶と航空機の義務違反 (39 条) に該当するのでなければ、通航権の喪失はないと考えることになる。小田滋はこの見解を取り、例えば航路帯等を尊重しなかったとしてもそれは単純な法令違反であって、そのために通過通航権を失うわけではないと述べる。[60] この見解に対する有力な批判は見当たらない。

また、海峡沿岸国は通過通航を妨害してはならないが (第 44 条)、公船以外の船舶が「第 42 条 1 項 (a) (b) に規定する法令に違反し、かつ、海峡の海洋環境に対し著しい損害をもたらし又はもたらすおそれがある場合」が発生する場合には「適当な執行措置」を取ることが出来る (第 233 条)。この規定も分離説と整合的である。

「国際的な規則」の意義

他方で、停止されない無害通航制度が適用される国際海峡とは異なり、通過通航制度が適用される国際海峡においては、国際基準を用いて沿岸国の規制の客観化を図ることで、沿岸国の規制が一方的に拡大しないようにする仕組が設けられている。[61] 前者の海峡においては、沿岸国は国際基準を上回る法令を制定することができるが、後者ではそれが許容されていない。

このように国際基準に依拠して航行規制の標準化を図る方式は、1958 年の公海条約で旗国の義務を定めるものとして導入された (公海条約第 10 条参照)。そこでの国際基準の導入は、航行の安全や船舶起因汚染の規制を、原則として旗国の規律に委ねることを含意するに過ぎなかった。しかし海洋法条約においては、沿岸国と利用国の利益を調整する仕組みとして用いられるようになったために、[62] 国際基準の意義を巡って議論が生じた。

具体的な規制の概要は以下の通りである。まず、第 42 条 1 項 (a) の「航

---

60 同上。
61 Nandan and Shabtai, *supra* note (32), p.375; 河西直也「国際基準と国家の立法管轄──船舶起因汚染をめぐる法令の適用関係に関する一考察」『新海洋法制と国内法の対応』第 1 号 (1989 年) 103 頁。
62 Bernard H Oxman, "The Duty to Respect Generally Accepted International Standards" *New York University Journal of International Law and Policy* Vol. 24 (1991), p.109.

行の安全及び海上交通の規制」は、航路帯と分離通航帯について定める第41条についてのものであることが条件になっている。そして第41条は海峡における航路帯と分離通航帯の設定が「一般的に受け入れられている国際的な規則に適合し」ていること、そしてそれが「権限ある国際機関」、すなわち IMO の採択を得ていることを条件としている。

　航路帯と分離通航帯に関する規定は領海の節にもある。この制度は領海条約には見られず、1967 年のトリーキャニオン事件を受けて IMCO で検討がなされ、1972 年の COLREG 条約の採択を経て、海洋法条約に規定された[63]。もっとも、領海では国際機関の「勧告を考慮」すれば足りるのに対して (第22条3項(a))、海峡では指定または変更の前に国際機関に提案し、承認を受けることが要件となっている (第41条4項)。

　次に、海洋汚染の「防止、軽減、及び規制」については、それが海峡における油、油性廃棄物その他の有害な物質の排出に関して適用される「国際的な規則」と合致していることが要件である (第42条1項(b))。国際機関の関与は要請されていない。

　それでは、ここでの「国際的な規則」の内実をどのように解釈すればよいかが問題となる。沿岸国が当事国である SOLAS 条約や MARPOL73/78 条約などの IMO 関連条約がこの文言に含まれることは特に異論はない。しかし、それ以外の規範に関して、両条項の「国際的な規則」が何を意味するのかについては見解の対立がある。

　第一に、この「規則」は法的拘束力のある規範に限定されるかについて議論がある。一方では、これらは条約であるか慣習法であるか、一般規則であるか技術的な基準であるかは問わないにせよ、拘束的な性質のものに限られるという主張がある。モレナールとレーネン (W. van Reenen) はその立場を取っている[64]。

　しかし、これに対して国際法協会の分科会が海洋汚染規制と沿岸国の

---

[63] Ibid.

[64] Molenaar, *supra* note (41); W. van Reenen, "Rules of Reference in the New Convention on the Law of the Sea, in Particular in Connection with the Pollution of the Sea by Oil from Tankers" *Netherlands Yearbook of International Law* Vol. 12 (1981), p.3, 25.

管轄権に関して 2000 年に出した報告書は、これが慣習法や当事国が入っている条約のみを意味するとなると規定の意義が希薄になると指摘する[65]。またオックスマン (Bernard H. Oxman) も、環境保全に実効的に対処するためには国際機関の決議などの実施が必要になることもあるとして、この立場を取る[66]。この見解によると、拘束的な法規範を上回る基準を有する規範、例えば、IMO の勧告、指針、行動規範がここに含まれることになる。報告書は「国際的な規則」が航行の利益と環境の利益の微妙な均衡の画期点とまで評しているが[67]、国際機関の主導によって厳格な基準が採用されることを考えるならば、実際にはその均衡点が環境保全の方に傾くことを許していることになる。

第二に「規則」の意義に関して後者の見解を採ることを前提として、第 41 条のいう「一般的に受け入れられ」ていることの意義についても理解が分かれる。国際法協会の報告書は、これが国際慣習法の客観的成立要件と同一の意義であるとするならば、同じく規定の意味が希薄になってしまうと述べている。そこで一般的に受容されているかを判断するに当たって決定的な要素は、ある程度広い国家実行があるということに加えて、影響が及ぶ国家がその規則を受容しているかという点にあるという[68]。更に船舶起因汚染については国際機関が基準を設定することが要件とされていない(第 42 条 1 項 (b))。この見解に拠れば、地域合意によって承認された基準も含まれることになる[69]。

(4) 通航の自由から航行の安全へ

---

[65] International Law Association, *Final Report, Committee on Coastal State Jurisdiction relating to Marine Pollution* (2000); Erik Franckx, *Vessel-source pollution and coastal state jurisdiction: the work of the ILA Committee on Coastal State Jurisdiction Relating to Marine Pollution* (1991-2000) (2001) .

[66] Oxman, *supra* note (62).

[67] International Law Association, *supra* note(65).

[68] *Ibid.*

[69] この指摘について河西、前掲注 53;薬師寺公夫「海洋汚染防止に関する条約制度の展開と国連海洋法条約——船舶からの汚染を中心に」国際法学会編『海』(日本と国際法の 100 年 第 3 巻) (三省堂、2001 年) 215 頁参照。

以上のように「国際的な規則」の意義を広く捉える解釈は、国際海峡という文脈の下で提示されているにも関わらず、国際海峡の法的性質と必然的に結びついているわけではない。むしろそれは EEZ に共通する議論として展開されており、国際海峡という水域の固有性は希薄になっているとすらいえる。

もっともそのことは、海洋法全体の潮流として、海洋法秩序が守るべき価値が多様化していることと整合する。ロスウェル (Donald R. Rothwell) とステファンス (Tim Stephens) は 2010 年の体系書の「航行の権利と自由」についての章で、伝統的な価値である通航の自由に加えて、今日では環境の保全、天然資源の管理、非国家主体による脅威からの安全保障といった新たな価値が海洋法秩序を支えていることを指摘する[70]。通過通航制度という専ら外国船舶の通航を確保するために創設された制度の下において、沿岸国の立法管轄権の射程を画定する上では通航以外の価値が優先されうる事象は、この流れに位置づけることができる。

また、ロスウェルの見解を裏付ける流れとして、国連海洋法条約の前文にある「海洋の諸問題が相互に密接な関連を有し及び全体として検討される必要がある」ことが、実定法上の制度に反映されつつあることが指摘できる。海域をまたいだ環境保護区 (MPA) の設定がその具体例である。MPA の制度は多岐に渡るが、MARPOL 条約附属書 (I、II、V、VI) の特別水域のように条約上の基準に基づいて設定されるものや[71]、IMO の特別敏感水域 (PSSA) のように非拘束的な指針に基づき国際機関の勧告を受けて設定されるもの[72]が例として挙げられる。また UNESCO の認定を受け

---

70 Donald R. Rothwell & Tim Stephens, *The International Law of the Sea* (2010), p.206. 船舶の通航権と海洋環境の保護について、富岡仁「船舶の通航権と海洋環境の保護――国連海洋法条約とその発展」『名経法学』第 12 号 (2002 年) 1 頁も参照。

71 International Convention for the Prevention of Pollution from Ships (MARPOL) 73/78, *entered into force on* October 2, 1983; Annex I, Regulations for the Prevention of Pollution by Oil, *entered into force on* October 2, 1983; Annex II Regulations for the Control of Pollution by Noxious Liquid Substances in Bulk, *entered into force on* October 2, 1983; Annex V Prevention of Pollution by Garbage from Ships, *entered into force on* December 31, 1988; Annex VI Prevention of Air Pollution from Ships, *entered into force on* May 19, 2005.

72 International Maritime Organization, A.982(24) Revised guidelines for the identification and designation

た世界遺産や[73]、水中文化遺産保護条約上の文化遺産も[74]、広義にはこの保護区に当たる。

　これらの保護区の制度は海洋法条約の枠組みを修正しようとするものではなく、沿岸国が条約上持っている権利の範囲内で実施されることが予定されている。しかし、それらが「国際的な規則」として参照されれば、沿岸国が権限を拡大する契機となる。実際にIMOが国際海峡とそれを取り囲む排他的経済水域を1つのPSSAとして指定する例があり、そこで導入される関連保護措置が、通航権との関係で議論されることがある[75]。ただしEEZ内において権限ある国際機関との協議を通じて設定する保護水域の制度（第211条6項）は、国際海峡には適用はなく（第233条）、国際海峡については沿岸国が自らの国家領域として管轄権を行使することが前提とされている。

　海峡に関しては、スコバッチ（Tullio Scovazzi）は既に1995年の論文において、海峡における複数の管理レジームが海洋法条約の解釈上導けることを論じている[76]。スコバッチは海峡の規律を、沿岸国が自国の主権を行使して通航を制約することではなく、航行の安全を沿岸国と利用国が協力して確保することとして捉えている。実行上はドーバー海峡、マラッカ海峡、ジブラルタル海峡といった主要な海峡において沿岸国が利用船舶と連絡を取りながら航行管理を実施しているが、スコバッチはそれらを協力体制と位置づける。そのような評価は、沿岸国が海峡において本来領域主権を有していることを軽視しているとも思える。言うまでもなく国際海峡で展

---

of Particularly Sensitive Sea Areas (PSSAs), *adopted on* February 6, 2006.

[73] Convention Concerning the Protection of the World Cultural and Natural Heritage, *adopted on* 16 November 1972, Art. 5.

[74] Convention on the Protection of the Underwater Cultural Heritage, *adopted on* 2 November 2001, Art. 10.

[75] PSSAの法的性質に関しては、許淑娟「PSSA（Particularly Sensitive Sea Area：特別敏感海域）：海洋環境保護と海上交通の関係をさぐる一例として」『立教法学』87巻（2013年）184頁；石橋可奈美「海洋環境保護とPSSA（特別敏感海域）──海域別規制を基盤とする関連保護措置とその限界──」『香川法学』26巻（2007年）271頁参照。

[76] Tullio Scovazzi, "Management regimes and responsibility for international straits with special reference to the Mediterranean Straits" *Marine Policy* Vol. 19 (1995), pp.137–152., p.141.

開される協力体制は公海や EEZ において行われているような管轄権の調整とは根本的に異なるためである。しかし同時に、このような議論が表れていることは、立法管轄権に対する非拘束的な国際基準の導入が海洋法の一般的な流れと親和性を有していることを示している。

　以上の流れは、沿岸国の規制の狙いが通航の自由の尊重から、航行の安全の確保へと推移していると約することができる。環境の保全にせよ、安全保障にせよ、それが海上規制の一環として行われるとき、航行の安全を基底にしているのが常だからである。

　またロスウェルらやスコバッチの議論が妥当するにせよ、しないにせよ、分離説に基づき国内法令への違反が直ちに通航権の喪失をもたらすものではないことが、沿岸国が積極的に環境の保全等を行うことを許容する方向に働いていることを指摘しておきたい。

　他方で「国際的な規則」の内実を広く捉えることが、通航の自由と緊張関係にあることに変わりはない。海峡において通航権を喪失しなくても、沿岸国の法令に違反して当該国に入港すれば責任を問われうるのであり、その法令の射程は国際法上問題になる。

　そこで本論文は、航行の安全という価値を実現するために、海峡沿岸国がどのような措置を取りうると考えられているのかを具体的な実行に照らして検討する。国際海峡の制度目的であった通航の自由と、沿岸国が確保しようとする航行の安全は、密接に関連しているとはいえ独立した価値である。そして、沿岸国の権限の射程を画する要素の一つは、国際航行に必要であり、かつ、定義上他に便利な航路がないという、通過通航制度が適用される国際海峡にのみ認められる性質のはずである。両者の均衡は慎重に保たれなくてはならない。

　通過通航制度が適用される国際海峡において、その導入の法的な可否が争われたものに、(1) 入域前の事前通報、(2) 特定船舶の入域禁止、(3) 強制的水先案内制度がある。これらはそれぞれ規制の方式は異なるが、沿岸国が海峡の使用条件として設定することを少なくとも検討した措置である。その導入の可否は、措置に内在する要素だけではなく、海峡を

取り巻く自然環境や、提案国と利用国との政治的な状況も勘案されて決められる。そこで次節において、それらの外在的な事情にも注意を払いながら、措置を巡る議論の構造を明らかにしたい。

3 具体的な措置に関する分析

(1) 強制船舶通報制度

　船舶通報制度とは、船舶が沿岸国当局に対して船舶の情報を当局に通知する制度である。船舶自動識別装置(AIS)の作動を維持するなどして位置情報を通知すること、及び沿岸国に積載物の内容、船籍国、目的地等の航海関連情報を提供することも一般に含む。

　船舶通報制度に関して海洋法条約には明文規定はない。しかしスコバッチは前述の論文において、沿岸国がどのような船舶が自国の海峡を走っているか知る権利があるという理由に基づいて、沿岸国は海洋法条約上この義務を課すことが出来るという[77]。すなわち、海洋法条約が「海峡における油その他の汚染物質による汚染の防止、軽減、規制」についての沿岸国の権利を定めているにも関わらず、沿岸国が、海峡を通航する船舶がそのような物質を輸送しているかを知る権利を有さないのは不合理だという立場である。船舶に主権免除が適用されるのかを知る必要性もある。さらに、沿岸国は汚染を防止するために協力することが義務付けられているが(第43条)、通報する義務がないとすると協力義務の履行が難しいともいう[78]。

　この協力義務に関して、IMOは旗国に対して自国船舶が沿岸国の法令を遵守するように管理することを勧告しており、そのために船舶が沿岸国と協力することを促す傾向にある。その一環において、2002年のSOLAS条約改正の際に、旗国の義務としてではあるが、総重量300トン以上50000トン以下の貨物船舶にはAISを搭載することと、それを原則

---

[77] *Ibid*, p.138.

[78] *Ibid*.

として常に起動しておくことが義務付けられた(条約第5章)。そのため、沿岸国の権利として船舶通報を義務付けることを IMO が承認することは少なくない。

1994年に SOLAS 条約が改正された際に、IMO が承認した場合に限り、沿岸国は船舶通報を義務付けることができることが定められた(条約第5章第8規則1項)。1996年、IMO はこの制度に基づき、大堡礁と共にトレス海峡において強制的船位通報制度の導入を承認した[79]。同年、豪州は REEFREP という制度を設けた[80]。これは水域内の(1)船長50メートル以上の船舶、(2)石油、液状ガス、所定の化学物質を輸送している船舶、あるいは(3)曳航船ないし押航船が(1)あるいは(2)の船舶である場合もしくは曳航幅が150メートル長の船舶である場合に、目的地と行先地を問わず、当局である REEFVTS に船舶名、船籍国等の特定情報を通知することを義務付ける制度である。水域内では船舶は AIS によって追跡される。また、船舶は水域内において事故の危険性がある場合や交通規制がある場合に当局から連絡を受ける準備をしておく義務もある。この制度はトレス海峡の規制においても特段の反対もなく受け入れられた[81]。

また、PSSA の関連保護措置として入域前の通報義務が承認されることがある。西欧 PSSA において重油を輸送する載貨重量600トン以上の船舶(ただしダブルハル・タンカーは除く)が当該 PSSA 内に入域する48時間前に通報する制度が採択されたことが挙げられる。この PSSA にはドーバー海峡が含まれている。

それが採択される過程では、IMO 法律委員会において、パナマ、リベ

---

[79] IMO MSC, "Mandatory Ship Reporting in the Torres Strait and Inner Route of the Great Barrier Reef," IMO Resolution MSC 52(66), MSC 66/24/Add.1, adopted on May 30, 1996.

[80] Navigational Act 1912, Section 425(1AA); No. 10 of 2004 Orders/Marine as amended, taking into account amendments up to Marine Orders - Part 56: REEFREP - Amendment (No. 1) (Order No. 2 of 2011)

[81] Robert C. Beckman, "PSSAs and Transit Passage—Australia's Pilotage System in the Torres Strait Challenges the IMO and UNCLOS" *Ocean Development & International Law* Vol. 38(4) (2007), pp.325–357.

リアなどの海運国や[82]、BIMCO などの海運団体からの異議が出された[83]。しかしこれに対しては、事前通報自体は航行を妨げるものではなく、沿岸国に事故の際に深刻な汚染を引き起こし得る積荷を積載する船舶の到着を警告するものであるという反論が提案国の側から出された。適用される関連保護措置の種類は、IMO の決定に委ねられている。IMO によって取られている措置には SOLAS 条約第 5 章 11 規則の船舶通報制度を含んでいる。IMO の加盟国は、この規則の採択を通じて、ある区域への入域通報は通航の利益を損なわないということに賛意を示しているという議論である。船舶通報制度は通航に対する制約の程度が小さいとは言え、従来は旗国が自国船舶に義務づけてきたものであった。このように沿岸国が通過する外国船舶に義務づけることを許容する動きは、スコバッチのいう協力体制の一つとして位置づけることができるだろう。

(2) 特定船舶の入域禁止措置

特定船舶が所定の水域に入ること自体を禁止する措置が許容されるかについても議論がある。スコバッチは海洋法条約 233 条の解釈として、船舶が「著しい損害」をもたらしうる場合には、それは「適切な措置」として認められると述べている[84]。そのような可能性は、船舶の構造、積載物、耐久性、海峡の地理的条件などに基づいて総合的に判断することになる。スコバッチは、海峡が定義上、幅が狭く通航量が多いことから事故を起こしやすい水域であることを重視して、未然防止の一環として、この結論を導いている。

しかし国家実行において特定船舶の入域を禁止する措置が認められた例はない。ドーバー海峡を含む西欧 PSSA の設定において、重油を輸送する載貨重量 600 トン以上の船舶（ただしダブルハル・タンカーは除く）の通航

82　MEPC 49/22, para.8.14.

83　IMO Doc. MEPC 51/8/4, 4.02.2004, BIMCO, ICS, INTERCARGO, INTERTANKO, OICF and IPTA, para. 4;Veronica Frank, "Consequences of the Prestige Sinking for European and International Law" *International Journal of Marine and Coastal Law* Vol. 20 (2005), p.33.

84　Scovazzi, *supra* note (76), p.141.

禁止を IMO に提案した[85]。このような提案がなされた背景には、提案国らによる船舶構造基準を厳格にしてシングル・ハルタンカーを廃止しようとする別の動向があったという[86]。しかしそれは認められず、提案国はこの提案を早期に撤回することになった[87]。

強制的水先案内制度

海峡を通航する際に水先案内人を乗せることを義務付けることについて、評価は割れている。これが具体的に問題になったのは、豪州がトレス海峡内にある通過通航制度が適用される大北東海峡においてこの制度を導入した事例においてであり、以下ではこの事例を詳しく検討する。トレス海峡は豪州の北にあるケープヨーク島と、パプアニューギニアの間にある海域全般を指す[88]。トレス海峡の中に、アラフラ海と珊瑚海を結ぶ大北東海峡 (Great North East Channel) があり、この海峡だけが通過通航制度の適用対象となる[89]。

トレス海峡には多数の島と珊瑚礁が分布しており、大北東海峡を通航する船舶はそれらの珊瑚礁に接近しなくてはならない。また、この海域は浅瀬が広がっており、潮の影響を受けやすいといわれている[90]。加えてこの地域は大堡礁 (Great Barrier Reef) 地域に隣接している。大堡礁は 1975 年に豪州国内法上、海洋公園として指定されており[91]、1981 年に国連教育科

---

85 IMO Doc., MEPC 49/8/1, 49/22; 加々美康彦「国際海事機関による海洋保護区の構想——特別敏感海域の『追加的価値』をめぐって」『海洋政策研究』9 号 (2010 年) 1, 24 頁 ; Julian Roberts et al., "The Western European PSSA Proposal: A 'Politically Sensitive Sea Area'" *Marine Policy* Vol. 29 (2005), p.434 参照。
86 加々美, 同上.
87 同上。
88 Geoscience Australia National Mapping Division, "Australia's Maritime Zones in the Torres Strait," MP 02/343.17, available at http://www.immi.gov.au/media/fact-sheets/72-torres-strait-map.pdf.
89 Sam Bateman & Michael White, "Compulsory Pilotage in the Torres Strait: Overcoming Unacceptable Risks to a Sensitive Marine Environment" *Ocean Development & International Law* Vol. 40(2) (2009), pp.184–203.
90 *Ibid*.
91 Great Barrier Reef Marine Park Act, No. 85 of 1975, Part VIIA.

学文化機関（ユネスコ）の世界文化遺産に登録されている[92]。他方で、豪州東部は鉱物資源が豊富であり、その沿岸部は資源輸出のために外国船舶が多く通航する地域である。

また、豪州とパプアニューギニアは1978年にトレス海峡における境界画定協定を締結したが[93]、この協定はトレス海峡域の管理と保全を多面的に行おうとするものだった[94]。協定は、境界線とは別に保護地区（Protected zone）を設け（第10条）、漁業資源の保存と管理のための協力義務を定める他、漁獲高の配分についても定めを置くなどして（第23条）、自然環境の保護とこれらの漁業活動の維持を重視した。このように、豪州国内においてトレス海峡全体が統合的な管理の対象であったことは以下の流れを理解する前提になる。

1987年、IMOは大堡礁とトレス海峡において、自主的に水先案内を利用することを加盟国に勧告していた[95]。また、1991年、IMOは最初のPSSAとして大堡礁を認定した[96]。豪州は1994年に1912年航行法を改正して、領海外における自主的な水先案内制度を設けたが[97]、利用率は約半分にとどまっていた[98]。

2003年、豪州とパプアニューギニアは共同して、大堡礁のPSSAをトレス海峡にまで拡張する提案をIMOに提出した[99]。2005年にIMOは

---

92 UNESCO, World Heritage Committee, Fifth Session, Sydney, 26-30 October 1981, CC-81/CONF/003/6, 5 January 1982 at para.14, *available at* http://whc.unesco.org/archive/repcom81.htm#154.

93 Treaty on Sovereignty and Maritime Boundaries in the Area between the Two Countries, including the Area known as Torres Strait and Related Matters, Papua New Guinea and Australia, adopted on December 18, 1978, *entered into force* February 15, 1985, 18 I.L.M. 291, (1985), ATS 1985 No 5.

94 協定の分析と評価については Henry Burmester, "The Torres Strait Treaty: Ocean Boundary Delimitation by Agreement" *American Journal of International Law* Vol. 76(March 1981) (1982), pp.321–349., 322.

95 Use of Pilotage Services in the Torres Strait and Great Barrier Reef Area, IMO Resolution A.619(15), *adopted on* 16 November 1987.

96 "Identification of the Great Barrier Reef Region as a Particularly Sensitive Area, IMO Doc. MEPC.44(30), November 16, 1990.

97 1912 Navigation Act, Addition of Part IIIA, Division 1, Sec. 186A, No. 5, 1994.

98 Bateman and White, *supra* note (89).

99 "Extension of Exisiting Great Barrier Reef PSSA to include the Torres Strait Region," Marine

PSSA の適用範囲の拡張は承認したが、[100]水先案内制度について勧告した MPEC 決議 133(53) は「IMO 加盟国は自国籍船舶に対して、豪州の水先案内制度に従って通航することを通知すること」を定めるに留まっていた。[101] 米国はこの決議に対して直ちに、同決議が勧告的な性質であり、強制的水先制度の国際法上の基礎にはならないと述べ、それに対する反対意見は示されなかった。[102]

しかしこれを受けて制定された豪州の国内法規則は、所定の条件を満たす船舶がトレス海峡を通航するとき、水先案内の利用を義務づけるものだった。[103] まず、通告 8/2006 号はトレス海峡を通航する(1)船長 70 メートル以上の船舶と、(2)石油、化学物質、液状ガスを搭載する船舶について、強制的水先を用いることを義務付けていた。[104] 更に同年の通告 16/2006 号は、次のことを定めていた。海洋法条約第 42 条 2 項と第 44 条に従い、豪州は水先案内を伴わない船舶の通航を停止、拒否、阻害することはしない。しかし、豪州の港に向かうのであれ、外国から外国の港に向かうのであれ、豪州の規制に反して通航した船舶の所有者、船長あるいは操縦者は、豪州の港に次に入ったときに訴追され得る、と。[105] この法制に対しては、米国とシンガポールが正式に抗議をした他、[106] 海運企業が共同して懸念を表明した。[107] これらの抗議等に対して、豪州は通告が定めた制度

Environment Protection Committee, 49th Sess, IMO Doc. MEPC 49/8, 10 April 2003, available at http://www.amsa.gov.au/marine_environment_protection/torres_strait/49.8.pdf.

100 IMO Resolution 'Designation of the Torres Strait as an Extension of the Great Barrier Reef Particularly Sensitive Sea Area' (22 July 2005) MEPC.133 (53).

101 "Designation of the Torres Strait as an Extension of the Great Barrier Reef particularly Sensitive Sea Area," Resolution MEPC 133(53), 22 July 2005, para. 5.

102 MPEC 53/24; Beckman, *supra* note (81).

103 1912 Navigation Act, Amendment of Part IIIA, Division 2, No. 24, 2006.

104 Marine Notice 8/2006, May 16, 2006.

105 Marine notice 16/2006.

106 "Report to the Maritime Safety Committee, NAV Sub-Committee," 52nd Sess., 15 August 2006, IMO Doc. NAV 52/18, paras. 17.74–17.76 (hereafter NAV 52/18), Annex 17; Ibid, fn 80; Beckman, *supra* note (81).

107 "Torres Strait", submitted by International Chamber of Commerce (ICS), BIMCO, INTERCARGO, and INTERTANKO, MEPC 55th Sess., 10 August 2006, IMO Doc. MEPC 55/8/3; "Report of the

が海洋法条約に反しないことを明示的に反論している[108]。

この事例に関してはいくつか論考が出されているが、それらの見解の争点は次の二点に集約できる。第一に豪州の措置が IMO の承認内容を踰越していないかという点である。ベックマン (Robert Beckman) はこの点について、決議は沿岸国ではなく旗国に規則の遵守を求めていたのであり、豪州に規制権限を授与したものではないという[109]。確かに IMO 及び MPEC の決議は水先案内人の搭乗を義務付けるところまでは承認していない。豪州の法令の適法性を主張するベイトマン (Sam Bateman) やロスウェルの議論はこの点を十分に検討していない[110]。

そこで第二に問題になるのは、強制的水先案内制度が 42 条 1 項 (a) における沿岸国の立法管轄権の対象に入るのかという点である。ベックマンは、同条項は沿岸国の規制を制約する代わりに IMO の規制を実施する趣旨であり、掲げられた事項は網羅的なものだと解するべきだという主張する[111]。これに加えてウォルフ (Sarah Wolf) は水先案内人の搭乗が任意であれば問題はないが、それが義務であるとすると立法管轄権の射程を逸脱する場合があるという[112]。

これに対してベイトマンらは、水先制度を付けないと安全な航行が妨げられる場合に、強制的水先案内制度を特別措置として導入することは、国連海洋法条約に反しないと述べる[113]。ここでは明確に主張されているわけではないが、海洋法条約上の「国際的な規則」の内実が広く捉えられている。しかし、そこでは大北東海峡の自然条件が特殊であることが強

Marine Environment Protection Committee on Its Fifty-fifth Session," MEPC 55th Sess., 16 October 2006, IMO Doc. MEPC 55/23 (hereafter MEPC 55/23), para. 8.12 Annex 21.

108 MEPC 55/23, *ibid*, para.8.13, Annex 23.
109 *Ibid*.p.339.
110 Bateman and White, *supra* note (89).; Donald R. Rothwell, "Compulsory Pilotage and the Law of the Sea: Lessons learnd from the Torres Strait" *ANU College of Law Research Paper* (2012).
111 Ibid.
112 Sarah Wolf, "Marine Protected Areas" Max Planck Encyclopedia of Public International Law (2008). para 11.
113 Bateman and White, *supra* note (89).

調されており、その地理的条件を熟知した水先案内人を搭乗させないと、航行の安全が確保できないという認識が基礎にある。環境保全と通航の自由という二つの価値は相反するものではなく、むしろいずれも航行の安全を確保して初めて実現できるものだと捉えていることが、この議論の特徴である。

しかし、ベイトマンらの議論は条約解釈としては問題がある。豪州外務貿易省が米国国務省に対して、法律の改正は行わないが、その運用において豪州の港に入らない外国船舶には水先案内を義務づけないことを約したという記録があることに示唆されているように[114]、豪州も自らの措置の国際法上の根拠が強くないことを認めていたものといえる。

さらに、IMO が 2005 年に改訂した PSSA 指針においては、強制的水先案内は IMO が取り得る関連保護措置の例には含まれなかった[115]。また、その後 PSSA の関連保護措置として強制的水先案内が義務づけられたということもない。例えば、IMO は 2011 年にボニファシオ海峡を含む海域を PSSA として指定した[116]。同海峡はコルシカ島とサルディーニャ島に挟まれた幅 11km の海峡であり、事故が起きやすい海域であったので、沿岸国のフランスとイタリアは有害物質を輸送する自国籍船舶の通航を禁止するなどの規制を国内法上実施していた[117]。2010 年、両国は強制的水先案内の利用を IMO に提案したが[118]、加盟国の賛成が得られず、IMO が承認したのは海峡を通航する船舶の船長に水先案内を利用することを勧める

---

114 Rothwell, *supra* note (110).
115 IMO, Resolution A.982(24), "Revised guidelines for the identification and designation of particularly sensitive sea areas," *adopted on* 1 December 2005.
116 IMO, Resolution MEPC 204(62), MEPC 62/24/Add.1, adopted on 15 July 2011.
117 フランスについては、Arrete prefectoral n° 1/93, Interdisant la circulation dans les bouches de Bonifacio de navires citernes transportant des hydrocarbures et de navires transportant des substances dangereuses ou toxique, le 15 février 1993; イタリアについては、英訳されたものとして Decree of the Minister of Merchant Marine of 26 February 1993 relating to the Straits of Boniface, in Official Gazette of the Italian Republic of 2 March 1993, No. 50, *available at* http://www.un.org/Depts/los/LEGISLATIONANDTREATIES/PDFFILES/ITA_1993_Decree.pdf.
118 IMO, MPEC 61/9, June 25, 2010.

という措置のみだった。[119]

　水先案内制度が航行の安全を確保する上で一定の合理性を有するとしても、船舶側は手数料や水先案内が確保できなかった場合の遅延リスク等を引き受けることになる。その義務づけを国際的な規則に取り入れるという見込みは立っていない。

(3) 小　括

　以上の事例は事例ごとの特殊性を含んではいるものの、沿岸国と利用国の議論の構造が海洋法条約制定時に比して変化していることを示している。これらの事例に限らず、海峡沿岸国が取る措置は多岐化する傾向にある。上記の事例における沿岸国とそれ以外の国の協力関係を鑑みれば、これらの動向を単に沿岸国の立法管轄権の射程が一方的に拡大していると捉えるのは一面的に過ぎる。本章ではむしろ、沿岸国の法令事項に関して国際基準を導入したことが、国際機関あるいは関連国がそれぞれの海峡に固有の事情を勘案しながら、協働して管理の枠組を形成する基礎を設けたものとして、積極的に評価したい。

4　氷結水域と通航権

(1) 氷結水域と国際海峡

　海峡沿岸国の権限を考察する上で、北極海航路におけるそれは回避できない重要な問題である。しかし北極海は年間の大部分の期間、氷で覆われた水域（以下「氷結水域」）であり、氷結水域については別の制度が用意されているため（234条）、節を改めて検討する。

　北極海航路は、欧州と東アジアを結ぶロシア沿岸域の北海航路（Northern Sea Route）とカナダ沿岸域の北西航路（Northwest Passage）の二つに分かれる。なお、前者はロシア国内法上の呼称であり、北海航路を北東海路（Northeast Passage）ということもあるが、本節では統一して北海航路と呼ぶ。北海航

---

[119]　*Supra* note (115), p.15, para.3.

路はロシアが、北西航路はカナダが主たる沿岸国である。

　北極海には第 3 部が定義する海峡の要件を満たすと考えられる水域は複数存在する。両航路とも水域の法的地位それ自体が争点となっているが、仮に第 3 部の適用が認められるとした場合に、氷結水域内の海峡において、第 3 部と第 234 条のいずれが優先して適用されるのかが条約解釈上問題となる。[120] 後者は氷結水域において、沿岸国が国際基準に拠らずに、法令を制定できることを認めているためである。同じことは EEZ についても問題になるが、ここでは国際海峡に議論を絞る。

　確かにロシアもカナダも北極海航路を内水として捉えているため、第 234 条と第 3 部の適用関係は両国内では問題になっていない。しかし北極海航路の開発が進めば、その内水の国際法上の有効性、あるいは、第 35 条 1 項 a に基づく第 3 部の適用可能性が深刻な外交問題になる可能性は高い。そこで、第 3 部の適用可能性を考察しておくことは必要かつ有益だろう。

　この論点について、第 3 部が優先して適用されると考える学説は第 234 条が適用されると、第 3 部の抜け穴を許してしまうことになると主張する。[121] クラスカ (James Kraska) は外国船舶の通航を確保する観点からカナダの国内法制を批判して、地理的な条件が充足されれば第 3 部の適用対象となるのであり、恣意的な条約の適用は妥当ではないと主張している。[122]

　他方で、これに反対する学説は、第 234 条は第 3 部海峡にも適用されるのであるから（第 233 条参照）、特別法としての第 234 条が優先すると考える。[123] この説を支持するマクレー（Donald McRae）は、第 234 条は慎重な交渉がなされた条項であり、それが明示的に海峡を適用除外していない

120　Michael Byers, "Arctic Region" *Max Planck Encyclopedia of Public International Law* (2010).
121　J. Ashely Roach & Robert W. Smith, *United States Responses to Excessive Maritime Claims* (1996), p.340, fn. 93; J. Ashely Roach & Robert W. Smith, Excessive Maritime Claims (*International Law Studies Vol. 66*) (1994), p.227 fn. 9; R. Douglas Brubaker, "Straits in the Russian Arctic" *Ocean Development & International Law* Vol. 32(3) (2001), pp.263–287, 269.
122　James Kraska, "International Security International Law in Northwest Passage" *Vanderbilt Journal of Transnational Law* Vol. 42 (2009), pp.1109–1132.
123　Brubaker, *supra* note (121), fn. 51.

のは当事国がそれを意図したからだという[124]。この制度は氷結水域、すなわち北極海の使用には特別な配慮が必要であることから設けられた条文であるが、国際基準を導入すると航行が優先されるがために、条文の趣旨が損なわれるという懸念が背景にある[125]。これに関連する論点が潜航の可否である。潜航をすると氷山に衝突するなどの航行上の危険性がある他、潜航それ自体が生態系に悪影響を与えかねないことが懸念されている[126]。そして、第234条は、その法令が科学的根拠に基づくことを要件としているため、法令の妥当性は担保されているという。

更に後者の立場を基本としながら両者を折衷する学説として、第234条の立法管轄権が第42条1項(b)に適合する限りにおいて認められるという見解がある[127]。現状では234条に基づいて行われる規制が第42条1項(b)の定める「国際的な規則」に適合しているとは言い難い。第234条を実施する上でMARPOL 73/78条約よりも厳格な規制が行われているだけではなく、北極に関する国際慣習法の形成過程においては「(海峡における油等の排出に関して)適用される」と言いうるだけの普遍的な参加がないという。この見解は第234条の優先的な適用を認めながらその立法管轄権の客観化を図ろうとするものといえる。

この対立は、一般の国際海峡とは異なる、北極海という氷結水域規制においてのみ考慮される要素があるのか、あるとしたら何かという問題を提起する。その問題意識を視野に入れながら、以下では両国の実行を詳しく検討する[128]。

---

[124] Donald McRae, "The Negotiation of Article 234," in Franklyn Griffiths(ed.) *Politics of the Northwest Passage* (1987), McGill-Queen's University Press, p.98, 110.

[125] Ibid.

[126] Brubaker, *supra* note (121).

[127] Douglas Brubaker & Willy Ostreng, "The Military Impact on Regime Formation for the Northern Sea Route" in Davor Vidas & Streng Willy(eds.) *Order for the Oceans at the Turn of the Century* (1999), Springer, p. 261, 283.

[128] 本章で指摘した論点に関しては、以下で検討した先行研究の他に、西元宏治「北極海を巡る国際法上の諸問題」奥脇直也・城山英明編著『北極海のガバナンス』(東信堂、2013年) 19頁；本書第3章西本健太郎「北極航路における沿岸国規制と国際海峡制度」参照。

(2) 北方海路とロシア

国内法の状況

1960 年、旧ソ連は国境保護規則を制定して 12 海里領海を設定し[129]、1971 年、法改正をして直線基線を導入した[130]。1971 年法は、1958 年領海条約の文言に従い、直線基線は「海岸に沿って至近距離に一連の島がある場所」において引くことを規定していたが、1982 年に更に法改正がされたときこの文言が削除された[131]。そのため国内法上、広範な水域が内水として取り込まれることになった。1985 年に北極海について 1982 年法に従った直線基線が導入されると[132]、第 3 部の適用可能性がある海峡は全て基線の内側に取り込まれることになった[133]。

そこでまず、これらの直線基線は有効かが問題となる。仮にこれらの基線が海洋法条約の条件を充足しないために有効でないとすれば、その海域は領海、EEZ、もしくは、氷山があるために海峡の中に「海峡内に航行上及び水路上の特性において同様に便利な公海又は排他的経済水域の航路が存在」しないと認められれば（第 36 条）、第 3 部の適用がある国際海峡となり得る[134]。

次に直線基線が仮に有効であっても、海洋法条約第 35 条 1 項 (a) の適用によって通過通航制度が適用されるかが問題となる。同条項は第 3 部の規定が「海峡内の内水である水域」には影響を及ぼさないことを定めているが「直線基線がそれ以前には内水とされていなかった水域を内水として取り込むこととなるもの」については例外として同部の適用がある。こ

---

129 William V. Dunlap, "Transit Passage in the Russian Arctic Straits" Maritime Briefing Vol. 1(7) (1996), p.35.
130 *Ibid.*
131 *Ibid.*
132 Decree of 15 January 1985, On the Confirmation of a List of Geographic Coordinates Determining the Position of the Baseline in the Arctic Ocean the Baltic Sea and Black Sea from which the Width of the Territorial Waters, Economic Zone and Continental Shelf of the USSR is Measured, *translated and reprinted in*, William Butler, *The USSR, Eastern Europe, and the Development of the Law of the Sea* (1986), Oceana Publications, pp. 21-61.
133 Dunlap, *supra* note (129), p.26ff.
134 *Ibid.*

の点については、旧ソ連が1985年令までは歴史的湾の主張を行わなかったことや、米国が1985年令に対して抗議していることを踏まえると、第35条1項(a)に基づき第3部の適用があるという見解がある[135]。しかし前述の通りロシアは海峡部分を内水もしくは領海として見做しており、これらの議論は学説のものに留まる。

北海航路については1990年北方海路航行規則[136]、1996年の北方海路航行指針[137]、1996年の砕氷及び船舶水先案内規則、そして1996年の船舶設計・設備・備品に関する規則[138]が適用される。また、1998年に制定された「内海域、領海、接続水域に関する法律」第14条は「北方海路の航行は本連邦法、その他の連邦法、ロシア連邦が加盟している国際条約、そしてロシア連邦政府によって承認され船員通報（Notices to Mariners）に公刊された北方海路規則に従って行われなければならない」ことを定めている[139]。

(3) 具体的な措置

そこで、北海航路についてはどのような規制が実施されているかを検討する。1990年規則が定めるのは、第一に、入域規制である。北方海路域に入る船舶は、規制当局に入域許可を要請し、その際に船舶についての情報を提供しなくてはならない（3条）。船舶はその構造などが所定の条件を満たしていなくてはならず、船長、もしくは船員は所定の経験を有していなくてはならない（5条）。北方海路を使用することが許可されたら、

---

135   *Ibid.*

136   1990 Regulations for Navigation on the Seaways of the Northern Sea Route, September 14, 1990, English Translation, available at http://www.arctic-lio.com/docs/nsr/legislation/Rules_of_navigation_on_the_seaways_of_the_Northern_Sea_Route.pdf.

137   R. Douglas Brubaker, "Regulation of navigation and vessel-source pollution in the Northern Sea Route: Article 234 and state practice" in Alex G Oude Elferink & Donald R. Rothwell (eds.) *Protecting the Polar Marine Environment: Law and Policy for Pollution Prevention* (2001), Cambridge University Press, p.221, 226.

138   Erik Franckx, "The Legal Regime of Navigation in the Russian Arctic" *Journal of Transnational Law and Policy* Vol. 18(2) (2009), pp.327–342.

139   Federal Act on the internal maritime waters, territorial sea and contiguous zone of the Russian Federation, 17 July 1998, Art. 14 http://www.un.org/Depts/los/LEGISLATIONANDTREATIES/PDFFILES/RUS_1998_Act_TS.pdf.

船舶は指定された航路に沿って航行しなくてはならない(第6条)。

　第二に、強制的水先案内制度である。ラプテフ海とカラ海を結ぶヴィリキツキー海峡及びショカルスキー海峡、ラプテフ海と東シベリア海を結ぶドミトリー・ラプテフ海峡及びサンニコフ海峡においては、氷砕水先案内を付けることが義務になっている(第7条4項)。船舶は積荷の内容と重量に応じて手数料を支払わなくてはならない。[140]

　1996年の砕氷及び船舶水先案内規則は、この点を更に詳しく定める。北海航路を利用する船舶は4カ月以上前にロシア連邦当局に許可を要請する義務を定める(第2条1項)。その際に後者の規則に適合していることや、航行のおおよその日程及び目的等を通知しなくてはならない(第2条3-4項)。船舶は貨物量に応じて手続費用を支払う義務を負う。また、後者の規則に適合していない場合には費用を追加的に支払う必要がある(第2条5項)。また、船舶は入域の2-5日前には貨物と乗組員についての情報を提供しなくてはならない(第2条7項)。北方海路を通行するときは、少なくとも2名の水先案内人が乗船しなくてはならず、入域後は、規制当局の規制(Control)の下に置かれる(第2条8項、13項)。その他、通航中、船舶は一時的に停止されることができ(第9条)、これらの手続きに従わない船舶は海路から退去させられる(第10条)。

(4) 北西航路とカナダ

　国内法の状況

　カナダもロシアと同様、北西航路の中に海洋法条約第3部の適用がある海峡があることを認めていない。しかし、北西航路については外交上の対立がある。すなわち、米国は北西航路が通過通航制度の適用がある国際海峡だと主張している一方で、カナダはこの航路が歴史的水域である内水であるか、あるいは領海だが国際的に使用されていないことを根

---

[140] Annex to Federal Rates Service Order, on June 7 2011, No. 122-T/1, "Maximum rates for services of the icebreaker fleet on the Northern Sea Route to ensure the transportation of cargo," available at http://www.arctic-lio.com/nsr_tariffsystem.

拠にして、第3部の適用を否定している[141]。

カナダは既に1970年に北極水域汚染防止法を制定し、基線より100海里以内にある北緯60度線と西経141度線で囲まれた水域内での汚染物質の投棄等を禁止していた（第2条、第4条）[142]。1970年法は、制定当時は国際法上の根拠を持たないと評価されたが、海洋法条約採択後カナダは234条にその根拠を求めている[143]。水域内ではカナダ当局は航行を規制する権利を有しており、その中には水域の一部または全部における航行を禁止する権利と（第11条）、入域する船舶のCDEM基準を策定する権利も含まれていた（第12条）。その後、1985年に米国沿岸警備隊の艦船がカナダに事前通告をした後に北西航路に入った事件を契機にして、同国は北極海における国内法の整備に着手した[144]。まず、カナダはこれらの水域が歴史的水域であると主張して1986年に群島の周りに直接基線を引いた[145]。カナダはその際、この地域はイヌイットによって1000年以上使用されてきたことを根拠とした。しかし、この水域の歴史的権原の有効性については学説上異論があり[146]、また、米国、英国、欧州共同体がこれに抗議している[147]。1988年1月、米国とカナダは交換公文を結び、米国の沿岸警備隊が砕氷船で北西航路に入域するときは、カナダの事前の許可が必要であるということを約束した[148]。ただし、この交換公文は両国の立場に影響を

---

[141] Handl Gunther, "Northwest Passage (Canadian-American Controversy)" Rüdiger Wolfrum (ed.) *Max Planck Encyclopedia of Public International Law* (Online Edition)(2008).

[142] Arctic Waters Pollution Prevention Act, R.S.C., 1985, c. A-12.

[143] Michael Byers & Suzanne Lalonde, "Who Controls Passage of the Northwest" *Vanderbilt Journal of International Law* Vol. 42(1133) (2009), p.1151.

[144] *Ibid*, at 1159 & 1161.

[145] An Act respecting the territorial sea and fishing zones of Canada, R.S.C. c.T 7(1970).

[146] Byers & Lalonde, *supra* note (143), p.1155; Donat Pharland, "The Arctic Waters and the Northwest Passage: A Final Revisit" *Ocean Development & International Law* Vol. 38 (2007), p.3.

[147] Roach and Smith, *supra* note (121), p.121.

[148] Agreement on Arctic Cooperation and the Exchange of Notes concerning Transit of the Northwest Passage (Canada – United States of America), signed and entered into force 11 January 1988, International Legal Material, Vol. 28 (1989), p.141.

与えるものではないという規定も置かれた。[149]

　今日、補償制度を除けば、北西航路の航行を規律しているのは2001年カナダ航行法[150]である。また、1970年北極水域汚染防止法及び同法規則[151]は、前述の通り船舶起因汚染を防止するための規定を設けている。それに加えて、海洋交通セキュリティ法[152]は船舶構造などを含めて航行の安全について規定を置く。最後に航行水域保護法[153]は、寄航してはならない水域を設定している。[154]

　具体的な措置

　この中でカナダが行っている規制のうち、特に重要なのは次のものである。第一に、カナダは北極海域を含めた航行安全規制水域 (shipping safety control zones) を設定している。この水域は1970年北極水域汚染防止法の下で採択された航行安全規制水域令に基づくものであり、一年のうち、区域と船舶の種類ごとに、当該区域に入域できる時期を定めている。[155] 2009年にカナダは同法の適用範囲を基線から200海里にまで拡大した。[156]

　第二に、2010年にカナダは、北西航路を通過する船舶に対してカナダ沿岸警備隊に連絡することを義務付ける措置を取った。[157]すなわち、カナダは1977年以来北西航路に入域する (1) 総量300トン以上の船舶、(2) 曳行船舶が総量500トン以上の船舶、あるいは (3) 危険物質を積載している船舶に対して、沿岸警備隊当局に入域等を通報することを促していた。通航する船舶は警備隊から気象や通航に関する情報を得ることができ、

149　*Ibid.*
150　Canada Shipping Act, 2001 (S.C. 2001, c. 26).
151　Arctic Shipping Pollution Prevention Regulations (C.R.C., c. 353).
152　Marine Transportation Security Act (S.C. 1994, c. 40).
153　Navigable Waters Protection Act (R.S.C., 1985, c. N-22).
154　Transport Canada, Acts & Regulations, available at http://www.tc.gc.ca/eng/marinesafety/debs-arctic-acts-regulations-menu-2272.htm 参照。
155　"Zone/Date System Map and Dates of Entry Table," available at http://www.tc.gc.ca/eng/marinesafety/debs-arctic-acts-regulations-zds-chart-2014.htm.
156　Marine Transportation Security Act (S.C. 1994, c. 40).
157　"Government of Canada Takes Action to Protect Canadian Arctic Waters," No. H078/10, June 22, 2010, available at http://www.tc.gc.ca/eng/mediaroom/releases-2010-h078e-6019.htm.

また危険が生じた場合に救助を求めることが出来たため、任意制度であってもほとんどの船舶が通報をしていたという。[158]しかし、国内で北西航路の規制を強化するべきだという認識が強くなってきたことから、それを義務的な制度に変更した。もっとも、この措置は IMO の承認は得ていないため、仮に第3部が234条に優先して適用されるとなると、その妥当性が問題となることが指摘されている。[159]

(5) 北極海航路の特殊性と通航権

　ロシア、カナダ沿岸部水域の法的地位を巡っては大きな対立があるが、入域規制や強制的水先案内人の制度それ自体は、目立った反対もなく受け入れられている。通過通航制度が適用されないという前提があるとはいえ、その理由としては、航路の実用化がそれほど進んでいないことや北極海沿岸国間の政治状況など、外在的な要因がまず挙げられる。

　しかしここでは、北極海の自然環境が特殊であることから、沿岸国の権限についても特別な考慮がなされていることを指摘しておきたい。北極海航路の実用化が見込まれるようになった 2000 年代初頭から IMO は船舶の基準に関する指針を策定する作業を行っている。また、北極評議会は 2009 年に北極における環境リスクに関する詳細な報告書を出し、[160]船舶起因汚染だけではなく、航行すること自体が北極海の生物資源に損害を与えたり、外洋から生物を持ち込むことなどによって生態系に影響を及ぼしたりすることを指摘した。この報告書は評議会の加盟国に対して国際機関と連携して船舶構造に関する 2002 年の IMO 指針を義務的に履行し、[161]国内の安全体制を調和させることを促すものだった。[162]同時期

158　Standing Senate Committee on Fisheries and Oceans, The Coast Guard in Canada's Arctic: Interim Report (2008), p.19, *available at* http://www.parl.gc.ca/Content/SEN/Committee/392/fish/rep/rep04jun08-e.pdf.
159　Byers and Lalonde, *supra* note (143) p.1185.
160　Arctic Council, *Arctic Marine Shipping Assessment Report*.
161　Guidelines for Ships Operating in Arctic Ice-covered Waters.
162　Byers, *supra* note (120), paras. 9-11.

IMO は極海における航行船舶のための指針を新たに採択し、船舶が備えるべき CDEM 基準を示しているが[163]、その前文において、極海には独自の危険性があることを強調している。

沿岸国がとりわけ懸念するのが、第 3 部の規定が北極海航路に適用されるとなると、潜水艦の航行を許してしまうことである。カナダもロシアも、潜水艦が氷山に衝突したり、深水部分の生態系に悪影響をもたらしたりすることを懸念している[164]。このような主張の背後に、安全保障上の考慮があることは指摘するまでもないが[165]、それを差し引いてもこのような考慮には根拠がある。

もっとも潜行が航行方法に過ぎないとするならば、第 3 部の適用があるとしても、沿岸国は第 42 条 1 項 (a) に基づいて浮上航行を義務づけることができるはずである。問題は、その「国際的な規則」を採択する見通しがないことである。まず、北極海を管理するための独自の法的枠組が形成される見込みは立っていない。北極評議会は条約上の基礎を持たない枠組であり、その議題は航行に関するものだけではなく、当事国間の境界画定、200 海里以遠の大陸棚の外縁決定、科学的調査などその他の海洋利用の規制など多岐に渡る。しかし 2008 年、評議会はこれらの問題は既存の海洋法に基づいて行い、新たに包括的な法的レジームを形成する必要性はないと宣言している[166]。さらに、北極海航路はトレス海峡などとは異なり潜在的な利用国が多く、沿岸国の規制権限と利用国の通航権の調整が困難であることは容易に想像される。前項に掲げた折衷説は、このような緊張関係の均衡を取るものとして説得力を有するといえる。

---

163 IMO Resolution A.1024(26), *adopted on* 2 December 2009, "Guidelines for Ships Operating in Polar Waters."

164 Brubaker, *supra* note (121), p.269; Rothwell & Stephen, *supra* note (69), at 273.

165 Kolodkin & Volosov, "The Legal Regime of the Soviet Arctic," *Marine Policy*, Vol. 14 (1990), p.160; Brubaker & Østreng, "The Northern Sea Route Regime: Exquisite Superpower Subterfuge?" *Ocean Development and International Law*, Vol. 30 (1999), p. 323.

166 Arctic Ocean Conference, "The Ilulissat Declaration," Ilulissat, Greenland, 27-29 May 2008, *available at* http://www.oceanlaw.org/downloads/arctic/Ilulissat_Declaration.pdf.

5　おわりに

　通過通航制度は、外国船舶の国際航行を確保するために特別に設けられた制度であり、沿岸国の法令が「国際的な規則」に合致していなくてはならないことを定めるのも、本来は沿岸国による上乗せ規制を制約して、円滑な通航を促進するためだった。しかし、本章の検討から明らかになったように、海峡沿岸国の立法管轄権の射程は、そのような海峡の法的性質から必然的に導き出されるものではない。「国際的な規則」が通航の自由とは異なる価値を重視して定められる傾向にあるからである。

　そして確かに「国際的な規則」が蓄積されるにつれて、沿岸国の法令事項も実質的に拡充しているといえるが、それはしばしば言及される通航の自由と、航行の安全や環境の保全の対立という図式を意味するものではない。本章の検討から明らかになったのは、条約が法令事項の射程を国際基準に沿って定めるように義務付けたことを契機として、沿岸国は海峡利用国との調整に基づいた規制の形成を行っているということだった。また、海峡沿岸国が新たな航行規制を導入することが困難である状況は、依然として変わりがない。特定船舶の入域禁止措置や強制的水先案内制度は、規制の観点からは合理性があると認められる制度であるし、領海内では用いられることが少なくないが、「国際的な規則」として確立しているとはいえない。海洋法秩序において生じつつある多様な価値の均衡を図っていくための、国際協力の構図がどのように推移していくのか、今後も注視する必要がある。

第3章　北極航路における沿岸国規制と国際海峡制度

西本　健太郎

1　はじめに

北極海では海氷域面積の減少傾向が観測されており、太平洋と大西洋を繋ぐ新たな航路としての可能性に注目が集まっている[1]。北極海を通る航路には、カナダ沿岸を通る北西航路（Northwest Passage）と、ロシア沿岸を通る北極海航路（Northern Sea Route, NSR）があり、海氷の状況から現在では特に後者の利用に関心が集まっている。

北極圏諸国5ヵ国は2008年のイルリサット宣言において、北極海には国連海洋法条約をはじめとする既存の国際法の枠組みが適用されることを確認している[2]。しかし、カナダ及びロシアが沿岸国として国連海洋法条約の下で有する権限の範囲については、見解の対立が存在する。両国は当該海域について船舶通航の事前許可制を主な内容とする国内法令を制定しており、米国をはじめとする他国はその国際法上の根拠を争っている。そこでの主要な論点の一つは、北西航路及び北極海航路を構成する海域へ「国際航行に使用されている海峡」（以下、単に「国際海峡」）に関する国連海洋法条約第3部が適用されるか否かである。

北西航路と北極海航路には地理的な意味での海峡が多く存在する。北西航路は東西約2400キロメートルの範囲にわたって大小3万5千以上の島嶼が散らばるカナダ北極諸島（Canadian Arctic Archipelago）の間を抜けて太平

---

[1] Arctic Council, *Arctic Marine Shipping Assessment 2009 Report*, available at <http://www.pame.is/index.php/projects/arctic-marine-shipping/amsa/amsa-2009-report> (last accessed 20 June 2015).
[2] The Ilulissat Declaration, 28 May 2008, *International Legal Materials*, Vol.48 (2009), pp.48-49.

洋と大西洋をつなぐ航路である。単一の固定された航路ではなく、海氷の状況に応じた様々な組み合わせによる経路が想定されている。北極海航路はロシア沿岸に沿った航路であるが、ロシア本土の北方にはノヴォシビルスク諸島、セヴェルナヤ・ゼムリャ諸島、ノヴァヤ・ゼムリャ島などの島嶼が存在しており、本土との間にそれぞれドミトリー・ラプテフ海峡、ヴィルキツキー海峡、カラ海峡といった海峡が存在する。海氷の状況によってはこれらの海峡を通らず、島嶼の北方を通航することも考えられるものの、近い将来の利用としては一連の海峡を通るルートが有望視されている。

米国は、北西航路が全体として国際海峡であると主張しており、また北極海航路に存在する一連の海峡についても国際海峡としての地位を主張している[3]。この主張を前提とすれば、全ての国は当該海域において通過通航権を有し、通航中の船舶に対する沿岸国の権限は限定的なものと解されることになる。これに対し、カナダは北西航路の全域について、またロシアは北極海航路の主張な海峡について、当該海域の国際海峡としての地位を否定しており、むしろ自国の内水であるとの立場をとっている。現実に両国は、北西航路及び北極海航路を通航する船舶について、国際基準を逸脱する船舶構造基準や通航許可制など、領海でも許されない厳格な規制を内容とする国内法を制定している。

また、カナダ及びロシアは、内水であるとの主張とは独立に、氷結海域において特別に沿岸国に権限を付与している国連海洋法条約234条に基づいて自国国内法の正当化を図ってもいる[4]。EEZにおける船舶起因海洋汚染の規制について、沿岸国は一般的には国際基準に適合し、かつこれを実施するための法令を制定することができるにとどまるが（国連海洋法条約

---

[3] J. Ashley Roach and Robert W. Smith, *Excessive Maritime Claims* (3rd ed.)(2012), Martinus Nijhoff, pp.312-328.

[4] カナダはNORDREGに関するIMOの議論の中で234条を援用している。IMO Doc. MSC88/26, para. 11.34. また、ソ連時代からロシアの国内法は234条の規定を部分的に取り入れていた。Erik Jaap Molenaar, *Coastal State Jurisdiction over Vessel-Source Pollution* (1998), Kluwer, pp.424-425. なお、米国は国連海洋法条約の当事国ではないが、234条は慣習国際法上の規則であるとの立場をとっているとされる。Ted. L. McDorman, *Salt Water Neighbors: International Ocean Law Relations between the United States and Canada* (2009), Oxford University Press, p.233.

211条5項)、234条は氷結水域の特性を理由として通常よりも厳格な規制を内容とする法令を制定し執行することを許容する。しかし、この234条の下での権限についても、その地理的適用範囲及びとりうる具体的な措置の内容については大きな解釈の対立がある。特に234条は国際海峡を通航中の船舶にも適用されるかという問題は、沿岸国の国内法令が国際法に適合するものであるかを議論する上で重要な論点の一つとなっている。

以上のような問題状況に照らして、本章では特に国際海峡制度との関係において、カナダ及びロシアの国内法が国連海洋法条約をはじめとする国際法に整合的なものであるかを検討する。以下では、カナダ及びロシアが国内法令において航路を通航する船舶に対して具体的にどのような規制を行っているのかを概観した上で、第1に、内水であるとの沿岸国の主張を、第2に、国際海峡であるとの米国等の主張を、そして第3に、234条の適用の有無とこれによって正当化できる措置の範囲を検討する。

なお、北西航路については航路全体について国際海峡または内水としての法的地位が主張されているのに対して、北極海航路は同様の状況にない。後者について国際海峡または内水という対立軸が当てはまるのは航路上の海峡部分のみであるが、北極海を横断する航路が可能となるまでは一連の海峡部分が航路を通航する上でのボトルネックとなるため、本章のように国際海峡制度との関係から海峡部分について特に検討することにも意味があるものと考える。また、北極航路の利用という点では、北西航路及び北極海航路上の国際海峡のみならず、北極海に出入りする際にも国際海峡の通過が必要であり(例えばベーリング海峡)、別途議論すべき問題があるが、本章の射程からは除外する。

2　カナダ及びロシアの国内法令

(1) カナダ

北極海域汚染防止法

カナダは1970年に北極海域汚染防止法(Arctic Waters Pollution Prevention Act;

AWPPA）を制定し、北西航路を含む「北極海域」における航行及び海洋環境保護に関する事項について規制を実施した。同法は距岸 100 海里の北極海域について一方的に管轄権を行使するものであり、制定当時は国際法違反との批判を受けたが、その後の国連海洋法条約 234 条に至る交渉の契機となった。その後同法の適用範囲は、2009 年に北極海域におけるカナダの EEZ 全体に拡大されている (北極海域汚染防止法 2 条)。

　北極海域汚染防止法は、北極海域における海洋汚染の防止を目的とした排出規制及び航行規制を内容とする。排出規制としては、船舶からの廃棄物の排出を原則禁止している (4 条)。航行規制としては、「船舶安全管理海域」を設定し、一定の基準を充たさない船舶が当該海域を航行することを禁止している (12 条)。同法を受けて制定された北極海域汚染防止規則では、船舶の構造・設備、北極海汚染防止証書の具備、水先案内人 (ice navigator) 等について具体的な基準等を定めている。規則の規定のうち特に国際法との整合性が問題となりうる点としては、第 1 に、一定量以上の油を運搬する船舶に対して国際基準より厳しい船舶の構造基準を設けているほか (規則 6 条 1 項)、海域・船舶構造別に設定された航行可能期間内 (規則 6 条 2 項、Zone/DateSystem)、または海氷状況に応じて構造基準・水先案内人の乗船等の一定の基準を充たす場合 (同 6 条 3 項、AIRSS Standards) 以外の航行を禁止している。第 2 に、規則の定める要件への適合を証明する北極海汚染防止証書の具備が事実上要求されている。第 3 に、水先案内人 (ice navigator) の乗船が全てのタンカー及び他の一定船舶 (船舶構造・

5　Arctic Waters Pollution Prevention Act, S.C.1970, c.47. 現行法は R. S. C., 1985, c. A-12 (AWPPA), available at <http://laws-lois.justice.gc.ca/PDF/A-12.pdf>(last accessed 20 June 2015).

6　Myron H. Nordquist et. al. (eds.), *United Nations Convention on the Law of the Sea 1982: A Commentary* (1991), Martinus Nijhoff, IV, p.398 [hereinafter Virginia Commentary]; Donald M. McRae, "The Negotiation of Article 234", Franklyn Griffiths (ed.), *Politics of the Northwest Passage* (1987), McGill-Queen's University Press, pp.98-114.

7　An Act to amend the Arctic Waters Pollution Prevention Act, Statutes of Canada 2009, c.11.

8　Arctic Waters Pollution Prevention Regulations, C.R.C., c. 353, available at <http://laws-lois.justice.gc.ca/PDF/C.R.C.,_c._353.pdf> (last accessed 20 June 2015).

9　R. Douglas Brubaker, "The Arctic - Navigational Issues under International Law of the Sea", *The Yearbook of Polar Law*, Vol.2 (2010), p.57.

期間による）に義務付けられている（同 26 条）。なお、本法には罰則規定があり（18 条・19 条）、違反につき合理的な疑いがある場合の乗船検査、退去命令、拿捕等の執行に関する権限が汚染防止官に与えられている（15 条・23 条）。

カナダ北部船舶通航業務海域規則（NORDREG）

カナダ北部船舶通航業務海域規則（NORDREG）は、カナダの北方海域を航行する船舶の安全及び海洋環境の保護を目的として、船舶通報を通じた海上交通監視のための制度を設立するものである。[10] 1977 年に制定され、法的拘束力のないガイドラインとして運用されてきたが、2010 年にカナダ海運法（Canada Shipping Act 2001）上の義務的な制度へと変更された。対象海域は「船舶安全管理海域」が設定されている海域（北西航路の大部分）に隣接の一定海域を加えたものであり、原則として 300 トン以上の船舶が対象である（3 条）。同規則では、入域前の航行計画の提出（6 条）、対象海域への入域直後及び毎日一定時刻における船舶位置の通報（7 条）、出域直前の最終報告の通報（8 条）等を義務付けている。また、カナダ海運法 126 条 1 項 (a) は、事前に許可（clearance）を得ることなく NORDREG 対象海域を入域・出域または航行することを禁じている。[11] この規定に違反した場合には、10 万ドル以下の罰金または 1 年以下の懲役刑（138 条 1 項・2 項）及び船舶の抑留（同 4 項）の対象となる。特に NORDREG が海域への入域自体に許可を求めていることについては、許可が付与されない可能性もある以上、航行を実質的に阻害するとの批判もあり、国際法上正当化しうるかが問題となる。

10　Northern Canada Vessel Traffic Services Zone Regulations, SOR/2010-127, available at <http://laws-lois.justice.gc.ca/PDF/SOR-2010-127.pdf> (last accessed 20 June 2015).

11　Canada Shipping Act, 2001, S.C. 2001, c. 26, available at <http://laws-lois.justice.gc.ca/PDF/C-10.15.pdf> (last accessed 20 June 2015).

(2) ロシア

北極海航路の海運規制に関する連邦法改正

　北極海航路に関する連邦法は、2012年に大きく改正された[12]。主な点として、第1に、内水、領海及び接続水域に関する連邦法14条が改正された。航路を構成する具体的な海峡名が削除されたほか、従来は「連邦法、国際協定及び規則」に従った航行を義務付けていたのに対して「国際法の一般的に受け入れられている原則及び規範、ロシアの締結した国際協定、本連邦法及びその他の連邦法、並びにこれらに関連して発行された他の規制法文書に従って行われる」との文言になった。第2に、連邦海運法に5.1条が追加され、「北極海航路の海域」が再定義された。旧規則では公海への適用可能性も疑われていたのに対して[13]、航路を構成する海域が「内水、領海、接続水域及びEEZ」であることが明らかとなり、地理的な範囲も明確化された[14]。これらは、国内法制と国際法の整合性を意識したものと考えられる。法改正ではこの他、航路の運営を担当する北極海航路局をはじめとした連邦の権限の明確化等が行われている。

北極海航路の通航に関する規則

　2013年には北極海航路の通航に関する新たな規則が制定された[15]。同規則は主に、北極海航路における航行許可制度（2〜18条）、砕氷船の利用（19〜28条）、水先案内人の乗船（29〜41条）、船舶通報制度（42条）、航行安全及び船舶起因汚染からの環境保護（66条〜70条）等について定めている。規制の中心は通航の事前許可制度であり、120日から15日前までの期間にロシア北極海航路局に事前申請を行うことを求めている（6条）。また許可の基準として、航行海域及び砕氷船支援の有無に応じて船舶の耐氷性

12　The Federal Law of July 28, 2012, N 132-FZ, Federal Law of Shipping on the Water Area of the Northern Sea Route, available at <http://www.nsra.ru/en/zakon_o_smp/> (last accessed 20 June 2015).

13　Erik Franckx, "The Legal Regime of Navigation in the Russian Artic", *Journal of Transnational Law and Policy*, Vol.18 (2009), pp.331-333.

14　堀井進吾「北極海における航路問題—北西航路、北極海航路」『北極海季報』第16号（2013年）23頁。

15　Rules of Navigation in the Water Area of the Northern Sea Route, available at <http://www.nsra.ru/en/pravila_plavaniya/>(last accessed 20 June 2015).

能基準が定められている(附属書 II)。4ヶ月前の許可申請を求めていた旧規則よりは改善されているものの、カナダの NORDREG と同様に通航許可制が国際法上許されるかが問題となる。

　許可を得た船舶の航行についても、規則に基づく制約が課される。航路への入域の 72 時間前には通告を行う必要があり (14 条)、航行中は定時における現在位置や気象情報等の通報が義務付けられる (42 条)。また、航行安全及び海洋環境保護を目的とした水先案内人 (ice pilot) の乗船が義務付けられている (31 条)。砕氷船の支援が必要であると判断される場合には入域許可時に情報が提示され、その場合には各種の規定を遵守して砕氷船の先導により集団で航行する (21 ～ 30 条)。砕氷船及び水先案内の利用については船舶の能力、等級、伴走の距離及び航行の期間を考慮して手数料が課せられる (24 条・32 条)。その他、海洋環境保護のための一定の設備等の具備 (60 条) や、油の排出禁止等が規定されている (65 条)。なお、改正前の規則には船舶の乗船検査、規則違反の場合の航路からの退去命令に関する規定が存在したが、新規則に検査や罰則に関する規定はない。

3　内水であるとの主張の検討

　カナダ及びロシアは航路を構成する海域の少なくとも一部について、歴史的水域として、または直線基線の設定を通じて、内水としての地位を主張する。内水では、沿岸国は陸上と同様の領域主権を行使することができ、外国船舶の無害通航権も存在しない。外国船舶の通航を全面的に禁止することも可能である以上、カナダ及びロシアの国内法令に含まれる様々な規制は内水であれば全て国際法上正当化できる。また、内水には国際海峡制度は適用されない (国連海洋法条約 35 条 (a))。カナダが自国の内水であると主張している海域は北西航路の全域であり、またロシアが内水であると主張している海域は北極海航路の利用する上で通過が必要な海峡であることから、当該海域が内水であるとの主張の成否は、沿岸国の規制権限にとって決定的な重要性を持つ。

(1) 歴史的水域

　カナダは、1973年にカナダ北極諸島周辺海域が歴史的水域であるとの立場を初めて表明している[16]。その後、カナダは米沿岸警備隊の砕氷船が北西航路を通航した事件を契機として、1985年にカナダ北極諸島を取り囲む直線基線を設定したが、この直線基線は同時にカナダの歴史的水域の限界を示すものであると位置づけられた[17]。この歴史的水域の主張は、19世紀における英国の探検活動及びその後のカナダによる権限行使を根拠とするものであったとされるが[18]、最近ではこれに加えてイヌイットによる歴史的権原の取得とカナダによるその承継取得も根拠として主張されている[19]。米国及びEC諸国は1985年の直線基線設定後に抗議を行っており、特にECはカナダの歴史的権原の主張に明示的に異議を唱えている[20]。

　ある海域が歴史的水域であるとの主張が成立するためには、慣習国際法上、沿岸国による権限の行使、権限行使の継続性、他国による黙認または抗議の不存在、の三要件が必要であると解されてきた[21]。しかしカナダの主張には、いずれの要件との関係でも問題が指摘されており、カナダの論者からも含め一般的に否定的な評価を受けている[22]。具体的には、

---

[16] Donat Pharand, "Arctic Waters and the Northwest Passage: A Final Revisit", *Ocean Development and International Law*, Vol.38 (2007), p.11.

[17] Territorial Sea Geographic Coordinates (Area 7) Order, SOR/85-872, available at <http://laws-lois.justice.gc.ca/eng/regulations/SOR-85-872/> (last accessed 20 June 2015); Statement in the House of Commons by Secretary of State for External Affairs, Joe Clark, House of Commons, Debates, 6462-6464, 10 Sept. 1985, reproduced in *Canadian Yearbook of International Law*,Vol.24 (1986), pp.416-420.

[18] Donat Pharand, *Canada's Arctic Waters in International Law* (1988), Cambridge University Press, pp.113-121.

[19] Michael Byers and Suzanne Lalonde, "Who Controls the Northwest Passage?", *Vanderbilt Journal of International Law*, Vol.42 (2009), pp.1155-1156.

[20] British High Commission Note no. 90/86 of July 9, 1986, quoted in Roach and Smith, *supra* note 3, p.112.

[21] 山本草二『海洋法』(三省堂、1992年) 45頁。Secretariat of the United Nations, Juridical Regime of Historic Waters, including Historic Bays (U.N. Doc. A/CN.4/143), *Yearbook of the International Law Commission*, 1962, II, pp.13-20.

[22] Donald R. Rothwell, "The Canadian-U.S. Northwest Passage Dispute: A Reassessment", *Cornell International Law Journal*, Vol.26(1993), p.342; Pharand, *supra* note 18, pp.121-125; Alexander Proelss and Till

19世紀における権限行使は陸域に対するものであって海洋に対する歴史的権原を裏付けるものがないこと[23]、1973年以前にカナダ政府は当該海域を歴史的水域としては扱っておらず権限行使の継続性を欠くこと[24]、そして米国・ECにより明示的な抗議があったこと等が指摘されている。

　他方でロシアについては、北極海航路を法令上「歴史的に形成された内国輸送路」と形容するなど、歴史的権原への言及ともとれる表現や航路の非国際性を強調する表現が見られるが、一部海域に対する歴史的湾の主張を除けば、明確な形で一定の海域を歴史的水域であると宣言したことはないとされる[25]。ロシアの学説の多くが北極海航路全体を歴史的水域として説明しているものの、一部の歴史的湾を例外として、航路を構成する海域が歴史的水域であると公式に主張されたことはないというのが一般的な理解のようである[27]。

(2) 直線基線の設定

　前述のように、カナダは1985年にカナダ北極諸島の外縁に直線基線を設定し、国際法に合致しないものとして米国及びEC諸国からの抗議を

Muller, "The Legal Regime of the Arctic Ocean", *Zeitschrift für ausländisches öffentliches Recht und Völkerrecht*, Vol.68(2008), pp.657-658.

[23] Pharand, *supra* note 16, pp.9-10.

[24] *Ibid.*, pp.10-11. 当該海域について無害通航権を認めていたこと、領海12海里への拡張の際に初めて北西航路入口の海峡がカナダの主権下となったとの見解が示されていたこと、内水であれば1970年北極海域汚染防止法のような限定的な管轄権行使のための立法は不要であったこと、等が指摘されている。

[25] 内水、領海及び接続水域に関する連邦法14条。1960年代の米ソ間のやりとりの中にも、海峡が「歴史的にソ連に帰属」するとの表現が見られる。Roach and Smith, *supra* note 3, pp.312-318.

[26] Leonid Tymchenko, "The Northern Sea Route: Russian Management and Jurisdiction over Navigation in Arctic Seas", Alex G. Oude Elferink and Donald R. Rothwell (eds.), *The Law of the Sea and Polar Maritime Delimitation and Jurisdiction* (2001), Martinus Nijhoff, pp.277-284.

[27] Donald R. Rothwell, *The Polar Regions and the Development of International Law* (1996), Cambridge University Press, p.209. 1960年代には、カラ海等において、米沿岸警備隊所属の砕氷船の通航に関する問題が米ソ間で生じているが、その際のロシア側の抗議の根拠は歴史的水域としての地位ではなく、軍艦による無害でない通航に該当することであったとされる。Pharand, *supra* note 18, pp.107-110.

受けた。またロシアは旧ソ連時代の 1985 年に北極海沿岸海域の一部につ
いて直線基線を設定し、米国からの抗議を受けている。[28]当時カナダ及び
ロシアは国連海洋法条約を批准しておらず、またロシアのみが領海条約
の当事国であった。したがって、両国の直線基線の有効性を国際法に照
らして評価する際は、カナダについては当時の慣習国際法、ロシアにつ
いては領海条約が基準となる。

　直線基線の設定に関する慣習国際法の内容を示すものとしては、国際
司法裁判所の漁業事件判決（1951 年）があり、「海岸が著しく曲折している」
か「群島が隣接している」場合に直線基線の設定が認められている。[29]判
決は、海岸の全般的な方向から著しく離れないこと、陸地と海洋との間
に十分な密接な関連を有すること、その地域に特有な経済的利益でその
現実性及び重要性が長期間の慣行によって明白に証明されているものを
考慮に入れることができること、の 3 点を、直線基線を引く際の基準と
して挙げている。[30]この内容はその後、領海条約 4 条及び国連海洋法条約
7 条にほぼそのまま取り入れられた。[31]

　慣習国際法及び条約上の規則に含まれる「著しく曲折している」や「全
般的な方向から著しく離れない」といった基準は、基線を設定する沿岸
国に一定の解釈の幅を残すものとなっており、具体的な適用例が国際法
上の基準に適合しているかの判断は必ずしも容易ではない。[32]米国は「一

28　Decree 4450 of 15 January 1985; Roach and Smith, *supra* note 3, pp.81, 97.
29　*Fisheries Case (United Kingdom v. Norway), ICJ Reports 1951*, pp.128-129.
30　*Ibid.*, p.133.
31　James Crawford, *Brownlie's Principles of Public International Law* (8th ed.)(2012), Oxford University Press, p.259. ただし、カナダの直線基線との関係では、判決にいう「群島が隣接している場合」が条約では「至近距離に一連の島がある場合」と異なる表現が用いられている点は問題となる。後者については、本土の海岸線に平行に一連の島が存在する場合のみを指すとする解釈もあり、この解釈を前提とすれば「群島が隣接している場合」が基準である方がカナダに有利であるとの指摘がある。Pharand, *supra* note 16, pp.14-15. もっとも、条約上の「至近距離に一連の島がある場合」の方が判決よりも広いとする記述もある。United Nations, Office for Ocean Affairs and the Law of the Sea, *The Law of the Sea: Baselines, an examination of the relevant provisions of the United Nations Conventionon the Law of the Sea* (1989), United Nations, p.21.
32　Donald R. Rothwell and Tim Stephens, *The International Law of the Sea* (2010), Hart, p.44.

連の島」について、相互に 24 海里以上離れないことや、本土の海岸線の 50％以上を覆うものであること、海岸の全般的な方向から 20 度以内であることなど直線基線の設定について独自に厳格な基準を作成している[33]。しかし、国家実行上はこうした厳格な基準から逸脱する基線が多数であり、沿岸国は相当に緩やかな解釈の下で直線基線を設定している[34]。

　カナダの直線基線については、「群島が隣接している」場合に当たらないことや、海岸の全般的な方向から逸脱していることを理由とした批判がある[35]。これに対して、カナダの論者は概ね以下の 4 点を挙げて反論している[36]。第 1 に、カナダ北極諸島は群島として一体性を有し、かつ海岸の至近距離にある。第 2 に、基線の方向は本土から大きく逸脱して見えるものの、群島の外縁がカナダの海岸線の外縁であると考えることができ、また逸脱して見えるのも極地では地図の歪みが大きいことに由来するもので、海岸の全般的な方向から著しく離れているとはいえない。第 3 に、漁業事件で問題となったノルウェーの海岸線よりも陸地と海洋との間の面積比は小さく、かつ氷結した極地であるから、陸地と海洋との間に十分な密接な関連がある。第 4 に、同地域に古くから居住し海域を利用してきたイヌイットの利益を考慮すべきである。以上の議論は、カナダ外の論者からも一定の支持を受けている[37]。

33　United States Department of State, *Limits in the Seas*, No.106, Developing Standard Guidelines for Evaluating Straight Baselines (1987).

34　R. R. Churchill and A. V. Lowe, *The Law of the Sea* (3rd ed.) (1999), Manchester University Press, pp.53-57; Rothwell and Stephens, *supra* note 32, pp.50-51; Yoshifumi Tanaka, *The International Law of the Sea* (Cambridge University Press, 2012), pp.49-50; Sam Bateman and Clive Schofield, "State Practice Regarding Straight Baselines in East Asia- Legal, Technical and Political Issues in a Changing Environment", available at <http://www.iho.int/mtg_docs/com_wg/ABLOS/ABLOS_Conf5/Papers/Session7-Paper1-Bateman.pdf>(last accessed 20 June 2015) .

35　British High Commission Note no.90/86 of July 9, 1986, *supra* note 20.

36　Pharand, *supra* note 18, pp.157-167; Pharand, *supra* note 16, pp.15-23; Byers and Lalonde, *supra* note 19, pp.1163-1169.

37　Rothwell, *supra* note 22, p.359; Tullio Scovazzi, "The Baseline of the Territorial Sea: the Practice of Arctic States", Elferink and Rothwell, *supra* note 26, pp.80-81; Proelss and Muller, *supra* note 22, pp.657-658; Louise de La Fayette, "Oceans Governance in the Arctic", *International Journal of Marine and Coastal Law*, Vol.23(2008), p.545.

ロシアの直線基線については、特にカラ海峡、ヴィルキツキー海峡、サンニコフ海峡、ドミトリー・ラプテフ海峡の海峡に引かれた基線が本土の海岸の全般的な方向とほぼ垂直であり「全般的な方向から著しく離れ」ているとの指摘がある[38]。ロシアの直線基線について具体的に精査した研究は僅かであるが、国家実行に照らして国際法上有効なものと解することができるとの見解もある一方[39]、少なくとも海峡を閉鎖し沖合の島を取り囲んでいる箇所については、カナダの直線基線に対するのと同様の批判が当てはまるとの指摘もなされている[40]。ただし、カナダの場合と異なりロシアの直線基線には米国が抗議を行ったのみであり、現在では他国に対して対抗可能であるとの評価がある[41]。

(3) 通航権の存続

国連海洋法条約は、直線基線の設定によってそれ以前に内水とされていなかった水域を取り込む場合、当該海域がそれ以前に通常の領海であれば無害通航権、国際海峡の一部であれば通過通航権が存続すると定めている（8条2項、35条(a)但書）。そのため、カナダ及びロシアの直線基線の有効性を認める見解も、その多くはこれらの規定により通航権が存続するとしている[42]。なお、カナダ及びロシアは直線基線の設定時には国連海洋法条約の当事国ではなかったが、ロシアは5条2項に同様の規定を有する領海条約の当事国であり、領海条約の当事国でなかったカナダについても領海条約の規定内容を慣習国際法として適用できると考えられ

---

[38] Scovazzi, *supra* note 37, pp.82-83. ただし、地図の縮尺にもよるとの注記がある。この点、近傍の海岸線を詳細に検討するアプローチをとるものとして、R. Douglas Brubaker, "The Legal Status of Russian Baselines in the Arctic", *Ocean Development and International Law*, Vol.30 (1999), pp.207-213.

[39] *Ibid.* ただし、現在の国家実行を重視した評価であり、そこで基準としている国家実行自体に条約及び慣習国際法上の規則から逸脱するものが含まれているとの批判はありうる。

[40] William V. Dunlap, "Transit Passage in theRussian Arctic Straits", *Maritime Briefing*, Vol.1(7) (1996), p.41; Roach and Smith, *supra* note 3, p.495.

[41] Brubaker, *supra* note 38, p.218. この見解に理解を示すものとして、James Kraska, *Maritime Power and the Law of the Sea* (2013), Oxford University Press, p.399.

[42] R. Douglas Brubaker, "Straits in the Russian Arctic", *Ocean Development and International Law*, Vol.32 (2001), p.218; Rothwell, *supra* note 22, pp.359-360; Proelss and Muller, *supra* note 22, pp.660-661.

ている[43]。

ただし、これらの見解では、直線基線の設定後に行使できるのは通過通航権ではなく無害通航権であるとされている。これは、直線基線の設定により海峡内の内水となったことが通過通航権が存続する要件であるため（35条(a)但書）、通過通航権の行使のためには基線の設定時に既に国際海峡であったことが必要であるとの解釈によるものと思われる[44]。後述のように、対象海域が国際海峡としての要件を充たすためには「国際航行に使用されている」ことが必要であり、1985年の時点での使用実績の低さを考えると、35条(a)但書の適用により通過通航権が存続するとの主張は比較的困難となる[45]。もっとも、これは直線基線の有効性を前提とした論点であり、基線の有効性を争っている米国・EU等の立場からは特に問題とならない。

4 国際海峡であるとの主張の検討

前述のように、米国は北西航路が国際海峡であるとの立場をとっており、EUも同様の立場に立つものと推測されている[46]。また、米国は北極

---

[43] Jonas Attenhofer, "Navigation Along Precedence: How Arctic Sovereignty Meltswith the Ice", *German Yearbook of International Law*, Vol.54 (2011), p.140. 特に議論なく国連海洋法条約及び領海条約の規定を指摘して通航権の存続を説く議論もこの立場に立つものと思われる。Rothwell, *supra* note 22, p.359. なお、さらに311条2項からの議論として、Proelss and Muller, *supra* note 22, p.660。

[44] Michael Byers, *International Law and the Arctic* (2013), Cambridge University Press, p.134; Rothwell *supra* note 22, p. 360. ただし、Proelss and Muller, *supra* note 22, p.660は現在を基準として否定的である。

[45] Byersによれば、この場合の北西航路の通航実績はカナダに許可を得ることなく通航した1969年の米国の耐氷タンカー及び1985年の米沿岸警備隊船舶の二隻である。Byers, *supra* note 44, p.150. もっとも、直線基線の有効性を争う場合と異なり、海峡の使用実績としての評価には許可の有無を問わないはずである。北西航路の使用実績については、Pharand, *supra* note 16, pp.31-33 参照。さらに、相当数の潜水艦の航行の可能性が指摘されている。これらを使用実績から排除する理由はないが、実態は不明である。

[46] National Security Presidential Directive (NSPD) 66, *Arctic Region Policy*, para.III.B.5. EUの立場は米国ほど明確ではないが、北極に関する政策文書で「通過通航権」に言及しており、北極海に国際海峡が存在することを前提としていると考えられる。Council of the European Union, *Council Conclusions on Arctic Issues*, 2985th Foreign Affairs Council Meeting, Brussels, 8 December 2009, p.4 (para.16).

海航路に存在する主要な海峡についても同様の立場を主張してきた[47]。この主張は、当該海域は内水ではなく通常の領海または EEZ に過ぎないとの立場を前提として、国際海峡を構成する領海部分については領海における無害通航権に留まらず、国際海峡における通過通航権を行使できるとするものである。これに対して、沿岸国の主張するように航路を構成する海域が歴史的水域であれば同海域は国際海峡ではありえない[48]。また、直線基線の設定により新たに内水となったとすれば、前述のように 35 条 (a) 但書の適用が問題になるにとどまる。

一般に、国連海洋法条約第 3 部の適用対象である「国際海峡」に該当するためには地理的基準及び機能的基準の二つを充たすことが必要であると理解されている[49]。地理的基準とは「公海又は EEZ の一部分と公海又は EEZ の他の部分との間にある」(37 条) ことであり、機能的基準とは「国際航行に使用されている」(同条) ことである。これに対して米国は地理的基準のみが決定的であるとの立場をとる[50]。しかし、条約の文言上「使用されている」ことが要求されていること、また海峡の問題を扱った国際司法裁判所のコルフ海峡事件判決でも機能的要件が求められていること等から、米国の立場は学説上ほとんど支持されていない[51]。

---

47 Roach and Smith, *supra* note 3, pp.312-318; NSPD-66, *supra* note 46, para.III.B.5.
48 国連海洋法条約 35 条 (a) は、国際海峡について定める第三部の規定が「海峡内の内水である水域」に「影響を及ぼさない」と規定している。Erik J. Molenaar, "Status and Reform of Arctic Shipping Law", E. Tedsenet al. (eds.), *Arctic Marine Governance* (2014), Springer, pp.135-136.
49 Hugo Caminos, "The Legal Regime of Straits in the 1982 United Nations Convention on the Law of the Sea", *Recueil des Cours*, Vol.205 (1987), pp.124-125; Churchill and Lowe, *supra* note 34, p.102. Yturriaga は「地理的要素」「法的要素」「機能的要素」の 3 要素に分けているが、ここでも「国際航行に使用されている」ことが機能的要素として必要とされている。Jose A. de Yturriaga, *Straits Used for International Navigation* (Martinus Nijhoff, 1991), pp.4-12. 同様の説明として、Ana G. Lopez Martin, *International Straits: Concept, Classification and Rules of Passage* (2010), Springer, pp.41-63.
50 *United States: President's Transmittal of the United Nations Convention on the Law of the Sea and the Agreement Relating to the Implementation of Part XI to the U.S. Senate with Commentary, International Legal Materials*, Vol.34 (1995), p.1408 [hereinafter US Commentary]; James Kraska, "The Law of the Sea Convention and the Northwest Passage", *International Journal of Marine and Coastal Law*, Vol.22(2), p.275.
51 Rothwell and Stephens, *supra* note 32, p.237; Proelss and Muller, *supra* note 22, pp.660-661; Laura Boone, "International Regulation of Polar Shipping", Erik J. Molenaar et al. (eds.), *The Law of the Sea and the Polar*

また、機能的基準の内容として「使用されている」(are used for) が使用実績を意味するのか、使用可能性で足りるのかという観点からの議論もある。地理的基準が決定的であるとする米国は、使用の可能性があれば十分であるとする[52]。しかし、他の正文（例えば仏語の servant）を含め、文言上は少なくとも現時点での使用が問題とされていることが指摘されている[53]。もっとも、どの程度の利用があれば使用が認定できるのかという点については、見解の一致はない。古い学説には、船舶通航量、その総トン数、貨物の総価額、平均的船舶サイズ、及び特に利用国の数などの総合判断を主張するものがあるが[54]、必ずしも先例や国家実行に裏付けられた基準とはいえない。コルフ海峡事件判決では、コルフ海峡が不可欠な航路ではなく代替的な経路に過ぎないことは決定的ではないとされた一方で、国際交通のために有用な(useful)経路であるとの認定されたこと[55]や、条約の起草過程で航路の使用が「通常の」、「慣習的な」または「伝統的な」ものであることを要求する条文案が退けられていること[56]からは、求められる使用の水準は必ずしも高くないことが示唆される[57]。

　以上の基準を北西航路全体及び北極海航路に存在する海峡について適用した場合、第1の地理的基準に当てはまることについては、異論は見られない。北西海峡については、地理的に見て単一の海峡ではなく、一連の海峡が連続して一つの航路を構成しているという特徴はあるものの、

Regions: Interactions between Global and Regional Regimes (2013), Martinus Nijhoff, p.209.

52　US Commentary, *supra* note 50, p.1408; Richard J. Grunawalt, "United States Policy on International Straits", *Ocean Development and International Law*, Vol.18 (1987), p.456.

53　S.N. Nandan and D. H. Anderson, "Straits Used for International Navigation: A Commentary on Part III of the United Nations Convention on the Law of the Sea 1982", *British Yearbook of International Law*,Vol.60 (1989), p.168.

54　Eric Bruel, *International Straits: A Treatise in International Law* (1947), Sweet and Maxwelll, pp.42-43.

55　*Corfu Channel Case (United Kingdom v. Albania), ICJ Reports 1949*, p.28.

56　Nandan and Anderson, *supra* note 53, p.168.

57　通常の使用でなくともよく、また何らかの所定の水準に達する必要もないとするものとして、*Ibid.*, pp.168-169. また、現実に一定の使用が必要とするものとして、Caminos, *supra* note 49, pp.128-129. Byers は前述の2隻の通航についても判断を留保している。Byers, *supra* note 44, p.150.

この点について議論はほとんどなく、「公海又はEEZの一部分と公海又はEEZの他の部分との間にある」こと自体を否定することは難しいものと思われる。これに対して、議論が集中しているのは第2の機能的基準を充たしているか否かであり、特にカナダ及びロシアは、北西航路及び北極海航路がそれぞれ従来の使用実績には乏しいとして、国際海峡には該当しないとの立場を採っている[58]。しかし、従来は使用されていなかった海峡が状況の変化により国際航行に使用されるようになれば、その時点で機能的基準を充たし、国際海峡に該当するとの解釈は可能である[59]。特に北西航路及び北極海航路は、氷結により物理的に使用不可能であった海域が使用可能になりつつあるという初めての事態であり、この点も特に考慮すべきであるという議論もある[60]。前述の通り、機能的基準として求められる具体的な使用の水準を特定することは難しいが、航路の使用が拡大するにつれて、国際海峡に該当しないとの主張はより困難となるものと考えられる。地理的基準が決定的であるとする米国の論者からも、カナダの主張は近年の使用実績に鑑みれば機能的基準の下でも説得力を欠くとする議論が既に登場している[61]。この主張は近年の使用実績がより顕著である北極海航路についてはいっそう当てはまるものと思われる。

　北西航路及び北極海航路に存在する海峡に通常の国際海峡制度が適用されるとした場合、沿岸国の権限は極めて限定されたものになる。国際海峡の沿岸国は、航行安全・海上交通の規制、油等による汚染の規制、漁獲の防止、通関・財政・出入国管理または衛生上の法令違反の積込み・積卸しの4つの事項について法令制定権を有するにとどまる（42条1項）。前二者については、国際的な規則への適合が明示的に要求されている。

58　Brubaker, *supra* note 38, p.267; Suzanne Lalonde, "Increased Traffic through Canadian Arctic Waters: Canada's State of Readiness", *Revue Juridique Themis*, Vol.38 (2008), pp.87-89.

59　Lopez Martin, *supra* note 49, pp.59-60. ただし、前述のように、直線基線の設定が有効であるとの立場からは、直線基線の設定時が「決定的期日」であるとの主張もありうる。

60　Attenhofer, *supra* note 43, pp.150-151. 氷結水域における機能的要件の緩和の可能性を指摘するものとして、Rothwell, *supra* note 22, p.357.

61　Roach and Smith, *supra* note 3, pp.478-479.

また、法令は無差別で、適用にあたり通過通航権を否定し、妨害し又は害する実際上の効果を有するものであってはならないとされる（同2項）。これらに照らせば、カナダ及びロシアの国内法令における国際基準を逸脱する船舶構造基準、通航許可制、船舶通報制度、水先案内制度などはいずれも許容されないということになるであろう[62]。

もっとも、航路が国際海峡に該当するとしても、氷結水域である国際海峡において沿岸国が行使できる権限の内容は、以下で検討するように、氷結水域における沿岸国の権限に関する234条と、国際海峡制度に関する第3部との適用関係をどのように解釈するかによっても左右される。234条は国際海峡にも適用されるとの解釈によれば、通常の国際海峡の場合に比べてより強い規制を及ぼすことが正当化されうるため、国際海峡に該当するか否かによって生じる差異は相対的に小さくなる。ただし、米国が最も関心を寄せている事項の一つであると考えられる安全保障の問題との関係では、軍艦・政府船舶は海洋環境保護に関する条約規定から免除され（236条）、234条はいずれにしても適用されない。

5　234条の適用可能性とその下での権限の内容

国連海洋法条約234条は、氷結水域の特殊性に鑑みて特別な権限の行使を沿岸国に認めているが、その適用範囲及び権限の内容については解釈が対立している。本条は第三次海洋法会議において米国とソ連・カナダの間の妥協として起草されたが[63]、それゆえに文言自体に曖昧さが残っている。氷結水域の沿岸国自体が少数であるために国家実行の蓄積が期待できず、しかも沿岸国にとって有利な実行が積み重ねられがちであるという事情も加わって、解釈をめぐる対立は平行線を辿っている状況にある[64]。前述のように、沿岸国の規制権限を考える上での重要な論点は、

---

[62] なお、IMOの関与の下での国際海峡における船舶通報制度・水先案内制度の採用について、本書第2章「通過通航制度と海峡沿岸国の航行規制」58-66頁、参照。

[63] *Virginia Commentary, supra* note 6, IV, p.393.

[64] 国際法協会は「海洋汚染に対する沿岸国管轄権」に関する委員会の最終報告書（2000年）

234条が国際海峡についても適用されるか否かである。特に商船の通航については、234条が国際海峡についても適用され、かつ234条の下で沿岸国がとりうる措置が十分に厳しいものである限り、北西航路及び北極海航路内の海峡が国際海峡であるとしても、カナダ・ロシアが採用している国内法上の措置は正当化可能となる。

(1) 地理的適用範囲

234条が適用されるのは、「自国の排他的経済水域の範囲内 (within the limits of the exclusive economic zone)」の氷に覆われた水域であって、「特に厳しい気象条件及び年間の大部分の期間当該水域を覆う氷の存在が航行に障害又は特別の危険をもたらし、かつ、海洋環境の汚染が生態学的均衡に著しい害又は回復不可能な障害をもたらすおそれのある水域」である。国際海峡は領海内に存在するため、一見すると234条が国際海峡に適用されることはありえないようにも思われるが、本条にいう「EEZの範囲内」とは文字通りEEZを意味するのか、それともEEZの外縁よりも内側であって領海をも含むのか、という点が解釈上争われている。[65]

後者の立場をとる論者は、EEZに限るとすればEEZ内で領海よりも強い権限を認めることになることや、[66]起草過程で交渉の中心であった米国及びカナダの関係者が領海も含むとする解釈をとっていることを理由と

の中で、234条についても検討を行っているが、(1) EEZ以遠には適用されない、(2) 航行の権利・自由は完全に排除されないが、234条の下で取られる沿岸国措置によって実質的に制限されうる、という一般的な結論にとどまり、解釈上の論点について言及するのみで全く結論を出していない 。 International Law Association, Committee on Coastal State Jurisdiction Relating to Marine Pollution, *Final Report* (2000), pp.26-31, 57-58, available at <http://www.ila-hq.org/en/committees/index.cfm/cid/12> (last accessed 20 June 2015).

[65] この論点の重要性は、適用される地理的な範囲の広狭にとどまらない。両説がともに用いる「EEZで領海よりも強い権限を認めることは不合理である」という論理は、適用範囲をEEZとする見解の下では234条の下での権限内容を領海における一般的な沿岸国の権限を上限として限定するのに対して、EEZのみならず領海にも適用されるとする立場をとればこのような制約が生じないため、より強力な権限が含まれているとの議論が可能になり、沿岸国に有利であるためである。

[66] Pharand, *supra* note 16, p.47.

して挙げている[67]。この場合には、必然的に 234 条が国際海峡に適用される論理的な可能性が生じる。もっとも、EEZ は 55 条で明確に定義されている以上、その「範囲内」に領海も含めることは文言の解釈として困難であると言わざるをえないように思われる[68]。また、領海よりも強い権限を認めることになり不合理であるという理由付けは、234 条の下での権限の範囲について争いがある中では論点の先取りであり、必ずしも決定的な理由とまでは言えない[69]。また、起草過程において本条は当初 EEZ における環境保護に関する 211 条 6 項と同一の条文におかれていたことも、EEZ に限定する解釈を支持するものとして挙げられている[70]。こうした解釈をとれば、234 条が国際海峡に適用されることはそもそもありえない。

234 条をめぐる解釈上の論点としては、この他にも「氷の存在が航行に障害または特別の危険をもたらし、かつ…」との要件について、当該要件にかかる英文の where の意味との関連で、氷結水域という地理的な範囲にかかる加重要件であるのか、あるいは氷結水域の中でも特にそのような条件が現に存在している場合という時間的範囲を意味するのかという問題が指摘されている[71]。さらに、「特に厳しい気象条件」「年間の大部分」

[67] Ibid., p.47. 特に米国の Oxman がこの見解をとっていることが注目される。"Legal Regimes of the Arctic", *American Society of International Law Proceedings*, Vol.82(1998), pp.333-334 [hereinafter ASIL Proceedings].

[68] Ibid., p.328; Aldo Chircop, "The Growth of International Shipping in the Arctic: Is a Regulatory Review Timely?", *International Journal of Marine and Coastal Law*, Vol.24(2009), p.371; Kristin Bartenstein, "The 'Arctic Exception' in the Law of the Sea Convention: A Contribution to Safer Navigation in the Northwest Passage?", *Ocean Development and International Law*, Vol.42 (2011), p.29. 池島大策「北極海のガバナンス：多国間制度の現状と課題」『北極のガバナンスと日本の外交戦略』(日本国際問題研究所、2013 年)、70 頁。

[69] MacRae らは EEZ に限られるとの解釈をとった上で、領海の場合よりも強い権限を EEZ で規定したとは考えにくいとして、これをむしろ権限の内容を制限する論理として用いている。D. M. McRae and D. J. Goundrey, "Environmental Jurisdiction in Arctic Waters: The Extent of Article 234", *UBC Law Review*, Vol.16 (1982), p.221. ただし、後述のように、通常は領海でも認められない CDEM 規制が 234 条の下で可能であるとの解釈が今日では有力であり、この解釈を前提として地理的適用範囲を EEZ 内に限定すると、EEZ で領海よりも強力な権限を行使できるという不自然な状況が確かに生じることになる。

[70] Bartenstein, *supra* note 68, pp.29-30.

[71] MacRae and Goundrey, *supra* note 69, pp.216-219; Bartenstein, *supra* note 68, pp.30-31.

「特別の危険」「著しい害」など、具体的な適用に際してその内容が問題となる文言もあるが、解釈上の手がかりに乏しく、問題が指摘されるにとどまっている[72]。

以上の点について沿岸国としてはより有利な解釈を採用し、逆に制限的な解釈を採用する他国との間で議論は平行線を辿ることが予想される。もっとも、より客観的に判定可能な要件として、海氷の減少とともにそもそも「氷に覆われた水域」が今後縮小することは予想される。海洋環境の脆弱性を理由とする制度である以上、氷が融解しても制度は維持されるとの見解もあるが[73]、海洋環境の脆弱性を理由とする制度としては211条6項が存在し、234条はこれとも異なる制度として形成されてきたことに鑑みれば、明文の要件に反してまでこのような解釈をとることは困難であると思われる。この点、現行のカナダ及びロシアの国内法は、一般的にEEZを限度として適用され、氷結海域の縮減に対応する仕組みはない。国内法が適用されている全域で234条に基づく正当化が可能であるかは、海氷の現状に照らして具体的に検討する必要がある[74]。

(2) 国際海峡制度と234条との関係

234条が領海にも適用されるとの解釈をとる場合には、234条と国際海峡に関する条約第3部との間の適用関係がさらに問題となる。234条が第3部の規定に優先するとすれば、北西航路全体及び北極海航路の一部を構成する海峡が国際海峡であるとしても、カナダ及びロシアはなお234条に基づいて国内法令上の措置を正当化できる可能性がある。

この点については、233条の文言を手掛かりとした議論がある。233条

---

[72] Tullio Scovazzi, "Legal Issues Relating to Navigation through Arctic Waters", *Yearbook of Polar Law*, Vol.1 (2009), pp.373-374.

[73] 西谷斉「北西航路の国際法上の地位―氷結区域と国際海峡制度の交錯―」『近畿大学法学』第54巻4号 (2007年) 247-248頁。

[74] European Commission, *Legal Aspects of Arctic Shipping*, Final Report Submitted to DG Maritime Affairs & Fisheries (February, 2010), p.78 (para.304). 米国はカナダNORDREGの適用範囲について、この点からも疑義を伝えている。US Note to Canada, *infra* note 89, p.2.

（第12部7節）は「第5節からこの節までのいずれの規定」も国際海峡制度に影響を及ぼさないと規定しており、国際海峡への海洋環境保護に関する規定の適用を一般的に排除しているものの、234条の位置する第8節は排除していない。このことを根拠として、国際海峡でも234条に基づく権限行使は可能であるとの見解が一定の支持を集めている[75]。しかし、234条は文字通りEEZにのみ適用されると解すれば、国際海峡は原則として領海によって構成される以上、233条で除外するまでもなく234条が国際海峡に適用されることはない。233条が234条の位置する第8節をあえて排除していないのはこの趣旨であり、逆に234条の適用範囲がEEZに限られることはこの点からも裏付けられるとの反論も可能である[76]。

このように、234条の地理的範囲に関する論点は、233条を通じて234条と国際海峡制度との適用関係とも連動する。234条は領海にも適用されるという沿岸国に有利な解釈からは、国際海峡についても234条が適用可能であるとの結論が得られる。その場合には234条の下での沿岸国の権限の内容の解釈によって、正当化しうる国内法上の措置の範囲がさらに問題となる。以下で検討するように、234条は航行への「妥当な考慮」を求めており、国際海峡に234条を適用できるとしても、沿岸国がとりうる措置の範囲はEEZの場合に比べてより制限的に解すべきであるとの見解もある[77]。

(3) 234条の下での沿岸国の権限の内容

234条の下で沿岸国が具体的にどのような権限を行使しうるのかについ

---

[75] Molenaar, *supra* note 48, p.138; Bing Bing Jia, *The Regime of Straits in International Law* (1998), Oxford University Press, p.163; Lindy S. Johnson, *Coastal State Regulation of International Shipping* (2004), Oceana, p.115. なお、逆に米国の立場から、234条が国際海峡にも適用されることから北西航路は国際海峡であると考えられていたことが裏付けられるとの見解もある。Roach and Smith, *supra* note 3, p.319-320 (note 119).

[76] Bartenstein, *supra* note 68, p.34.

[77] *ASIL Proceedings, supra* note 67, p.328.

ても、解釈上問題となる点が多い。234条は沿岸国の権限の内容について、単に「船舶からの海洋汚染の防止、軽減及び規制のための無差別の法令を制定し及び執行する権利」と規定しており、また法令が「航行並びに入手可能な最良の科学的証拠に基づく海洋環境の保護及び保全に妥当な考慮を払」うことを求めているに留まる。しかし、その趣旨が次の2点にあることについては概ね見解の一致がある[78]。第1に、無差別であることを要件に、一方的かつ独自の内容の国内法令の制定・執行を沿岸国に対して認めるものであるという点、第2に、法令の内容は航行と環境の保全・保護との間の均衡を充たすことが必要であるという点である。

一方的かつ独自の国内法令の制定・執行

通常のEEZで適用される海洋環境保護に関する規定である211条5項及び6項は、「一般的に受け入れられている国際的な規則及び基準」への準拠等を定めているが、234条には同様の国際的な規則・基準への言及がない。このことや、234条がカナダの北極海域汚染防止法を契機として交渉・起草されたことに鑑みて、少なくともEEZへの適用については、IMOをはじめとする権限ある国際機関の関与なく、国際基準・規則とは異なる国内法令の制定・執行を許容することが234条の趣旨であると解されている[79]。また、国際規則・基準からの逸脱として、通常は領海においても許容されない外国船舶の設計、構造、乗組員の配乗又は設備に関する規制（CDEM規制）を、沿岸国が独自に採用することも可能であるとする見解が、学説上は極めて有力である[80]。その理由として、234条の文言上限定がないことや、カナダの北極海域汚染防止法が排出規制とCDEM規制を行っており234条の起草時に念頭に置かれていたことなどが挙げ

---

[78] International Law Association, *supra* note 64, p. 58.

[79] *Virginia Commentary*, *supra* note 6, IV, p.398; Molenaar, *supra* note 48, p.137; Ted L. McDorman, "National Measures for Safety of Navigation in Arctic Waters: NORDREG, Article 234 and Canada", Myron H. Nordquist et al. (eds.), *The Law of the Sea Convention: US Accession and Globalization* (2012), Martinus Nijhoff, p.417-418; Byers, *supra* note 44, p.166.

[80] Churchill and Lowe, *supra* note 34, p.348; European Commission, *supra* note 74, pp.77-78, 164; Molenaar, *supra* note 48, p.137; Erik Franckx, "The New USSR Legislation on Pollution Prevention in the Exclusive Economic Zone", *International Journal of Estuarine and Coastal Law*, Vol.1(1986), p.163.

られている。この立場からは、カナダ及びロシアの国内法による船舶の耐氷性能基準の設定や設備の要求等は 234 条の下で正当化できるものと考えられる[81]。

国際規則・基準からの逸脱という点は、NORDREG 制定後に国際海事機関 (IMO) の枠組みの中でも議論となった。2010 年の第 88 回 IMO 海上安全委員会で米国及び国際タンカー船主協会 (INTERTANKO) は、カナダによる規制を船舶通報制度 (SRS) または船舶通航業務 (VTS) の一種と位置付け、一方的な設定は「IMO の通常の慣行及び SOLAS 条約の文言及び趣旨」に合致せず、IMO で先に検討を要すると主張した[82]。これに対してカナダは、関連する IMO の規則が存在する場合であっても、234 条の下での法令制定権は IMO の事前の承認を得ることなく行使できると反論している[83]。SOLAS 条約上の SRS 及び VTS に関する規定は、締約国の国際法上の権利義務を害するものではないと明示していることから (同条約 V/11.9 及び V/12.5)、234 条は SOLAS 条約上の権利・義務に優越するというカナダの主張は正当なものと評価できる[84]。問題の本質は結局、NORDREG が 234 条の下で正当化されるか否かであったが、この問題は委員会及び IMO の検討範囲を超えるとの意見も出て、それ以上は議論されなかった。またフォーラムの特性もあり、国際海峡との関係は特に議論されなかった。

航行と環境の保全・保護との間の均衡

234 条が航行と環境の保全・保護との間の均衡を求めていることの具体的意味についても解釈は分かれている[85]。通航への妥当な考慮が求められている以上、何らかの航行が存在することは前提であるとして、一律の

81　ただし、両国の法令が軍艦・政府船舶を適用除外としていない点は 234 条で許される範囲を超えているとの指摘がある。European Commission, *supra* note 74, p.235 (para.887).
82　IMO Doc. MSC88/26, para. 11.32.
83　*Ibid*., para. 11.33.
84　Roach and Smith, *supra* note 3, pp.494-495.
85　McDorman, *supra* note 79, pp.421-423.

通航禁止は許されないことについては見解の一致がある[86]。また、このように解する以上、船舶の通航を事実上困難とするような高水準の CDEM 規制等も許されない[87]。これに対して、特定種別の船舶の排除や通航許可制の実施のように、部分的に通航自体を規制するものについては、必ずしも一致した見解はない。学説上は CDEM 規制が許される以上、特定種別の船舶や個別事案における通航の規制の実施も可能であるとする見解もあり[88]、この見解によれば CDEM 規制との適合性を判断するための通航許可制を正当化する余地もありうるものと思われる。しかし、NORDREG の通航許可制は 234 条上の「妥当な考慮」を払う義務に適合しないと米国が主張するなど[89]、部分的であれ通航自体を規制することについては、通航権の侵害であり認められないとの見解が非沿岸国の間には根強いものと思われる。

通航許可制が可能であるとする議論としては、234 条が氷結水域の海洋環境の脆弱性を理由として設けられた規定であること、妥当な考慮の対象が「通航の権利」ではなく「通航」であること、さらには国連海洋法条約以降の環境法の発展等に鑑みれば、航行と環境保全・保護との衡量の結果として、船舶の通航自体を拒否することも正当化されるというものがある[90]。しかし、本条の沿革に鑑みれば、234 条を環境保護の観点のみから目的論的に解釈するのは適当ではなく、「妥当な考慮」の意味は海洋環境保護と当該海域における非沿岸国の通航の権利との調整を意味するも

---

[86] Wolfgang Graf Vitzthum (Hrsg.), *Handbuches Seerechts* (2006), Beck, p.257; MacRae and Goundrey, *supra* note 69, p.221; Thomas Dux, *Specially Protected Marine Areas in the Exclusive Economic Zone* (EEZ) (LIT, 2011), p.216; Suzanne Lalonde, "Evaluating Canada's Position on the Northwest Passage in Light of Two Possible Sources of International Protection", *The Limits of Maritime Jurisdiction* (2013), Martinus Nijhoff, p.582.

[87] Rothwell, *supra* note 27, pp.294-295.

[88] Molenaar, *supra* note 4, pp.420-421; Dux, *supra* note 86, p.216.

[89] U.S. Diplomatic note to Canadian Department of Foreign Affairs and International Trade, commenting on Canada's NORDREGs, available at <http://www.state.gov/documents/organization/179286.pdf> (last accessed 20 June 2015)[hereinafter US note to Canada]; Statement by the Delegation of Singapore, IMO Doc.MSC/88/26/Add.1, Annex 28 [hereinafter Statement by Singapore].

[90] Kristin Bartenstein, "Navigating the Arctic: The Canadian NORDREG, the International Polar Code and Regional Cooperation", *German Yearbook of International Law*, Vol.54 (2011), pp. 104-107.

のと解すべきである。234 条の適用が EEZ に限られているとの解釈を前提とすれば、領海で認められる以上の措置を EEZ 内でとれないことが航行への「妥当な考慮」の一応の基準となるが、この前提自体に争いがあり決定的とはいえない。結局、国家実行及び議論の蓄積を待つほかないが、沿岸国には 234 条よりも強力な措置を正当化する内水であるとの主張、非沿岸国には同様に通過通航権が 234 条に優先するとの主張がありうるため、本条の解釈をめぐる議論の深化は必ずしも期待できない。

なお、234 条は沿岸国の法令が無差別であること、及び沿岸国の措置が最良の科学的証拠に基づくことも求めており、沿岸国の権限はこの観点からも一定の制約を受ける。特に「最良の科学的証拠」との関係では、シンガポールが NORDREG の下での船舶通報制度(SRS)・船舶通航業務(VTS)と 234 条の目的との関連性の問題を提起しており、米国も口上書の中で同様に NORDREG の科学的根拠を質している。234 条は氷結水域の特殊性に基づいて認められた例外である以上、海洋環境の保護・保全という目的と沿岸国の採用する措置との間には、一定の結びつきが立証されなければならないと考えられる。「妥当な考慮」によって表現されている航行と環境の保全・保護との間の均衡の具体化が容易ではない以上、このような「最良の科学的証拠」あるいは 234 条が同様に求めている無差別性の要件は対立の調整のための議論により馴染みやすい点として今後焦点となることも考えられる。

91　George K. Walker, *Definitions for the Law of the Sea* (2012), Martinus Nijhoff, p.180.
92　MacRae and Goundrey, *supra* note 69, pp.220-222; Attenhofer, *supra* note 44, pp.152-153. もっとも、例えば領海での船舶通報制度が沿岸国の規制権限に含まれるか否か自体についても争いがある。Ted L. McDorman, "Canada's Vessel Traffic Management Regime: An Overview in the Context of International Law", Aldo Chircop et. al. (ed.), *The Regulation of International Shipping: International and Comparative Perspectives* (2012), Martinus Nijhoff, p.514; Henrik Ringbom, *The EU Maritime Safety Policy and International Law* (2008), Martinus Nijhoff, p.447.
93　Statement by Singapore, *supra* note 89; US note to Canada, *supra* note 89, p.2.
94　Dux, *supra* note 86, p.216. これに対して、沿岸国の措置は科学的証拠に「基づく」ものであればよく、必要性という高い基準を課すものではないとの見解として、Bartenstein, *supra* note 90, p.102.
95　西元宏治「北極海のガバナンスとその課題 海域の法的地位・国家間協力の枠組みを中心

6 おわりに

　北極航路の通航に関するカナダ及びロシアの国内法令を国際法に照らして評価する上では様々な解釈上の論点が存在するが、国際海峡としての通過通航権を主張する国々と、歴史的内水または直線基線の設定によって自国法令上の措置を正当化しようとする沿岸国との間の隔たりは大きい。また、国際海峡としての地位を前提としても、沿岸国に予備的な正当化根拠を提供する国連海洋法条約234条は幅広い解釈を許容するものであり、通航許可制、船舶通報制度、水先案内等といった個々の措置について、いずれの立場からも一定程度の説得力をもった法律論が可能である。法律論によって航路の利用をめぐる問題が解消に至る可能性は高いとはいえない。

　北極海航路の利用をめぐる実務的な問題については、2014年11月にIMOで採択された極海コード（Polar Code）をめぐる展開の中で一定程度は縮減されることが期待される。勿論、234条が沿岸国による一方的な規制措置を許容している以上、拘束力ある国際規則・基準が設定されても沿岸国の権限が法的に制約されるわけではない。しかし、IMOでの検討を経て規則・基準が採用された事項については、234条が要件とする「最良の科学的証拠」との関係などの観点から、沿岸国の独自規制の妥当性を議論することが現状よりも容易となることが予想されるため、今後の展開が注目される。

　ただし、国際海峡としての地位をめぐる見解の対立は、航路の利用をめぐる実務的な関心のみを反映したものではない。例えば、北西航路の国際海峡としての地位に関する米国の主張は、当該航路に対する米国の利害に限らず、海洋全般における航行の自由を最大限確保するという米

に」『国際問題』No.627（2013年）8頁。

国の安全保障政策に直結している[96]。こうした側面は、カナダの論者には北西航路の問題で米国と妥協に至る糸口として映っている一方で[97]、他の海洋国にとっても航路の実際の利用を離れた意味付けを与えるものとなっている。

　この点では、特に北西航路の法的地位をめぐる議論が日本の海域との関係で一定の含意を持つことも考えられる。例えば、米国は豊後水道を閉鎖する日本の直線基線の設定について、「豊後水道は、北西にある（本州と九州の間を隔てる）もう一つの国際海峡である関門海峡と並んで、国際航行に使用されている海峡である。従って、当該海域及び二つの国際海峡の間にある海域は国際航行に使用されている海峡に関する国連海洋法条約第3部によって規律されるべきである」との立場を明らかにしたことがある[98]。この問題が日米関係の中で実務上の問題として浮上することは考えにくいが、沿岸国が直線基線によって閉鎖しており、かつ歴史的水域でもあるとしている内水について、通過通航権が主張されている構図にはカナダの北西航路と共通のものがある。日本は北極航路の問題について、主に航路の潜在的な利用国としての立場で関わっていくことになると思われるが、より一般的な国際法上の文脈への含意も見据えた上で、今後の展開への対応を考えていくべきであると思われる。

---

96 Suzanne Lalonde and Frederic Lasserre, "The Position of the United States on the Northwest Passage: Is the Fear of Creating a Precedent Warranted?", *Ocean Development and International Law*, Vol.44 (2013), pp.30-31.

97 Byers and Lalonde, *supra* note 19, pp.1202-1210; Franklyn Griffiths, "The Shipping News: Canada's Arctic Sovereignty Not on Thinning Ice", *International Journal*, Vol.58 (2003), pp.270-271.

98 United States Department of State, Limits in the Seas, No.120, Straight Baselines and Territorial Sea Claims: Japan (1998), pp.6-7.

第4章 国際海峡と海洋環境保護

奥脇　直也

1　UNCLOSの国際海峡レジーム

(1) UNCLOSの国際海峡レジーム

　わが国は、周辺にある4海峡を特定海域として指定し、これについては領海を「当分の間」3カイリに凍結して、各海峡の中央に公海部分を残すことによって、それら海峡に国連海洋法条約(以下、UNCLOS)の国際海峡の通航制度を適用しないこととしている[1]。「当分の間」というのは、UNCLOSの国際海峡制度が十分に確立するまでの間、とくに海峡沿岸国の主権及び管轄権の限度に関するUNCLOS第3部(「国際航行に使用されている海峡」)の規則及び適用ある国際法の他の規則が確立するまでの間ということと説明されている[2]。領海法の制定後すでに40年弱を経過しているが、その間に直線基線の設定はあったものの、特定海域については3カイリ凍結を解除してこれにUNCLOSの国際海峡制度を適用しようとする動きは今のところないようである。わが国にとって、マラッカ・シンガポール海峡やホルムズ海峡は国家の命運をかけた重要なシーレーンとなっており、それら海峡の沿岸国が主権及び管轄権の拡張を画策する場合に、海峡の利用国としての権利を対抗的に主張する必要が生じた場合の外交上のフリーハンドを確保する必要があるという配慮によるもので

---

[1] 領海及び接続水域に関する法律(領海法、昭和52年5月2日 法律第30号)附則2(特定海域に係る領海の範囲)。なお直線基線は、同法の施行令(平成8年政令第206号、1996年7月20日)により設定され、1997年1月1日から施行されている。施行令と施行の間の日にちのズレは諸外国への周知を図るために設けられたとされる。

[2] 小松一郎『実践国際法』(信山社、2011年) 122頁。

あるのかもしれない。その意味で、海峡沿岸国が UNCLOS の規定の下で有する海峡内の海域に対する主権及び管轄権の限度を確認し、海峡沿岸国がこれを拡張する場合にどのようなことが想定されるかを考えておくことは重要であろう。

UNCLOS によれば、第3部に規定する国際航行に使用されている海峡の通航制度は、その他の点については、それら海峡を構成する水域の法的地位に影響を及ぼすものではなく、それら水域の上空、海底及びその下に対する海峡沿岸国の主権及び管轄権に影響を及ぼすものではないとされる（第34条1項）。国際海峡の内側の水域は、内水、領海、排他的経済水域、公海でありうるが、このうち、国際海峡の通過通航の制度が適用されるのは、公海又は排他的経済水域の一部分と公海又は排他的経済水域の他の部分との間にあって海峡内の海域が領水であるような国際航行に使用される海峡である（第37条）。ただし海峡が海峡沿岸国の島と本土から構成されている場合において、島の海側に航行上及び水路上の特性において同様に便利は公海又は排他的経済水域の航路が存在する場合には、当該海峡は通過通航の制度の適用から除外され（第38条1項但し書き）、海峡内の領海には無害通航が認められるにとどまる（第45条1項(1)）。また海峡が公海又は一の国の排他的経済水域と他の国の領海との間にある海峡にも通過通航制度は適用されず、無害通航のみが適用される（第45条1項(2)）。もっともこれらの場合における無害通航は停止されないものと規定されており（第45条2項）、いわゆる「強化された無害通航権」が適用される。[3]

本章で国際海峡という場合には、とくに断らない場合には、通過

---

[3] 強化された無害通航権は、領海及び接続水域に関する条約（1958年）第16条4項の規定のうち、公海と外国の領海との間にある国際航行に使用される海峡に関する規定と同趣旨のものである。同条約では一般の領海の無害通航権に関しては沿岸国が自国の安全を保護するために無害通航を一時的に停止することが認められていた（第16条3項）のに対して、公海と公海及び公海と外国の領海との間の海峡について停止を禁止していた。これはティラン海峡を念頭に置いたものとされる。UNCLOS では、このうち新たに導入された EEZ の場合を除けば、公海と公海を結ぶ海峡について新たに通過通航制度が導入されたことになる。

通航制度が適用される海峡[4]をいうこととする。国際海峡においては、UNCLOSにおいては海峡沿岸国と海峡を通過通航のために利用する国(以下、海峡利用国)の利益の調整が図られている。すなわち、船舶の通航に関しては、継続的かつ迅速な通過のために行使される通過通航は害されない(第38条1項、2項)としつつも、通過通航権の行使に該当しない活動はUNCLOSの他の適用ある規定に従うものと規定する(第38条3項)。何が通過通航権の行使に該当しない活動であるか、またその場合に適用される条約の他の規定で適用あるものは何であるかは必ずしも明白ではない。一般に通過通航中の船舶は「遅滞なく通過」することを義務づけられ(第39条1項(a))、また不可抗力又は遭難により必要とされる場合を除いて、継続的かつ迅速な通過の通常の形態[5]に付随する活動以外のすべての活

---

[4] 通過通航権は、公海又はEEZの一部分と公海又はEEZの他の部分を結ぶ国際航行に使用される海峡で、その海峡内に航行上及び水路上の特性において同様に便利な公海またはEEZの航路が存在しないもの(第36条)に適用される。ただし国際海峡であっても、とくにその海峡について国際条約によりその通航が長期にわたりかつ現在も規律されている場合には、UNCLOSの国際海峡の制度は適用されないから、通過通航権も適用されない。また海峡が沿岸国の本土と島によって構成されている海峡で、その島の海側に航行上及び水路上の特性において同様に便利な公海又はEEZの航路が存在する場合も通過通航は適用されない(第38条1項)。これは「メッシーナ例外」といわれ、イタリア本土とシシリー島の間のメッシーナ海峡(幅2マイル)について、UNCLOSにおいてイタリアが安全保障上の理由で通過通航権の適用を拒んだことから挿入された規定であるとされる。ただしマルセイユからトリエステまでシシリー島を迂回して航行する場合には60マイルは遠回りとなるため、「同様に便利」と言えるかどうかは自明とは言えない。なお、これには通過通航の制度は適用がなく領海の無害通航ができるにとどまるとしても、海峡に従来から認められてきていた「強化された無害通航」が適用されるかについては第38条1項には明文の規定がない。島の海側の航路が、海象上(例えば海流が強い)あるいは気象上(例えば濃霧が発生する)の特性により航行に適さない場合や、航行に適さない時期が特定できる場合もありうる。

また第36条についても、海峡中央に公海部分が残されている場合でも、その幅が著しく狭い場合には、公海またはEEZを通る航路(high-sea or EEZ corridor)が中央に残されても、「同様に便利」とはいえず、通過通航が適用されることになろう。対馬海峡東水道は24カイリより若干広いが、たとえ特定海域としての3カイリ凍結を解除した場合でも、なお国際海峡として通過通航制度が適用されることとなろう。なお L. Alexander, International Straits, in Ch. IV, H. Robertson, Jr., ed., *The Law of Naval Operations* (US Naval War College, *International Law Studies*, Vol.64), pp.91 et seq., esp. pp.99-101, 参照。

[5] 潜水艦の航行の通常の形態(normal mode)は潜没通航であるから、国際海峡の潜没通航は認められていると解されている(第39条1項(c))。ただし海峡航路に十分な深さがあるの

動[6]が禁止される(第39条1項(c))。海洋汚染に直接に関係するものとしては、通過通航中の船舶は汚染の防止、軽減及び規制のための一般的に受け入れられている国際的な規則、手続及び方式(generally accepted international regulations, procedures and practices)[7]に従うことを義務づけられている(第39条2項)[8]。また航路帯および分離通航帯の通航義務(第41条7項)も、船舶の安全な通航を促進するために設けられ、それにより衝突あるいは座礁などの船舶事故から海洋汚染が発生することを防止する点で、海洋環境にも係わる[9]。同様に、沿岸国が通過通航に関して法令を制定できる事項に

でないと、座礁や他の船舶との接触などの危険があり、潜水艦にとっても危険であり、また海洋環境に損害をもたらすおそれも大きい。海峡内に公海航路がある場合でも、それが著しく狭い場合(この場合には、公海(またはEEZ)航路以外の水域はいずれかの沿岸国の領海であり、通過通航が認められない場合には潜水艦の浮上航行が義務づけられる(第20条)ことになる)、また公海航路が潜水艦の安全な潜没通航のために十分な深度をもたない場合には、それらは国際海峡として通過通航権が認められるべきであろう。

6 通過通航中の外国船舶は、通過通航中、科学調査や水路調査を含めて、沿岸国の事前の許可なく調査活動や測量活動を行うことを明文で禁止されている(第40条)が、それは通過通航権の行使に該当しない活動(第39条1項(c))の一つの例とみることができる。なお軍艦の場合は通過通航中に自身の安全を確保するために必要な活動(たとえば航空機の離発着、展開編隊航行 screen formation steaming、音響的又は電子的情報収集など)は認められると解されている。San Remo Manual on International Law Applicable to Armed Conflict at Sea (1995), sec.30, at 106. US Navy Dept., The Commander's Handbook on the Law of Naval Operations (NWP9, 1987) para. 7.3.5., L. Alexander, op. cit., p. 93.

7 B. Oxman, The Duty to Respect Generally Accepted International Standards, 24 *N.Y.U. J. Int'l L. & Pol.*, 1991-1992, pp. 109 et seq., 参照。

8 船舶の安全のためおよび衝突予防のための一般的に受け入れられている国際基準の遵守(第39条2項(a))や割り当てられた無線周波数の聴取(第39条3項(b))の義務は、事故による積荷や汚染物質の流出や汚染の拡大を防止する点で、海峡内の海洋環境の保護にとって極めて重要である。

9 国際海峡における通過通航に係る航路帯および分離通航帯については、一般的に受入れられた国際的な規則に適合することが要求される(第41条3項)とともに、権限ある国際機関によって採択されることを要する(同条4項)。つまり国際海峡におけるそれらの設置については、沿岸国が一方的な規制権限をもっているわけではない。この点は、一般の領海の無害通航に係る航路帯及び分離通航帯については、沿岸国が権限ある国際機関の勧告を「考慮」することを求められているだけ(第22条3項(a))であるのと異なる。国際航行に利用される海峡であっても通過通航が適用されないもの(第45条)について同様である。なお、領海の無害通航に関して航路帯及び分離通航帯を設置する場合に、沿岸国が考慮すべき事項には、「国際航行のために慣習的に利用されている水路(any channels customarily used

は、前条(第41条)に定めるところに従うという条件の下で、航行の安全及び海上交通の規制が挙げられている。他方、この沿岸国が法令を定めうる事項で海洋環境保護と直接に関わるものとしては、海峡における油、油性廃棄物その他の有害な物質の排出に関して適用される国際的な規則を実施することによる汚染の防止、軽減及び規制が含まれている(第42条1項(b))。ただし、それら沿岸国の法令は、その適用にあたり、通過通航権を否定し、妨害し又は害する実際上の効果を有するものであってはならない(第42条2項)[10]とされている。

ところでUNCLOS第12部「海洋環境の保護及び保全」においては、同部の第5節から第7節までのいずれの規定も「国際航行に使用されている海峡の法制度に影響を及ぼすものではない」と規定している(第233条)[11]。

---

for international navigation)」が含まれている(第22条3項(b))が、この「水路」は地形的な「海峡」に限られないため、「慣習的に利用されている」ものに限定する趣旨であると思われる。群島水域内における航路帯及び分離通航帯の設置の規定においても、権限ある国際機関による採択が要件とされる(第53条9項)とともに、それらが「群島水域における国際航行に通常使用されているすべての通航のための航路 (all normal passage routes used as routes for international navigation)」を含み、かつその航路に関しては「すべての通常の航行のための水路 (normal navigational channels)」を含むことを要求している(第53条4項)。これらの規定において「通常(normal)」と規定されているのも同様の趣旨によるものであろう。なおインドネシアの航路帯設置について「通常の航行のための航路」が含まれていないことに関するIMOにおける議論の経緯については、Beckman, R., Archipelagic Sea Lanes Passage in Southeast Asia: Development and Uncertainties, Guan and Skogan (eds.), *Maritime Security in Southeast Asia* (2007), Routledge, pp. 117-133, esp. pp.121-127. また領海及び接続水域に関する条約(1958)の「停止されない無害通航」が適用される「国際航行に使用される海峡」に関する規定(第16条4項)においても、1956年のILCから国連総会に送られた報告書においては「通常」(normally used for international navigation)と規定されていたが、1958年の海洋法会議で削除され、「停止されない無害通航」が適用される海峡が拡大された経緯がある。なお、M. Maduro, Passage through International Straits: The Prospects Emerging from the Third United Nations Conference on the Law of the Sea, 12 J. Mar. L. & Com., 1980-1981, pp.65-95, esp. pp. 82-85、参照。

10 英文の条文ではこの部分は、"Such laws and regulations shall not ... in their application have the practical effect of denying, hampering or impairing the right of transit passage"と規定される。

11 第233条は英文の条文では、次のように規定されている。

Nothing in sections 5, 6 and 7 affects the legal regime of straits used for international navigation. However, if a foreign ship other than those referred to in section 10 has committed a violation of the laws and regulations referred to in article 42, paragraph 1(a) and (b), causing or threatening major damage to the marine environment of the straits, the States bordering the straits may take appropriate enforcement

これらの規定は、海洋環境の汚染を防止し、軽減し、規制するための国際的規則及び国内法、旗国・寄港国・沿岸国による執行、および執行に係る保障措置の規定である。もっとも通過通航に係る海峡沿岸国の法令制定権の列挙事項のうち、航路帯及び分離通航帯に関する規定(第41条)に定めるところに従う航行の安全及び海上交通の規制(第42条1項(a))、および海峡における油、油性廃棄物その他の有害な物質の排出に関して適用される国際的規則を実施することによる汚染の防止、軽減、規制(第42条1項(b))に関する法令に違反し、海峡の海洋環境に対し著しい損害をもたらし又はもたらすおそれのある場合には、海峡沿岸国は、適当な執行措置(appropriate enforcement measures)をとることが認められており(第233条但書)、この場合には保障措置に関する第7節が準用される(shall respect *mutatis mutandis* the provisions of this section)と規定している。第7節には、外国船舶の物理的調査に関する規定(一般には船舶書類等の文書の検査であるが、船舶又はその設備の状態が文書の記載通りでないと信ずるに足りる明白な理由がある場合、疑わしい違反について確認するために文書の内容が不十分である場合、船舶が有効な証書及び記録を備えていない場合には、それ以上の物理的検査が認められる)(第226条1項(a))、調査により違反が明らかとなった場合の即時釈放に関する規定(同条1項(b))、海洋環境に対し不当に損害を与えるおそれがある場合には釈放を拒否し又は最寄りの修繕場所に航行することを釈放の条件とすることができるとする規定(同条1項(c))が含まれる。また手続を開始する国の領海を超える水域における違反については、旗国が同一の犯罪行為について罰を科するための手続を開始した場合には停止されることが原則であるが、その手続が沿岸国に対する著しい損害に係る事件に関するものである場合、及び旗国が自国の船舶による適用ある国際基準の違反を有効に執行する義務を履行しないことが繰り返されている場合にはその限りでないとされる(第228条)。さらに、領海を超える水域における違反については金銭罰への限定、また領海における違

---

measures and if so shall respect *mutatis mutandis* the provisions of this section.

反についても、故意かつ重大な汚染行為を除いて、[12]金銭罰に限定する旨を規定している(第230条)。

要するにUNCLOS第233条は、船舶からの汚染に関しては、国際基準に合致する沿岸国法令に違反し、かつ沿岸国の海洋環境に対して著しい損害をもたらし又はもたらすおそれがある場合(causing or threatening major damage to the marine environment of the straits)には、第7節の保障措置に関する規定に従うことを条件に、適当な執行措置をとることを沿岸国に認めている。同条は冒頭で、第12部の第5節から第7節のいずれの規定も「国際航行に使用される海峡の法制度に影響を及ぼすものではない」(Nothing in sections 5, 6 and 7 affects the legal regime of straits used for international navigation.)としているが、他方で、海洋汚染に関して一定の場合に沿岸国が適当な執行措置をとることを認めているわけで、それら沿岸国による執行措置は、国際海峡の法制度と矛盾しないとしているように読める。[13]

UNCLOS第233条のこの規定が、国際海峡に関する第3部の規定と整合するものといえるかについては疑問が提起されている。[14]第一に、国際海峡の制度の通過通航に関する規定においては、海洋汚染に関する沿岸国法令は、その適用にあたり、「通過通航権を否定し、妨害し又は害する

---

12 第230条における「故意かつ重大な汚染行為」の場合の除外は、領海の無害通航の規定における「有害」行為の列挙(第19条2項(h))を受けたものである。

13 起草過程においては、スペインが第233条冒頭の「海峡の法制度」(legal regime of straits)を「海峡の通航制度」(regime of passage through straits)に修正する提案を出したが、採択されなかった。Nordquist (ed.), *United Nations Convention on the Law of the Sea 1982: A Commentary*, Vol IV (S. Rosenne & A. Yankov & N. Grandy eds.)(1990), Nijhoff, p.387.

14 第233条の規定の起草過程において、すでに海峡に関する第3部の規定がほぼ固まった後に、海洋環境の保護及び保全に関する第12部に海峡の海洋環境についての規定を挿入する提案がなされたため、第3部の規定の再交渉を回避するために、現状のような規定振りになった。そのため第3部と第12部、第233条本文と但書の間で十分な整合性が必ずしも図られていないという指摘もある。B. Oxman, Environmental Protection in Archipelagic Waters and International Straits- The Role of the International Maritime Organization, 10 *Int'l J. Marine & Coastal L.*, 1995, pp. 467 et seq., esp. p.478. なお、Mohd Ruli, Mohd Hazmi Balancing Shipping and Protection of the Marine Environment of Straits Used for International Navigation: A Study of the Stratis of Malacca and Singapore, Phd Thesis, Australian National Center for Ocean Resources and Security, University of Wallongong, 2012, http://ro.uow.edu.au/thesis/3511, esp., pp.166-180、参照。

実際上の効果を有するものであってはならない」(第42条2項)と規定し、また通過通航権は「継続的かつ迅速な通航のためにのみ行使される」ものであり、それは「害されない」(shall not be impeded)(第38条1項)と定言的に規定している。これに対して第233条が定める適当な執行措置には、準用される第7節との関係で、寄港国や沿岸国による執行が前提とされているように読めるし、船舶の調査のための停船や船舶の抑留を含む手続の開始も含まれうる(第220条2項)。こうした執行措置が、通航を「害しない」あるいは「通過通航権を否定し、妨害し又は害する実際上の効果」をもたないと言えるのかという疑問が生じるのである。

第二に、UNCLOS第38条は海峡における「通過通航権の行使に該当しないいかなる活動もこの条約の他の適用される規定に従う」とされ、また通過通航中の外国船舶は「継続的かつ迅速な通過の通常の形態に付随する活動以外のいかなる活動も差し控える」ことを義務づけられている。通過通航権の行使に該当しない活動に船舶の汚染行為が含まれると解釈するのであれば、UNCLOSの第12部の規定、とくに第233条が適用されるとみることもできるが、第233条は第12部第5節から第7節の規定(主として海洋汚染に関する執行にかかわる規定)は「国際航行に使用される海峡の法制度に影響を及ぼさない」と規定しており、また沿岸国法令に違反しかつ「海峡の海洋環境に著しい汚染をもたらし又はもたらすおそれがある場合」にだけ沿岸国が適当な執行措置をとることを認めている。そうであるとすれば、汚染行為そのものが通過通航権の行使に該当しない活動になるわけではなかろう。ただし海峡内を通航する船舶は、船舶からの汚染の防止、軽減及び規制のための一般的に受入れられている国際的な規則、手続及び方式を遵守することを義務づけられており(第39条2項(b))、また沿岸国は海峡における油、油性廃棄物その他の有害な物質の排出に関して適用される国際的な規則を実施することによる汚染の防止、軽減及び規制について沿岸国法令を制定する権限を有する(第42条1項(b))。[15]

---

15 第42条1項(b)の規定は、沿岸国が法令により規制することのできる船舶からの汚染を「油、油性廃棄物およびその他の有害な物質」によるものに限定しており、第13部(海洋環

このうち第233条が規定する沿岸国による執行措置は、この第42条1項(b)の規定および海峡内の航路帯及び分離通航帯に関する規定を受けた航行の安全および海上交通の規制に関する法令(第42条1項(a))への違反の場合に限られている。

第三に、汚染行為について執行措置を沿岸国がとりうるのは、沿岸国法令への違反によって、沿岸国の海洋環境に対して著しい損害をもたらした場合だけでなく、「もたらすおそれがある場合」も含まれている。この「おそれ」が何を意味するかの問題がある。[16] 一般の領海の無害通航中の汚染行為の場合でも、単なる法令違反は通航権を失わせることはない。有害とされるのは「故意かつ重大な」汚染行為 (act of willful and serious pollution) だけである。ただ UNCLOS においては、船舶による海洋汚染行為について別に第6節の第220条の規定があり、その規定が定める要件

境の保護及び保全)の船舶からの汚染に関する第211条4項及び5項の法令制定権を制限する効果を持つことになる。つまり同項によって特定される汚染以外については、通過通航に関して沿岸国は法令を制定することはできないことになる。また同条の規定によれば、沿岸国が通過通航中の船舶による汚染行為に関して国内法を制定できるのは、それが「適用可能な」国際基準 (applicable international regulations regarding the discharge of oil, oily wastes and other noxious substances in the strait) を実施するものである場合と規定される。この国際基準は具体的には、IMO が策定する MARPOL73/78 の Annex I 及び Annex II を指すものとされるが、それが "applicable" とされるのは、海峡沿岸国と海洋利用国の双方が同条約の締約国である場合に限られるとする解釈もある (see, Molenaar, 1998, p.291.) しかしそれは通過通航中の船舶の義務を定める第39条2項とも整合しない解釈であるし、より一般的に UNCLOS が「一般的に受容された国際的基準」を海洋環境の保護及び保全に関する規定によって沿岸国の規制権限の拡張と限界を規律していることと一致しないように思われる。

16 第233条にいう「著しい損害」(major damage) については、油、油性廃棄物その他の有害物質によって、海峡の海洋環境に壊滅的な打撃を与える Amoco Cadiz や Exxon Valdez のような事故 (oil spill incidents that have devastating effects) の場合で、それにより沿岸住民に環境損害がもたらされる場合が想定されているといわれる (Nordquist, op. cit., UNCLOS: A Commentary, Vol. IV, p.301)。実際に事故が生じた場合は別として(シンガポール海峡においてタンカーBunga Kelana 号とばら積み船 Waily 号が衝突した事例 (2010年) において、シンガポールが船舶の通航を停止し、港に留め置いて油槽の洗浄作業をした例などがある)、問題は「著しい損害のおそれ」をどう判断するかによっては、沿岸国が適当な執行措置を拡大する余地 (creeping jurisdiction) があることにある。「著しい損害のおそれ」も、単なる通航規則違反といった抽象的な危険ではなく、少なくとも一定程度の切迫性をもった危険 (imminent danger) がある場合に限定されるものと解釈すべきであろう。

に従って沿岸国は無害通航中の船舶についても一定の執行措置を取りうることとされた。同条の規定は、汚染にかかる執行措置を段階的に積み上げる規定振りとなっている。すなわち汚染船舶が任意に沿岸国の港や係留施設にとどまっている場合を除くと、自国のEEZ又は領海を通航中の船舶が沿岸国の法令に違反したと信ずる合理的な理由がある場合にはまず一定の情報提供を要請し (3項)、またその法令違反が著しい海洋環境の汚染をもたらし又はもたらすおそれがある場合においては、情報提供要請が拒否されあるいは提供された情報が明白な実際の状況と明らかに相違しており、かつ事件の状況により検査が正当と認められるときには、物理的検査を行うことができ (5項)、さらにその違反により、自国の沿岸若しくは関係利益、自国の領海又はEEZの資源に著しい損害をもたらし又はもたらすおそれのある排出が生じたことの明白な客観的証拠がある場合には、船舶の抑留を含む手続を開始することができる (6項) と規定されている。ただし沿岸国法令違反について処罰する場合、金銭罰のみを科すことができることとされており、また即時釈放の制度が適用される (第230条)。

　この第220条の規定はそれ自体としては第233条によって国際海峡への適用が排除されているが、第233条においては、汚染に関する沿岸国法令への違反により、「海峡の海洋環境 (marine environment) に著しい損害をもたらし又はもたらすおそれ」がある場合には、沿岸国は適当な執行措置をとることができ、その場合には第7節の保障措置が適用されると規定されている。第7節の規定には外国船舶の物理的検査及び一定の条件を満たす場合にはそれ以上の検査が含まれ、また即時釈放や堪航性に関する保障措置が定められている。これらの保障措置が海峡における適当な執行措置にも準用されるとすれば、船舶を停船させあるいは抑留、引致するなどの措置が含まれる可能性がある。そこで海峡における「適当な執行措置」には第42条2項との関係で引致・抑留は含まれないと海峡利用国に有利に解釈できるかどうかが問題となる。逆に場合によっては引致や抑留も含まれうるという場合、船舶の抑留を含む手続を開始する条件は、第220条6項では「自国の沿岸若しくは関係利益、自国の領海又はEEZの資源に著しい損害をもたらし又はもたらすおそれのある排出」(discharge causing major damage or threat of major damage to the coastline or related interests of the coastal State, or to any resources of its territorial sea or exclusive economic zone）であるのに対して、第233条では「海峡の海洋環境に著しい損害をもたらし又はもたらすおそれのある場合」とされている点も問題となる。「沿岸国の沿岸若しくは関係利益」が何を指すかは別としても、第220条6項が主として沿岸国の「資源への排出による損害」に限定しているのに対して、第233条は、より広く「海洋環境」を保護法益としているようにも見える。そうであれば、海峡内の領海としての地位を有する海域における沿岸国の執行措置は、一般の領海よりも広い適用範囲を持つことになるようにも読める。狭い海峡においては事故や遭難による汚染の危険が高いからそのような規定振りとなっているとすれば、それ自体は合理的であるが、その分、通過通航制度は一般の領海における無害通航よりも大きく制約される可能性がある。第233条の第一文が「国際航行に使用されている海峡の法制度に影響を及ぼすものではない」とされていることと実質的に整合するのかという問題が生じることになる。

2　海洋環境保護との関係における沿岸国の規制権限

　以上のような海峡の通過通航に直接に関連した規定のほかに、沿岸海洋環境保護に関して沿岸国が外国船舶に対して沿岸領海においてとりうる措置に関する一般的な規定が、どの範囲で海峡の通過通航制度に適用されうるかという問題も別途生じる。

(1) 国際海峡内の領海を越える海域

　一般に国際海峡はその全域がいずれかの国の領海であると想定される。しかし場所によっては、その海域の中に領海を越える非領海海域が残される場合もある（非領海囲饒水域 (non-territorial sea enclave) もしくは公海ポケット (high seas pocket) と呼ばれる）。UNCLOSが国際海峡の制度を導入したのは、領海の幅を12カイリまで認めたことにより、国際航行に利用される海峡

の多くにおいてその全域が沿岸国の領海に取り込まれることになるためであった。他方で、UNCLOS は接続水域を基線から 24 カイリまでに設定することを認めた。従来は基線から 12 カイリであったに比して 2 倍の距離まで認めたのである。これは船舶の大型化や高速化に伴うものとされている。ところで接続水域に関する UNCLOS の規定は、領海及び接続水域に関する条約 (1958年) といくつかの点で異なる。第一に、1958 年領海条約は接続水域を自国の領海に接続する「公海上の区域」であると明記している (第 24 条 1 項)。これに対して UNCLOS では「自国の領海に接続する水域で接続水域といわれるもの」と規定し、接続水域が「公海」であるとは規定していない。これは排他的経済水域の制度が導入されたことと整合させるためであろう。第二に、それゆえ、UNCLOS は公海の定義規定は設けず、単に公海に関する規定の適用範囲を「いずれの国の排他的経済水域、領海若しくは内水又はいずれの群島国の群島水域にも含まれない海洋のすべての部分」(第 86 条) と規定するにとどめている。これは公海条約 (1958年) が公海を定義して「いずれの国の領海又は内水にも含まれない海洋のすべての部分」としているのと似てはいるが、必ずしもその意義は同じではない。排他的経済水域を設定するかどうかは沿岸国の任意であり、これを沿岸国が設定しない場合にのみ、非領海囲饒水域は公海ポケットと一致することとなる。もっともこの場合でも、沿岸国がその非領海部分に接続水域を設定することもありうるが、UNCLOS では接続水域は公海とは規定されていないから、その水域の法的地位は不確定となる。[17] 汚染に関する規制を沿岸国が接続水域制度の下で衛生法令への違反の防止措置[18]としてとることは一般には想定されていないし、それが[19]

[17] 特別な (sui generis) 水域となると解する議論もある。M. Maduro, *op. cit.* (注 9)、p. 93.
[18] 接続水域において沿岸国は通関上、財政上、出入国管理上、衛生上の法令の違反を防止し又は既になされた違反を処罰するために必要な規制が行いうるにとどまる (第 33 条)。
[19] トリー・キャニオン号事件 (1967年) におけるイギリスの爆撃による焼却措置を接続水域制度によって正当化する議論もあるが (A. Utton, Protective Measures and the "Torrey Canyon", Boston Colleges Indus. & Com. L. Rev., 1967-68, pp.622 et seq.)、一般には支持されていない。山田卓平「トリー・キャニオン号事件における英国政府の緊急避難理論」『神戸学院法学』第 35 巻 3 号 (2005) 79 頁、注 (16)、参照。

可能であるとしてもその措置は第233条の範囲に限定されることとなる。そこで海峡内の公海航路(high seas corridor)がある場合と同様に、非領海海域が非常に狭く航行の安全を確保するために十分でない場合には、海峡の入口から出口までの全域について通過通航を認めることが合理的である。これを裏からいえば、非領海囲饒水域を「領海化」して国際海峡の通過通航制度を適用することが沿岸国にとっても海峡利用国にとっても便宜となりうる。[20] この点は海域の法的地位の如何を問わずにいえることであるが、領海化を認めない場合、沿岸国が排他的経済水域を設定しかつ接続水域をも設定している場合には、両者が重なりあうこととなり、沿岸国は排他的経済水域の海洋汚染に関する「条約の関連規定に基づく」管轄権を行使して汚染行為に対処しようとするかもしれない。ただその場合は、結局、上述したように、国際海峡に関する第233条と海洋環境の保護及び保全に関する他の規定(とくに第230条)とをどのように調和的に解釈できるかという問題に帰着することになる。

沿岸国が海峡の通過通航に係る法令によって規制できる事項には、「海峡沿岸国の通関上、財政上、出入国管理上及び衛生上の法令に違反する物品、通貨または人の積込み又は積卸し」が含まれている(第42条1項(d))。これら法令が規定する事項は接続水域に適用される法令と同じであるが、通常は海峡内の海域は領海であることを考えれば、同条の規定はいずれも沿岸国が通過通航に係る法令を制定する領海沿岸国の権限を制限する意味で限定的に列挙したものである。[21] この規定は、通過通航中の船舶に漁獲の禁止(漁具の格納を含む)(第42条1項(c))や物品や通貨や人の積込み・積卸しなど、活動の外見から違反の有無を判断できる事項のみを掲げているから、それら法令違反があった場合には、通過通航中の船舶について 定の執行措置をとる余地は残しているように見える。海上交通の規制や汚染行為についても同様であるが、この場合にはその違反により「海

20　領海化の例については、Maduro pp.92-94 前掲(注9)論文、参照。
21　M. Nordquist (ed.), *United Nations Convention on the Law of the Sea 1982: A Commentary*, Vol. II, (edited by S. Nandan & S. Rosenne)(1993), Nijhoff　p.375.

峡の海洋環境に対し著しい損害をもたらし又はもたらすおそれ」がある場合に限定されている（第233条）。このような適用法令の限定が第233条にはないことをどう解釈するか、第42条1項(c)(d)の場合には執行措置を取りうることになると解釈できるかという問題が生じる。もちろんそれら執行措置は、通過通航を否定し、妨害し、又は害する実際上の効果を有するものであってはならないが、第42条1項(a)(b)の場合と同様な何らかの保障措置を伴う執行措置であれば可能であるともいえる。

なお、上述のように、非領海囲繞海域に接続水域が設定された場合には、これとは異なり、一般の接続水域と同様、通関上、財政上、出入国管理上及び衛生上の法令への違反を防止し又は既になされた違反を処罰するための規制を行いうるかという問題も生じるように思われる。UNCLOSにおいても、1958年領海条約と同様、海峡における接続水域を領海に接続する「公海上の区域」とみなして、海峡をいくつかの部分に分割し、通航船舶が領海部分では海峡の通過通航を行使し、非領海囲繞海域部分では公海の航行の自由を行使するというように法的に構成することになる。しかし非領海囲繞部分が船舶の安全航行のために十分な広さをもっていない場合には、海峡全体を通じての通航権が十分には保障されないこととなろう。

(2) 海峡内への海洋構築物の設置

海洋構築物の設置についてUNCLOSは一般的な規定を設けず、必要に応じて規定があるだけである。例えば排他的経済水域において沿岸国は人工島、施設及び構築物の設置及び利用に関して、UNCLOSの関連する規定に基づく管轄権をもつ。これを受けて、第60条（大陸棚について第80条で準用）は、その詳細を規定している。同条はまたUNCLOS第12部（海洋環境の保護及び保全）における国の管轄の下で行う海底における活動からの汚染に関する第208条の規定においても、海底活動国にそれら構築物からの汚染を防止するための法令の制定を義務づけている。これは海洋環境を保護・保全する一般的義務に関する規定（第192条）及び海洋構築物

からの汚染の防止に関する措置を義務づける規定(第194条3項)を受けたものである。なお第194条は船舶からの汚染(同条2項)および海底その他の天然資源の開発以外の構築物についても(同4項)、汚染を防止するための措置をとる一般的な義務を定めている。また海洋科学調査のための構築物については、海洋環境のいかなる区域においても、その区域における調査の実施について条約規定が定める条件と同一の条件に従うと規定して、海洋科学調査目的の構築物であることで特別の扱いをしない旨を定めている(第258条)。

　ところでUNCLOSが海洋構築物について具体的に規定しているのは、第5部(排他的経済水域)の第60条だけである。しかしその規定を仔細に見れば、直接には排他的経済水域にのみ適用ある規定と、必ずしもそうではないあるいは少なくとも他の規定の解釈の指針ともなりうる規定とがある。たとえば、同条1・2項は海峡内の水域が領海であることを前提とすれば、領海については当然のことであるから、もっぱら排他的経済水域(第80条で大陸棚に準用)に関して沿岸国の権利を創設する規定であろう。これに対して同条8項(人工島や構築物が島としての地位をもたないこと、またその存在が境界画定に影響を及ぼさないこと)は、文言上、EEZ海域の構築物という限定はなく、また論理的にすべての海域に適用可能であろう。同条3項〜6項は、文言上は排他的経済水域に限定した規定となっているが、海洋構築物の存在の通報や除去義務(3項)、安全水域(4項及び5項)、船舶の側の安全水域尊重義務(6項)は、論理的には排他的経済水域に限らず適用可能である。国際海峡との関係でとくに問題となるのは、7項の規定である。同規定によれば、人工島その他の海洋構築物及びその周囲の安全水域は、国際航行に不可欠な認められた航路帯の使用の妨げとなるような場所に設けることが禁止されている。この規定は、とくに文言上も排他的経済水域に限定して規定されているわけでないし、また論理的にも海域の法的地位とは無関係に適用可能であると思われる。国際海峡の航路帯の設置についてはIMOの承認を要することとの関係で、IMOが承認したような海峡内の航路帯にそれらを設置することは、当然に航

路帯の使用の妨げとなるということができるであろう。それはまた国際海峡に関して沿岸国が航路帯の設置を含む航行の安全及び海上交通の規制のために制定することが認められる通過通航に係る法令が、「その適用にあたり…通過通航権を否定し、妨害し又は害する実際の効果を有するものであってはならない」(第42条2項)とする規定とも連動して、たとえ同規定が直接的には領海には適用がないとしても、その規定の解釈を客観化する意味を持つであろう。[22]

　大陸棚についての沿岸国の権利については、それがその上部水域又はその上空の法的地位に影響を及ぼさないとする規定(第78条1項)に加えて、沿岸国が大陸棚の権利の行使に関して、条約が定める航行の権利その他の権利及び自由を侵害(infringe)してはならないこと、またこれらに不当な妨害(unjustifiable interference)をもたらしてはならないとする規定がある(第78条2項)。それゆえ国際海峡への出入口周辺における大陸棚の開発のための構築物の設置については、沿岸国は一定の制約を受けることになると思われる。海峡内の領海における海底掘削のための構築物の設置も、それが不当に航行可能海域を狭く限定するような効果を持つ場合には、不当な干渉とされるであろう。

　海峡沿岸国と海峡利用国の協力を定める規定には、「航行及び安全のために必要な援助施設又は国際航行に資する他の改善措置の海峡における設定および維持」が含まれている(第43条(a))。それら援助施設は灯台、航路標識、浮標などを指すものと思われるが、それらが航路帯や分離通航帯を指示するために海峡内の航路帯及び分離通航帯の中または近辺に設置されることは当然に予想さるが、一般にはそれは船舶の安全な通行

---

[22] 通航権の否定(deny)、妨害もしくは「害する」(impair, hampering, impede, obstruct)、停止(suspend)の用語はUNCLOSの随所に使われているが(例えば領海沿岸国の義務に関する第24条、領海の保護権に関する第25条、海峡の通過通航権に関する一般規定である第38条、同じく沿岸の法令制定権に関する第43条、同じく沿岸国の義務に関する第44条、海峡における無害通航権に関する第45条、群島水域の群島航路帯通航権に関する第53条など)、海域の性質、通航権の種類または規定の文脈に応じて、その意味するところが同一であるとは限らない。

を促進するため(第41条1項)に設定される航路帯及び分離通航帯に付属する施設・設備であり、通過通航の否定や妨害などの実際的効果を有するものではない。

(3) 航行の安全及び海上交通の規制

　沿岸国が通過通航に係る法令を制定できる事項には、航行の安全及び海上交通の規制が含まれている(第42条1項(a))。そこでは「第41条に規定するところに従って」という文言によってその内容が限定されている("the safety of navigation and the regulation of maritime traffic, as provided in article 41")。第41条は、既に述べたように、航路帯及び分離通航帯に関する規定であり、また第42条の規定は、国際海峡の海域の法的地位は領海であるが沿岸国の法令制定権限を一般の領海よりも狭く限定する趣旨である。しかしながら航行の安全及び海上交通の規制が航路帯や分離通航帯に限られるかというと、それでは海峡の通航秩序が十分に確保できないと沿岸国が考えることにも合理的な根拠がある。海峡を通過通航する船舶は海上における安全のための一般的に受入れられている国際的な規則、手続及び方式(海上における衝突の予防のための国際規則を含む)を遵守する義務があり(第39条2項(a))、また船舶からの汚染の防止、軽減及び規制のための一般的に受入れられている国際的な規則、手続及び方式を遵守する義務を負う(同(b))。厳密に解釈すれば、海峡沿岸国が通過通航に関して法令を制定できる事項は、第42条1項(a)～(d)に列挙される事項に限られ、またその違反について執行措置を取りうるのはそのうち第42条1項(a)(b)の違反があり、さらにその違反により海洋環境に対して著しい損害をもたらし又はもたらすおそれがある場合に限られる(第233条)。つまり通過通航中の船舶は、航行の安全確保については航路帯や分離通航帯を遵守する以上の一般的義務を負い、また汚染の防止についても油性廃棄物その他の有害物質の排出に留まらない一般的基準によってより広い範囲の義務を負うが、にもかかわらずそれら義務違反から海洋環境に対して著しい損害がもたらされ又はもたらされるおそれがあったとしても、沿

岸国は執行措置（強制措置）をとりえないということになってしまう。

　海上における航行の安全は海峡の海洋環境の保護及び保全と不可分に関連する。そこで通過通航中の船舶の義務については両者を区別しないで論じるとして、ここでは沿岸国が通航に関してUNCLOSには明文で規定されていない規制をどの限度で導入することができるかということを考察する。たとえば、海峡沿岸国が海峡通航船舶に対し水先案内を義務づけること、あるいは余裕水深（under-keel clearance requirement, UKC）の規制をすることができるか、またそれら義務や規制に違反する船舶に対して、海洋環境に対して「著しい損害をもたらすおそれ」があるものとして、その通航を否定することができるかという問題である。海峡（同じく群島水域）はそれぞれの海域の航路の特性に応じてcase by caseで検討する必要があるが、以下の考察では、ある海峡において海底地形の変化が激しいとか、海図が整備されていないとか、時期によって潮流や特別の海象や気象の変化が著しいなど、水先案内や余裕水深の規制が船舶の航行の安全にとって必要不可欠である場合について考えることとする。

　そもそもUNCLOS上、こうした沿岸国の規制がどのように解釈されうるかがまず問題となる。この点に関しては二つの解釈が可能であろう。第一は、それらの規制をいずれも第41条に含まれるものとして読む方法である。[23] 第41条はそのものとしては航路帯及び分離通航帯に関する手続的な規定であり、それらの設定や変更について権限ある国際機関（IMO）の認証を要するものと定めている（第41条3項）。その上で、第41条をうけて、第42条で「前条に規定するところに従う航行の安全及び海上交通の規制」について沿岸国が国内法令を制定する権限を定めている。ところ

---

[23] マレーシアは会議議長に宛てた書簡において、余裕水深（UKC）の規制は、UNCLOS第42条1項(a)及び第233条に含まれるとした (Letter dated 28 April from the representative of Malaysia to the President of the Conference, A/CONF.62/L.145, UN, 1982)。これを受けて、「条約草案第233条のマラッカ・シンガポール海峡への適用に関する声明」(Statement relating to Article 233 of Draft Convention on the Law of the Sea in its Application to the Straits of Malacca and Singapore) が会議の公式記録に取り込まれた (Nordquist ed., UNCLOS1982: A Commentary Vol. IV (S. Rosenne & A. Yankov(eds.), pp.388-390)。なお E. Molenaar, Coastal States Jurisdiction over Vessel-source Pollution, Ph. D. thesis, 1965, pp.295 et seq.、参照。

でIMOは、これに関連して「ships' routeing system についての国際的規制を発展させる唯一の世界的機関はIMOである」としている[24]。その上で、そこにいう ships' routeing system は「海難の危険を除去することを目的としたすべての航路又は航路に関する措置」(any system of one or more route or routeing measures aimed at reducing the risk of casualties) と定義され、それには分離通航方式、対面航路、推奨航路、航行禁止区域、沿岸航路帯、迂回航路、深喫水航路などが含まれるとされている。第41条には航路帯、分離通航帯のみが規定されているが、それが ships' routeing system 全般に言及しているものと読むことができれば、第42条の下で沿岸国が通過通航に関して国内法令によって規制できる事項は広がることとなる。余裕水深の規制や水先案内の義務づけもそうした routeing measures の中に含みうることとなるであろう[25]。より柔軟に解釈すれば、沿岸国は通過通航船舶について安全規制措置を国内法によって定めることができることとなる[26]。ただしそれらは海上衝突防止のための国際規則を含む国際基準に合致していること、およびIMOによって認証されたものであることを条件とする[27]。

---

24 H. Caminos & V. Coliati-Bantz, *The Legal Regime of Straits: Contemporary Challenges and Solutions*, esp. pp.238-239, *Implications of the United Nations Convention on the Law of the Sea for the International Maritime Organization*, Study by the Secretariat of the IMO, IMO doc. LEG/MISC/1 (1986), para. 45(a), 101(b), reproduced in 3 NILOS YB (1987), pp.340, 355.

25 マラッカ・シンガポール海峡について、IMO の前身である IMCO は分離通航帯 (TSS) の設置および深喫水航路 (DWR) の設定を1977年に認め、1981年からそれが施行されている。同時に採択された規則では、深喫水船 (15m 以上) および VLCC (排水量15万 t 以上) は海峡を通じて3.5m 以上の余裕水深 (UKC) を保つこと、TSS 内における速度の12ノット以下への制限、追い越し制限、一般の航行方向の遵守、可能であれば水先案内の利用、西に向う船舶の優先通航権、船舶報告制度 (ships' reporting system) への任意の参加および船舶の仕様、速度、通航危険区域への接到の時間などの情報の提供、最大限度の航行監視義務など、海上衝突予防規則が定める TSS の通航に付随する事項をも取り込んで規定している (IMCO doc. MSC/XXXVII/4, 16 Sept. 1977)。なお、M. Valencia & A. Jaafar, Environmental Management of the Malacca/Singapore Straits: Legal and Institutional Issues, 25 Natural Resources Journal (1985), pp.195 et seq., esp. p.207、参照。

26 Oxman, op. cit. (注14)、p.470.

27 そもそも第41条は起草当時における海峡の航行の安全及び海上交通の規制に関する実行を前提としており、その後の、MEH (Marine Electric Highway) その他の新たな技術の導入や、IMO によるマラッカ・シンガポール海峡の特別水域の指定あるいは PSSA の設置の試みか

もう一つの解釈は、沿岸国の通過通航に関する国内法令の制定権限は厳格に制限されているが、通過通航船舶に課される国際基準の遵守義務 (第39条2項(a)(b)) に違反する船舶については、その違反から海洋環境からの著しい損害が発生する場合あるいはそのおそれのある場合には、沿岸国が国内法の適用とは別に police control を行うことは許容されると読む解釈である。これは一般の領海において無害でない通航を防止するための沿岸国が保護権を行使する (第25条) 場合に類似した措置である。ただし第233条に倣ってこの保護権の行使に第42条1項(a)(b) の場合と同様の限定を読み込むものである。つまり第233条は明文では言及がないが、国内法令への違反に対する執行措置にはあたらない国際基準違反についても、同様の条件のもとでの執行措置をとりうることを排除してはいないという趣旨である。既に述べたように、この執行措置が具体的に何を意味するかは不明である。航路帯あるいは分離通航帯を無視する船舶について通過通航を否定して海域からの退去を要請できるか、繰り返し無視する船舶の場合にはどうか、また停船・乗船検査さらには最寄りの港への引致などの措置をとりうるのかといった問題が生じうる。もっとも航路帯及び分離通航帯は船舶の通航の安全を確保するものであるから、一般の商船によってこれが無視されることは想定されないし、実際にもそうした問題はあまり発生していない。

なお海峡は周辺沿岸域からの土砂の流入に対処するための浚渫が必要な場合もあり、また沈没船などが存在することにより航路の一時的な変更が必要になることもありうる。これらについて沿岸国は航行上の危険を適当に公表することが義務づけられているが(第44条)、そのような場合に迂回航路の指定などを行う必要が生じる。こうした一時的な措置に

らは時代遅れになってきているという指摘もある。Mohd Rusli & Mohd Bin, *Balancing Shipping and the Protection of Marine Environment of Straits Used for International Navigation: A Study of Malacca and Singapore Straits*, University of Wollongong Thesis Collection, 2012, p.175. MEHはとくに大型のタンカーに適用されることが見込まれるが、一定の船舶にはそれに対応できる設備の設置が必要となり、海峡沿岸国がこうした設備を装備していない船舶の通航を第233条によって制限できるかという新たな問題が発生する可能性もある。

ついても IMO による認証が必要であるかどうかは不明であるが、IMO の ships' routeing の定義に規定される routeing measures に含まれるから、第 41 条の趣旨を広く解釈すれば、航路帯及び通航分離帯にあたるものと読むことが合理的であろう。

(4) 水先料、曳航料などの特別の役務への対価の徴収

海峡における水先案内の利用は一般には任意的である。しかし船舶の大型化と高速化は、とくに通航危険区域における水先の義務づけを要請するようになりつつある。そのような場合に、沿岸国が水先料や曳航料などを特別の役務の提供の対価として徴収することができるかという問題が生じうる。一般の領海においては、沿岸国は領海の通航のみを理由とするいかなる課徴金も課することができない（第26条1項）が、外国船舶に提供された特定の役務の対価としての課徴金を課することは認められている（第26条2項）。特定の役務には、水先 (pilotage) とか曳航 (towage) あるいはタグボート (pushing service) とか海難救助 (salvage)、緊急修理 (urgent repair)、病人などの搬送を含む救援措置の提供 (provision of necessities)、特定船舶のための航路浚渫作業 (water-way dredging for given ships)、特定の気象予報 (particular weather forecasting) などが含まれる。これに対するものとしての一般的役務には、灯台、航路標識、浮標の設置、安全航行の管理・監視措置など、航行船舶一般の便宜を図るものが含まれる。[28] なお特定の役務に対する課徴金を支払わない船舶に対して沿岸国がいかなる措置を取りうるかについては、この課徴金に関する規定が領海の無害通航に関する

---

[28] これら一般的な役務については、一般の領海の場合には沿岸国船舶とくに内航船舶によって多く利用されるものであることが考慮されているものと思われるが、海峡については別途に規定があり、海峡沿岸国と海峡利用国が合意によって航行援助施設や国際航行に資する他の改善措置の海峡における設置および維持について協力する旨の規定がある（第43条）。ここにいう改善措置には、船舶の航行情報、航行船舶の位置情報、海賊情報、気象・海象に関する情報などの提供サービスが含まれる。いずれにしても合意によってそれらが設置・維持の協力が図られるものであり、これらについて課徴金を課するということは想定されていない。H. Yang, *Jurisdiction of the Coastal States over Foreign Merchant Ships in Internal Waters and the Territorial Sea* (2006), Springer, pp.178-179.

規定の中のすべての船舶に適用される規則（第二部第3節A）に規定されていることから、通航船舶が特定の役務を受けながら支払いを拒否した場合には通航の無害性を失い、沿岸国は法令の執行が可能となるという説がある。[29] しかしながらこの規定の趣旨は、通航のみを理由に課徴金を課されることはない (1項) ことを明らかにすることにあり、同時に、無害通航中の船舶であっても特定の役務を受けた場合には、課徴金の支払い義務を負うことを確認したものとみるべきであろう。その意味で、この支払い義務を怠る場合でも無害性は損なわれず、通航することは可能である。ただし後に民事上の支払請求あるいは賠償請求を受ける場合はあるであろう。

　国際海峡に関しても水先案内の役務提供を受けた場合に同様であろう。水先案内は、岩礁が点在し、海底地形が複雑である、あるいは狭い海峡が屈曲する場所など、航路上の危険区域の通航あるいは、航路帯を横断して沿岸国への入出港をする場合には、とくに必要となる場合があるであろう。一般の領海に比べてその必要はより一層大きい場合もあるともいえる。沿岸国はその場合には強制水先制度 (mandatory pilotage system) を導入することを望むことになる。しかしながら、沿岸港への出入港の場合はともかく、内水に入ることなく航路帯を通過通航する船舶に水先を義務づけることは UNCLOS の規定と抵触するものと思われる。[30] なによりもそれは第42条2項と抵触するし、また第233条とも矛盾するであろう。[31]

29　F. Ngantcha, *The Right of Innocent Passage and the Evolution of International Law of the Sea* (1990), Pinter Pub. (cited from H. Yang, ibid.), p.177.

30　外国船舶が沿岸内水に立ち入る場合、あるいは沿岸国の港に入港している場合には、灯火料 (light due) を徴収する場合があるようであるが、これを特定の役務の提供とみなしうるかは微妙である。なお、O'Connell & Shearer, *The International Law of the Sea* (1984), Clarendon, Vol. II, p.842、参照。

31　強制水先 (compulsory pilotage) を導入した例としては、オーストラリアによる Great Barrier Reef Marine Park 海域やトレス海峡 (Torres Strait) への設定の例など14の例がある。Great Barrier Reef は IMO により1990年に「特別敏感水域」(Particularly Sensitive Sea Area, PSSA) と指定されており（同時に、オーストラリアが定める水先案内や船舶報告制度に従うことが勧告されている）が、2005年にオーストラリアはトレス海峡にも拡張した。IMO はトレス海峡海域も PSSA に指定はしたが、PSSA 指定の Guideline を定める2005年の IMO 総会決

IMO によって水先が必要であることが認証された場合に限るのでないと、その役務提供に対する課徴金が偽装された通行税の徴収になりかねない。強制水先に従わないという事実のみをもって「海洋環境に著しい損害をもたらすおそれ」(第 233 条)を根拠に通航を否定する執行措置をとることはできないであろう。[32]

議には、routeing measures として回避航路の規定はあったが、強制水先制度の導入を明文で認める条項はなかった (J. Roberts, Compulsory Pilotage in International Straits: The Torres Strait PSSA Proposal, 37 *Ocean Development & Int'l L.*, 2006, p. 93-112)。そこでトレス海峡への強制水先の導入が UNCLOS に合致したものであるかという問題が議論されることとなる。PSSA を指定する IMO の決議はそもそも勧告的であるが、IMO の認証を受ければ一定の対抗力を持ちうると議論することは、UNCLOS に頻繁に登場する「一般的に受入れられた国際的な基準」の場合と同様に可能であることから、強制水先は船舶の通航の安全を確保し座礁や沈没の危険を減らすことを通じて海峡の汚染の危険を防止するものであり、トレス海峡を PSSA に指定する IMO の決議の趣旨と合致し、また同決議も強制水先の導入を禁止してはいないとする議論もある (S. Bateman & White, Compulsory Pilotage in the Torres Strait: Overcoming Unacceptable Risks to a Sensitive Marine Environment, 40 *Ocean Development & Int'l L.*, 2009, pp.184-203)。しかしながら、オーストラリアのトレス海峡の水先案内制度においては、水先案内人を乗船させあるいは水先案内の対価を支払うために船舶の通航を一旦停止することが要求されているだけでなく、そもそもそうした水先案内を使わないとする船長の選択を制限することにより、実質的には通過通航を否定し、妨害し又は害する実際的な効果を持つことになるから、UNCLOS の通過通航制度に反するとする議論が一般的である (R. Beckman, PSSAs and Transit Passage: Australia's Pilotage System in Torres Strait Challenges the IMO and UNCLOS, 38 *Ocean Development & Int'l L.*, 2007, pp.325-357,)。なおより一般的には、J. Roberts, Protecting Sensitive Marine Environments: A Role and Application of Ships' Routeing Measure, 20 *Int'l Jour. Mar. & Coastal Law*, pp.135-139, 参照。

[32] イタリアは 1985 年にメッシーナ海峡について 15,000 トン超の船舶、6,000 トン超のタンカーその他海洋環境に有害な物質の運搬船に水先を義務づけている (50,000 トン超のタンカーその他海洋環境に有害な物質の運搬船は通行禁止) が、これは通過通航制度が適用されない海峡の例であって島の外側に同様に便宜な公海航路がある場合である。もちろんこれについても、領海の無害通航についての沿岸国の義務 (第 24 条)、とくに無害通航を否定し又は害する実際上の効果を有する要件を課することの禁止 (同条 1 項 (a))、および通過通航の制度の適用から除外される海峡における無害通航の停止の禁止 (=強化された無害通航、第 45 条 2 項) に関する解釈上の問題は生じる。

第5章　ホルムズ海峡と国際法

中谷　和弘

1　ホルムズ海峡の死活的重要性

　ホルムズ海峡はペルシャ（アラビア）湾（以下、ペルシャ湾と略記）の出入口である。US Energy Information Administration (EIA) によると、「世界で最も重要な oil chokepoint」である。2013年には1日当たり約1700万バレルの原油が通航し、これは海上で取引される原油の約30%、以上に相当する。そして同海峡を通航する原油の85%以上が日本・インド・中国・韓国をはじめとするアジア市場向けである[1]。2013年における我が国の輸入原油の83.1%は中東原産であって、その大半はホルムズ海峡を通過してタンカーで輸送されていることから、同海峡は我が国にとって死活的重要性を有する海域である。マラッカ・シンガポール海峡も我が国にとっては西アジア・中東・欧州と我が国を結ぶシーレーンに位置する極めて重要な海域であるが、ロンボク海峡やオーストラリアの南海岸沖及び東海岸沖といった迂回路が存在するため、極論すれば、大幅な時間とコストを費やせば同海峡を通航しなくても海上輸送は不可能ではない。これに対して、ホルムズ海峡を通航することなしに、GCC 諸国のペルシャ湾内にある石油・ガスを海上輸送することは不可能であり、また同海峡を通航する海上輸送をまかなえるほど大規模なパイプラインも整備されていない[2]。そのた

※　本章は、東京大学法科大学院ローレビュー第7巻（2012年9月）177-190頁掲載の同名の論文に若干の加筆・修正したものである。

[1]　U. S. Energy Information Administration, World Oil Transit Chokepoints, at http://www.eia.gov/countries/regions-topics.cfm?fips=wotc&trk=p3

[2]　アラブ首長国連邦のハブシャン油田・フジャイラ間の石油パイプラインが2012年7月15

め、パイプラインを使用して国際市場に出すことは非常に困難である。alternative route の不存在は、ホルムズ海峡を世界で最も重要な海域にしているといっても過言ではない。ホルムズ海峡においては分離航路帯(国連海洋法条約第 41 条参照)が設けられている。分離航路帯は 1972 年の海上衝突予防国際規則の Rule 10 に基づくものであり、同海峡では中間線よりもオマーン側に一定の航路帯が設定されている(分離ゾーンを挟んで東方向への航路帯が南側に、西方向への航路帯が北側に、それぞれ設定されている)。[3]

　イラン・イラク戦争においては、イランによるホルムズ海峡の封鎖が強く懸念されたものの、実際には同海峡封鎖には至らなかった。国連安保理は、1983 年 10 月 31 日の決議 540 において、「国際水域における自由な航海及び通商の権利を確認し、すべての国家にこの権利を尊重することを要請し、また交戦者に対してすべてのシーレーン、航海可能な水路、港湾作業、ターミナル、オフショア施設、海への直接又は間接のアクセスを有するすべての港湾を含む Gulf(ペルシャ湾)地域におけるすべての敵対行動を直ちに中止し、他の沿岸国の保全を尊重するよう要請する」(第 3 パラグラフ)とした。1987 年 6 月 9 日のヴェネチア・サミットにおける「イラク・イラン戦争及びペルシャ湾の航行の自由に関する声明」では、「われわれは、ペルシャ湾における航行の自由の原則はわれわれにとって、また他の諸国にとってもこの上もなく重要であり、かつ堅持されなければならないことを再確認した。ホルムズ海峡を経由する石油の自由な流れ及び他の通航は妨げられることなく続かなければならない」と宣言

日に運用を開始し、1 日当たり約 180 万バレルのホルムズ海峡を迂回した原油輸送が可能となった(「ホルムズ迂回のパイプライン」読売新聞朝刊全国版 2012 年 7 月 17 日、9 面)。但し、このパイプラインによる原油輸送量は、ホルムズ海峡を通航する原油量の約 1 割にすぎない。

[3] 詳細は、International Maritime Organization, *Ships' Routeing*, 5th ed. (1984), part B, IV/3; 海上保安庁水路部編『ペルシア海湾水路誌:オマーン海湾・ペルシア海湾』(1995 年) 113-116 頁。なお、軍艦等の非商業目的の政府船舶は分離通行帯の航行を義務づけられない(奨励されるにとどまる)。この点につき、Charles A. Allen, Persian Gulf Disputes, *in* Myron H. Nordquist & John Norton Moore (eds.), *Security Flashpoints : Oil, Islands, Sea Access and Military Confrontation* (1998), Martinus Nijhoff pp.341-342 参照。

した[4]。2008年1月6日には、ホルムズ海峡において3艘の米国の軍艦に5艘のイランの沿岸警備艇が接近して緊張が高まった。イランの核開発疑惑のため、国連安保理諸決議1737 (2006)、1747 (2007)、1803 (2008) 及び1929 (2010) に基づく対イラン経済制裁措置が課され、また欧米諸国が対イラン経済制裁措置を強化する動きが見られたが、これに対して、2011年12月24日にイラン海軍はホルムズ海峡を含む周辺海域で軍事演習を開始[5]し、また同月27日にはイランのラヒミ第1副大統領が、「制裁を科せば、重要なホルムズ海峡から石油が一滴も流れなくなるだろう」と述べ、ホルムズ海峡封鎖を示唆することで欧米諸国を牽制した[6]。これに対して、ハモンド英国国防相は2012年1月5日、パネッタ米国国防長官は同月8日、

[4] 外務省「G7/G8 第13回会議 ヴェネチア・サミット イラク・イラン戦争及びペルシャ湾の航行の自由に関する声明（仮訳）」(http://www.mofa.go.jp/mofaj/gaiko/summit/venezia87/j13_c.html)。

[5] オバマ米国大統領は、2011年12月31日、2012会計年度国防権限法 (National Defense Authorization Act for Fiscal Year 2012) に署名したが、Sec.1245(d)(1)(A) では、イラン中央銀行と金融取引を行う外国金融機関の米国内にある銀行口座の開設・維持を禁止する旨、規定する（イランからの原油輸入を相当量削減したと認定された国家については Sec.1245(d)(4)(D) により適用除外となる）。このような措置は、狭義の域外適用（制裁主体の範囲の拡大）とは区別された「拡大されたボイコット」（制裁対象の範囲の拡大）として把握する方が妥当である。拡大されたボイコットにつき、拙稿「輸出管理法令の域外適用と国際法」村瀬信也・奥脇直也編集代表『国家管轄権―国際法と国内法―（山本草二先生古稀記念）』（勁草書房、1998年）410-412頁。

　EU 外相理事会は、2012年1月23日、イラン原油の輸入禁止を正式決定した（新規契約は即時禁止、同年7月1日からは既存契約を含めて完全に禁止）。これに対してイランは、同年2月19日、英国及びフランス向けの原油輸出を停止した。同年3月20日、米国は、イラン産原油の輸入大幅削減をした日本及び輸入禁止を決定した EU 加盟国中の10か国を同法に基づく制裁の適用対象から除外するとした（同年6月には韓国、中国等も適用除外となった）。同法は同年6月28日に発効した。我が国がイラン原油の輸入規制措置をとることについては、イランは GATT/WTO の締約国ではなくまた両国間には効力を有する二国間通商条約も存在しないため、国際法上の問題は特に生じない。なお、EU が同年7月1日からイラン産原油を輸送するタンカーに関する域内の保険会社による再保険の引受を禁止することへの対応として、イラン産原油を日本に輸送するタンカーが事故に遭遇した場合に再保険で補償される分を日本政府が肩代わりする仕組みを定めた「特定タンカーに係る特定賠償義務履行担保契約等に関する特別措置法」が同年6月20日に成立した。

[6] 日本経済新聞朝刊全国版 2011年12月28日、7面。読売新聞夕刊全国版 2011年12月28日、2面。

イランがホルムズ海峡を封鎖した場合には軍事的行動も辞さないと発言した。[7]同月8日には、イラン指導部は同国の原油禁輸に制裁が科された場合にはホルムズ海峡の封鎖を命じることを決定したとの報道がなされた。[8]

もっとも、ホルムズ海峡の危機は専らイランのみから生じるとは限らず、オマーン（2011年からの北アフリカ・中東における「アラブの春」という民主化運動やIS（イスラム国）の台頭の中でオマーンの内政がどう影響を受けるのか、また独身のカブース国王の後継者問題がどうなるのか、それらがホルムズ海峡の通航にどう影響するのかといった問題がある）、事故（狭い海域ゆえ、タンカーの座礁等の事故が懸念される）、テロ（2010年7月28日には商船三井が所有する原油タンカー M. STAR（マーシャル諸島船籍）がホルムズ海峡西方海域のオマーン領海内において、外部からの攻撃が原因と思われる爆発により、船体への損傷を受けた。[9]その後、アルカイダ系武装勢力のアブドラ・アッザム旅団が犯行声明を出した。ISが海洋に進出する可能性も皆無ではないかもしれない）、海賊（オマーン湾には最近海賊が出没している。2012年1月6日にはオマーン湾で米国海軍駆逐艦キッドが海賊の人質となっていたイラン漁船の乗組員ら13名を救出した[10]）といった様々な「危機のシナリオ」を想定しておくこともまた、国家安全保障を真剣に考えるのであれば非常に重要であろう。

以下、本章においては、ホルムズ海峡におけるオマーン、イラン両海峡沿岸国の立場及びイランの言動に対する主要諸国の反応について概観した上で、国際法の観点から若干の考察をすることとしたい。

2 ホルムズ海峡に関するオマーン、イラン両海峡沿岸国の立場

---

7 日本経済新聞朝刊2012年1月6日、6面。読売新聞朝刊2012年1月10日、2面。
8 日本経済新聞朝刊2012年1月9日、7面。
9 株式会社商船三井「原油タンカー"M. STAR"ホルムズ海峡西方海域における船体損傷の件」2010年7月28日 (http://www.mol.co.jp/pr-j/2010/j-pr-1040.html)。
10 Iranians Tell of Six Weeks of Fear with Somali Pirates, New York Times 2012年1月7日 (http://www.nytimes.com/2012/01/08/world/middleeast/iranians-tell-of-six-weeks-of-fear-with-somali-pirates.html)。

海峡沿岸国であるオマーン(同国の飛び地であるムサンダム半島がホルムズ海峡に面している)及びイランの両国は、同海峡を国際海峡とは認めず、領海であると主張し、同海峡を通航する船舶については原則として無害通航権が認められるとしてきた[11]。イランは領海の限界等に関する1934年7月19日法第4条において、「領海における無害通航権は外国の軍艦(水面上を航行する潜水艦を含む)に対して承認される」と規定し[12]、また、オマーンは1972年7月17日の国王勅令第1条において、「オマーン国は国際海峡を通航する他国の船舶及び航空機の無害通航の原則並びに関連する同国の法令と調和して、同国の領海、領空並びに領海の海底及びその下に対する完全な主権を行使する」と規定して、同海峡における外国船舶の無害通航権を承認した[13]。もっとも軍艦の通航に関しては、その後、後述するように事前許可制に服せしめることが明確化されるとともに、イランは一般の船舶についても国内法において無害でない場合を国連海洋法条約第19条2項で掲げられている場合よりも広めに設定している。

ホルムズ海峡における最も狭い海域(Larak島とQuain島の間)は21カイリであり、12カイリを主張する両国の領海が重なっている。両国間では1974年7月25日に大陸棚境界画定合意が署名され、1975年5月28日に発効している。基本的に等距離中間線に基づく境界画定であるが、上部水域には影響を与えない旨の条項が含まれている。なお、署名前に両国は「地域の安定の維持とホルムズ海峡の通航の自由の確保を目指す協定を共に希望する」旨を表明した共同コミュニケを発している[14]。

オマーン代表Al-Jamaliは、1974年7月10日の第3次国連海洋法会議第2会期(カラカス)総会第36回会合において、国際海峡に関して次のよう

---

11 Bing Bing Jia, *The Regime of Straits in International Law* (1998), Clarendon Press, p.104.
12 United Nations Legislative Series, *Laws and Regulations on the Regime of the Territorial Sea* (1957), United Nations, p.24.
13 United Nations Legislative Series, *National Legislation and Treaties Relating to the Law of the Sea* (1974), United Nations, pp.23-24.
14 Jonathan I. Charney & Lewis M.Alexander (eds.), *International Maritime Boundaries*, vol.II (1993), Martinus Nijhoff, pp.1503-1510.

な発言を行っている。[15]「海峡は領海の一部であるから特別のレジームの下におくべきではない。沿岸国によって作成された規制は遵守されるべきである。1973年の海底委員会に提出されたキプロス等8か国による『国際航行に使用される海峡を含む領海の航行に関する条文案』(国際海峡での無害通航を認め、軍艦の通航につき沿岸国は事前通告又は許可を要求できるとの内容を有する)を支持する。」

同月22日にオマーンはマレーシア、モロッコ、イエメンとともに、「国際航行に使用されている海峡を含む領海の航行に関する条文草案」(全23条からなる)を提出した。[16] 沿岸国の権利を強く打ち出しているのが特徴的であり、例えば第1部「領海の無害通航の権利」では、軍艦の通航については、沿岸国は事前通報又は許可を要求できる(同草案第15条3項)、指定されたシーレーンを通航するよう要求できる(同草案第16条)と規定している。第2部「国際航行に使用されている海峡の無害通航の権利」(同草案第20条〜第23条)は次のように規定する。

第20条(海峡)「これらの条項は、国際航行に使用されておりかつ一国又は二か国以上の領海の一部を構成するすべての海峡に適用される。」

第21条(無害通航の権利)「第22条に従うことを条件として、海峡を通過する外国船舶の通航は第1部に含まれる規則によって規律される。」

第22条(沿岸国の特別の義務)「1. 外国商船による海峡の通航は、無害であると推定される (shall be presumed to be innocent)。2. 外国船舶による海峡の無害通航は停止してはならない。3. 沿岸国は海峡において領海を通過する外国船舶の無害通航を妨害してはならず、迅速な通航を確保するためあらゆる努力をしなければならない。とりわけ、ある特定国の船舶又はある特定国への、ある特定国からの若しくはある特定国のための貨客を

---

[15] A/CONF.62/SR.36, in *Official Records of the Third United Nations Conference on the Law of the Sea*, vol.I (1975), p.152; *The Law of the Sea: Straits Used for International Navigation: Legislative History of Part III of the United Nations Convention on the Law of the Sea*, Vol.II (1992), p.10.

[16] A/CONF.62/C.2/L.16, in *Official Records of the Third United Nations Conference on the Law of the Sea*, vol.III, pp.192-195. マレーシアはマラッカ海峡、イエメンはバブ・エル・マンデブ海峡、モロッコはジブラルタル海峡に面している。

運送する船舶を、形式的に又は事実上、差別してはならない。4.沿岸国は、海峡の航行経路に当該海峡を航行する船舶の通航を妨害しうるいかなる種類の設備、構造物又は装置をも設置してはならない。沿岸国は、海峡における航行上のあらゆる障害及び危険のうち知れているものを、適切に公表しなければならない。」

　第23条(沿岸国の特別の権利)「沿岸国は、海峡における航行上の施設の設置及び維持のため関係諸国及び適当な国際組織の協力を求めることができる。」

　同日の第2委員会第14回会合においてオマーン代表Suleimanは、同草案第2部につき、①同草案第20条は国際司法裁判所「コルフ海峡事件」判決によって定義された海峡をカバーするものであり、歴史的に国際航行に使用されていない海峡には適用されない、②同草案第22条は外国の商船の無害通航が推定されるとしたことが新しい考え方であるが、これは商船が人類に対する国際的責務と発展の道具となる国際貿易における重要な役割を果たしたことが認められるゆえ正当化される、と指摘する。[17]

　オマーンは、1981年2月10日の領海、大陸棚及び排他的経済水域に関する国王勅令第1条において、「オマーン国は、国際海峡を通航する他国の船舶及び航空機の無害通航の原則並びに関連する同国の法令に合致して、領海、領空並びに領海の海底及びその下に対する完全な主権を行使する」と規定している。[18]

　国王勅令38/82に関する1982年6月1日の通告により、オマーンはホルムズ海峡を含む4つの水域に直線基線を設定した旨を発表した。[19]

　オマーンは、1983年7月1日、国連海洋法条約署名時に次の解釈宣言を行っている。[20]「本条約第19条、第25条、第34条、第38条、第45条

17　A/CONF.62/C.2/SR.14, in *Official Records of the Third United Nations Conference on the Law of the Sea*, vol.II, p.136.
18　*The Law of the Sea: Current Developments in State Practice* (1987), pp.78-79.
19　United States Department of State Bureau of Oceans and International Environmental and Scientific Affairs, *Limits in the Seas*, No.113 (Straight Baseline Claims : Djibouti and Oman), 1992, pp. 4-6, 12-14.
20　*Law of the Sea Bulletin*, vol.25 (1994), p.33.

の諸規定の適用は、沿岸国が自らの平和及び安全の利益を保護するために必要な適当な措置をとることを妨げるものではないというのが、オマーン国政府の理解である。」[21]

オマーンは、さらに、1989年8月17日、国連海洋法条約批准時に次の解釈宣言を行っている。[22]

「領海に関する宣言1：1. オマーン国は1981年2月10日の勅令15/81第2条に従って、自国の領海が基線の最も近接した地点から計測して海の方向に12カイリに及ぶことを決定する。2. オマーン国は、関連する国内法令に従いまた無害通航の原則に関する本条約の規定に合致して、領海とその上空及び地下に対する完全な主権を行使する。

オマーン領水を通航する軍艦の通航に関する宣言2：無害通航は、事前の許可の下に、オマーン領水を通航する軍艦に対して保障される。このことは潜水艦に対しても、海面上を通航し自国の旗を掲げることを条件として、適用される。

オマーン領水を通航する原子力船等の通航に関する宣言3：外国の原子力船及び核物資又は健康・環境に本質的に危険・有害な他の物質を運搬する船舶に関しては、事前許可の下での無害通航権が、軍艦か否かを問わず認められる。この権利は、海面上を通航し自国の旗を掲げることを条件として、同様の潜水艦にも保証される。

（接続水域に関する宣言4、排他的経済水域に関する宣言5、大陸棚に関する宣言6は省略。）

本条約の下での紛争の解決のために選択される手続に関する宣言7：

---

21 Said Mahmoudi, Passage of Warships through the Strait of Hormuz, *Marine Policy*, vol.15, iss.5 (1991), pp.345-346 は、オマーンが第45条（無害通航の制度が適用される特別の海峡に適用される規定）に言及した理由として、①同条をホルムズ海峡に適用しようとしたことと、②領海における安全の保護のための必要な措置をとる権利を留保しようとしたことが考えられるとした上で、①については本条が現実に対象とした海峡はアカバ湾及びチラン海峡であるためホルムズ海峡を対象に含めるのは無理があることを、②については保護措置の対象となる領海は海峡を形成する領海とは区別された通常の領海であるためこれも無理があることを指摘する。

22 *Law of the Sea Bulletin*, vol.25 (1994), pp.16-18.

本条約第287条に従って、オマーン国は、本条約の解釈又は適用に関する他国との間に生じるいかなる紛争の解決についても、附属書VIによって設立される国際海洋法裁判所及び国際司法裁判所の管轄権を受諾することを宣言する。」

イランは、1974年の第3次国連海洋法会議第2会期(カラカス)において、国際海峡に関して次のような発言を行っている。[23]

「海峡の通航に関するルールは既存のルール(特に領海条約)に基づくべきである。領海幅は海峡を通過する船舶の実際の航行に影響しない。さらに少なくとも平時においては、沿岸国は国際航行に使用される海峡の通航にめったに規制を課していない。それゆえ、海峡に関する草案は沿岸国の領海に及ぼす主権の性質及び範囲を勘案すべきであり、その安全と秩序を害してはならない。また、国際貿易・通信の利益のために沿岸国の主権に対する一定の例外はありうるものの、海峡を包含する領海の地位を変更すべきではない。」

イランは、1982年12月10日、国連海洋法条約の署名時に次の解釈宣言(同国の表現では了解宣言)を行っている[24](なお、イランは今日まで同条約を批准していない)。

「イラン・イスラム共和国の了解は次の通りである。

(1) 一般的適用及び立法的性質という本条約の意図された性格にもかかわらず、諸条項のいくつかは必ずしも義務的性質を有するとみなされる既存の慣習又は確立された慣行(実行)を法典化することを意図しない、

---

23 1974年7月22日の第2会期第2委員会第11回会合におけるイラン代表 Kazemi の発言。A/CONF.62/C.2/SR.11, in *Official Records of the Third United Nations Conference on the Law of the Sea*, vol.II, pp.123-124. 但し、Kazemi は同月1日の第2会期総会第23回会合において、「満足いく解決は領海の法的性質を否定することなく達成できるかもしれない。外国船舶の自由通航を保障しながらも沿岸国の安全、海洋環境の保護及び海の回廊を通る船舶の通航規制といった問題を勘案した規則が編み出されよう」と述べている。A/CONF.62/SR.23, in *Official Records of the Third United Nations Conference on the Law of the Sea*, vol.I, p.72. この立場は事前許可制を主張し続けるオマーンの立場よりも柔軟であったが、その理由として、Mahmoudi, *supra* note 21, pp.343-344 は、軍艦が実際にはオマーンの領海を通航していたことを挙げる。

24 *Law of the Sea Bulletin*, vol.25 (1994), pp.29-30.

対価 (quid-pro-quo) の産物にすぎない。それゆえ、本条約の締約国のみがそれによって創出される契約的権利から利益を受けることは当然でありまた条約法条約第 34 条に調和する。上記の考慮に該当するのは特に次のものである (これらに限定される訳ではない)。

・国際的航海のために使用される海峡の通過通航権 (第 3 部第 2 節第 38 条)
・『排他的経済水域』の概念 (第 5 部)
・国際海底区域及び『人類の共同遺産』に関するすべての問題 (第 11 部)

(2) 慣習国際法の観点から、第 21 条の条項は、第 19 条 (無害通航の意味に関する) 及び第 25 条 (沿岸国の保護権に関する) と合わせて読むと、自国の安全保障上の利益を保護するため、とりわけ領海の無害通航権を行使しようとする軍艦に対する事前許可の要件に関する国内法令の採択を含む措置をとる沿岸国の権利を (黙示的とはいえ) 承認している。

(5) 閉鎖海及び半閉鎖海に位置する小島であって、人の居住又は独自の経済的生活を潜在的に維持できるが気候条件、資源の制約又は他の制約ゆえにこれまで開発されてこなかったものは、『島の制度』に関する第 121 条 2 項の条項に該当し、それゆえ関係する沿岸諸国の海域の境界画定において完全な効果を有する。」[25]

なお、同宣言においてイランは、「第 287 条に基づく国際裁判の手続を受け入れない」旨を宣言している。

1993 年 5 月 2 日、イランは「ペルシャ湾及びオマーン海におけるイラン・イスラム共和国の海域に関する法律」を制定している。[26] 全 23 条からなる同法は、第 1 部「領海」(第 1 条〜第 11 条)、第 2 部「接続水域」(第 12 条〜第 13 条)、第 3 部「排他的経済水域及び大陸棚」(第 14 条〜第 21 条)、第 4 部「最終条項」(第 22 条〜第 23 条) から構成されている。ホルムズ海峡に直接かか

---

[25] この宣言から明らかなこととして、Mahmoudi, *supra* note 21, p.345 は、①イランは原則としてこの通過通航権を承認している、②イランは通過通航は国際法の漸進的発達にすぎないと考えている、③イランは通過通航 (拡張された領海) と国連海洋法条約上の他の法体制 (排他的経済水域や深海底) とのバランスを十分意識している、とする。しかしながら、①③につきそこまで positive な評価を与えられるか疑問である。

[26] *Law of the Sea Bulletin*, vol.24 (1993), pp.10-15

わる第1部「領海」については、次のように規定する。

第1条(主権)「イラン・イスラム共和国の主権は、その陸域、内水並びにペルシャ湾、ホルムズ海峡及びオマーン海にあるイランの島嶼を超えて、領海として説明される基線に隣接する帯状の海域に及ぶ。主権は、領海上空並びに領海の海底及びその下に及ぶ。」

第2条(領海の限界)「領海の幅は基線から測定して12カイリである。1カイリは1852メートルである。イランに属する島は、領海の内外にあるものを問わず、本法に従って、それ自身の領海を有する。」

第3条(基線)「ペルシャ湾及びオマーン海においては、領海の幅を測定する基線は閣僚理事会により1973年7月22日に決定されたデクレNo.2/250-67による。他の地域及び島嶼においては、沿岸の低潮線が基線となる。領海の基線の陸側の水域及びイランに属する島の間の水域(島の間の距離が24カイリを超えない場合)は、イラン・イスラム共和国の内水を形成しその主権に服する。」

第4条(境界画定)「イランの領海が向かい合っているか又は隣接する海岸を有する国の領海と重複しているあらゆる場合には、イランの領海と当該国の領海の分割線は、両国で別途合意される場合を除き、そのあらゆる地点が両国の基線の最も近い点から等距離である中間線とする。」

第5条(無害通航)「外国船舶の通航は、第9条において規定される場合を除き、イラン・イスラム共和国の良き秩序、平和及び安全を害しない限り、無害通航の原則に従う。通航は、不可抗力の場合を除き、継続的かつ迅速になされなければならない。」

第6条(無害通航の要件)「外国船舶の通航は、当該外国船舶が次のいずれかの活動に従事する場合には、無害とはみなされず、関連する民事及び刑事の法令に従うものとする。

(a) 武力による威嚇又は武力の行使であって、イラン・イスラム共和国の主権、領土保全若しくは政治的独立に反するもの又は国際法の諸原則に違反する他のあらゆる方法によるもの

(b) 兵器(種類のいかんを問わない)を用いる訓練又は演習

(c) イラン・イスラム共和国の国家安全保障、防衛又は経済的利益を害することとなるような情報の収集を目的とする行為
(d) イラン・イスラム共和国の国家安全保障、防衛又は経済的利益に影響を与えることを目的とする宣伝行為
(e) 航空機若しくはヘリコプター又は軍事機器若しくは軍事要員の他の船舶若しくは海岸への発着又は積込み
(f) イラン・イスラム共和国の法令に反する物品、通貨又は人の積込み又は積卸し
(g) イラン・イスラム共和国の規則及び規制に反する海洋環境の汚染行為
(h) 漁業又は海洋資源の利用行為
(i) 科学的調査、海図製作及び震動による探査又はサンプル活動
(j) イラン・イスラム共和国の通信系又は他の施設若しくは装置への妨害
(k) 通航に直接の関連を有しないその他の活動」

第7条(補足的な法令)「イラン・イスラム共和国は、自国の安全保障上の利益及び無害通航の適切な実施の保護のために必要な他の規則を採択する。」

第8条(無害通航の停止)「イラン・イスラム共和国は、自国の高度の安全保障上の利益により鼓舞されまた自国の安全を防衛するため、自国の領海の一部において無害通航を停止することができる。」

第9条(無害通航の例外)「軍艦、潜水艦、原子力船又は核物質若しくはその他の本質的に危険若しくは環境に有害な物質を運搬する他の浮遊物体又は船舶は、領海の通航には、イラン・イスラム共和国の関連する当局の事前の許可に服する。潜水艦は海面上を航行し、自国の旗を掲げなければならない。」

第10条(刑事裁判権)「次の場合においては、領海を通航する船舶上でなされたあらゆる犯罪に関する捜査、訴追及び処罰は、イラン・イスラム共和国の管轄権に服する。

(a) 犯罪の結果がイラン・イスラム共和国に及ぶ場合
(b) 犯罪が同国の平和及び秩序又は領海の公序を乱す性質のものである場合
(c) 当該船舶の船長又は旗国の外交官若しくは領事官が援助及び捜査を要請する場合
(d) 当該捜査及び訴追が麻薬又は向精神薬の不正取引を防止するために必要である場合」

第11条(民事裁判権)「イラン・イスラム共和国の権限のある当局は、次の場合には、差押命令又は裁判所の判決を執行するために船舶及び乗組員を停止、航路変更又は留置することができる。

(a) 当該船舶がイランの内水から出た後、領海を通航している場合
(b) 当該船舶がイランの領海に停泊している場合
(c) 当該船舶が領海を通航している場合。但し、差押命令又は裁判所の判決の淵源が当該船舶自体の民事責任から生じた義務又は要件に存する場合に限る。」

なお、同法第3部(排他的経済水域及び大陸棚、第14条〜第21条)のうち、第16条(禁止活動)においては、「外国の軍事活動及び軍事演習、情報収集並びに排他的経済水域及び大陸棚におけるイラン・イスラム共和国の権利及び利益と両立しない他の活動は、禁止される」と規定する。

ホルムズ海峡を通航する船舶は、IMO(国際海事機関)の定める分離通航帯を通航することになるが、ホルムズ海峡に関しては、イラン側の水域が浅瀬であることもあってオマーン側の水域に分離通航帯が設定され、オマーン側の水域を多くの外国船舶が通航している[27]。オマーンがホルムズ海峡における外国船舶の通過通航にイラン以上に強硬に反対してきた主たる理由はこの点に存する[28]。

---

[27] 国連海洋法条約41条7項は、「通過通航中の船舶は、この条の規定により設定された航路帯及び分離通航帯を尊重する」と規定する。
[28] Ahmad Razavi, *Continental Shelf Delimitation and Related Maritime Issues in the Persian Gulf* (1997), Springer, pp. 62-63.

3 イランの言動に対する主要諸国の反応

上記のイランの言動に対して、米国は以下のような反応を示している。

まず、1982年12月の国連海洋法条約署名時になされたイランによる解釈宣言に対して米国は、国連海洋法会議において次の発言を行っている。[29]「(イラン等の) 少数のスピーカーが通過通航は本会議で採択された条約において反映された『新しい』権利であると主張した。しかしそれとは逆に、長期にわたる国際慣行が、国際航行に使用される海峡を通航するすべての国家の権利を裏付けている。さらに、これらの権利は国際法上、十分に確立されている。これらの航海及び上空通過の自由の継続的な行使はある国家に対してその同意なしに否定することはできない。」

1987年4月30日のイラン側からの外交通牒に対する返答として、同年8月17日、米国はアルジェリア (利益保護国) に対してイラン外務省に次の内容を伝えるように要請した。[30]

「米国は、国連海洋法条約に規定されている国際航行に使用されている海峡の通過通航の権利が条約に反映されている通過通航の体制は、長期にわたる慣習的実行に明確に基づくものであって、すべての国家 (同条約に署名・批准したか否かを問わず) の間の権利及び利益のバランスを反映したものである。同様に、米国は、国際航行に使用されている海峡の通過通航の権利の船舶による合法的な行使に干渉するイランの権利を否認する。」

1993年のイラン法 (ペルシャ湾及びオマーン海におけるイラン・イスラム共和国の海域に関する法律) 制定に対しては、米国は1994年1月11日に抗議を行っている。[31]抗議内容は多岐にわたるが、ここでは、①同法第7条は国際法 (特に国連海洋法条約第21条、第24条) の下で容認されている以上の

---

[29] *Official Records of the Third United Nations Conference on the Law of the Sea*, vol.XVII, p.244; J. Ashley Roach & Robert W. Smith, *United States Responses to Excessive Maritime Claims*, 2d ed. (1996), Martinus Nijhoff, pp.309-310.

[30] *Ibid.*, p.312; *The Law of the Sea: Practice of States at the Time of Entry into Force of the United Nations Convention on the Law of the Sea* (1994), p.91.

[31] *Law of the Sea Bulletin*, vol.25 (1994), pp.101-103

権利を付与することはできない、②同法第 8 条は領海の無害通航の停止は一時的であって適当な方法で公表された後においてのみ効力を有するとの要件を取り除くことはできない、③同法第 9 条の事前許可の要件は国連海洋法条約に基礎を有しないものであり、米国はすべての船舶の無害通航の権利の行使に当該要件を課す試みを国際法違反として否認し続ける、という 3 点のみを指摘しておきたい。これに対してイランは、国連海洋法条約の規定の多くは発効後に締約国のみを拘束するにすぎない契約的なものである、多くの国家が同条約と両立しない国内法を制定していること自体が確固たる慣行が形成されたとはいえない兆候であるとの前提の下に反論を行っている[32]。

　さらに、このイラン法に対しては、EU（ドイツが代表）、サウジアラビア、アラブ首長国連邦、クウェート、カタール、バーレーンが国際法違反であるとして抗議・異議申立を行っている[33]。EU は、「同法はとりわけ、国連海洋法条約第 5 条、第 7 条、第 19 条、第 56 条、第 58 条、第 78 条に違反する」とする[34]。サウジアラビアは、「同法に基づき行使される国際法又は国際慣行に違反した管轄権、権能又は実行、及び、同法に基づくホルムズ海峡の通航を含む Gulf（ペルシャ湾）及びオマーン海における国際通航へのいかなる規制又は賦課をも、承認又は了解することを拒否する」とする[35]。アラブ首長国連邦も、「同法の規定は国際法と両立せず、ホルムズ海峡の通過通航を含む Gulf（ペルシャ湾）の航行を阻害する」とする[36]。クウェートは、イランがその海洋の境界画定を行う権利自体には異議を唱えないとしつつも、自国は国連海洋法条約の諸規定に反するイラン法には拘束されないとする[37]。カタールは、同法に対して以下の批判を展開する[38]。①イラ

---

[32] *Law of the Sea Bulletin*, vol.26 (1994), pp.35-38.
[33] Allen, *supra* note 3, pp.342-344.
[34] *Law of the Sea Bulletin*, vol.30 (1996), pp.60-61
[35] A/50/1028, annex, in *Law of the Sea Bulletin*, vol.32 (1996), p.90.
[36] A/50/1033, in *Law of the Sea Bulletin*, vol.32 (1996), p.91.
[37] A/50/1029, in *Law of the Sea Bulletin*, vol.32 (1996), p.88.
[38] A/50/1034, annex, in *Law of the Sea Bulletin*, vol.32 (1996), pp.89-90.

ンの海岸には直線基線の採用を正当化する地理的現象がないため、慣習国際法及び国連海洋法条約に違反する、②島の間の水域（島の間の距離が24カイリを超えない場合）が内水になるとの規定は、明らかに海洋法に違反する、③同法第6条(g)は、国連海洋法条約第19条2項(h)とは違背する、④同法第7条は、国連海洋法条約第21条4項で規定されているよりもイランに広範な権利を付与するものではない、⑤同法第9条で要求していることには国連海洋法条約上、根拠がなく、カタールは無害通航権に対するそのような規制を拒否する。バーレーンは、国際法及び国際慣行、とりわけ国連海洋法条約の要件と一致しない同法の部分を認めないとする[39]。これらの抗議・異議申立に対して、イランは反論を行っている[40]。

4 省 察

ホルムズ海峡は国際海峡（即ち、国連海洋法条約第37条にいう『公海又は排他的経済水域の一部分と公海又は排他的経済水域の他の部分との間にある国際航行に使用されている海峡』）に該当すると解せられる[41]。それゆえ、あらゆる外国船舶[42]に対して通過通航権（同条約第38条）が認められ、通過通航は停止してはならない（同条約第44条）。このことは結論としては正しいとし

---

[39] A/51/659, in *Law of the Sea Bulletin*, vol.33 (1997), p.83.
[40] EUに対して *Law of the Sea Bulletin*, vol.31 (1996), pp.37-38. サウジアラビアに対してA/51/545, *Law of the Sea Bulletin*, vol.33 (1997), pp.86-87. アラブ首長国連邦に対してA/51/547, *Ibid.*, p.89. クウェートに対してA/51/544, *Ibid.*, p.86. カタールに対してA/51/546, *Ibid.*, pp.87-88.
[41] 小松一郎『実践国際法（第2版）』（信山社、2015年）120頁注19は、国連海洋法条約は、通過通航制度が適用される「国際海峡」を、①公海又は排他的経済水域を相互に結ぶという「地理的基準」及び②国際航行に使用されている「使用基準」という加重的な基準で定義しているとし、②については、将来の使用の可能性ではなく、実際の使用実績が確立していることが要件と一般に解されているとする。ホルムズ海峡については、タンカーをはじめとする諸国の船舶の使用実績という「使用基準」を十分満たしている。「地理的基準」も満たしているが、後述するようにペルシャ湾という（半）閉鎖海をどう考えるかという問題がさらに存在する。
[42] 軍艦を含むと解するのが文言上も自然であり、*travaux préparatoire*（同条の起草過程）においても軍艦を含むとの理解が一般的であった（Jia, *supra* note 11, pp.138-139）。

ても、外交の現実の中で国際法を考える必要がある以上、そう言うだけで済ますことはできないであろう。これに関連して、以下の諸点を指摘しておきたい。

　第1に、無害通航に該当しない場合を列挙した1993年イラン法第6条と国連海洋法条約第19条2項との対応関係について。前者は、後者とは次の点において異なっている。①後者(a)にある「国連憲章に規定する」という文言が、前者(a)ではなくなっている。②後者(c)(d)にある「防衛又は安全」という文言が前者(c)(d)では「国家安全保障、防衛又は経済的利益」となっている。③前者(e)では後者(e)に比べて「ヘリコプター」が追加され、また、「軍事要員の他の船舶若しくは海岸への」という文言が追加されている。また、「軍事機器の発着又は積込み」については後者では(f)にあるが、前者では(e)にまとめられている。④後者(g)では、「沿岸国の通関上、財政上、出入国管理上又は衛生上の法令」となっているが、前者(f)では単に「イラン・イスラム共和国の法令」となっており、国内法令の範囲限定がなされていない。⑤後者(h)では、「この条約に違反する故意のかつ重大な汚染行為」となっているのに対して、前者(g)では、国内法令違反であれば国連海洋法条約違反でなくても対象となり、また「故意のかつ重大な」という要件がはずされている。⑥後者(i)では「漁獲活動」であるのに対して、前者(h)では「海洋資源の利用行為」が加えられている。⑦後者(j)では調査活動又は測量活動の実施」となっているのに対して、前者(i)では「科学的調査、海図製作及び震動による探査又はサンプル活動」とより具体的に記述されている。⑧後者(k)では「妨害を目的とする行為」となっているのに対して、前者(j)では「妨害」となっており、範囲がより限定されている。このように概して、国連海洋法条約で明示されている場合よりも広く「無害ではない場合」の範囲をイラン法では規定していることが特徴として指摘できる。

　第2に、無害通航と通過通航の相違について。両者の実際上の主要な相違は、①潜水艦その他の水中航行機器は、領海においては、海面上を航行し、かつ、その旗を掲げなければならない(国連海洋法条約第20条)の

に対して、国際海峡においては、海面上を航行する必要がなく海中を航行してよい、②領海の上空は領空であるため、外国航空機は沿岸国の許可なしに飛行することはできず、もし飛行すると領空侵犯という国際法違反となってしまうのに対して、国際海峡においては、航空機に上空通過の自由が認められる（同条約第 38 条 2 項）、という点にあると指摘できる。これだけをみると船舶の航行自体については大差がないように見えるが、③軍艦が外国領海において無害通航権を有するか、沿岸国の事前通告又は事前許可の下に服せしめられるかについては見解の対立があるのに対して、国際化された海域である国際海峡においては後者の見解をとることは一層困難となる[43]という差異がある。また、④次にみるように、対抗措置の射程範囲について基本的な差異があると考えられる[44]。もっとも、③に関連して、Mahmoudi は、前述の 1991 年の論文において、イランとオマーンは（公式の立場とは裏腹に）外国軍艦によるホルムズ海峡の実際の通航に対して正式に抗議をしたことがないと指摘する[45]ため、この時点までに同海峡の軍艦通航につき両国による黙認が成立したとの立論を展開することも不可能ではないかもしれない。

　第 3 に、対抗措置として無害通航を否定できるかという問題について。外国船舶の旗国が沿岸国に対して国際法違反を犯した場合には、被害国たる沿岸国は対抗措置として当該船舶の無害通航権を否定できるのであろうか。これを否定する見解はあるものの[46]、領海における外国船舶の無

43　我が国は、軍艦も領海において無害通航権を有するが核搭載艦の通航は無害通航とは認められないとの立場をとっている。

44　国際司法裁判所「コルフ海峡事件」判決は、「国家は平時において、自国の軍艦を国際航行のため公海の 2 つの部分を結ぶ海峡を沿岸国の事前の許可なしに通航させる権利を、当該通航が無害である限り、有する」旨、判示した。*ICJ Reports 1949*, p.28。

45　Mahmoudi, *supra* note 21, p.346.

46　Omer Yousif Elagab, *The Legality of Non-Forcible Counter-Measures in International Law* (1988), Oxford University Press, p.114 は、次のような議論を展開する。①領海条約第 16 条 3 項及び国連海洋法条約第 25 条 3 項から引き出される推論として、沿岸国は領海における外国船舶の無害通航を阻害することはできない（自国の安全のために一時的に当該通航を停止することは認められる）。②海洋法は外交関係法同様の独自の特徴を有するシステムであるため、無害通航の原則と外交関係を規律する原則との間にはアナロジーが作用し、それゆえこのシステム

害通航を認めることが「一般国際法の強行規範に基づくその他の義務」(国家責任条文第50条1項(d))に該当するとは言えず、それゆえ、対抗措置の法的可能性はアプリオリには排除できないと言わざるを得ない。これに対して、通常の国家領域とは異なり航行目的につきいわば国際化された水域となっている国際海峡[47]においては、そのような対抗措置の可能性はあらかじめ排除されることになる(国連海洋法条約第44条は、海峡沿岸国は通過通航を妨害してはならない旨、規定する)[48]。ホルムズ海峡については、イ

の中に対抗措置のレジームを導入することは適切ではない。③相互主義の抑止効果が外交関係法同様、海洋の通航についても存在する。おそらくその要因ゆえ、対抗措置として無害通航が停止された国家実行は存在しない。④沿岸国の行動の自由に課された制限の結果生じうる不正義を除去するため、沿岸国は国際法違反を犯した旗国に対して別分野での対抗措置をとることは認められる。なお、海上での武力紛争に適用される国際法に関するサンレモ・マニュアルのパラグラフ33は、国連海洋法条約第45条1項に該当する海峡(同項(a)は例えばメッシーナ海峡を、(b)は例えばアカバ湾などを対象にしていると考えられる(小田滋『注解国連海洋法条約 上巻』(有斐閣、1985年) 157頁)。ホルムズ海峡は同項に該当する海峡とは考えられない)につき、「国際法によって一定の国際海峡において認められる停止されない無害通航権は、武力紛争時においても停止されてはならない」と規定する (Louise Doswald-Beck (ed.), *San Remo Manual on International Law Applicable to Armed Conflicts at Sea* (1995), Cambridge University Press, p.108、人道法国際研究所(竹本正幸監訳)『海上武力紛争法サンレモ・マニュアル 解説書』(東信堂、1997年) 65頁)。同解説書の趣旨は、同条約第37条の海峡についても沿岸国の権限がより強い同条約第45条1項の海峡についても、平時であるか武力紛争時であるかを問わず、通過通航権と無害通航権がそれぞれ認められ続けるということであると解することができる。

47 国連海洋法条約34条1項は、「この部に定める国際航行に使用されている海峡の通航制度は、その他の点については、当該海峡を構成する水域の法的地位に影響を及ぼすものではなく、また、当該水域…に対する海峡沿岸国の主権又は管轄権の行使に影響を及ぼすものではない」と規定する。国際海峡は、例えば当該水域における漁業については領海としての地位を享受するが、船舶の通航自体に関しては国家領域たる領海とは異なるいわば国際化された水域となっており、両生類的な性格を有している。なお、ホルムズ海峡の分離通航帯のうち、ペルシャ湾内から湾外へのすべての水域及び湾外から湾内への多くの水域は、オマーンが1982年に新たに設定した直線基線の内側となるが、国連海洋法条約35条1項(a)但書にいう「直線基線がそれ以前には内水とされていなかった水域を内水として取り込むことになるもの」に該当するため、内水の法的地位を享受しないと解せられる。L.M. Alexander, *Freedom of Navigation* (1986), p.137, *cited by* Hugo Caminos and Vincent P. Cogliati-Brantz, *The Legal Regime of Straits* (2014), Cambridge University Press, p.67 参照。

48 なお、海上での武力紛争に適用される国際法に関するサンレモ・マニュアルのパラグラフ27は、「平時において国際海峡に適用される通過通航権は、武力紛争時においても適用

ラン及びオマーンは同海峡を国際海峡とは認めず領海だと主張しているため、例えば、イランが「欧米諸国の国際法違反に対する対抗措置として、欧米諸国を旗国とする船舶のホルムズ海峡の無害通航を否定することは正当化される」と主張する可能性はありえよう。[49]

イラン・イラク戦争の際には、イラクを支援したとしてクウェートがイランにより報復的措置 (retaliation) の標的とされたため、クウェートは1987年3月に11隻の自国船籍のタンカーを米国船籍に移したという先例がある。[50] もっとも、このような船籍変更や便宜置籍船にも対抗するため、イランは、欧米企業が実質所有する船舶については、旗国如何にかかわらず、当該船舶のイラン領海（ホルムズ海峡）の無害通航を否定すると主張するかもしれない。

第4に、イラン及びオマーンによる共同パトロールについて。両国は1974年及び1977年にホルムズ海峡の共同パトロールについて合意した[51]が、その後、1979年のイラン革命後には共同パトロールは行われていない。同じイスラム諸国とはいっても外交上のスタンスを大きく異にある両国が共同パトロールを実施することは今後とも困難であろう。

第5に、衝突事故防止協定の必要性について。Caffioは、米国等の軍艦がホルムズ海峡を通航する際に生じかねない「衝突」を回避するため、米

され続ける」旨、パラグラフ89は、「国際海峡における通過通航は、安全かつ便利な代替航路が提供されない限り阻害してはならない」旨、規定する (Doswald-Beck (ed.), *supra* note 46, pp.105, 174; 人道法国際研究所（竹本監訳）・前掲書（注46) 61, 150頁）。いうまでもなくホルムズ海峡には「安全かつ便利な代替航路」はない。

49 イランの政治家達は、イラン自身による石油輸出が欧米の制裁によって阻害される場合でも外国のタンカーによるホルムズ海峡の「無害」通航が維持されるのかという疑問を呈してきた (Martin Wählisch, The Iran-U.S. Dispute, the Strait of Hormuz, and International Law, *The Yale Journal of International Law Online*, vol.37 (2012), pp.30-31)。但し、本文にあるような立論がたとえ成立するとしても、封鎖が可能な海域はイランが領海だと主張する海域に限定される。分離通航帯はオマーン側にあるため、この立論に基づく分離通航帯自体の封鎖は無理であろう。

50 このような船籍変更 (reflagging) をめぐる諸問題につき、Myron H. Nordquist & Margaret G. Wachenfeld, Legal Aspects of Reflagging Kuwaiti Tankers and Laying of Mines in the Persian Gulf, *German Yearbook of International Law*, vol.31 (1988), pp.138-164.

51 R. K. Ramazani, *The Persian Gulf and the Strait of Hormuz* (1979), Kluwer, pp.140-142.

ソ公海事故防止協定(INCSEA、1972 年)にならって衝突事故防止協定が締結されるべきであると提案し、同海峡の主要な利害関係国である米国、日本、EU の積極的な役割が望まれる旨、指摘している。INCSEA は公海上及びその上空における事故防止のために、航行規則の遵守、船舶のとるべき措置、航空機のとるべき措置、信号・点灯、通告・通知、情報交換等につき規定するものであるが、必要な変更を加えて、両沿岸国と主要関係国が中心となってホルムズ海峡事故防止協定を早急に制定することは、同海峡が衝突事故等から使用できなくなることから生じる甚大なパニックの可能性を小さくするという点で極めて重要かつ有益であろう。もっとも、次に見るペルシャ湾の閉鎖海・半閉鎖海としての性質を重視する立場からは、このような協定の締約国はペルシャ湾の締約国に限定したほうが現実的かもしれない。

第 6 に、閉鎖海・半閉鎖海としてのペルシャ湾の法的地位がホルムズ海峡の通航にどう影響するか(しないか)について。1974 年の国連海洋法会議第 2 委員会の討議では、ペルシャ湾は 12 の閉鎖海・半閉鎖海の 1 つに挙げられている。国連海洋法条約第 9 部の規定は、第 122 条の定義規

---

[52] INCSEA については、浅井一男「海上事故防止協定(INCSEA)による信頼醸成」『レファレンス』2015 年 3 月号 67-84 頁、和訳については、藤田久一・浅田正彦編『軍縮条約・資料集第 3 版』(有信堂高文社、2009 年)329-330 頁参照。

[53] Fabio Caffio, Lo Stretto di Hormuz e le minacce al regime internazionale di transito, *in* Norman A. Martínez Gutiérrez (ed.), *Serving the Rule of International Maritime Law: Essays in Honour of Professor David Joseph Attard* (2010), Routledge, pp.205, 215.

[54] 理想論を言えば、さらに、海峡沿岸国であるオマーン、イラン両国及び主要な同海峡利用諸国を当事国とする条約において、ホルムズ海峡が国連海洋法条約上の国際海峡であること及び同海峡は常時通航可能であることを確認することが望ましいが、両国(特にイラン)の現在のスタンスからは近い将来にはこれは困難であろう。

[55] S. H. Amin, "The Regime of International Straits: Legal Implications for the Strait of Hormuz", *Journal of Maritime Law and Commerce*, vol.12 (1981), pp.402-403 では、湾岸諸国間での地域的協定においてホルムズ海峡の自由通航を規定すべきとの Al-Awadhi の 1977 年の提案を紹介している。

[56] 半閉鎖海としてのペルシャ湾につき、Shapour S. Milan, "The Legal Status of the Persian Gulf as a Semi-Enclosed Sea", *Archiv des Völkerrechts*, vol.25 (1987), pp.92-105.

[57] Satya N. Nandan & Shabtai Rosenne (eds.), *United Nations Convention on the Law of the Sea 1982: A Commentary, Vol.III* (1995), p.348, note 1. ちなみに、他の 11 の海域は、アンダマン海、バルト海、黒海、カリブ海、セレベス海、東シナ海、地中海、紅海、日本海、オホーツク海、南シナ海である。

定及び第123条の海洋生物資源の管理・保存・探査・開発や海洋環境の保護・保全についての国際協力の規定しかなく、船舶の通航に直接関連する規定はない。他方、イランは、同委員会の同年の第38回会合において、ペルシャ湾、バルト海、黒海を半閉鎖海（semi-enclosed sea）の例として挙げた上で、ペルシャ湾の沿岸諸国の船舶にはホルムズ海峡の通航の自由があるのに対して、他の諸国の船舶にはペルシャ湾内の港への寄港目的の場合のみ航行が認められる旨、指摘した。[58] また、イランは、同委員会の同年の第43回会合では、閉鎖海（enclosed sea）と密閉海（closed sea）との区別を重視して、前者は、後者（カスピ海やアラル海など）のように外洋への出口が全くない完全な密閉海ではなく、ペルシャ湾やバルト海のように少なくとも1つの海洋への出口を有する水域である旨、指摘した。[59] カスピ海のように完全に外洋と遮断された水域であれば、沿岸国の船舶のみが通航できるとすることは合理的であり、実際、カスピ海における船舶の通航はそう限定されている[60]が、これに対して、特に外国船舶の通航制限規定のない閉鎖海・半閉鎖海一般については、イランの主張がどこまで通用するか疑問である。

　第7に、ホルムズ海峡において米国等の外国軍艦は通過通航権を有するが、国連海洋法条約第39条1項の諸要件、とりわけ、(b)「武力による威嚇又は武力の行使であって、海峡沿岸国の主権、領土保全若しくは政治的独立に対するもの又はその他の国際連合憲章に規定する国際法の諸原則に違反する方法によるものを差し控えること」を遵守する必要がある。[61] 他方、一方の海峡沿岸国であるイランが同海峡周辺で軍事演習を行うこと自体は禁止されてはいないとしても、他方の海峡沿岸国オマーン

58　Ramazani, *supra* note 51, p.83.
59　Nandan & Rosenne (eds.), *supra* note 57, pp.348-349.
60　拙稿Oil and Gas in the Caspian Sea and International Law, in N. Ando, et al. (eds.), *Liber Amicorum Judge Shigeru Oda*, vol.2 (2002), Kluwer, pp.1103-1114.
61　Jia, *supra* note 11, p.150 は、国連海洋法条約第38条3項が通過通航に含まれない活動に何が該当するかにつき沈黙しているゆえ、同条約第39条1項の違反は通過通航に影響しないものの、同項(b) の違反に対しては、海峡沿岸国は自衛権を行使しうると指摘する。

との関係で同項 (b) を遵守する必要があると同時に、「通過通航を妨害してはならず、また海峡内における航行上又はその上空における飛行上の危険で自国が知っているものを適当に公表する」(同条約第44条)ことが義務となる。

第8に、懸念されるイランによるホルムズ海峡のいわゆる封鎖について。封鎖の具体的内容は想像の域を出ないものの、①地対艦ミサイルや軍艦による外国船舶の通航阻止及び②水雷敷設が主要形態であると考えられる。いずれも、前述のように国際海峡といういわば国際化された水域での外国船舶の通過通航権の阻害・妨害となるゆえ国際法違反となることに加えて、ホルムズ海峡における分離通航帯はオマーン側にあるため、イランがホルムズ海峡における外国船舶の通航を阻止する際には、このオマーン側の分離通航帯に機雷を敷設することになる。これはオマーンの領域主権を侵害する行為である。[62] このような機雷敷設がそれ自体、オマーンに対する武力攻撃になるのか、武力攻撃に至らざる違法な武力行使にとどまるのかは、多分に状況次第だが、侵略の定義(国連総会決議3314, 1974年)3条cでは「一国の兵力による他国の港又は沿岸の封鎖」を侵略行為の一例として例示しており、その限りではイランによるオマーン側のホルムズ海峡封鎖はオマーンに対する武力攻撃になると推定されうる(但し、途上国主導の総会決議であるこの侵略の定義は広範に侵略行為を想定しており、西側諸国は慣習国際法をそのまま反映したものとは認めていない)。

---

[62] なお、今回の事態にはおよそあてはまらないが、イランに対する武力攻撃があった場合にこれに対してイランが自衛権の行使としてホルムズ海峡を封鎖することは全面的には禁止されないであろう。細かい議論はここではできないが、冷戦期の1982年に宗谷・津軽・対馬の三海峡封鎖の可能性が議論された際、質問主意書に対する政府答弁書(同年7月10日)では「我が国がいわゆる三海峡封鎖のような実力の行使をすることが認められるのは、あくまでも我が国が自衛権の行使として行う場合に限られる」とした。なお、太平洋戦争の勃発と同時に我が国は、宗谷海峡、津軽海峡を含む12箇所に防御海面を設けた。ソ連の抗議に対して我が国は、1942年3月14日付口上書をもって、太平洋が戦場となっている以上、自国沿岸防護の措置は当然の権利に基づくものであり、宗谷・津軽両海峡には日本海軍の特許によって通航できる途を開いている旨を述べた(外務省欧亜局東欧課作成・竹内桂編・解題『戦時日ソ交渉史 上巻』(ゆまに書房、2006年) 378-381頁、油橋重遠『戦時日ソ交渉小史(1941年〜1945年)』(霞ヶ関出版、1974年) 42-43頁)。

なお、イランがホルムズ海峡の自国側の水域に機雷を敷設することは外国船舶の通航阻止には意味はないが、一般論として自国領海内に機雷を敷設することも全く自由という訳ではなく、「人道の基本的考慮」及び「自国領域を他国の権利に反する行為のために使用されることを知りながら許可しない義務」ゆえ事前通告が必要であること、領海内での機雷の爆発により生じた損害につき賠償責任を負うことは、国際司法裁判所「コルフ海峡事件」判決において判示されている。[63]

第9に、本章においては検討できないが、ペルシャ湾内にはイランが物理的支配をしてアラブ首長国連邦との間で領土紛争となっている Abu Musa 島、Greater Tunb 島、Lesser Tunb 島の帰属問題があり、この問題はホルムズ海峡問題を一層不安定化させるおそれがある。

第10に、ホルムズ海峡と我が国のシーレーン防衛及び機雷除去との関連について。シーレーン防衛に関しては、1983年3月15日の政府見解は、日本国民の生存を確保するため必要不可欠な物資(石油はそれに該当する可能性が十分あろう)を運搬する外国船舶が公海上で攻撃された場合に、日本が個別的自衛権を行使することは容認されうるとの見解を示した。[64]ペ

---

[63] *ICJ Reports* 1949, pp.22-23. なお、戦時国際法(海戦法規)が適用される状況に該当する可能性は一層想定し難いものの、封鎖に関する海戦法規であるロンドン宣言(海戦に関する宣言、1909年、未発効)第1条では、「封鎖は、敵国又は敵国占領地の港及び沿岸に限り実施すべきものとする」と規定する。

[64] 同日の谷川和穂防衛庁長官回答「有事における海上交通の安全確保と外国船舶について」において、日本政府は次のように述べている。「3 国際法上、公海において船舶が攻撃を受けた場合、個別的自衛権の行使として、その攻撃を排除し得る立場にあるのは、原則として当該船舶の旗国である。したがって、わが国は、公海において外国船舶が攻撃を受けた場合に、当該船舶がわが国向けの物資を輸送していることのみを理由として、自衛権を行使することはできない。」「4(1) わが国に対する武力攻撃が発生して、わが国が自衛権を行使し、その一環として海上交通の安全確保に当たっている場合に、外国船舶がわが国向けの物資の輸送にどの程度従事することとなるか不明であり、どのような外国船舶がいかなる状況において攻撃を受けるかをあらかじめ想定することは困難である。(2) しかし、理論上の問題として言えば、わが国に対する武力攻撃が発生し、わが国が自衛権を行使している場合において、わが国を攻撃している相手国が、わが国向けの物資を輸送する第三国船舶に対し、その輸送を阻止するために無差別に攻撃を加えるという可能性を否定することはできない。そのような事態が発生した場合において、たとえば、その物資が、わが国に対する武力攻撃を排除するため、あるいはわが国民の生存を確保するため必要不可欠な物

ルシャ湾での機雷除去に関しては、集団的自衛権に関する 2014 年 7 月 1 日の閣議決定[65]との関連で、ホルムズ海峡封鎖がいわゆる存立危機事態に該当するかについて、安倍晋三首相は 2014 年 7 月 14 日の衆議院予算委員会において次のように述べている。「……同海峡を経由した石油供給が回復しなければ、世界的な石油の供給不足が生じて、我が国の国民生活に死活的な影響が生じ、我が国の存立が脅かされ、国民の生命、自由及び幸福追求の権利が根底から覆されることとなる事態は生じ得ると考えます。逆に、ホルムズ海峡の地域で武力攻撃が発生したとしても、それだけでは要件を満たすものではもちろんありません。それにより我が国の存立が脅かされ、国民の生命、自由及び幸福追求の権利が根底から覆される明白な危険があると判断される状況に至らなければ、新三要件を満たすとは言えないわけであります。また、海峡に機雷が存在しても、それが遺棄されたものと認められれば、これは新三要件を満たすものではなく、危険物の除去として処理することができるという考え方を我々はとっております。」[66] 国際法上は、ホルムズ海峡の船舶が通航するオマーン側の水域の機雷封鎖と機雷除去については、「第 8 に」で述べたこととの関連では次のように整理できる。①武力行使の一環としてなされた当該水域の機雷封鎖がオマーンに対する武力攻撃となる場合には、オマーンが

資であるとすれば、自衛隊が、わが国を防衛するための行動の一環として、その攻撃を排除することは、わが国を防衛するため必要最小限度のものである以上、個別的自衛権の行使の範囲に含まれるものと考える。」なお、我が国のシーレーン防衛の射程範囲は、航路帯に関しては 1000 カイリ程度の海域までとされた。

[65] 「我が国に対する武力攻撃が発生した場合のみならず、我が国と密接な関係にある他国に対する武力攻撃が発生し、これにより我が国の存立が脅かされ、国民の生命、自由及び幸福追求の権利が根底から覆される明白な危険がある場合において、これを排除し、我が国の存立を全うし、国民を守るために他に適当な手段がないときに、必要最小限度の実力を行使することは、従来の政府見解の基本的な論理に基づく自衛のための措置として、憲法上許される。」なお、2015 年 4 月 7 日の参議院外交防衛委員会において、「我が国と密接な関係にある他国」にはオマーンが入るかとの小野次郎議員の質問に対して、岸田文雄外相は「あらかじめどの国が該当するか、これを特定しているものではありません。個別具体的に考えます」と回答している(第189回国会参議院外交防衛委員会議録第6号24頁)。

[66] 第 186 回国会衆議院予算委員会会議録第 18 号 5 頁。

X 国に対して機雷除去を要請すれば、X 国は集団的自衛権の行使として機雷除去が可能である。②当該水域に機雷を敷設して Y 国の船舶を損壊することが Y 国に対する武力攻撃に該当する場合には、Y 国が Z 国に対して機雷除去を要請すれば、Z 国は集団的自衛権の行使として機雷除去が可能である。[67] ③当該水域に遺棄された機雷の除去はオマーンの要請があれば可能であるが、これは集団的自衛権の行使に該当するものではない。

[追記] 4 省察の「第8に」で述べたこととの関連で、イランと米国、英国、フランス、ドイツ、ロシア、中国及び EU は、2015 年 7 月 14 日にイラン核問題に関する最終合意文書である Joint Comprehensive Plan of Action を発表した。イランの核開発を 8 ～ 15 年制限するかわりに対イラン経済制裁を解除することを主な内容とする行動計画である。これによりイラン核問題をめぐる緊張緩和が期待されるものの、逆にイスラエルやアラブ諸国とイランとの対立や中東における核拡散の懸念が増大するかもしれず、ホルムズ海峡をめぐる地政学的状況について楽観視することは禁物である。また、「第10に」で述べたこととの関連で、2015 年 6 月 1 日の衆議院平和安全法制特別委員会において、ホルムズ海峡における機雷掃海の場合、武力攻撃を受けた国の要請又は同意となるとどの国の要請又は同意になるのかとの玄葉光一郎議員の質問に対して、安倍晋三首相は「それは、例えば、敷設をされてしまった、いわば領海が属するオマーンあるいは……イランでありますが……また同時に、例えばここを航行していて……触雷した場合もこれは想定し得るだろう、このように思います。いずれにせよ、あらかじめ今それを特定することはできないと思います」と回答している（第 189 回国会衆議院我が国及び国際社会の平和安全法制に関する特別委員会議録第 6 号 19 頁）。

---

[67] 国際司法裁判所「ニカラグア事件」判決では、国際法上の集団的自衛権の要件として、①集団的自衛権の支援を受ける国家が武力紛争の犠牲国であること、②当該国が武力攻撃を受けたとの宣言を行うこと、③当該国からの要請があること、の 3 要件を挙げている。*ICJ Reports 1986*, pp. 103-105. この点を含め、国際法における集団的自衛権につき、拙稿「集団的自衛権と国際法」村瀬信也編著『自衛権の現代的展開』（東信堂、2007 年）29-57 頁参照。

第 2 章　通過通航制度と海峡沿岸国の航行規制　155

ホルムズ海峡

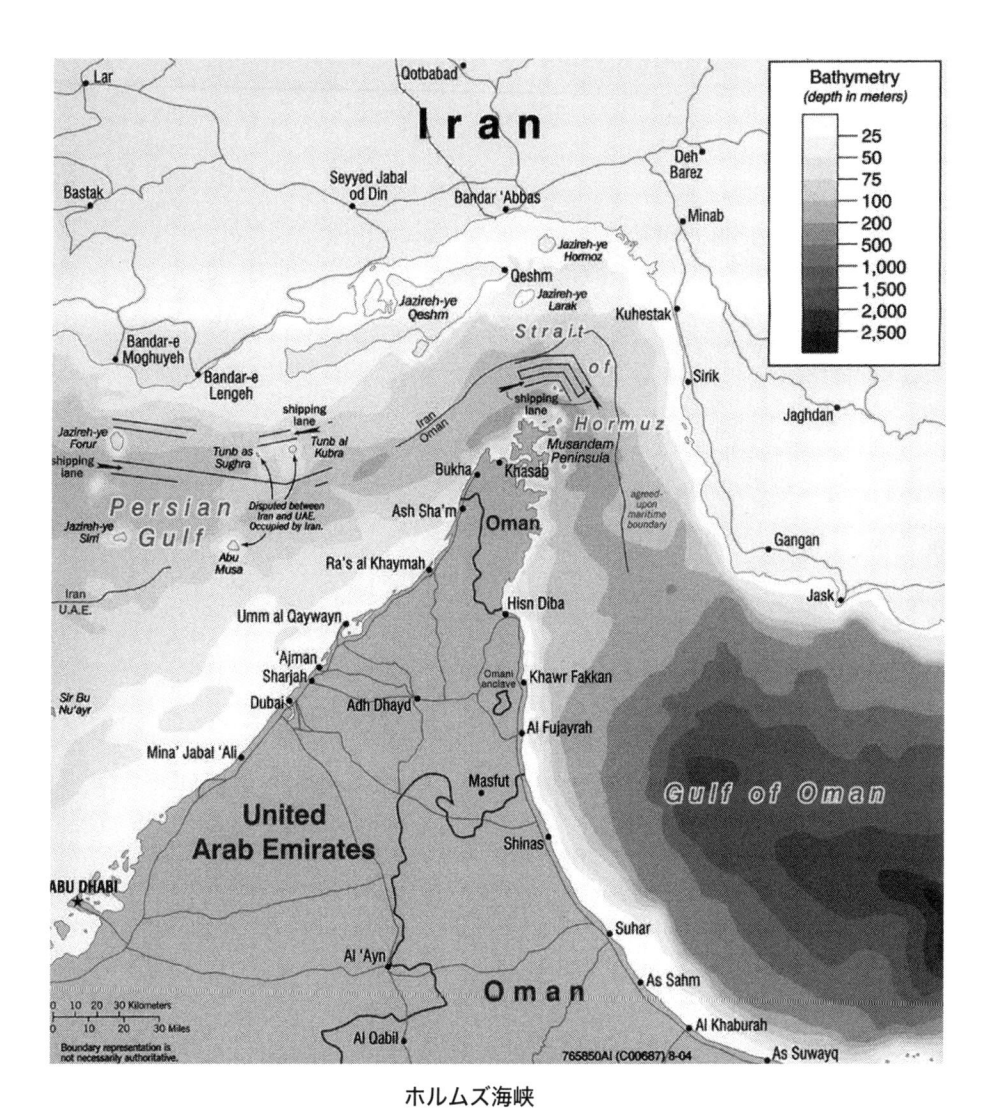

出典：http://upload.wikimedia.org/wikipedia/commons/a/ae/Strait_of_hormuz_full.jpg

… 157

第6章　台湾海峡の国際法上の地位と外国艦船航空機の通航

真山　全

1　はじめに——海洋法と中台関係

(1) 台湾海峡とその水域区分

地理的状況

　中国大陸と台湾を隔てる台湾海峡 (Taiwan (Formosa) Strait) は、85 海里から 105 海里の幅を持ち、南北長は、245 海里ほどである。海岸線は、大陸側において入り組み、良好な港湾と泊地を提供している。沿岸には小島が点在し、大陸間近ながらその支配の及ばない金門 (Jinmen (Kinmen))、烏坵 (Wuqiu (Wuchiu))、及び海峡北方の馬祖 (Mazu (Matsu)) といった島も残る。

　台湾の海峡側西海岸の曲折は少ない。台湾西海岸は、高雄以南を除いて傾斜も緩やかで、大きな干満差のため広い泥地が出現するところもある。これは台湾の太平洋側東海岸とよい対照をみせ、太平洋側海岸線は、やはり目立った曲折はないものの、中央山脈と海岸山脈から琉球海溝へ下る急峻な地形を持つ。台湾南西沖の海峡内には百近い島からなる澎湖 (Penghu (Pescadores)) 諸島があり、台湾本島とは約 24 海里の澎湖水道を挟む。澎湖諸島から大陸までは大体 70 海里とされる。

　台湾海峡の水深は、東シナ海から続く浅海で全般に小さく、特に海峡中部東側の雲彰隆起 (Yunchang Rise) 及び海峡南側入口中央から西方にのびる台湾灘 (Taiwan Banks) は浅い。澎湖水道にある海峡内最大水深も 200 メートル程度にすぎない。しかし、海峡南端高雄沖には南に向いた大きな澎湖海底渓谷があり、海峡外側は 2,000 メートルの深海にすぐ達する。

　海峡内の潮流は複雑な上に波も高く、秋から冬の終わりにかけて風が

強まる。しかも台風がここをしばしば襲い、北にいくにつれ狭まる海峡をこれが進めば、巨大なベンチュリー管のように流れと風が大変早くなるという。[1]

水域区分

中国大陸及びその沿岸島嶼の低潮線、並びに対岸の台湾本島及び澎湖諸島の低潮線を領海基線にとるならば、台湾海峡幅員からして中央部に50から80海里ほどの幅の非領水回廊 (non-territorial waters corridor) が存在することになる。現在では両岸のほとんどに直線基線が引かれているが、海峡全幅員を基線内に収めるか又は領海で覆う効果を伴う直線基線は設定されておらず、非領水中央回廊最小幅員は低潮線基線の場合のそれとさほど異ならない。

非領水中央回廊が存在する海峡であれば、当該回廊について艦船及び航空機の通航との関係では特に法的議論を行う必要はない。無害通航でも通過通航であっても外国の艦船と航空機の通航問題は、沿岸国の主権との調整を要する海域で生じるからである。非領水中央回廊が接続水域や排他的経済水域を構成していても通航権そのものの議論は不要である。

従って、かなりの幅の非領水中央回廊を持つ台湾海峡は、通過通航権の適用があるという意味における国際海峡 (international strait) ではないと一見していいうる。但し、国連海洋法条約第36条は、非領水中央回廊がある海峡であっても、当該回廊が沿岸領水部との「航行上及び水路上」の比較で「同様に便利」でなければ沿岸領水部に通過通航制度の適用を認める。台湾海峡が第36条の定める基準を用いて通航制度が判断される海峡であるとしたならば、その沿岸領水部が通過通航制度適用のあるlegal straitにならないかは念のため確認する必要がある。

台湾海峡の法的地位を決定する中心的な要素は、非領水中央回廊の存在であり、その非領水中央回廊の有無は、領海最大幅員が所与であるので基線設定方式が決めることになる。そこで、現行基線設定方式の妥当

---

[1] Bruce A. Elleman, *Taiwan Straits, Crisis in Asia and the Role of the U.S. Navy*, Rowman and Littlefield, 2015, p.32.

性を検討する必要が生じる。基線によって台湾海峡領水部は領海と内水に分けられる。領海における無害通航にかかわる問題の他、内水に関しては、非領水中央回廊を持つ海峡内にありさらに直線基線で内水に取り込まれた澎湖水道のような航路における通航制度はどのようになるかの問題もあろう。また、領水については金門馬祖周辺水域に特に言及しなければならない。

本章は、台湾海峡を非領水中央回廊、領海、及び直線基線内を含む内水に分け、外国の艦船及び航空機の通航を中心に分析を行う。台湾海峡における資源開発や環境保護の問題は関連する範囲で述べるにとどめたい。

(2) 海洋法への中台関係の発現

前提としての中国一国論

台湾海峡の法的地位は、両岸をそれぞれ支配する国家的実体が相手方をどう認識するかという海洋法のみからは処理できない問題の影響も受ける。これは、海峡両岸の別々の支配体制が中国国家といかなる関係にあるかの問題であって、特に台湾のそれに関する見解の対立から生じる。海洋法からの分析の前にこれを概観する必要がある。

中国国家の国号を中華人民共和国とする北京にある当局ないし政府が現に統治する実体を中国と便宜上称し、中華民国を国家の名称に用いる台北所在の当局ないし政府によって現に支配されている実体を台湾と同様に称するとして、北京と台北の政府は、台湾本島及び附属島嶼が中国国家領域であることを前提としつつ、自己が中国国家の正統政府である旨主張してきた[2]。中台を一国内の自律性の高い二地域としたり、両者が特殊な国家と国家の関係 (special State-to-State relationship) にあるとの主張もな

---

2 中国は、Taiwan が地名であって national name ではない旨国際水路機関 (International Hydrographic Organization) でも主張する。China's Comments(Jan. 2003) on the Draft 4th ed. of S-23(IHB Circular Letter 30/2002); IHO, "Report on the Views Expressed by Member States on the Report of the S-23WG," Circular Letter 38/2012, 30 March 2012, Annex B, p.3.

されていたとはいえ[3]、中台関係は、双方の法的建前論からのみすれば中国国家の政府の承認を巡る争いの段階に長くあったのである。従って、明示的国家承認の有無とは無関係に二国家の存在を国際法上は否定できない状態に至って久しい南北朝鮮の関係とは異なる。

長期にわたってかかる状態にあることが台湾海峡の法的地位を含む海洋法の問題にどのように発現しているかは興味深い問題である。中国自身及び北京政府を中国国家の唯一の政府として承認している諸国からすれば、台北政府による台湾統治の国際法的意味の解し方によってはその領水の支配や海洋における管轄権行使を否定できるからである。政府承認の切り替えに際し、北京政府の支配が台湾に及ぶという北京政府の主張をそのまま積極的には肯定しなかった諸国も少なくないが[4]、それらとて台湾の国家承認を避けている限りは基本的には対台湾関係において同じことが可能であろうと思われる。他方、台湾からすれば、そして中国一国論の下での台北政府承認国からすれば、北京政府の正統性に疑義を示しつつ同様の構成がとれるはずである。もっとも、承認国数やいわゆる国連代表権の所在からして[5]、台湾の法的地位やその行為の意味が問われることが圧倒的に多い。

台湾の国家性―国家的実体の長期的存在

中台関係の問題の海洋法への発現を評価する際にとられる基本的な考え方は、次の三つに分類できるであろう。第一は、形式的な中国一国論を海洋法上の問題にも直接に反映させ、台湾の行為の法的効果をないも

3　Mainland Affairs Council, Executive Yuan, "Explanation of Relations Across the Taiwan Strait," 5 July 1994, *reproduced in* Shirley A. Kan, "China/Taiwan: Evolution of the 'One China' Policy-Key Statements from Washington, Beijing, and Taipei," *Report for Congress*, RL30341, Congressional Research Service, 2002, pp.37-38; Prsident Lee Teng-hui's Interview with the Voice of Germany, 9 July 1999, *ibid.*, p.50; Mainland Affairs Council, Executive Yuan, "Parity, Peace, and Win-Win: the Republic of China's Position on the 'Special State-to-State Relationship'," 1 Aug. 1999, *ibid.*, p.51.

4　*E.g.*, US-PRC Joint Communiqué(Shanghai Communiqué), 27 Feb. 1972, *ibid*, pp.20-21.

5　2014年末現在で22カ国が台湾と外交関係を持つ。Executive Yuan, "Foreign Affairs," *ROC Yearbook 2014*, http://www.ey.gov.tw/en/PrintContent.aspx?n=90586F8A7E5F4397&tzFB01D469347C766A7, visited 31 Dec. 2014.

のと考える立場で、法的効果積極的否定説とも呼べよう。

　第二は、右の見解と反対に、その支配地域において台湾が国家三要件を満たす状態を長期間維持し、しかも台湾の中国国家代表性について深刻な疑義が生じた政府承認切り替えや国連代表権交替の後もそれは変わらないという事実状況を重視し、そうした事実が法的評価に反映されるべきとして、台湾を台湾本島及び附属島嶼のみを支配する国家として扱う立場である。この国家性(Statehood)維持説によれば、海洋法についても中国一国論からくる特殊性が除去され、台湾の行為を国家の行為として扱い、台湾と自国の関係も通常の国家間関係として処理できる。もっとも、大陸部分を支配しない中華民国が台湾にあって中国としての国家性を維持したというのは虚構であり、台湾で台湾としての国家性を確立していったのであるから、国家性の再取得説又は変遷説と呼ぶのが適当かもしれない。

　三つ目の立場は、台湾の国家性を公然とは認めないが事実状況から台湾の行為の法的妥当性も積極的には否定しないものである。すなわち実務的な要請から、国家性の問題には触れないとする立場である。密接な実際的ないし実務的な関係が中台間並びに台湾及び諸国の間で現に存在していることから、これを破壊しないために構築された考え方であるといえる。しかし、国家性はそれがあるかないかの二つに一つであってその中間はないから、国家性問題に触れないというだけのこの実務的処理説は、上記の二つの立場と理論上並列的に存在するものではないことになる。

　実務的処理説とその問題点

　多くの諸国は、この第三の実務的処理説をとっているように思われ、同様の意味で台湾でも自国の外交について実務外交ないし非公式外交という妥協的呼称が用いられたり、台湾の主体性をより強調する積極外交という表現がなされる。[6]しかし、実務的処理説は、法的曖昧さを意図的

---

[6]　*E.g.*, Linjun Wu, "Limitations and Prospects of Taiwan's Informal Diplomacy," Jean-Marie Henckaerts, *ed.*, *The International Status of Taiwan in the New World Order, Legal and Political Considerations*, Martinus Nijhoff, 1996,

に維持しようとするものであるから、様々の問題が発生することは容易に想像される。まず、国家性の有無に直接言及しないと処理できない問題が生じると二進も三進もいかなくなるのは当然である。また、台湾の国家性という論点を避けつつ実務的処理と謳ってなされる行為であっても、通常の国際法上の認識からは国家性を前提としなければ考えられないものがあれば、その集積が台湾の黙示的国家承認につながる可能性は排除できない。そうなってしまった場合には、国家承認は宣言的に解されるのであろう。

　実務的関係構築は実務的に避けられないとしても、実行の集積から一定の国際法上の効果が生じてしまうとの難点を伴う。そうした法効果発生阻止のためには国家性を否定する主旨の明示的意思表示が求められることもあるが、この意思表示が慣行から生まれる法効果をどこまで相殺できるかの問題がさらに発生する。

　これと関連して、台湾が中国やその他の諸国との関係において、条約及び慣習法の適用でどのような立場にあるかをまとめておきたい。国家性の維持説ないし再取得説であれば、台湾の名義で外国と条約関係に入ることができ、慣習法の適用も何ら問題ない。海洋法条約等の多数国間条約加入については寄託その他においてパレスチナが遭遇したのと同様の障害に台湾も直面しようが[7]、国家性維持説ならば、相手国との合意さえあるなら、二国間と多数国間の条約関係の構築はできる。また、台湾と特定国との間で海洋法条約と同内容の二国間条約を結んでしまうよう

---

pp.35-52.

[7] 国際機構加盟の場合には、機構の集合的意思で加盟承認がなされる。自国にとっての未承認国が加盟しても機構の目的や機能の範囲で相互に加盟国たる権利義務が認められる。*See generally*, Björn Alexander Lindemann, *Cross-Strait Relations and International Organizations, Taiwan's Participation in IGOs in the Context of Its Relations with China*, Springer, 2014. しかし、多数国間条約に関しては、条約締約国たりうるかについて集合的な意思を形成する仕組みが通常は定められていない。海洋法条約第319条1項指定の寄託者国連事務総長による第305条(a)のいう「すべての国」の範囲の判断については、次を参照せよ。Shabtai Rosenne and Louis B. Sohn, *eds.*, *United Nations Convention on the Law of the Sea, 1982, A Commentary*, Vol.5, Martinus Nijhoff Publishers, 1989, p.181. 多数国間条約と台湾の関係の検討は、王志安、『国際法における承認—その法的機能及び効果の再検討—』（東信堂、1999年、197-225頁）を見よ。

な多数国間条約の対台湾二国間条約化も妨げられない。なお、海洋法条約に関して台湾は、原則としてそれに従うとしつつも、台湾の置かれた地理的政治的状況からして、同条約のある部分については懸念を有すると表明している。台湾も慣習法化している箇所の適用を否定しないと思われるが、問題がどの条文にあるかは明言していない[8]。

しかし、いずれにしても法的曖昧性維持を眼目とする実務的処理説では黙示的国家承認を意味する条約締結の説明は不可能で[9]、まさにこうした承認に至ることを避けようとしてこの説がある。また、国家間に適用されるような慣習法との関係においても主体性を有するということも困難になる。かかる状況では自治国(self-governing associated State)や漁業主体(fishing entities)といった実体として条約の適用又は準用を受けることが条約そのもので認められている場合を除き、相手方に意思表示を求める必要のない台湾による条約規定遵守の一方的宣言や、締結主体を非国家とするいわゆる民間協定を結ぶのがせいぜいである。但し、一方的宣言で義務を設定することが国際法上あるとしても、その宣言主体に国際法主体性がなければならないはずであるから、非国家による宣言は意味がないとされよう。また、一方的宣言に基づく義務の履行を外国が要求すれば、宣言主体の法主体性の承認につながるという点で条約締結と同じ問題がある。

---

[8] 1983年に立法院で朱撫松外交部長は、以下のように述べている。「在海洋法公約未訂立前、我們在處理海洋法問題時已有若干經驗與事實、過去也有很多國際法、條約及通例、我們一直遵循。因此海洋法公約生效後、我們的態度是以遵守為原則、但因我們所處的地區與政治環境與其他國家不同、因此我們在有些方面可能有所保留與顧慮、如此是否會發生什麼問題、我們目前正在研究中。」「立法院外交委員會第70會期第6次全體會議紀錄」、『立法院公報』、第72巻38期委員會紀錄、1983年元月12日、111頁。*See also*, Yann-huei Song, "The PRC's Peacetime Military Activities in Taiwan's EEZ: A Question of Legality," *International Journal of Maritime and Coastal Law*, Vol.16, No.4, 2001, p.626.

[9] 例えば米は、1979年1月1日より前に締結された米台条約、及び米台を締約国としていた一定の多数国間条約の実施を台湾関係法第6節によって認めている。しかし、国際法の観点からは、これが条約としての有効性の承認には直ちにならないのは明らかで、米政府も国際法主体間の合意である条約としては扱っていない。U.S. Department of State, *Treaties in Force, A List of Treaties and Other International Agreements of the United States in Force on January 1, 2013*, 2013, p.324.

民間協定の類であれば、締約主体が国家ではないことを明示しており、その直接適用により関係国内で効力を持つことはありえない。国民の権利及び義務に変更を加えるならば、別個に国内法を制定して実施する他はなくなるが、その国内法も条約実施法としての性格を持ちえない。また、協定違反の処理も国際法の平面に上がってこないし、相互主義や対抗措置といった条約の履行確保手段を応用してもそれらが対国家関係で持つのと同じような効果を発揮できない。[10]

実務的関係構築から生じる問題は、海洋法の分野に限らず台湾の対外的行為及び中国その他諸国の台湾に対する行為のすべてにかかわり、海洋法であっても台湾海峡のそれに限定されない。しかし、台湾海峡は中台が相対して管轄権行使が実際上も重なる海域であり、また重要な国際的航路であるだけに問題が顕著に現れうる。

ところで、こうした諸問題は、台湾と他の国家の間の個別的な権利義務関係の文脈で従前主に扱われてきたが、海洋法の分野にも諸国の共通法益を確保するための管轄権行使が定められる。海賊取締はその例であり、台湾が共通の利益のために行為する場合にその国家性の問題がこれまでの個別主体間の関係と同様に現れてくるかとの問題も考えられる。[11] 台湾海峡中央回廊でもそこは非領水であるから海洋法上の海賊行為が起こりうるが、本章ではその分析は行わない。

中台の武力紛争―海戦法規と海上中立法規

中台間に武力紛争が発生した場合の法関係についても検討される必要がある。「光復大陸」を呼号した国府軍が反攻の力をとうに失っている上、中台関係は今日非常に緊密化している。しかし、台湾武力解放を中国が

10　台湾と比で1991年に結ばれたバシー海峡漁船航路帯通航に関する協定及び農漁業協力に関する覚書（中菲海道通行協定曁農漁業合作備忘録、Agreement on Sea Lane Passage and the Memorandum on Agriculture and Fisheries Cooperation between the Republic of China and the Philippines）が1998年に破棄された事例でも履行確保上の問題が存在した。

11　Huang-chih Chiang, "Taiwan's Responses to Somalia Pirates," 水上警察学術研討会、台湾中央警察大学水上警察学系、2014年10月、全25頁 (on file with author); Kuen-chen Fu, "Safety and Security Issues in the Taiwan Strait-Some Reflections," David D. Caron and Nilufer Oral, *eds.*, *Navigating Straits, Challenges for International Law*, Brill Nijhoff, 2014, pp.325-341.

放棄してはいないから中台武力紛争を想定しておく必要があろう。その場合に中台及び他の諸国が台湾海峡でとる行動の法的評価も本章の関心事である。

　海洋法から導かれる台湾海峡の法的地位、及び中台の国際法上の地位が武力紛争時にも中台その他の行為の合法性を考える上での基礎になることに間違いない。しかし、海戦法規を含む武力紛争法（国際人道法）や海上中立法規との関係で、台湾海峡に適用される関係海洋法規則がどのような影響を受けるかが問題となる。また、中台の法的地位に関しても、武力紛争当事者の行為によっては相手方当事者の一定の国際法上の地位の承認になることに注意を要する。例えば、中台領水外で外国艦船航空機の通航に影響を与える行為を台湾進攻時に中国軍がなせば、台湾の国際法上の一定の地位の承認につながりうる。これも実際的な必要からなされる行為がその主体や客体の法的地位を規定してしまうという意味で、中台関係にかかわる海洋法上の問題と同じ側面を持つといえる。すなわち、武力紛争の遂行の必要性からなされる措置そのものやその集積によって、自己が否定しようとしている相手の国際法上の地位が承認されてしまうという問題である。

2　台湾海峡の海洋法上の評価

(1) 非領水中央回廊のある海峡
海洋法条約第36条の適用

　海洋法条約第36条は、第34条から第45条までの規定でなる同条約第3部「国際航行に使用されている海峡（Straits used for International Navigation）」が「国際航行に使用されている海峡であって、その海峡内に航行上及び水路上の特性において同様に便利な公海又は排他的経済水域の航路が存在するもの（a strait used for international navigation if there exists through the strait a route through the high seas or through an exclusive economic zone of similar convenience with respect to navigational and hydrographical characteristics）」には適用されないと定める。

その上で、「これらの航路については、この条約の他の関連する部の規定（航行及び上空飛行の自由に関する規定を含む）を適用する (in such routes, the other relevant Parts of this Convention, including the provisions regarding the freedoms of navigation and overflight, apply)」とする。つまり、非領水中央回廊が「同様に便利」であれば第3部適用は当該の海峡について排除され、中央回廊は、公海又は排他的経済水域として海洋法条約の他の関連規定の適用を受ける。残った両側領水部も領海と内水として他の規定が適用される。非領水中央回廊が「同様に便利」でなければ、海峡全域が海洋法条約第3部の適用を受け、沿岸領水部に通過通航制度が適用される。但し、その場合も中央回廊の非領水である性格は保存されるから、非領水回廊は、「同様に便利」な航路ではないものの自由通航のまま残る。[12]

台湾海峡が第36条の適用される海峡、すなわち第36条設定基準で通航制度が判断される海峡であることは当然であるといわれる。第36条海峡であるならば、その非領水中央回廊の「便利」さの評価の問題になる。台湾海峡中央回廊は、特に浅い台湾灘の一部を除き、喫水の比較的に大きなものを含めて少なくとも水上艦船の通航に関しては支障はほぼなく、沿岸領水部と比べて非領水回廊が「同様に便利」であるとされる。従って、台湾海峡沿岸領水部への通過通航制度の適用はないと考えられよう。

もともと第36条は、比較的細い非領水中央回廊が残る場合を想定していたと考えられる。豪の領海拡張前の豪ニューギニア島間トレス海峡に

---

[12] 「領海12カイリを採用することにより極端に狭い帯状の公海または排他的経済水域が残されるにすぎない場合には、第36条の意味での公海航路または排他的経済水路は存在しないことになり、海峡内の水域全部が第Ⅲ部の適用をうけることになる」（河內直也、「第36条（国際航行に使用される海峡を通じた公海航路または排他的経済水域航路）」、日本海洋協会、『国連海洋法条約各条検討』、1986年、78頁）とされる。「第36条の意味」での公海又は排他的経済水域の航路は存在しないとは、海峡から通過通航制度適用を排除できるような非領水回廊の不存在をいい、「海峡内の水域全部が第Ⅲ部の適用をうける」は、当該非領水回廊が通過通航制度の適用を受ける水域に変化することを意味しない。第35条も、第3部の「いかなる規定も、次のものに影響を及ぼすものではない」とした上で同条(b)で「海峡沿岸国の領海を越える水域の排他的経済水域又は公海としての法的地位」を挙げており、上記引用箇所指摘の通り「第Ⅲ部の適用」を受けつつ公海又は排他的経済水域の性格が維持される。Bing Bing Jia, *The Regime of Straits in International Law*, Clarendon Pr., 1998, pp.13-15.

はそうした中央回廊があったが、そこでの航行は困難であることが知られていた[13]。しかし、海峡という語そのものの定義が幅員上限を含め条約上はないから、中央回廊幅員がかなり大きくともその適用から直ちには排除されない[14]。グリーンランド島とバフィン島の間にある幅150海里を超えるデーヴィス海峡や、ホーン岬とサウスシェトランド諸島間の同400海里のドレーク海峡を第36条海峡とし、これらも非領水中央回廊が「同様に便利」であるか否かで沿岸領水における通航制度を判断しうるという見解もある[15]。

　幅員が大きな海峡が第36条海峡とされても、幅の大きさ故に「同様に便利」な非領水回廊が存在すると自動的にみなされて通過通航制度と無関係になり、結局は日本の本州と米ハワイ諸島の間の太平洋と変わらなくなるというのなら、大きな海峡を第36条海峡というか否かの議論に意味はない。しかし、「同様に便利」な航路の有無は幅のみでは決まらないとすれば、やはり第36条海峡にどこまで含まれるかという海洋法条約上の海峡概念そのものを問うに等しい問題がある[16]。

　こうした第36条海峡の範囲を拡張的に解釈するのと反対に、非領水中

13　Ross Babbage, *The Strategic Significance of Torres Strait*, Australian National University, 1990, pp.42-46, 53-79; Ana G. López Martín, *International Straits, Concept, Classification and Rules of Passage*, Springer, 2010, p.84. 石井由梨佳、「通過通航制度と海峡沿岸国の航行規制」、『国際法研究』、第1号、2013年、162-166頁（本書第2章再録）。

14　24海里より狭い海峡でも領海幅員を小さくすれば非領水回廊が出現し、それが「同様に便利」という海洋法条約第36条の条件を満たせば通過通航制度の適用はなくなる。日本領海法附則の特定海域ではこの方式がとられた。なお、領海幅員は12海里までで任意に設定可能であるから、同一国領海内の幅24海里以下の海峡両側で同一領海幅員とはしないこともできよう。例えば幅20海里の海峡の一方海岸に重要施設がありその前面のできるだけ広い範囲で通過通航を阻止したければ、その部分の領海を12海里いっぱいにとり、反対側を3海里とすれば当該反対側に寄った5海里幅の非領水回廊が形成され、外国航空機と潜没潜水艦の通航を当該重要施設から通常の沿岸と同程度に離せる。

15　Satya N. Nandan and Shabtai Rosenne, *eds.*, *United Nations Convention on the Law of the Sea, 1982, A Commentary*, Vol.2, Martinus Nijhoff Publishers, 1993, p.310; Martín, *supra* note 13, pp.85-89.

16　Nandan and Rosenne, *eds.*, *supra* note 15, p.315. 海峡概念については、石井、前掲注13（146-149頁）を見よ。さらに後述のように、第35条(a)のいう直線基線設定の結果として内水化された水域における通航権保全の有無は、第36条海峡の中に当該水域ができる場合と第36条海峡ではないとされる水域に作られる場合とで異なってくるであろう。

央回廊幅員の具体的な定めが第36条にはないことから、沿岸領水部への通過通航制度適用から逃れるため、12海里領海をとった後の中央回廊幅員がさほど大きくなくとも第36条海峡ではないとする縮小的解釈の余地もある。そうであれば、非領水中央回廊への「同様に便利」の基準の適用そのものを回避できる。つまり、非領水中央回廊が「同様に便利」ではないため沿岸領水部への通過通航制度適用が生じそうであっても、そもそもそこは第36条設定基準で判断される第36条海峡ではないという主張ができそうである。[17] 幅70海里ほどのモザンビーク海峡と並んで台湾海峡が第36条海峡であるとされるが、実はそれはさほど自明なことではない。[18]

---

17 「同様に便利」な非領水中央回廊を領海縮減で作り出すという方式とは異なり、第36条縮小的解釈に依拠する方式は、残存非領水中央回廊への「同様の便利」さ基準の適用自体を排除して、中央回廊が「同様に便利」ではなくとも沿岸領水部への通過通航制度適用を避ける。

18 第36条に関しては他に以下のような論点も考えられる。まず、非領水回廊が両側出口で公海又は排他的経済水域と連結しているが「同様に便利」ではないときの第3部適用とは、両側領海部分に通過通航が適用されるのか、片方だけが便利ならそこだけに通過通航が認められるかの問題がある。第3部の規定からは海峡全域であろうと思われる。また、海峡の途中までが「同様に便利」ではないときも同じように考えることになろう。

次に、「同様に便利」ではない非領水回廊の存在により海峡に第3部の適用があるということから、第3部第3節第45条1項(b)の適用のある「公海又は一の国の排他的経済水域の一部と他の国の領海との間にある海峡」であって、その途中まで非領水回廊があるが当該回廊が「同様に便利」ではないときには両袖領海部分に停止されない無害通航の適用を受けるかという論点もある。すなわち、沿岸国が入口両側AB二国と奥のCの三カ国である行き止まりの海峡で、海峡入口からしばらくは両岸AB領水外の回廊が続くが、途中からこれら二カ国の領水が切れて一番奥のC領水にすぐに接続し、且つ、右の途中までの非領水回廊が「同様に便利」ではない場合である。第36条の効果によって非領水回廊が始まるところから海洋法条約第3部のいう海峡と認識できるようにも思われる。

さらに、以下のようなことも考えられる。PQの二国間に幅が15海里をこえ24海里未満の海峡があり、Pは12海里領海を設定するが、Qが同3海里である場合、この海峡は、中央回廊があるため原則的には国際海峡にはならず、P領海内も無害通航しか認められない。Qも領海12海里に転じれば、全幅が領海になるから国際海峡となって通過通航制度がP領海にも適用され、従って、Pは他国Qの行為で自国内領海の通航制度を自動的に変更されることになる。このP領海を無害通航制度下に留め置く権利がPにあるわけではないから、この帰結に何らの問題もない。Pが通過通航を容認できないのであれば、今度はPが自国領海を縮めて非領水中央回廊を復活させればよい。なお、領海外縁からではなく基線から

「同様に便利」の基準

　第 36 条海峡における通航制度を決する「同様に便利」の基準に関しては、文理解釈からして経済的な又は軍事的な便利さは考慮に入らないことに広範な一致がある。従って、浮上すれば艦位を暴露するので潜没通航が好都合という軍艦たる潜水艦の都合は、軍事的考慮によるのでここでの「便利」さとは無関係である。

　しかし、「航行上及び水路上」の観点からして艦船と航空機で便利さの判断基準が相違する可能性はかねてから指摘されていた。[19] 艦船に限っても、堪航能力や航法装備次第で個別的に便利さが判断されるかという問題がある。[20] 例えば、平底舟艇や航法電子装備の貧弱な艦船にとっては、波高があり陸標も視認できない非領水中央回廊は「航行上及び水路上」、「同様に便利」ではないというものである。この立場をとれば、中央回廊が浅く沿岸部分が十分に深い場合には、水上では水中よりも相対的に不安定な型の潜水商船を含む潜水艦船は、中央回廊が「航路上及び水路上」同様には便利ではないから沿岸領水部を潜没して通過通航できるといえてしまう。船種装備別に考えてよいと仮定すれば、「同様に便利」の判断において個別的に航行能力を加味できることになる。台湾海峡は、南側入口真中から大陸まで最深 40 メートル前後の台湾灘で塞がれ、海峡中部東側が雲彰隆起で浅く、そこでは潜没しにくいと想像され、海峡南側入口東部沿岸寄りの澎湖水道から北方に向け烏坵凹陷 (Wuqiu Depression) や観音凹陷 (Kuanyin Depression) と C 之字型に続くやや深い箇所が潜水艦船にとっては便利であろう。

　しかし、第 36 条は、「同様に便利」な非領水中央回廊があれば当該海峡

　その幅が測られる排他的経済水域の PQ 境界については、海洋法条約第 74 条は中間線とはいっていないが中間線によるのは解決策の一である。しかし、PQ 領海がそれぞれ 12 海里と 3 海里であれば、宗谷海峡のように中間線をこえて Q 側に入ってくる P 領海により中間線までを Q が排他的経済水域として確保しえなくなるとすれば、領海設定方式の方に優位性を与えていることになるが、海洋法条約第 15 条で領海は原則として中間線をこえられないと明記してある。

19　河西、前掲注 12、85-86 頁。
20　Nandan and Rosenne, *eds.*, *supra* note 15, p.314; Martín, *supra* note 13, p.82.

そのものを第3部適用から除外するという表現をとっているので、航空機を艦船に従属させた上で艦船をまとめて扱い、船種装備次第で同一海峡の性格が変化することを予定していないとも解せる。これは、海峡通過という目的が達せられるならばそれで足りるとの認識、つまり、目的達成を確保できるという意味で「同様に便利」であればよいとの認識からかもしれない。そのように考えれば潜水艦船でも「航行上及び水路上」通峡できればいいので、その「継続的かつ迅速な通過の通常の形態（normal modes）」[21]から浅い中央回廊が「同様に便利」ではないことを理由としての沿岸領水部の水深大の箇所の通過通航の主張を否定することができるのではないかと考えられる。

　台湾海峡非領水中央回廊が「同様に便利」であれば、この海峡通航は、中央回廊における公海同様の自由な通航、及び沿岸の領海の無害通航の二本立てになる。もし台湾海峡が海洋法条約からして沿岸領水部に通過通航が許容される海峡であったならば、台湾の国家性を仮定してもそれは同条約締約国ではないので、台湾が沿岸領水部通過通航を慣習法化していないとして否定してくることもありえ、そうなれば沿岸領水部通過通航の慣習法性を議論する必要が生じたはずであった。非領水中央回廊の「便利」さを基準とすること自体の慣習法性も同様に争われうるが、それを慣習法規則であるという立場からしても台湾海峡については沿岸領水部通過通航の慣習法性を続いて議論する必要はなくなる。

　非領水中央回廊の自由通航と海峡中間線

　台湾海峡中央回廊に航行の自由が認められることは、1950年代と1960年代の三回の台湾海峡危機における米その他の国家実行からも明らかで、まさに台湾海峡は、High Seas Bufferであった[22]。中国も1958年9月の12海里領海に関する宣言（中国領海宣言）で既に台湾海峡中央部が非領水であ

21　海洋法条約第39条1項(c)。「通常の形態」については、杉原高嶺、『海洋法と通航権』（海洋協会、1991年、88-89頁）を見よ。

22　朝鮮戦争から米中関係正常化までの米海軍の台湾海峡での行動については、次の文献に詳しい。Bruce A. Elleman, *High Seas Buffer, The Taiwan Patrol Force, 1950-1979*, U. S. Naval War College Papers, No. 38, U. S. Naval War College, 2012.

第 6 章　台湾海峡の国際法上の地位と外国艦船航空機の通航　171

ること及びそこにおける自由通航を確認している[23]。

　この 12 海里領海の宣言は、北京政府が出席できなかったジュネーヴ海洋法会議での領海条約を含む諸条約採択の半年後のことであった。また、レバノン危機の最中を狙って 1958 年 8 月下旬から中国は金門島に対する激しい砲撃を開始し（金門砲戦、八二三砲戦）、周辺で中台海戦も生じていた。中国領海宣言は、この直後に出されており、そこでは自国領土を列挙した上でそれに含まれる台湾と澎湖諸島の米軍による侵犯を強調している。当時は米海軍援護下の優勢な国府海軍及び国府系ゲリラによる中国船舶を対象とする効果的な沿岸交通遮断が続き、金門島はその前進拠点でもあった[24]。沿岸交通遮断によって北京政府承認国英との通商に深刻な影響が生じていたとされ[25]、このときには台湾海峡の通航確保を切実に求めていたのは中国の方であった。

　台湾海峡非領水中央回廊の自由通航を改めて強く認識させたのは、米その他の諸国による政府承認切り替えがなされた上、中台の軍事的優劣も反転した状況下で発生した 1995 年から翌 96 年の台湾海峡危機における米海軍の行動であった。台湾独立派威圧のため 1995 年 7 月に中国は、短距離弾道ミサイルの台湾至近海面への発射を含む演習を行った[26]。米は、

---

[23] 中華人民共和國政府關于領海的聲明、http://big.5gov.cn/gate/big5/www.gov.cn/test/2006-02/28/content_213287.htm, visited 16 Feb. 2015. 宣言英訳例（Declaration on China's Territorial Sea）は、次を見よ。Jeanette Greenfield, *China's Practice in the Law of the Sea*, Clarendon Pr., 1992, p.229; Zou Keyuan, "Disrupting or Maintaining the Marine Legal Order in East Asia?" *Chinese Journal of International Law*, Vol.1, Issue 2, 2002, p.473.

[24] Elleman, *supra* note 1, p.68.

[25] *Ibid.*, pp.89, 92.

[26] 1995 年 7 月 21 日から 8 日間の中国軍ミサイル演習では、最大射程 600 キロメートルの DF-15 短距離弾道ミサイル 6 発が基隆北方 85 海里（彭佳嶼（Pengjia Yü）北方）に設定された 10 海里円の着弾水域に向け発射された。Elleman, *supra* note 22, p.124, *idem.*, *supra* note 1, pp.120-133; "China-Taiwan Relations," *Congressional Record-Senate*, 26 Jan. 1996, S395ff. 竹田純一、『人民解放軍』、ビジネス社、2008 年、426-438 頁。日本排他的経済水域西方限界間近のこの水域は、1965 年の防空ミサイル演習において国府軍が設定した基隆から北方三島の方位への 100 海里に達する着弾水域と重なるという。国府軍の当時公海上に及んだ着弾水域設定に対しては、北京政府承認国英が英船会社からの訴えを受けて台湾への抗議を検討したとされる。Elleman, *supra* note 22, pp.114-115.

同年12月に空母ニミッツ通峡でこたえたが、これは1979年の米中関係正常化以来初の空母通過とされる。[27] 1996年3月にも同様のミサイル演習に加え、実弾射撃演習及び両用戦演習が中国軍により実施された。この際には空母インデペンデンスが台湾方面に派遣され、ニミッツも再び展開した。[28]

なお、大陸棚とは相違して排他的経済水域設定には沿岸国の意思表示を要すると考えられている。台湾は、1979年総統令で200海里水域設定を表明していたが、[29] その実施のための本格的な国内法は未制定であった。中国が大陸棚とともに排他的経済水域に対する主権的権利と管轄権を確認したのは、この第四次台湾海峡危機後となる1996年5月の海洋法条約批准時宣言によってである。[30] その後、中央回廊には中台関係国内法により接続水域と排他的経済水域が設けられるが、海洋法条約でいえば第58条の定める航行の自由を含む自由が引き続き確保される。実際にも2002

---

[27] Robert S. Ross, "The 1995-96 Taiwan Strait Confrontation: Coercion, Credibility, and the Use of Force," *International Security*, Vol.25, No.2, 2000, p.104.

[28] 台湾総統選挙直前の1996年3月8日から15日に中国が行ったDF-15ミサイル演習では、台湾二大要港の基隆及び高雄からそれぞれ30海里及び47海里の水域、金門南方、並びに馬祖烏坵間の四水域に着弾させ、ミサイルによる海空交通路遮断能力を示した。同年3月11日からは台湾灘一帯で射撃演習が10日間行われ、同月18日から1週間にわたり馬祖と烏坵の間で両用戦演習も展開された。Elleman, *supra* note 22, p.125; *idem.*, *supra* note 1, pp.128-133; Chris Rahman, "Ballistic Missiles in China's Anti-Taiwan Blockade Strategy," Bruce A. Elleman and S.C.M. Paine, *eds.*, *Naval Blockade and Seapower, Strategies and Counter-Strategies, 1805-2005*, 2006, Routledge, pp.214-218. *See also*, Joseph A. Bosco, "The International Law Implications of China's Military and Missile Exercises in the Taiwan Straits under the 1982 United Nations Law of the Sea Convention and the United Nations Charter," *Chinese Yearbook of International Law and Affairs*, Vol.16,1997-1998, p.52. 1996年3月ミサイル演習時の着弾方形水域経緯度は、次を見よ。Song, *supra* note 8, p.633;「硝烟滚滚震慑"台独"—東南海沿海演习始末（下）」、中国中央电视台、undated, http://www.cctv.com/lm/655/32/39507.html, visited 16 Nov. 2014.

[29] 総統令第5046号。Yann-huei Song and Zou Keyuan, "Maritime Legislation of Mainland China and Taiwan: Developments, Comparison, Implications, and Potential Challenges for the United States," *Ocean Development and International Law*(hereinafter *ODIL*), Vol.31, Issue 4, 2000, p.316.

[30] 全国人民代表大会常务委员会关于批准《联合国海洋法公约》的决定、1996年5月15日、http://www.npc.gov.cn/wxzl/gongbao/2000-12/16/content_5003571.htm, visited 16 Feb. 2015. 英訳は、次を見よ。http://www.un.org/Depts/los/convention_agreements/convention_declarations.htm#, visited 31 Dec. 2014. Song, *supra* note 8, pp.631-632.

年に空母コンステレーションが通過し、さらに 2007 年には休養のための香港寄港を直前に拒否された空母キティホーク打撃群は、台湾海峡を北上して母港横須賀に帰投した。[31]

米は、空母部隊を巧みに運用して中国による台湾威嚇に抗するとともに、海峡の排他的経済水域化後においても非領水中央回廊の自由通航を再確認している。[32] 中国ミサイル演習以降の米海軍台湾方面展開は効果的で、朝鮮戦争勃発直後に中国軍台湾進攻阻止のため米海軍が行ったいわゆる台湾海峡中立化 (neutralization) の再現であると評される。[33]

台湾海峡についてときに海峡中間線（海峡中線 (cross-strait median)）が議論される。「亞洲沿海緩衝區 (ACBZ)」線とも呼ばれる海峡中間線は、米華相互防衛条約締結後の 1950 年代半に在台米軍が台湾防空の必要から設定したといわれる。その形状は、両基線間の算術的中点を連続的に結んだ曲線ではなく、台湾本島最北端富貴角 (Fukui Jiao) から対岸の福建省平潭を結ぶ連絡線中点を北の起点とし、南の終点を台湾最南端屏東の鵝鑾鼻 (Eluanbi) と福建省東山島の中点とする海峡ほぼ中央に引かれた折線である。[34] 海峡中間線は、防空及び第五列浸透阻止に加え、偶発的衝突回避と

---

31 竹田、前掲注 26、348 頁。

32 Peter Yu Kien-hong, "The Choppy Taiwan Strait: Changing Political and Military Issues," *Korean Journal of Defense Analysis*, Vol.11, No.1, 1999, p.57; Zou Keyuan, "Redefining the Legal Status of the Taiwan Strait," *International Journal of Marine and Coastal Law*, Vol.15, No.2, 2000, p.267.

33 Elleman, *supra* note 22, p.127. この中立化は、国際法上の中立とは無関係で、非武装化のような地役的なものでもなく、中国軍に台湾海峡を渡らせないための米海軍展開を指す。それは国府軍大陸反攻への警戒のためでもあり、米海軍はまさに neutral buffer として機能した。但し、米海軍は、国府軍の沿岸交通路遮断や沿岸島嶼防御は支援していた。台湾海峡中立化には空母も加わっていたが、後に僅かの駆逐艦のみとなった。Taiwan Patrol Force と呼ばれたこれらの艦艇は、米中関係正常化及び米華相互防衛条約失効通告がなされる 1979 年まで展開した。*Ibid.*, p.119. 1995 年と翌年の台湾海峡危機で米空母の威力を改めて認識した中国は、空母建造計画を促進し、台湾周辺での米海軍の行動の阻止 (Anti-Access/Area-Denial(A2AD)) に必要な海空宇宙戦力近代化に努力を一層傾注することになる。

34 2004 年に李傑台湾国防部長は、中間線が甲点（北緯 26 度 00 分、東経 121 度 03 分）、乙点（北緯 24 度 00 分、東経 119 度 09 分）、及び丙点（北緯 23 度 07 分、東経 117 度 51 分）を結ぶ線であると立法院で明らかにした。黃忠成「台灣海峽中線意涵試論」、『海軍學術雙月刊』（中華民國國防部）、第 38 巻 10 期、2004 年 10 月、2 頁。海峡中間線東側に沿い北から R8（海峡外北方）、R9（台北馬祖間）、R11（台中西方正面）、及び R5（高雄金門間）の飛行禁止区域が

いった実際的な意味を持ちうるとしても、中台間合意に基づく拘束性を有するものではない。また、他の諸国に対する何らの国際法的効果ももとよりないといわなければならない。2007 年通峡時にキティホークが中間線東側を北上し、追尾の中国軍艦は西側を航行したと伝えられるが、これらも中間線に法的効果があるからではない。

加えて軍事警戒区域の存在がいわれることもある。中国については、内水とされる渤海湾や銭塘 (Qiantang) 河口杭州湾がこれにあたるとされ、また、1955 年の日中民間漁業協定締結の際に、台湾を含む北緯 27 度以南中国東方水域について国府海軍の中国船舶妨害継続を理由として危険区域である旨が通報された。台湾も澎湖諸島や大陸近傍の金門馬祖に同種

設定されている。「大公報文章:"海峡中線"應該廢除」、中國評論通訊社、『中國評論新聞』、2009 年 7 月 11 日、http://hk.crntt.com/doc/1010/1/9/2/101019206.html, visited 6 Dec. 2014. 王鵬、繆新萍、張芹編、『管窺防空識別区』、軍事科学出版社、2014 年、96-97 頁。

35 中国も中間線にそのような意味を与えていると考えられる。中国が公安機関海上法執行工作規程 (公安机关海上执法工作规定) に基づき 2007 年に制定した公安部辺防管理局海警勤務規程 (公安部边防管理局海警勤务规定) 第 12 条は、海警船艇中間線東側水域進入には公安部辺防管理局許可を要すると定める。越智均、「(資料) 尖閣諸島をめぐる中国の動向分析」、『海上保安大学校研究報告 (法文学系)』、第 59 巻 1 号、2014 年、230-231 頁。

36 Song, supra note 8, pp.640, 643; Yu, supra note 32, pp.44-45. 台湾から金門馬祖に向かう台湾民間航空機は、中間線をこえていく。中間線を跨ぐ中台民間直通航空路設定問題については、以下を見よ。Mo Yan-chih, "Taiwan Will not Open Median Line: Ma," Taipei Times, 4 July 2004, http://www.taipeitimes.com/News/front/print/2009/0704/2003447841, visited 6 Dec. 2014. 2011 年に中国軍 Su-27 戦闘機が嘉手納からの米空軍 U-2 偵察機を追って中間線を台湾側にこえた際にも中間線の法的拘束性を前提にした議論はなかった。Bill Gertz, "Chinese Jets Chase U.S. Surveillance Jet over Taiwan Strait," Washington Times, 25 July 2011, http://www.washingtontimes.com/news/2011/jil/25/chinese-jets-chase-us-surveillance-jet-over-taiwan/?page=all, visited 6 Dec. 2014. 2014 年の中国軍 Y-8 偵察機台湾防空識別圏進入時も同様である。J. Michael Cole, "Chinese Surveillance Aircraft Enter Taiwan's Airspace," The Diplomat, 27 Aug. 2014, http://thediplomat.com/2014/08/chinese-surveillance-aircraft-enter-taiwans-airspace/?allpages=yes&print=yes, visited 6 Dec. 2014. 海峡中間線西側の南北方向航空路の中国による設定が 2015 年になされた。鵜飼啓、「中台が新航路合意」、『朝日新聞』、2015 年 3 月 4 日。

37 共同通信、2008 年 1 月 15 日、http://www.47news.jp/CN/200801/CN2008011501000675.html, visited 6 Dec. 2014.

38 奥原敏雄、「中華人民共和国における海洋事情」、日本海洋協会、『中華人民共和国における海洋事情』、1989 年、29-30 頁、Zou, supra note 32, pp.258-259.

の特殊水域を設定してきた[39]。これらが内水にあれば特段の国際法上の問題はなく、領海内設定であっても海洋法条約第25条3項に従った無害通航の一時的停止で説明できる場合がある[40]。台湾海峡非領水部に設定され、中台艦船以外に対しても当該水域進入のみで強力的措置を自動的に課す水域は確認されていない。また、かかる水域が設定されていても、武力紛争中の特定の状況におけるその当事者による措置を除けば国際法上の正当化は困難である。

非領水中央回廊における軍事的活動—台湾海峡の法的地位「再定義」問題

台湾海峡非領水中央回廊がかつては公海であったことの法的帰結は、大陸棚を除けば中台が属地的な根拠で管轄権を現に行使できる水域の重複は、金門馬祖周辺の他にはなかったということである[41]。しかし、非領水中央回廊は、排他的経済水域に変わった。この公海消滅を重視する立場から台湾海峡の法的地位の「再定義（redefining）」の主張がなされるに至る[42]。

排他的経済水域設定により非領水部全部が資源探査開発、海洋科学調査、環境保護その他関連の主権的権利及び管轄権の現実の行使が重複しうる水域に変化し、この側面からの「再定義」は確かに必要かもしれない。他方、排他的経済水域である非領水中央回廊においても海洋法条約第58条の通り、「この条約の関連する規定の定めるところにより、第87条に定める航行及び上空飛行の自由」及びその他の関係の自由が「すべての国」に認められる。中央回廊での軍艦及び軍用航空機を含む艦船航空機の自由通航そのものに対する制限は、この第58条からも不可能であり、「再

---

[39] *Ibid*.

[40] 台湾領海法第10条は、無害通航一時的停止を定める。中華民國領海及鄰接區法、許惠祐編、『台灣海洋』、行政院海岸巡防署、2005年、117頁。同法英訳例（Law on the Territorial Sea and the Contiguous Zone）は、次を見よ。U.S. Department of State, "Taiwan's Maritime Claims," *Limits in the Seas*(hereinafter *LIS*), No.127, 2005, pp.20-24. 領海法に台湾と中華民国のどちらの名を冠するかの論争が立法院であったが、後者になった。同法略称について本章では冒頭で述べた命名法から台湾領海法とし、排他的経済水域法その他についても同様とする。

[41] 排他的経済水域化以前から大陸棚に管轄権が認められていたので、その点で管轄権行使水域重複がありえた。中華民国は、大陸棚条約の締約国である。台湾海峡中間線東側海底鉱区区分は、許編、前掲註40（52頁）を参照せよ。

[42] Zou, *supra* note 32, pp.245-268; Yu, *supra* note 32, p.55.

定義」の議論もこの限りで意義を持たない。

　しかしながら、自国排他的経済水域における外国の軍事的活動に関しては、それが第58条規定の第87条の自由に含まれないとするか又は第59条の適用のある事項とするかで制限しようとする見解があり、「再定義」論者もそうした論拠に立つ。但し、第59条のいわゆる残余権問題として扱えば、衡平原則及び関連事情に照らして処理されいずれに有利な推定も排除されるので、「再定義」論者も第58条解釈論に依拠することが多い。

　確かに非領水の排他的経済水域化に伴い、沿岸国が自国排他的経済水域で行う主権的権利及び管轄権の行使が始まり、公海の自由が排他的経済水域内に持ち込まれる結果としての当該排他的経済水域非沿岸国の活動の自由との調整問題が発生する。これは第58条3項で処理されようが[43]、その前段階の問題が争われることもある。すなわち、第58条の効果で排他的経済水域でなお認められる公海の自由の内に軍事的活動が含まれていたかという問題である[44]。

　排他的経済水域及び大陸棚に関する1998年法（中国排他的経済水域法）は、第11条において、航行に際しては中国国内法及び国際法の遵守を要求している[45]。また、1992年に制定され、2001年3月の米海軍観測艦ボウディッチ事件の翌年に改正された測量測地法では、中国が管轄権を有する水域

---

[43] Raul Pedrozo, "Close Encounter at Sea, the USNS *Impeccable* Incident," *U. S. Naval War College Review*, Vol.62, No.3, Summer 2009, pp.102-103.

[44] 田中則夫、「排他的経済水域における軍事演習の規制可能性」、日本国際問題研究所、『EEZ内における沿岸国管轄権をめぐる国際法及び国内法上の諸問題』、2000年、54-65頁、坂元茂樹、「排他的経済水域における軍事活動」、栗林忠男、秋山昌廣編、『海の国際秩序と海洋政策』、東信堂、2006年、103-110頁。Peter Dutton *ed., Military Activities in the EEZ, A U.S.-China Dialogue on Security and International Law in Maritime Commons*, China Maritime Study, No.7, China Maritime Studies Institute, U.S. Naval War College, 2010.

[45] 中华人民共和国专属经济区和大陆架法, http://www.fmprc.gov.cn/mfa_chn/ziliao_611306/tytj_611312/tyfg_611314/t556664.shtml. 同法英訳 (Law on the Exclusive Economic Zones and the Continental Shelf) は、次を見よ。http://www.un.org/Depts/los/LEGISLATIONANDTREATIES/PDFFILES/chn_1998_eez_act.pdf, visited 12 Feb. 2015. Zou Keyuan, *China's Maritime Legal System and the Law of the Sea*, Martinus Nijhoff, 2005, p.345.

の「測絵活動」には事前許可が必要であると第7条で定める[46]。海洋法条約第58条及び第59条に関するいかなる解釈を前提にこれらの法令が制定されているかは明らかではないが、2001年4月の米海軍電子情報収集機EP-3事件や2009年に起こった観測艦インペカブルとの事件における中国の行動も併せ考えれば、排他的経済水域内の外国による軍事的活動に関して制限的な立場を海洋法条約及び慣習法の解釈として現在のところとっていると考えられる[47]。

しかしながら、中国海軍の外洋海軍 (ocean-going (blue-water) navy) への変貌及び海上通商路への中国の依存増大に伴い、沿岸海軍 (coastal (brown-water) navy) 式の中国の法的認識が変化し、米と同様の海洋法解釈に転換するかもしれないことは充分考えられる[48]。中国は、1982年にそれが署名した海洋法条約の批准を10年以上にわたり検討していたが、そこで特に問題視していたのは外国軍艦の領海通航関連条文であり、排他的経済水域内の外国による軍事的活動の許容性判断に係わる規定ではなかったという[49]。確かに、1996年に海洋法条約締約国となる際には排他的経済水域における軍事的活動に関する宣言を中国は行っていない。1998年の中国排

---

[46] 中華人民共和国測絵法、http://www.npc.gov.cn/wxzl/wxzl/2002-08/30/content_299417.html. 同法英訳例 (Surveying and Mapping Law) は、次を見よ。http://www.asianlii.org/cn/legis/cen/laws/samlotproc.506/, visited 12 Feb. 2015. Raul Pedrozo, "Preserving Navigational Rights and Freedoms: the Right to Conduct Military Activities in China's Exclusive Economic Zone," *Chinese Journal of International Law*, Vol.9, 2010, pp.20-21; Guifang Xue, "China and the Law of the Sea: An Update," Michael D. Castren, *ed.*, *International Law and Military Operations*, U.S. Naval War College International Law Studies, Vol.84, 2008, pp.105, 110.

[47] 坂元、前掲注44、97-98頁、中谷和弘、「米中軍用機接触事件と国際法」、『法学教室』、第252号、2001年、49-54頁、Zou, *supra* note 45, p.44; Pedrozo, *supra* note 43, pp.101-111; 石井由梨佳、「「公海と排他的経済水域における『上空飛行の自由』の意義─防空識別圏を巡る実行を中心に─」、『国際安全保障』、第42巻1号、2014年、57-74頁。Code for Unplanned Encounter at Sea(CUES)(Ver.1.0), adopted by Western Pacific Naval Symposium(WPNS), April, 2014. なお、中国領海法第13条は、接続水域における「安全 (security)」を理由とした管轄権行使を認める。中華人民共和国領海及毗连区法、http://www.npc.gov.cn/wxzl/wxzl/2000-12/05/content_4562.html. 同法英訳 (Law on the Territorial Sea and the Contiguous Zone) は、次を見よ。http://www.un.org/Depts/los/LEGISLATIONANDTREATIES/PDFFILES/CHN_1992_Law.pdf, visited 12 Feb. 2015.

[48] Xue, *supra* note 46, p.102.

[49] Song and Zou, *supra* note 29, pp.307-310.

他的経済水域法は、軍事的活動制限にも使える上記のような規定を持つとはいえ、航行の自由の享有主体から外国軍艦軍用航空機を特に排除しておらず、同水域内軍事的活動規制を明示的に定めてもない。排他的経済水域内軍事的活動の完全な否定を国内法上避けているのは、法的認識の転換を想定しているからであるとも思われ、従って中国は、硬直した「再定義」論者ではなく、その法的認識を改める場合の障害は大きくない。

こうした転換は、中国のいう第一列島線までの水域を特に念頭に置いてなされると想像される。それは、中国陸上航空機行動圏内で中国海軍が相対的に優勢になりうる近海における行動を法的に援護するためである。具体的には、排他的経済水域内軍事的活動の合法性の公然たる承認の他に、外国軍艦領海通航の事前許可方式から1996年の海洋法条約批准時宣言でも言及していた通告方式への変更[50]、及び国際航行使用基準の柔軟な解釈の採用による国際海峡の範囲の拡大がありえる。そうなれば、対日「航行の自由プログラム (Freedom of Navigation Program)」として、日本排他的経済水域における本格的な艦隊演習及び軍事目的調査、並びに日本領水内の海峡を国際海峡と主張しての艦艇航空機の通過通航が始まるかもしれない[51]。中国海軍の行動を制約するため日本は、日本近海での管轄

---

[50] 中国の海洋法条約批准時宣言、前掲注30。Xue, *supra* note 46, p.104; Zou, *supra* note 45, p.63; Yu, *supra* note 32, p.50; Zhiguo Gao, "China and the LOS Convention," *Marine Policy*, May 1991, p.208. 軍艦に無害通航権が慣習法上ないとすれば、事前通告による軍艦無害通航は海洋法条約上のものにすぎないから、事前通告制の下で通航を認められるのは同条約締約国軍艦だけである旨中国が主張するかもしれないといわれたことがある。Liyu Wang and Peter H. Pearse, "The New Legal Regime for China's Territorial Sea," *ODIL*, Vol.25, Issue 4, 1994, p.439. なお、海洋法条約第17条は、「すべての国」の船舶は、「この条約に従うことを条件として」無害通航権を持つと定める。

[51] 中国軍による外国排他的経済水域内活動に関しては、次を見よ。Pedrozo, *supra* note 46, pp.16-18; 加地良太、「沖ノ鳥島をめぐる諸問題と西太平洋の海洋安全保障―中国の海洋進出と国連海洋法条約の解釈を踏まえて―」、『立法と調査』、第321号、2011年、128-129頁。中国海洋観測船の日本近海海洋調査は、相当に進んでいるといわれる。2001年の日中「海洋調査活動の相互事前通報の枠組みの実施のための口上書」に関しては、次を見よ。林司宣、「排他的経済水域の他国による利用と沿岸国の安全保障」、『国際安全保障』、第35巻1号、2007年、72-73頁、三好正弘、「排他的経済水域における調査活動」、栗林忠男、杉原高嶺編、『日本における海洋法の主要課題』、有信堂高文社、2010年、177-181頁、森川幸一、「EEZ内での外国船舶による海洋調査活動への対応―国内法整備の現状と課題―」、海上保安協会、『平

権を拡張的に解する沿岸海軍国的立場を指向するかもしれないが、米海軍にその安全保障の多くを依存していることから、米海軍の世界各地での行動の制約につながりかねない見解は表明しにくいというジレンマに直面する[52]。日本による中国海軍法的封込企図は、米海軍にも東シナ海で

成22年度 海洋権益の確保に係る国際紛争事例研究』、第3号、2011年、8-11頁。

[52] 同種のジレンマは、非核三原則と通過通航制度の両立性処理の際にも生じた。12海里領海を津軽その他の主要五海峡でも採用すれば、それらは、通過通航権の適用のある国際海峡になる。12海里領海化後にも非領水回廊が残る対馬海峡東水道も、同回廊の細さからして海洋法条約第36条により領海部分に通過通航制度適用が生じる可能性が大きい。そうした場合に、五海峡も領域となるから核兵器の艦艇搭載による持ち込みを非核三原則から阻止すれば通過通航の妨害になる。米軍との関係では、日米安保条約第6条実施に関する交換公文のいう事前協議がなければ少なくとも在日米軍については核兵器領水持ち込みもないと欺瞞的ながらいえる。しかし、核兵器搭載ソ連(露)海軍艦艇通航に非核三原則から反対するなら、他の諸国による国際海峡における米軍艦艇を含む核兵器搭載艦艇通航阻止の主張に法的基盤を提供する。このため日本は、主要五海峡を領海法附則で特定海域として領海を当分の間3海里のままとし、国際海峡化を回避して切り抜けたという説明は論理的である。但し、日本政府は、非核三原則の故に特定海域領海幅員を3海里にしたとは明言していない。

海峡については、1980年に沖縄東方海上で火災を起こしたソ連エコーⅡ級原子力潜水艦が曳航されて沖永良部島与論島間領海を通過した事件以外ではさして問題はなかった。しかし、中国潜水艦の大隅海峡浮上通航や石垣島多良間島間の石垣水道潜没通航という出来事から注目されるに至る。日本領海法附則の特定海域で非領水回廊を持つ大隅海峡を中国明級ディーゼル電池潜水艦が2003年に浮上通航した(Hans M. Kristensen, Robert S. Norris, and Matthew G. McKinzie, *Chinese Nuclear Forces and U.S. Nuclear War Planning*, Foundation of American Scientists and the National Resources Defense Council, 2006, p.92)。2004年にはグアム島方面から帰投中の漢級原子力潜水艦が日本領海の石垣水道を潜没通航した。日本がこれを無害通航ではない旨抗議したのに対し、中国は航法上の錯誤によるとして同海峡の法的地位を争わなかった。しかし、ここを国際海峡とする見解も他ならぬ米海軍大学校刊行論文で示され(Peter Dutton, *Scouting, Signaling, and Gatekeeping, Chinese Naval Operations in Japanese Waters and International Law*, China Maritime Studies, No.2, U.S. Naval War College, 2009, pp.11-12)、中国が通過通航権行使としての潜没通航の適法性を主張してくることも考えられた。伊豆諸島間の水域のように通過通航制度適用のある国際海峡である可能性が日本領海法制定時に指摘されていたものもあり(水上千之、『日本と海洋法』、有信堂高文社、1995年、34-35頁)、こうした海峡を選んで潜水艦が潜没通航すると日本は対応に苦慮する。なお、エコーⅡ級潜水艦通過時には無害性判断の必要上、放射能漏れの他、核魚雷搭載有無が問題となった。しかし、漢級潜水艦の場合には同じ攻撃型原子力潜水艦(SSN)ながら核兵器についてはほとんど議論がなかった。この問題を大きく扱うことはありえたが、そうしなかったのは漢級潜水艦兵装に関する一般的認識に基づく。ところで海上自衛隊は、漢級潜水艦領海離脱後も日本防空識別圏限界まで追尾し(Masahiro Miyoshi, "The Submerged Passage of a Submarine through the Territorial Sea-the Incident of a Chinese Atomic-Powered Submarine-," *Singapore Year Book of International Law*, Vol.10, 2006, p.243)、アクティブソナー発振を継続

は有利に作用するが世界的には米海軍に不利になることから米も同様の問題を抱える。しかし、米は局地的法的利益に拘泥しないであろうし、結局のところ米中海軍は、かつての米ソ無害通航統一解釈のように、これらの論点について共通の法的認識に至ることも考えられる。[53]

台湾海峡の「国際海峡化」の企図

台湾海峡非領水中央回廊における外国艦船航空機の活動を排他的経済水域化に伴う「再定義」論に依拠して制限する立場があるが、台湾の国内法は、台湾海峡の「国際海峡化」とでも称すべき方法で通航規制の余地を設けている。

中国国家としてか又は台湾として自らの国家性を台湾は否定しないから、慣習法適用を台湾が肯定するのは当然である。他方、国家性を前提としても台湾が海洋法条約の締約国ではなく、台湾政府承認国との間ですらもその適用関係にないこともまたはっきりしている。台湾は、慣習法化していない海洋法条約規定にはその締約国ではない以上拘束されえないことを十分に承知しつつも実際には海洋法条約を強く意識した国内法を整備している。領海及び接続水域に関する1998年法（台湾領海法）も同条約規

したという（田岡俊次、『日本の安全保障はここが間違っている！』、朝日新聞出版、2014年、33頁）。漢級潜水艦が大陸に向け退避中で再度の領海進入も考えられなかったとすれば、至近からの大出力ソナー連続発振は、中国フリゲートの海上自衛隊護衛艦に対する2013年の射撃管制レーダー照射と同じく武力による威嚇を構成する可能性がある。

日本排他的経済水域内での軍事的活動については、グアム島に近く、A2AD戦略の観点から重要な沖ノ鳥島周辺海域での中国軍の活動に関心が持たれた。中国が沖ノ鳥島周辺排他的経済水域の存在を同島の形状等の法的評価からして否定すれば、中国軍は、中国排他的経済水域における外国軍事演習に関する現在の否定的評価と調和させつつ同島周辺で演習ができるという利点を得る。他方、これによって海岸線近傍が補強された同種の中国の小島への排他的経済水域設定の主張を難しくする。しかし、より重要な論点は、日本が日本排他的経済水域内の中国軍演習を法的には非難しなかったことを捉え、排他的経済水域内軍事的活動に関する中国による法的評価転換に向けて有効に活用し、中国排他的経済水域内外国軍事演習を妨害しないが東シナ海その他の日本排他的経済水域内での本格的艦隊演習の合法性を主張する方向に転換しにくくなる点であろう。このように中国は、排他的経済水域内演習についても日本の弱点を巧妙に突くに至らない。

[53] Uniform Interpretation of Rules of International Law Governing Innocent Passage, *International Legal Materials*, Vol.28, No.6, 1989, pp.1444-1446. 沿岸海軍的見解をとり米の見解と整合しなくなる西側諸国も少なくなく、加の北西航路内水化の主張もその例である。

定と一致する条文が多い[54]。しかし、海洋法条約と相当に異なる規定も認められ、台湾海峡「国際海峡化」を帰結する同法第13条は、その一である。

台湾領海法第13条は、「台湾海峡の国際航行に使用される領海ではない部分において（在用於國際航行的臺灣海峡非領海海域部份）」、台湾は、「通航の安全及び海上交通の規制」、「環境汚染の防止、軽減及び規制」、「漁業の禁止」、並びに、関係国内法令違反の「物品、通貨又は人の積込み又は積卸しの防止及び処罰」の一部又は全部についての「外国の船舶及び航空機の通境通行に関する法令（外國船舶和航空器通境通行之法令）」を制定できるとする[55]。領海外に適用される条文でありながら第13条で示された法令制定権の範囲は、領海たる国際海峡の通過通航について海洋法条約第42条が認める範囲とほとんど同一である。台湾領海法は、非領水中央回廊における継続的かつ迅速な通過までを明文で要求してはいないが、第13条の授権に基づき下位法令で規定すれば領海外の艦船航空機を自由通航ではなく海洋法条約上の通過通航制度に従うことを要求するのに等しくなる。但し、通航に対する国内法令による規制は、主に航行安全及び海上交通規制の観点からなされることを予定しているといえ、海洋法条約も否定する安全保障上の理由に基づく通航規制には直接の言及はない。

排他的経済水域及び大陸棚に関する1998年の台湾法（台湾排他的経済水域法）では環境保護の観点からの規制や海洋科学調査の制限について海洋法条約よりも広範な権限が認められているようにも見える[56]。しかし、そこには排他的経済水域制度に取り込まれる公海自由の範囲を限定して結果として外国艦船及び航空機の通航や軍事的活動の制約を導きうるような条項はない。台湾は、排他的経済水域に及ぶ公海自由の制限的な解釈に基づき規制をはかるのではなく、排他的経済水域制度と直接の関連性

---

[54] 許編、前掲注40、115-119頁。

[55] 台湾領海法第13条で「通境通行」とある箇所は、同法英訳例（*LIS*, No.127, *supra* note 40）では transit passage となっているが、海洋法条約上の通過通航は、許編、『台灣海洋』（前掲注40）では「過境通行」とある。

[56] 中華民國專屬經濟海域及大陸礁層法、同、123-129頁。同法英訳例（Law on the Exclusive Economic Zone and the Continental Shelf）は、次を見よ。*LIS*, No.127, *supra* note 40, pp.15-18.

を持たせずに通過通航制度を領海外に拡大して適用するという特異な方式をその領海法でとっている。この点で台湾海峡の法的地位の「再定義」論とは理論構成は相違する。

　台湾領海法第 13 条は、台湾海峡の領海外だけに適用され、他の台湾領海外の部分については同種の規定は設けられていない。台湾海峡の領海外側も他の台湾領海の外側も海洋法上の地位は同一であり、バシー海峡や台湾東方太平洋側も重要な航路であるにもかかわらず同様の扱いがなされていないのは台湾海峡の台湾にとっての特別の重要性を示すものとして注目される。

(2) 海洋法条約と異なる通航制度構築の可能性

　　海洋法条約第 311 条 2 項及び同条 3 項による海洋法秩序の維持
　台湾海峡は、非領水中央回廊を有する通過通航制度の適用のない海峡である。その非領水回廊に中間線が軍事的考慮から一方的に引かれることはあっても国際法上の効果を欠く。しかし、政治状況の変化によって中台間に特別協定が結ばれ、中間線に特定の意味を与えたり[57]、軍事的理由から非沿岸国軍艦航路帯指定などの制限を課すなどを通じた台湾海峡の法的地位の変更がありうるかや、そうした特別協定がその非締約国にどのような効果を及ぼしうるかを検討しておく必要があろう。台湾が一定の独立性を維持するとしても、中国の政治的影響力を一層強く受け、加えて中国の軍事力が充実して米海軍を台湾周辺から排除する能力を持つに至れば、外洋海軍的思考への転換と矛盾する要素を内包するとはいえ台湾海峡の法的性格変更の企図が生じる可能性も考えられるからである[58]。

　海洋法条約と他の条約の関係について海洋法条約第 311 条 2 項は、「この条約は、この条約と両立する他の協定 (other agreements compatible with this Convention) に基づく締約国の権利及び義務であって他の締約国がこの条約に基づく権利を享受し又は義務を履行することに影響を及ぼさないもの

---

[57]　中台黙約といわれることもある。黃、前掲注 34、2 頁。
[58]　*See also*, Jia, *supra* note 12, pp.13-15.

を変更するものではない」と定める。続いて同条3項は、海洋法条約の「二以上の締約国は、当該締約国の関係に適用される限りにおいて」、海洋法条約の「運用を変更し又は停止する協定」締結を認める。しかしここでも「そのような協定は、この条約の規定であってこれからの逸脱がこの条約の趣旨及び目的の効果的な実現 (the effective execution of the object and purpose of this Convention) と両立しないものに関するものであってはならず、また、この条約に定める基本原則 (the basic principles) の適用に影響を及ぼし又は他の締約国がこの条約に基づく権利を享有し若しくは義務を履行することに影響を及ぼすものであってはならない」と規定している。

第311条2項は、海洋法条約締約国が非締約国と結ぶ特別条約をその適用範囲から排除していないようである一方、3項の対象は、海洋法条約締約国間の他の条約に文言上限られている。さらに、2項は「既存の協定に関し、また3項は新しい協定にかかわるものである」との説明もなされる[59]。このように海洋法条約は、海洋法条約という合意を根拠として同条約締約国に関する限りにおいて、特別法は一般法に優位するの原則にもかかわらず、海洋法条約による秩序の維持を締約国に求めている[60]。

海洋法条約第311条5項及び第35条(c)が保全する部分的海洋法秩序

海洋法条約第311条5項は、特定国間の特別の協定が海洋法条約の他の締約国、すなわち当該特別協定非締約国の海洋法条約上の権利義務に影響することを認めていると考えられる。同項は、第311条の「規定は、他の条の規定により明示的に認められている (expressly permitted or preserved by other articles) 国際協定に影響を及ぼすものではない」としているのである。これも海洋法条約の「他の条」が認めるという条件があるから海洋法条約が取捨選択して海洋法全体の統一性確保をはかることができるともいえるが、海洋法条約との両立要件は第311条5項にはない[61]。部分的ないし

---

[59] 栗林忠男、『注解国連海洋法条約』下巻、有斐閣、1994年、342-343頁。*Contra.*, Rosenne and Sohn, *eds.*, *supra* note 7, p.243.

[60] *Ibid.*

[61] Dolunay Özbek, "Article 35(c) Straits of the UN Law of the Sea Convention," David. D. Caron and Nilufer Oral, *eds., Navigating Straits, Challenges for International Law*, Brill Nijhoff, 2014, p.186.

局地的な海洋法秩序として海洋法条約とは両立しがたいものの存続を認めることがあることを第311条5項は示している点で2項や3項とは異質である。この5項協定に該当するのは、例えば、第35条(c)のいう長期間にわたり特定海峡の通航を規律する国際条約である。ここでは別段の合意が長期間存続しているという時間の要素から海洋法条約と矛盾する部分的海洋法秩序が認められており、しかも、それがいずれの海峡であるかも海洋法条約上は特定しない方式がとられている。

海洋法条約第35条の柱書及び(c)は、海洋法条約第3部の「いかなる規定」も「特にある海峡について定める国際条約であって長い間存在し現に効力を有しているもの (long-standing international conventions in force) がその海峡の通航を全面的又は部分的に規制している法制度」に「影響を及ぼすものではない」と規定している。条文上は第3部がこうした国際条約に影響しないというにとどまり、当該国際条約非締約国も通航時にこれに従わなければならないとは明言しない。従って、第3部適用が排除されれば、当該国際条約非締約国艦船通航は、慣習法にのみ従うことになるということも解釈上は本来的にはできるはずであった。

部分的海洋法秩序が存続してもそれは当該秩序を形成する国際条約締約国間のみで妥当するのかそれとも非締約国もその秩序に従うのかという問題がここにあると思われる。これに関しては、「特別法の原則の明白な適用」[62]といった評釈が見られる。特別法の一般法に対する優位の原則は、条約同士であるならば両方の締約国になっている諸国の間でのみ妥当する原則であることを考えれば、第311条5項及び第35条(c)による特別の国際条約の優位は、条約の形をとるがむしろここも歴史的な権利に依拠するというのでなければ、特定海峡付着的な一種の国際制度とするか、又は、海洋法条約締約国たることにより他国間で結ばれた条約の効果を承認するに至るとして説明することになるのかもしれない。

この典型例は、1936年の「海峡制度ニ関スル条約」(モントルー条約) であ

---

[62] Martín, *supra* note 13, p.77. 従って、「国際条約の定める通航規制の及ばない事項あるいは水域には、第III部の通航制度が補充的に適用される」(河西、前掲注12、77頁) ことになる。

り、それは、軍艦通峡を規制する。例えば、海洋法条約非締約国であるが通過通航制度を慣習法であると考える米は、モントルー条約非締約国ながらこの条約上の通航制限に反対していない。また、オーランド諸島の非要塞化及び中立化に関する1921年のフィンランド・スウェーデン条約が海洋法条約第35条(c)のいう条約であって、ボスニア湾入口幅員16海里の海峡が通過通航制度の影響を受けない旨両国が宣言した際には、米は、1921年条約適用が距岸3海里に限られていたことを根拠に、3海里以遠への適用はそもそもなく従ってそこに通過通航が維持されるとした。但し、1921年条約が海峡全域を規律していたとしたらそれが第35条(c)のいう条約たりえたことまで米は否定していない。こうしたことから米は、自己が非締約国であっても長期にわたる特別条約のその非締約国への効果を否定するものではないように思われ、このことも部分的秩

63　モントルー条約第11条は、黒海沿岸国「主力艦」(排水量1万トン以上又は主砲口径8インチ以上)には排水量上限を設けずにトルコ海峡通航を認める。「主力艦」を除く沿岸国軍艦及び「主力艦」を含む非沿岸国軍艦に関しては、第14条「海峡ニ於テ通過ノ途ニ在ルコトヲ得ルベキ一切ノ外国海軍兵力ノ最大限総トン数」は、原則として1万5,000トン以下と定めて海峡内合計排水量上限を設定する。条約附属書IIで定義される空母が主力艦に含まれないこともはっきりしている。従って、沿岸国空母でも主力艦から外れるから第14条の適用を受ける。結局、空母は、沿岸国非沿岸国のいずれの軍艦かを問わず1万5,000トンをこえるものは入れない。第14条からは最大「外国海軍兵力」が1万5,000トンであるので直衛駆逐艦がいれば空母分の排水量がさらに小さくなる。本条約は、空母通峡を禁止するとされるが(E.g., Turkish Ministry of Foreign Affairs, "Implementation of the Montreux Convention," http://www.mfa.go.tr/implementation-of-the-montreux-convention.en.mfa, visited 24 Dec. 2014)、そのような明文規定はなく、空母とされれば排水量制限がかかり実質的には入れないというにとどまる。ソ連は、非沿岸国軍艦の黒海展開を警戒していたからモントルー条約の制限は好ましいものであった。しかし、1960年代後半からソ連海軍が地中海に進出するようになると不利に作用する。黒海沿岸で建造されるソ連空母の地中海展開に際し、空母カテゴリーでは排水量制限にかかるからである。そのためソ連は、これらを対潜巡洋艦や航空巡洋艦などとして空母と呼ばず、沿岸国主力艦の範疇に入れて制限適用を回避した。クズネツォフ級になると空母以外への分類は無理であるが、露は、これを重航空巡洋艦という。ウクライナにあった同級未成2番艦ワリアークは、曳航状態で通峡の上中国に回航され、中国空母遼寧として2012年に就役した。

64　J. Ashley Roach and Robert W. Smith, *Excessive Maritime Claims*, U.S. Naval War College International Law Studies, Vol.66, 1994, pp.183-184.

65　*Ibid*., pp.182-183; Martín, *supra* note 13, p.79.

序の海洋法条約締約国への妥当の主張を補完すると考えられる[66]。

なお、海洋法条約第3部は、非領水中央回廊のある一定の海峡にも適用されるので、非領水回廊を持つ海峡に関する条約でも第35条(c)がいう長期にわたる国際条約から排除されないと文言上は解せる。そうしてみると、長期にわたる国際条約がその締約国間では海洋法条約に対する特別法として保全され、さらに当該国際条約非締約国も第35条(c)のためにこれに従うとするならば、領水外適用もある特定国間の条約上の通航制度を他の海洋法条約締約国も否定できないことを意味していたということになる。

中台協定による通航制限の許容性

台湾海峡通航に関する中台協定が結ばれるとしても、それが条約ではそもそもなく国内的文書にすぎないとされれば、自国構成要素間で相互にその行為を律することになって海洋法条約第311条適用の前提がない。そうした国内的文書や国内法を援用して国際法上の義務を免れることもできない。他方、中台協定が海洋法条約の締約国と非締約国の間の国家間条約と認識されれば、海洋法条約第311条2項の条件に合致しなくとも、その協定の中台間に限っての適用は海洋法条約によっては否定できない。

しかし、この中台協定は、その第三国への法的効果はいずれにしても認められない。すなわち、中国がその政治的影響下に台湾を置きつつも台湾を形式的には国家として扱い、その上で中台二国間条約の形で新たな制度を構築しても、台湾海峡の部分的海洋法秩序となって海洋法条約秩序に優位することはないということである。さらに、中国によるそうした協定締結自体が、海洋法秩序維持との関係で海洋法条約第311条2項の懸念す

---

[66] 米は、selective compliance と非難されつつも、海洋法条約上の通過通航制度の慣習法性は認めるので、米の実行は、長期にわたる国際条約による部分的海洋法秩序の海洋法条約の通過通航制度に対する優位性の承認を示す実行として評価可能といえるかもしれない。但し、米は、海洋法条約締約国ではないから、厳密にはその実行は、部分的又は局地的な秩序と慣習法の関係に限定して解すべきである。米の海洋法条約批准検討状況は、都留康子、「アメリカと国連海洋法条約 "神話" は乗り越えられるのか」(『国際問題』、第617号、2012年、42-53頁) を参照せよ。

る海洋法条約」締約国がこの条約に基づく権利を享受し又は義務を履行することに影響を及ぼ」す協定の締結になってしまうと考えられる。

　第311条との関係では、台湾海峡に海洋法条約と異なる通航制度の構築のために同条5項及び第35条(c)を根拠として、長期にわたる特別条約で海洋法条約第3部の適用を他の海洋法条約締約国との関係において排除できるかをさらに見る必要もある。しかし、台湾海峡の通航に適用されてきた長期にわたる条約が存在しなかったことは周知のことである。そこで次に、台湾海峡に特別の通航制度を構築する条約を将来締結しこれが長期間存在すれば、その効果は海洋法条約第35条(c)によって当該特別条約非締約国にも効果を及ぼしうるかの問題となる[67]。しかし、第35条(c)のいう条約は、「長い間存在し現に有効」であることを求めるから少なくとも中国に対する海洋法条約発効時に存在していなければならなかったといえる。そうでなければ、海洋法条約締約国となった後でも国は、他の海洋法条約締約国と海峡に関する特別協定を結び、これを長期間維持することで当該特別協定の効力を海洋法条約全締約国に及ぼすことが可能になるという不合理を招く。

　新たに結ばれる条約は、その締結後長期間存在することになっても海洋法条約第35条(c)ではなく第311条の2項や3項の適用を受け、それらのいう海洋法条約との両立性要件からして当該特別協定非締約国の海洋法条約上の通航権を制限できるとは考えられない[68]。

(3) 直線基線の設定並びに内水及び領海における通航

歴史的水域と海峡沿岸基線

　台湾海峡に非領水中央回廊を維持させている両岸現行基線は、台湾北西部海岸や澎湖諸島の僅かの箇所を除いて直線である。この直線が海洋法条約第7条の直線基線又は同第10条のいう通常の湾口閉鎖線ではなく、

---

[67] 海洋法条約第3部は、第35条(a)で示されるように24海里より広い海峡への適用を排除していないので、この問題は、台湾海峡でも想定はできた。

[68] Martín, *supra* note 13, p.81.

第10条6項に言及される歴史的湾の閉鎖線又はそれ以外の歴史的水域を画する線であるかが基線に関する最初の問題である[69]。歴史的湾やその他の歴史的水域であれば、ここにも時間の要素から海洋法条約の原則から離れた部分的な海洋法秩序が形成されていたことになる[70]。

19世紀において歴史的な権利に基づく領水化や領水外でのある種の管轄権行使が可能と清帝国が認識していたか、そうであるとしてそのような主張を台湾海峡で行っていたかは不明である[71]。日清戦争後は、台湾海峡両岸が単一の主体によって現実に支配されていた1945年から1949年の短い期間を含めて、台湾海峡に限定された歴史的な水域又は権利の国

---

[69] 海峡や水路全域を覆う歴史的水域の主張は、例えば、加に見られる。Michael Byers, *International Law and the Arctic*, Cambridge UP, 2014, pp.131-133; David L. Vander Zwaag, "Canada and the Governance of the Northwest Passage: Rough Waters, Cooperative Currents, Sea of Challenges," Caron *et al eds.*, *supra* note 61, pp.87-121; Jia, *supra* note 12, p.14; Martín, *supra* note 13, p.70. 日本についても、歴史的水域とされる部分を持つ瀬戸内海の関門海峡と豊後水道の間の水域が国際海峡を構成するという見解がある。U.S. Department of State, "Straight Baseline and Territorial Sea Claims: Japan," *LIS*, No.120(1998), pp.8-9. 中国大陸海南島間の瓊州（Qiongzhou）海峡は、歴史的水域で内水であると1958年中国領海宣言以来説明されているが、米はこれを国際海峡とする。U.S. Department of State, "Straight Baseline Claim: China," *LIS*, No.117, 1996, p.8.

[70] *See generally*, "Juridical Regime of Historic Waters, Including Historic Bays"(prepared by the ILC Secretariat), A/CN.4/143, *Yearbook of the International Law Commission*, 1962, Vol.2, A/CN.4/SER.A/1962/Add.1, p.16.

[71] シュレスウィッヒ・ホルシュタイン戦争中の1864年にプロシア砲艦はデンマーク船を渤海湾で捕獲した。その際、清は同湾が内海ないし領水である旨主張して同船を解放せしめた。これが渤海湾の歴史的水域性を肯定するときの一つの根拠とされる。Wang Tieya, "International Law in China: Historical and Contemporary Perspectives," *Recueil des cours*, Tome 221, 1990, II, pp.232-233; Zou, *supra* note 45, p.5. 中国革命後において歴史的水域は、渤海湾や瓊州海峡の他、杭州湾についていわれることがある。U.S. Department of State, "Straight Baselines, People's Republic of China," *LIS*, No.43, 1972(1978), pp.4-5; Zou Keyuan, "Hisroric Rights in International Law and in China's Practice," *ODIL*, Vol.32, Issue 2, 2001, pp.156-159.

[72] フォンセカ湾のように異なった国家に囲まれる水域であっても歴史的水域の成立や継続はある。他にも印セイロンを隔てるポーク海峡は、両岸が英植民地であった頃から歴史的を性格を持つといわれた。この水域の境界線は、両沿岸国間の1974年条約により画定した。Martín, *supra* note 13, p.71; U.S. Department of State, "Historic Water Boundary: India-Sri Lanka," *LIS*, No.66, 1975, pp.1-6. 沿岸国間の協定で歴史的水域の確認やその境界画定を行って海洋法条約の適用を排除しようとする場合もあろう。特別の条約がその第三国との関係においても海洋法条約の通航関連規定の適用を排除して優先すると解しうるのは海洋法条約第35条(c)の場合である。他方、第10条6項のいう歴史的湾も通航制限を伴うが、これは条約に依ら

家としての主張は確認できない[73]。但し、いわゆる九(十一)段線ないしU型線が島嶼帰属のみの意味を持つのではなく、内水たる歴史的水域又は一定の管轄権が歴史的事情から行使できる水域の外側限界線であるとすれば、段線最北端は台湾東方太平洋上に置かれていたこともあったので、そこから西方の台湾海峡も含まれてしまう[74]。また、中国は、領海法ではなく排他的経済水域法に歴史的な権利を害さない旨の定めを置いている[75]。台湾もその領海法や排他的経済水域法で歴史的権利に言及していないとはいえ[76]、1993年制定の南海政策綱領では「歴史性水域」に一定の管轄権が及ぶとする[77]。こうしたことから中台は、中国国家としての歴史的権利保全のため協同することがある[78]。

ずまさに歴史的な事情に由来する。従って、湾内通航制限をもたらす条約は、それが歴史的湾についてのものであれば、条約自体ではなく、海洋法条約第10条6項を通じて非沿岸国への効果が認められることになる。また、歴史的湾が既にあったのであれば沿岸国間条約によるその存在の確認が海洋法条約採択後や関係国の海洋法条約批准後となっても問題はないことになる。

73 三国干渉で日本の澎湖諸島支配を問題にするものもあり、日本は、台湾海峡自由通航及び澎湖諸島不割譲を宣言したとされる。大森正仁、「台湾」、国際法事例研究会、『領土』、慶應通信、1990年、56頁。台湾海峡歴史的水域論は学説上は存在したことが指摘されている。Zou, *supra* note 32, p.267; *see also*, Yu, *supra* note 32, p.43.

74 許編、前掲注40、10-12頁。U.S. Department of State, "China: Maritime Claims in the South China Sea," *LIS*, No.143, 2014, pp.2-7, 15ff.; Zhiguo Gao and Bing Bing Jia, "The Nine-Dash Line in the South China Sea, History, Status and Implications," *American Journal of International Law(hereinafter AJIL)*, Vol.107, No.1, 2013, pp.98-124. 西本健太郎、「南シナ海における中国の主張と国際法上の評価」、『法学』、第78巻3号、2014年、225-229頁。

75 中国排他的経済水域法第14条、前掲注45。Zou, *supra* note 45, p.345.

76 台湾領海法案審議では歴史的な権利への言及が検討された。*Ibid.*, p.95.

77 南海政策綱領「前言」、許編、前掲注40、137頁、西本、前掲注74、230、241-242頁。

78 中華民国政府大陸支配時代設定の九段線を台湾が無効とはしないまでも取り消すか又は領土帰属分界線の意味しか有さないと宣言すれば、中国の南シナ海における立場を弱めうると指摘される。実際に取り下げずともその可能性の示唆は台湾の中国に対する交渉力増大にも資するという。しかし、南シナ海に対し中国国家が歴史的な権利を有することで中台は一致し、その防護のため中台軍事的協力の可能性すらあったとされ(Elleman, *supra* note 1, pp.142-143. 東沙諸島等で真水の出る比較的地積のある島は台湾が支配している。)、少なくとも国民党政権では取り下げはないであろう。また、北京政府が中国国家の政府とされれば、台北政府が台湾のみを代表して行為するのであればともかく中国国家の政府としてこれを変更する権限はないことになる。

しかし、いずれにしても台湾海峡に関しては、中台はじめいずれの諸国の実行を見ても歴史的な権原や権利が及ぶ水域であることを示していない。また、将来に向け歴史的水域を形成できるかは、中国はもとより海洋法条約を締結していない台湾に関しても考えられないであろう。

直線基線

中国は、領海条約締約国ではなかったが、既に1958年領海宣言において低潮線への言及のないまま直線を基線に用いると定めていた。しかし、同宣言では湾口閉鎖線と他の直線の基線の区別は明らかではなく、海図上もその位置は明確ではなかった[79]。1992年の領海接続水域法(中国領海法)も低潮線に明示的には触れずに、第3条で「中華人民共和国領海基線は、直線基線方式を採用し、各隣接基点を結ぶ直線から構成される(中華人民共和国領海基线采用直线基线法划定、由各相邻基点之间的直线连线组成)」として直線基線にのみ言及しているが[80]、肝心の直線基線の場所ははっきりしていなかった[81]。中国が直線基線の位置をようやく示したは、1996年の海洋法条約批准時である[82]。

台湾海峡に面した大陸沿岸は、曲折している上、海岸線に沿って多数の島も見られ、そこに直線基線を引くことは、中国の他の沿岸における直線基線設定に比べれば海洋法条約第7条との整合性が高いとされる[83]。但し、個々の直線基線については基点のとり方や基線長についての批判もある[84]。

79　*LIS*, No.43, *supra* note 71, pp.3-4.
80　中国領海法、前掲注 47。Zou, *supra* note 45, p.339.
81　*LIS*, No.117, *supra* note 69, p.2.
82　中华人民共和国政府关于中华人民共和国领海基线的声明、http://www.fmprc.gov.cn/mfa_chn/ziliao_611306/tytj_611312/tyfg_611314/t556673.shml, visited 12 Feb. 2015. 宣言英訳 (Declaration on the PRC Government on the Baseline of the Territorial Sea of the PRC) は、次を参照せよ。http://www.un.org./Depts/los/LEGISLATIONANDTREATIES/PDFFILES/CHN_1996_Declaration.pdf, visited 12 Dec. 2014; *see also*, *LIS*, No.117, *supra* note 69, pp.9-10. 1992年領海法第2条で中国領土とされていた釣魚島は、2012年宣言でその一部が直線基線で囲われた。J. Ashley Roach, "China's Straight Baseline Claim: Senkaku(Diaoyu) Islands," *ASIL Insights*, Vol.17, Issue 7, 2013.
83　*LIS*, No.117, *supra* note 69, pp.7, 9-10.
84　*Ibid.*, p.7. 中国は、台湾が支配する馬祖や烏坵に属する島々も基点に用いる。

海洋法条約第5条と第7条が低潮線基線を原則とし直線基線を例外とする一方、中国の1992年領海法は、基線設定方式としては明示的には直線基線のみに言及し、それに基づき沿岸の大部分は直線基線で囲まれている。このことは、台湾も同様である。1998年の台湾領海法第4条は、「原則として直線基線を用い、通常基線を例外（採用持直線基線為原則、正常基線為例外）」とし[86]、その後、1999年公告により基線が明示された[87]。この公告によれば、台湾本島及び澎湖諸島その他の附属島嶼周辺22基線区 (segment) のうち短い5区以外は直線であり、このため群島国家要件を充足しないにもかかわらず群島基線で全土が囲まれているような外見を呈する。台湾の直線基線にも批判があり、それは、海岸線の著しい曲折や海岸線に沿った一連の島が認められるとはいいにくい箇所への設定、及び一基線当りの長さに向けられる[88]。

澎湖水道

台湾海峡通航に与える影響の観点から注目される基線は、澎湖水道を内水化する直線基線である。澎湖諸島と同水道は、台湾本島北西部の桃園県海岸から澎湖諸島北端を結ぶ109海里の長大な直線基線、及び同諸島南端から高雄南方沖琉球嶼 (Liu-Ch'iu Yü) に引かれる74海里の直線基線で本島内水と一体化している[89]。ここは200メートル程度とはいえ台湾海峡内で最も水深のあるところであり、航行上は便利な水域である。

澎湖水道最小幅員は、24海里ほどといわれる。従って、低潮線から3

---

[85] *Case Concerning Maritime Delimitation and Territorial Question betweem Qatar and Bahrain, Merits, Judgement*, ICJ Reports 2001, para.212.
[86] 許編、前掲注40、115頁。*LIS*, No.127, *supra* note 40, p.20.
[87] 行政院第06161号公告、許編、前掲注40、22頁、*LIS*, No.127, *supra* note 40, p.6. 越智均、「（資料）中華民国『海岸巡防法』」、『海上保安大学校研究報告（法文学系）』、第57巻1号、2014年、109頁。
[88] *LIS*, No.127, *supra* note 40, pp.10-14. 台湾本島北東基隆沖北方三島の彭佳嶼 (Peng-chia Yü) 及び棉花嶼 (Mien-hua Yü) は、本島からのびる約30海里長の基線で取り込まれている。本島南東太平洋側に本島から17海里と34海里の距離にある緑島 (Lü Tao) 及び蘭嶼 (Lan Yü) も本島及びバシー海峡上の七星岩 (Ch'i-hsing Yen) からの直線基線で結ばれている。なお、釣魚臺列嶼には台湾は通常基線を引き、台湾本島との基線の連結はない。
[89] 許編、前掲注40、22頁。

海里を領海とすれば約 18 海里の非領水が残るが、低潮線から 12 海里の領海をとるなら水道のほとんどが領海となり、非領水回廊が残存するとしても細いものであったと考えられる。[91]この水道が 1998 年台湾領海法及び 1999 年公告による直線基線で内水化された。海洋法条約第 8 条 2 項によれば、第 7 条規定の方法による「直線基線がそれ以前には内水とされていなかった水域を内水として取り込むこととなる場合には、この条約に定める無害通航権は、これらの水域において存続する」。台湾海峡と澎湖水道の包含関係を考慮せずに、また、台湾が海洋法条約に拘束されていないにもかかわらず、この規定を澎湖水道にそのまま適用すれば、同水道の領海又は非領水であった箇所双方に内水化後は無害通航権が適用されよう。

　澎湖水道が第 36 条海峡である台湾海峡の内にあることを加味しても同じ結果をえる。すなわち、台湾海峡が「同様に便利」な非領水中央回廊を持つため、第 36 条に従い条約第 3 部適用はなくなって通過通航制度が排除され、沿岸の領海部分の通航は条約第 2 部により無害通航制度が適用される。なお、第 35 条は、条約第 3 部の「いかなる規定も次のものに影響を及ぼすものではない」としつつ、「(a) 海峡内の内水である水域　ただし、第 7 条に定める方法に従って定めた直線基線がそれ以前には内水とされていなかった水域を内水として取り込むこととなるものを除く」と規定して直線基線内への第 3 部適用を定める。この第 35 条 (a) 但書は、直線基線設定による通過通航制度適用回避を防止する重要な規定であるが、[92]台湾海峡が第 36 条設定基準のいう「同様に便利」な非領水中央回廊を持つので同海峡に第 3 部適用はなく、同部第 35 条 (a) 但書適用もない。この場合には、澎湖水道直線基線内は、非領水であった箇所を含めて第 2 部第 8 条に従い無害通航制度の適用があることになる。この無害通航は、第 25 条 3 項に基づく停止の対象にもなる。

90　澎湖水道は、国際航路として使用されてきたとされる。Zou, *supra* note 23, p.474.

91　戒厳中の 1979 年総統令第 5046 号で領海は 3 海里から 12 海里に広がったが、基線公表は見送られた。戒厳解除後には旧総統令の継続的有効性に関する議論が生じた。Song, *supra* note 8, p.625; Song and Zou, *supra* note 29, pp.310-311.

92　Jia, *supra* note 12, pp.8-9; Martín, *supra* note 13, pp.72-73.

台湾海峡が第36条の適用を受け、同条規定の基準で通航制度が判断される海峡であることが当然視されていることは前述の通りである。しかし、その非領水中央回廊幅員が相当にあることから第36条海峡ではなく、つまり海洋法条約上の海峡ではないと仮定したらどうなるであろうか。この場合には、台湾海峡に第3部の適用がないことに変わりはないが、海洋法条約条文の適用を台湾についても引き続き行うならば、今度は、澎湖水道がその幅員からして独立して第3部の適用を受けるか否かを判断しなければならなくなろう。同部第35条(a)但書は、直線基線設定以前の通航権を保存する[93]。従って、直線基線設定前の澎湖水道が領海でその全幅が覆われる箇所が僅かでもあり、第45条1項(a)及び2項によって停止されない無害通航が認められていた場合、本土と島からなる海峡に関する第38条1項但書にもかかわらず通過通航制度適用があるとされた場合、又は、残存非領水回廊が狭いために通過通航制度適用があった場合には[94]、それらが保存されることになる[95]。

　幅員24海里以下の海峡では、沿岸国が領海を縮減して非領水中央回廊をいかに大きく残しても第36条海峡であることの否定は困難であろうが、それ以上の幅員のものについては、さほど広くなくとも第36条適用

---

[93] 直線基線が公海を取り込んでも第8条2項からそこには無害通航しか残らない。しかし、領海であって通過通航制度の適用のある水域を直線基線が取り込むと第35条(a)但書で通過通航が保存される。取り込まれる前の通航の自由度は従って内水化後に比例的には反映されない。

[94] その場合には通過通航制度の適用のある国際海峡への進入(アプローチ)経路問題、すなわち国際海峡たる水域はどこから始まるのかの問題が台湾海峡内ではここだけで発生したであろう。右問題については、Ronald I. Clove, "Submarine Navigation in International Straits: A Legal Perspective" (*Naval Law Review*, Vol.39, 1990, pp.103-116) を見よ。通過通航制度の適用を実際上制限しようとすれば、領海で覆われる国際海峡の入口と沿岸国が適当に考える箇所のすぐ外側沿岸部に直線基線を大きく張り出せば、その内側は第8条2項により無害通航のみになるから、潜水艦船潜没航行及び航空機上空飛行を阻止でき、国際海峡への潜没航行と飛行による進入路を限定できる。

[95] 通過通航制度がかたまる前に引かれた直線基線の場合には別段の考慮を要する。Byers, *supra* note 69, p.134. 直線基線内無害通航制度保存は、領海条約第5条2項でも定められていたから、領海条約採択以前に設定の直線基線でも同様のことがいえた。なお、台湾は領海条約の締約国ではなかった。

対象から外すことがありえよう。第 36 条海峡か否かで「同様に便利」の基準の適用の有無が定まるが、この他にも、海峡内に別の海峡がある地理的状況においても第 36 条を適用するか否かで第 35 条 (a) 但書適用の有無が決まると思われる。

　金門馬祖周辺水域

　中台各々が主張する領域主権の現に行使可能な場所であってそれらが接触しているのは、金門、烏坵と馬祖の諸島の周辺水域だけである[96]。一江山島や大陳島から撤退後も国府軍が固守したこれら「中華民国福建省」金門馬祖は、大陸直近のものとしては中華民国成立以来それが領有を継続する唯一の土地であり[97]、この事情により金門馬祖は、台湾が中国国家概念を完全に捨て去ることを阻む心理的アンカーでもある[98]。しかし、台湾は、1998 年領海法で金門馬祖について別段の規定をおかず、その直線基線の基点としても言及していない。このため、台湾が金門馬祖周辺水域の法的地位についていかなる認識を有しているかははっきりしない[99]。

[96] 金門島と厦門沖の角嶼の間の距離は、2 海里に満たない。

[97] 金門馬祖は、日本支配下にあったことがあるとしても軍事占領だけで領域主権移転はない。台湾が今日も支配する南沙の島には日本が先占で領有権を取得したと主張していたものがある。川島慶雄、「新南、西沙」、国際法事例研究会、前掲注 73、63-67 頁。日本がサンフランシスコ講和条約によって権利、権原及び請求権を台湾及び澎湖諸島とともに放棄し、日華講和条約で「放棄したことを承認」された「新南群島及び西沙群島」は、「中華民国広東省」に属し、後に高雄直轄市に移管された。芹田健太郎、『日本の領土』、中央公論新社、2012 年、59 頁。台湾の法的地位に関しては、下関講和条約に基づき取得した権原等をサンフランシスコ講和条約で日本が放棄した台湾本島及び澎湖諸島その他附属島嶼、日本が領域主権を行使したことがない金門馬祖等、並びに日本が先占取得を主張し後にサンフランシスコ講和条約で放棄した島々に分けて考える必要がある。大陸、台湾及び金門馬祖の三分類については、小田滋、「主権独立国家の『台湾』─『台湾』の国際法上の地位─（私の体験的・自伝的台湾論）」（『日本学士院紀要』、第 62 巻 1 号、2007 年、50 頁）に言及される。

[98] 廉徳瑰、「第二次台湾海峡危機（一九五八年）における暗黙の国共合作」、『軍事史学』、第 39 巻 3 号、2003 年、4-19 頁、川島真、「僑郷としての金門─歴史的背景」、地域研究コンソーシアム編、『地域研究』、第 11 巻 1 号、2011 年、56 頁。

[99] Ralph Jennings, "Taiwan Concedes Territorial Waters near China," *Reuters*, 23 Nov. 2009, www.reuters.com/article/2009/11/23/us-taiwan-china-idUSTRE5AM1MU20091123, visited 5 Feb. 2013; "Did KMT Sell Quemoy and Matsu Out?," *China Post*, 28 Nov. 2009, www.chinapost.com.tw/print/234490.htm, visited 5 Feb. 2013. 台湾海岸巡防法でも金門馬祖の地位は不分明である。定義規定の同法第 2 条 1 では「台湾地区」に金門馬祖を入れているが、担当海域を定義する同条 2 においては「海域」

金門馬祖周辺には「大陸船舶」を対象とする禁止水域及び制限水域が設定されるのみである。島により、また対岸との離れ具合によって幅員に相違があるものの禁止水域は1.5 から4 キロメートルで、制限水域については2 ないし10 キロメートルである[100]。大陸側の厦門や馬尾と金門馬祖の間の交通に関する小三通と呼ばれる特別の制度に従うときには、これらの水域を通ることができた。

他方、中国は、1992 年領海法第2 条においても金門馬祖を大陸沿岸諸島に含めた上、1996 年宣言で直線基線の基点とするか又はその内側に入れている[101]。中国からすれば、金門馬祖周辺水域を中国領海法に従い内水や領海として扱い、通航外国艦船の扱いもその水域区分に従うことになる。なお、中国領水に囲繞された金門馬祖に台湾が領海基線を設定していないのと同様に、中国は台湾本島と澎湖諸島等を自国領土であると中国領海法に定めつつもそれらには領海基線を設けていない。同一沿岸に中台それぞれが基線を引き「中国」の海岸線の基線が二重になることは尖閣諸島等一部を除いてかくして避けられた。

領海と無害通航

中国は、1958 年領海宣言において既に「全ての外国の航空機及び軍用の船舶（一切外國飛機和軍用船舶）」の無許可領海進入を禁止していた[102]。これは、海洋法条約採択後の1983 年制定の海上交通安全法でも変わらなかった[103]。中国現行海洋法制の中心にある1992 年領海法は、第6 条で「外国軍

を台湾領海法がいう「領海、接続水域及び排他的経済水域」を指すと定める。しかし、金門馬祖周辺には台湾領海設定はない。同法翻訳は、越智、前掲注87 (89-110 頁) を見よ。なお、1958 年台湾海峡危機では米海軍艦艇は金門に3 海里まで接近したが (Greenfield, *supra* note 23, p.67)、これは直線基線に基づく中国12 海里領海を台北政府承認国として米が無視したというよりは軍事的な理由による。台北政府承認国として北京政府の海洋法関係国内法を無視したとするなら同じ理由で3 海里線突破もできる。

100　国防部2004 年6 月7 日(93) 猛獅字第0930001493 号公告、許編、前掲注40、30-31 頁。
101　台湾と金門馬祖を連結する海底電線は、台湾設定の制限水域及び禁止水域並びに中国領水が重複する水域を通ることになる。海底電線等敷設についての1989 年中国法は、次を見よ。Wang and Pearse, *supra* note 50, p.437.
102　中国領海宣言、前掲注23。Greenfield, *supra* note 23, p.229.
103　中华人民共和国海上交通安全法、http://tradeinservices.mofcom.gov.cn/en/b/2007-12-

用艦船(外国軍用船舶)」通航には許可を要すると定める。[104] 1992年領海法ではこの他、潜水艦船浮上航行や原子力推進艦船に関する条文がある。また、中国は、1996年の海洋法条約批准時の宣言で、外国「軍艦(军舰)」通航について事前の許可又は通告の制度を設ける権利を海洋法条約は害さないとした。[105] こうした中国国内法は、台湾海峡内の領水部においてもそのまま適用されていることになる。外国軍艦に対して海峡内領海通過を理由に中国が抗議した例としては、2001年の海南島沖米海軍 EP-3 事件後ほどなく釜山から香港に向かう途中に通峡した豪海軍艦艇3隻に対するものが知られている。[106]

1998年台湾領海法は、第7条で「外国民用船舶は、相互性原則の下で(基於互惠原則下)、……無害通航(無害通過)」を認められると定める。[107] 第10条規定の安全保障上の理由に基づく無害通航一時的停止の他に台湾領海法は、この第7条で商船無害通航を相互主義的見地から判断できるようにしている。また、同条は、「外国の軍艦及び政府船舶(外國軍用或公務船舶)」に対しては「事前通告(先行告知)」を要求し、潜水艦船の浮上通航も求める。これによって1980年外国軍用艦船領水港湾進入管制規則に基づく外国軍艦通航事前許可制を廃した。[108] 第9条は、原子力推進艦船が事前許可及び監視の対象となることを規定する。[109]「大陸船舶」の台湾領海通航

21/18512.shtml, visited 3 Nov. 2014. Xue, *supra* note 46, p.103; Greenfield, *supra* note 23, pp.264-270.

104 中国領海法、前掲注47。Zou, *supra* note 45, pp.64, 339-340.

105 中国の海洋法条約批准時宣言、前掲注30。

106 Zou, *supra* note 45, pp.50, 469, 474; Michael Weaver, "Aussies Exercise Sea Right, China Lodges Protest," *Royal Australian Navy News*, Vol.44, No.9, 14 May 2001, p.9.

107 許編、前掲注40、115頁。英訳例では、"under the reciprocity principle" である。*LIS*, No.127, *supra* note 40, p.20.

108 Song and Zou, *supra* note 29, p.314.

109 米華相互防衛条約存続期間中は、同条約が慣習法に対する特別法として米華間で適用され、台湾国内法に対しては、米華関係規律という国際的側面で優位して適用されてきたのはもちろんである。従って、条約の適用のある米艦艇の行動もその範囲で他の規則の拘束を免れた。但し、同条約の第2条(自助及び相互援助)及び第5条(共同防衛)に関しては、第6条で右二条の「規定の適用上、『領土』及び『領域』とは、中華民国については、台湾及び澎湖諸島をいい、アメリカ合衆国については、……をいう。第2条及び第5条の規定は、相互の合意によって決定されるその他の領域についても適用される」とされたから、他規則

に関しては、台湾領海法第7条で「台湾地区及び大陸地区人民関係条例(臺灣地區與大陸地區人民關係條例)」の適用が定められている。2003年改正の同条例では、禁止水域及び制限水域への「大陸船舶」無許可進入を禁止し[110]、これら二種の水域は、台湾本島、澎湖諸島及び東沙諸島においてはそれぞれ領海と接続水域と一致する[111]。従って中国艦船は、台湾領海における無害通航権を持たず、接続水域通航も規制されていた。中国艦船を外国艦船として扱わず反徒のそれとして長らく無害通航権を否定してきたのは中国一国論の現れである。但し、2008年以降は三通が本格化し、中国法人運航船舶の入港にはそれが中国以外の便宜置籍船でなければならないとする規則が緩められ、中国船籍船舶も中台直通航路就航が可能になった[112]。

3 台湾海峡と中台武力紛争

(1) 中国の台湾進攻の国際法的評価

中国一国論の効果

中国の台湾進攻に伴い武力紛争が発生した場合の国際法上の緒問題は、以下の三つに分類できる。第一は、中国の台湾に対する武力行使の合法性評価である。第二は、武力行使は常に武力紛争を伴うとは限らないが、それが武力紛争にもなるのであれば、国際的又は非国際的のどちらの武力紛争であるのかである。さらに三番目には、武力紛争が台湾海峡で遂

に対する条約第2条及び第5条の優位性が金門馬祖周辺水域にも条約上は自動的に認められていた訳ではない。米軍の行動範囲は、1955年米上院台湾決議でも問題となった。毛里一『台湾海峡紛争と尖閣諸島問題 米華相互援助条約参戦条項にみるアメリカ軍』、彩流社、2013年、48-50頁。

110 許編、前掲注40、120頁。
111 国防部2004年6月7日(93)猛獅字第0930001493号公告、同、27頁。
112 中国法人運航船舶は便宜置籍船高雄入港のみが認められていた。この制限は1998年2月末に解除され、最初の中国船籍商船が石垣島経由で同年3月に入港した。Zou, *supra* note 45, pp.46-47; Yu, *supra* note 32, p.54. 汪正仁、「中台貿易の拡大と直行航路の開設」、『東アジアへの視点』、第22巻3号、2011年、6頁。

行されるという地理的事情が関係規則適用にいかなる影響を与えるかである。[113]

　最初の問題に関しては、中国からすれば台湾はその一部であるから、台湾進攻は国際関係における武力不行使を定める国連憲章第2条4項の違反を構成しないと主張されよう。[114] 他方、台湾の国家性を認めるのであれば武力不行使原則からする評価対象になる。統一を望まず抵抗する場合には、台湾の国家性を正面から主張し、中台関係が国連憲章第2条4項のいう国際関係であるという構成をとらなければ台湾にとって法的にも不利であることはいうまでもない。例えば、1995年と翌年の中国軍ミサイル演習は、国連憲章第2条4項の適用があったなら少なくともそこでいう「武力による威嚇」に該当したのは明白である。しかし、台湾の国家性問題から武力による威嚇という非難は諸国にとってしにくくなったと思われる。

　中国一国論によりつつも台湾進攻を法的に非難可能な構成があるとしたら、武力不行使原則を拡張的に解する他に、台湾住民を全体として自決権行使団体であると捉え、進攻がその権利侵害と説明することである。さらにもう一つの構成も考えられる。すなわち、米のように台湾の国際法上の国家性を正面からは認めないものの北京政府の支配が台湾に及ぶことも明示的には肯定しないままで、両岸関係は平和的に解決されるべきといった米中共同コミュニュケのような国際的文書を取り交わせば、進攻をそのような文書に合致しないとして幾分かは国際的要素を持ち込

113　台湾防衛可能性について海空戦との関係で論じたものとして特に以下を挙げておきたい。William S. Murray, "Revisiting Taiwan's Defense Strategy," *U.S. Naval War College Review*, Vol.61, No.3, 2008, pp.13-38; US-Taiwan Business Council, *The Balance of Air Power in the Taiwan Strait*, 2010, 59pp.; James Holmes and Toshi Yoshihara, *Defending the Straits: Taiwan's Naval Strategy in the 21st Century*, Jamestown Foundation, 2011, 67pp.

114　台湾進攻と武力不行使原則の関係を扱う論考として以下を見よ。Anne Hsin-An Hsiao, "Is China's Policy to Use Force against Taiwan a Violation of the Principle of Non-Use Force under International Law?" *New England Law Review*, Vol.22, 1998, pp.715-742; Phil C.W. Chan, "The Legal Status of Taiwan and the Legality of the Use of Force in a Cross-Taiwan Strait Conflict," *Chinese Journal of International Law*, Vol.8, No.2, 2009, pp.455-492.

むことで内政干渉にならない中国非難があろう。第四次台湾海峡危機に際し米政府は、台湾関係法の求める連邦議会との協議を要するほどに深刻な事態ではないとしつつ、状況に応じ議会と協議の上必要な措置をとることを否定しなかったのもそのような文脈で理解できる。[115]

国共内戦の意味

台湾が長期にわたって国家的実体として存続しているのであるから、それに対する武力行使が国連憲章第 2 条 4 項又は慣習法から違法の評価を受けるべきというのは確かにもっともな主張である。しかし、台湾進攻の国際法的評価に際し無視できないのは国共内戦と呼ばれていたかつての中台武力紛争のその当事者による法的評価である。

国民党政府が台湾に遷った以降も続いた国共内戦において、北京政府支配地域に対して台湾が長期間攻撃を加えてきたのは周知のことである。[116] 台湾は、それを国連憲章第 2 条 4 項の評価対象である武力行使とは考えず、国内的問題であるとしてきたと思われる。中国共産党制圧のため、1947 年中華民国憲法の効力を制限する動員戡乱時期臨時條款（Temporary Provisions during the Period of National Mobilization for Suppression of the Communist Rebellion）を 1948 年に公布し、その適用を継続していたのは、国内法的にはこうした認識が前提でなければならない。国内法上は内戦ということは国際法的にもそうであると直ちにはいえないとしても、台湾側の当時の認識が国際法的にも内戦であったということを積極的に否定する要素はない。

現在の台湾を国家的実体ということができるのであれば、動員戡乱時期当初から北京政府支配地域も国家的実体であったといえるはずである。

115　Kan, *supra* note 3, pp.42-43; Elleman, *supra* note 1, p.132. 台湾進攻で中国と米が交戦するに至れば、国家性に疑義のある台湾を助けての米の集団的自衛権行使として説明できるかの問題が生じ、その米を日本が支援するなら日本による米を支援しての集団的自衛権行使になるかも問われる。

116　1949 年以降の台湾の対大陸軍事活動は、沿岸島嶼防御、沿岸交通遮断の他に航空機による港湾爆撃、偵察や工作員投入があった。Chris Pocock and Clarence Fu, *The Black Bats, CIA Spy Flights over China from Taiwan 1951-1969*, Schiffer Pub., 2010, 144pp.

従って、中国の台湾進攻が国際関係における武力行使を構成すると台湾側からいうことは、動員戡乱時期の台湾の主張と矛盾する。従って今日に至ってかかる主張をするならば、当時の法的前提がもはや妥当しないことを台湾が改めて積極的に提示しなければならず、それは中国一国論からの離脱の表明に他ならない。1991年に動員戡乱時期臨時條款を台湾が廃したことは、反徒不存在を国内法上は意味しようから、一国論から離れる方向に動いたといえる。他方の中国は、台湾解放を国内的問題と一貫して認識してきた。台湾側の動員戡乱時期解除と対照的に中国は2005年に反国家分裂法(反分裂国家法)を制定し、原則的部分の認識には変化がないことを確認した。

(2) 中台武力紛争の法的性質

武力紛争の区分

中台関係の理解の仕方、すなわち中国国家との関係における台湾の地位の捉え方によって中国の進攻の国際法上の評価が変化する。その進攻により武力紛争が中台間に起こるならば[117]、今度は国際法は武力紛争法の適用を中台双方に求める。

武力紛争法適用について中台関係の観点から留意すべきは、次の点である。すなわち、武力紛争法は、国際的と非国際的の武力紛争で適用規則が大きく異なるが、その区別は、進攻が国連憲章第2条4項のいう国際関係でなされたか否かとは別の基準で判断されることである。国際的武力紛争は、武力紛争法の観点から法的に対等な当事者とされるもの同士の闘争で、それを当事者間に法的対称性があるなどという。国際的武

---

117 台湾軍が無抵抗で中国軍無血進駐を許す可能性は零ではないとの指摘がある。村井友秀、「台湾をめぐる米中台軍事バランス」、『問題と研究』、第32巻9号、2003年、9頁。武力紛争法からすればジュネーヴ諸条約共通第2条の通り、戦闘が一切なくとも占領のみで国家間に国際的武力紛争が生じうる。中台が武力紛争法の観点から国家間関係にあるといえれば、台湾軍無抵抗は国際的武力紛争不存在を直ちには意味しない。これに対し、非国際的武力紛争(交戦団体承認の前提たるものを含む)及び第一追加議定書第1条4項のいう非国家間の国際的武力紛争であるためには、一定以上の烈度を持った暴力行為の応酬を要する。中台関係が非国家間関係ならばそれがなければ武力紛争はないことになる。

力紛争には国家間武力紛争の他、政府とそれが交戦団体と承認した集団との間の武力紛争、並びに政府及び自決権行使団体の間の武力紛争を含む。従って、国際的武力紛争をもたらす武力行使は、国際関係においてなされるとは限らない。

非国際的武力紛争は、当事者間に法的対称性がない武力紛争で、政府による国内法執行としての反徒制圧の類の内戦を典型とする。武装蜂起は国際法違法ではもとよりないが、国内法的非対称性を前提とした反乱の国内刑法上の犯罪化及び反乱の暴力による鎮圧を国際法は認める。内戦が非国際的武力紛争のほとんどを占めていたため、これまでは国連憲章第2条4項の国際関係における武力行使の問題とは無関係といって差し支えなかった。しかし、外国領域所在の非国家的な集団が別の国に攻撃を加える場合も非対称性故に非国際的武力紛争といえるが、それに対する反撃に自衛権を援用する例が生じ、すると国連憲章第2条4項との関係が問題になるとの立場も生じる。

交戦団体承認

国際的と非国際的の武力紛争のどちらに係る武力紛争法規則を適用するかは、武力紛争法上の当事者の法的対等性の有無で定まる。台湾が国家性を公然と主張する場合の他に、台湾が国家的実体であるという事実から対等性は導きうるとする余地は十分にある。さらに、台湾が非国際的武力紛争における交戦団体とすれば国家性否定の状況下でも武力紛争法適用上の対等性が生じる。

中国は、台湾が国家的実体であっても台湾との武力紛争法適用上の対等性を否定するであろう。但し、先述の通り、中国の行為次第では黙示的に台湾の対等性の承認になる場合がある。それは、中台武力紛争に関連してなされる領水外における武力紛争非当事国船舶臨検その他の干渉であって対象船舶にその受忍を要求することである。こうした干渉は、法上 (*de jure*) の戦争でのみ許容されると通説ではいわれてきた。確かに、1950年代のアルジェリア内戦における仏海軍の地中海公海上における干渉に対してこの立場からの非難があった。但し、国家実行は必ずしも一

貫しておらず、2010年にガザ仕向救援物資登載のコモロ船籍船マヴィ・マルマラ (Mavi Marmara) をイスラエル軍が領海外で臨検した際にもパレスチナとイスラエルの間にある武力紛争の法的性質が改めて論争になった[118]。また、外国船舶干渉をきっかけに法的地位に変化が生じるとしても相手方を国家又は交戦団体のどちらとして扱うことになるのかから議論になる。

　台湾は、1958年頃まで大規模で効果的な大陸沿岸交通遮断を継続し、1957年には1,500トン級中国商船を撃沈するなどの商船攻撃もあった[119]。諸外国船舶の通航にも影響が生じ、1954年のソ連油送船ツアプセ (*Tyапсе* (*Tuapse*)) 事件のように拿捕、引致及び乗組員抑留がなされた例もある[120]。通説的立場からは、北京政府の少なくとも交戦団体としての黙示的承認に至る事態であるが、台湾は北京政府の交戦団体としての地位を否定した。将来の中台武力紛争でも中台を反転させた上で同じ説明を中国がするのであれば改めて問題になるであろう[121]。

　交戦団体承認は、外国によっても行えるが、国共内戦では台北政府承認国も北京側を交戦団体としては明示的には承認していなかったと思わ

---

[118]　James Kraska, "Rule Selection in the Case of Israel's Naval Blockade of Gaza: Law of Naval Warfare or Law of the Sea?" *Yearbook of International Humanitarian Law*, Vol.13, 2010, pp.367-395.

[119]　Elleman, *supra* note 1, pp.67, 88-89, 92, 131.

[120]　上海に向かっていた同船は、高雄に引致された。毛里、前掲注109、162頁、Elleman, *supra* note 1, p.90.

[121]　武力紛争で捕らえた相手方部隊構成員を捕虜として扱うと国際的武力紛争の存在を肯定し、相手方を国家又は交戦団体という対等当事者と認めたかの問題もあろう。これは、捕虜資格は国際的武力紛争でしか生じないからであるが、捕虜待遇付与のみで直ちに国際的武力紛争にはならない。任意的な付与がありうるため、ジュネーヴ諸条約共通第3条も一方的捕虜待遇付与を禁止しない。さらに同条は、非国際的武力紛争の性格を維持したまま当事者間の特別取極によるジュネーヴ捕虜条約適用を推奨する。中台武力紛争で捕らえた相手方将兵を反徒として処罰することは多分なく、捕虜待遇を与えようが、捕虜待遇付与は対象者に義務を課さない利益供与的性格の行為であり、その付与をもって国際的武力紛争存在の証拠とみなすことはできない。他方、武力紛争非当事国船舶に向けられる強力的措置受忍を義務付けることができるのは、交戦団体承認を含む国際的な又はそれと同視される武力紛争においてのみとされるから、そのような義務を課すこと自体で国際的武力紛争と同じ状況の存在を認めることになる。

れる。交戦団体として明示又は黙示に反徒を外国が承認すれば、中立義務は負うものの、反徒支配地域所在外国人保護の責任を国際法上反徒に負わせることができる。つまり、中国一国論という前提を崩さなくとも交戦団体承認によって一定の範囲の国際法主体と台湾を認識できるようになるから、中台武力紛争発生時に国際法が規律する平面で諸国は台湾と交渉でき、台湾在留自国民や自国船舶の保護の責任をまさに国際法上台湾に課しうるのである。交戦団体承認例はここ一世紀以上なく、今後も考えられないといわれるが、これは国家承認問題と実務的問題の処理を切り離すことができる制度で、国家性問題を棚上げする実務的処理説の考え方と共通する要素を持つ。

自決権行使団体による闘争

国家と非国家的実体の間の武力紛争が国際的武力紛争とみなされる場合は、交戦団体承認という明示又は黙示の意思表示による他にもう一つある。それは、非国家的実体が民族（人民）自決権行使団体であるときで、このことは、条約上はジュネーヴ諸条約第一追加議定書で最初に定められた。同議定書第1条4項は、ジュネーヴ諸条約共通第2条のいう国際的武力紛争の事態にこの議定書が適用され、この事態には自決権行使として「植民地支配及び外国による占領並びに人種差別体制に対して戦う武力紛争」を含むと規定する。

中国は、1983年以来第一追加議定書締約国であるから、台湾が自決権行使団体であって第96条3項宣言もなされればこの第1条4項のためジュネーヴ諸条約及び同議定書の適用が中台間に可能になると思われるかもしれない。しかし、第一追加議定書は、自決権行使団体が植民地本国や他の支配者の下に現にあることを第1条4項の適用のため求めていると解される。同議定書第44条3項の戦闘員区別義務緩和規定などは、そう

---

122 北京政府承認国蘭が1980年代に潜水艦2隻を台湾に輸出した際には中国への干渉となると非難され、交戦団体承認があるならば中立義務違反となりいずれにしても違法といわれた（*See*, Ko Swan Sik, "The Dutch-Taiwanese Submarines Deal: Legal Aspects," *Netherlands Yearbook of International Law*, Vol.13, 1982, pp.125-141）。米仏独その他による対台湾武器輸出の国際法上の正当化の仕方は興味深い。

した支配下にあることを前提としなければ説明ができない。

　台湾住民が一個の国際法上の外的な自決権を有するかは前提的に検討されなければならないが、その享有を仮定しても台湾が北京政府の支配下に入ったことはない。中台武力紛争で台湾の一部又は全部が制圧されればともかく、少なくとも台湾海峡海空戦の段階において第1条4項事態として同議定書が適用されるという説明はできないであろう。[123] 台湾進攻が自決権侵害に確かになりうるとしても、第一追加議定書第1条4項想定の自決権行使団体関係規定適用状況ではないのである。

　つまり、自決権行使団体が植民地支配を脱したとしても、国家と認識されなければ第一追加議定書の適用はそこで終了し、国家ではない以上ジュネーヴ諸条約共通第2条の国際的武力紛争の事態でもないからジュネーヴ諸条約の適用もなく慣習法適用のみが残るという奇妙な状況になる。いわゆる台湾化進展で台湾住民全体が自決権行使団体と観念されるに至り、台湾進攻自体がこの自決権侵害を構成しても、従って台湾の抵抗も自決権に依拠できるとしても、中国の支配下にないという事情のため、武力紛争法上は自決権行使の主体たることにさしたる意味がなくなるのは皮肉である。台湾の長期の独立的状況を強調すればするほど武力紛争法上は第一追加議定書第1条4項事態から遠ざかる。このため自決権論は、非国家的実体の享有する自決権としてではなく、既に国家である台湾のその国家性を補強する方向で用いられるべきである。[124]

　武力紛争法適用について考えられる場合分けは、結局は以下のようになる。台湾を国家と認識して中台武力紛争を国際的であるとしても、台湾がハーグ諸条約やジュネーヴ諸条約の締約国としての地位を保持するかには問題が残り、確実にいいうるのは慣習法の適用のみである。台湾

---

[123] なお、第一追加議定書の中心であるその第4編第1部（第48条〜第67条）の海空戦への適用は、第49条3項で元々制限される。

[124] 台湾と自決権の関係についての最近の分析として次を見よ。Jonathan I. Charney and J.R.V. Prescott, "Resolving Cross-Taiwan Strait Relations between China and Taiwan," *AJIL*, Vol.94, No.3, 2000, pp.453-477; Ming-juinn Li, "Rethinking Taiwan's Legal Status under International Law," 陳隆志教授古稀祝壽論文集編輯委員會、『民主、和平與人權』、台灣國際法學會、2006年、337-392頁。

を国家とは認識しなくとも中国による交戦団体の明示又は黙示の承認があれば国際的武力紛争となって国家間武力紛争と同じ規則の適用がある。しかし、台湾が自決権行使団体であれば中国が第一追加議定書締約国であるために同議定書が適用されるということには上記の理由から疑問がある。国際的と非国際的の武力紛争は相互に排他的で、第三の範疇の武力紛争はないから国際的でなければ非国際的武力紛争になる。そうすると、中国がジュネーヴ諸条約及びその第二追加議定書の締約国であることから、武力紛争の烈度によって、慣習法の他には同諸条約共通第3条の適用だけがある場合、及び第二追加議定書の適用もある場合に分かれる。

(3) 台湾海峡における海空戦

武力紛争非当事国容認義務の存否

中台武力紛争法的性質論の概観を終えたので、ここで台湾海峡海空戦の法的検討に入ることができる。[125] 台湾海峡海空戦でもその当事者のみに影響する行為であれば、中台武力紛争の法的性質さえ決まれば適用規則は比較的容易に見い出せる。すなわち、国際的又は非国際的の武力紛争に適用される海戦法規及び空戦法規が中台間については海洋法と航空法に優位するからである。さらにその場合には、国際的又は非国際的の武力紛争のどちらであっても台湾海峡という場所で戦われるということが中台間の適用法規確定において影響を与えないと思われる。

---

[125] 台湾海峡のように海洋法条約第36条基準からして、通過通航制度適用のあるという意味での国際海峡ではなければ、領海、内水と非領水回廊に分けて関連の海戦法規及び海上中立法規の適用を考えればよく、海峡の特殊性は目立たない。武力紛争における海峡通航の問題は、特に領水で覆われた海峡で生じるが、それに関する最近の分析として、和仁健太郎、「武力紛争時における国際海峡の法的地位―通過通航権制度と海戦法規・中立法規との関係―」『海洋政策研究』、特別号、2014年、41-83頁（本書第7章再録））がある。See also, Richard R. Baxter, "Passage of Ships through International Waterways in Time of War," *British Year Book of International Law*, Vol.31, 1954, pp.187-216; Natalino Ronzitti, "Passage through International Straits in Time of International Armed Conflict," *International Law at the Time of its Codification, Essays in Honour of Roberto Ago*, Vol.2, Dott. A. Guiffrè Editore, 1987, pp.363-383; Akira Mayama, "The Influence of the Straits Transit Regime on the Law of Neutrality at Sea," *ODIL*, Vol.26, Issue 1, 1995, pp.1-30.

他方、武力紛争非当事国艦船航空機に影響する措置が中台領水外でとられれば、困難な問題が生じる。伝統的な国際法では、中立法適用がある武力紛争ならば、その非当事国に影響が生じても中立国として中立法の限度でそれを容認する義務があるとされた。すなわち、国家間武力紛争の場合、並びに正統政府による交戦団体承認がある場合及び交戦団体承認を行った非当事国に対する措置が当事者によってなされた場合である。しかし、現代の国際法にあっては、国家間武力紛争における中立法適用は武力紛争非当事国の任意であるとの説明が一般的で、従って、非当事国は武力紛争当事国の行為について容認義務を課せられないことになる。逆に自国の武力行使の正当性を積極的に主張して武力紛争非当事国に容認を要求できるかも問題となる。国家間武力紛争における自衛権行使の場合には、自衛権行使である以上相手国以外に義務を課しえず、容認は非当事国にとって任意的とするのが多数説である。内戦のような非国際的武力紛争でも同様で、伝統的国際法の頃から反徒制圧のために領域外で外国に影響する行為を原則的にはなしえなかったから、外国も容認する義務を負わないのは当然であった。但し、正統政府が交戦団体承認を反徒に与え中立法適用も開始されると考えられる場合の他、外国が反徒を交戦団体として承認すればそれは容認義務を任意的に引き受けたと説明できる。

領水外における強力的措置に対する武力紛争非当事国容認義務の原則的不存在を前提にそれらの国の艦船航空機に影響する措置を検討するが、台湾海峡の地理的位置や通航状況からして次の二つの問題を通じてこれを行いたい。

第一は、海峡閉鎖(closure)措置で、これには国際法上一定の効果を武力紛争非当事国に与えうると従前の海上中立法規から考えられてきた戦時封鎖から機雷敷設等による事実上の通航阻止まで様々の閉鎖が考えられる。第二は、長射程の誘導兵器を中台ともに多数保有していることから、それら使用時の目標識別をいかに確保し、海峡周辺にある武力紛争非当事国のものを含む商船、漁船及び民間航空機への誤射を防止するかであ

る。ペルシャ湾で1988年に発生した米巡洋艦ヴィンセンスによるイラン民間旅客機撃墜事件でも示されたように、これは、攻撃側に課される目標識別義務の履行による誤射防止と攻撃側の安全確保をどのように輻輳海域で調整するかという問題である。

　この他に台湾海峡やその周辺で行われる海空戦から発生する付随的損害の検討も重要である。それは、原子力推進艦艇を保有する国が一方の当事者として本格的な海空戦を遂行するものとしては同じく島嶼争奪戦のフォークランド（マルビナス）戦争以来となり、中台武力紛争に米が参戦すれば双方が原子力推進艦艇を展開することになるからである。原子力推進艦艇の戦闘喪失があれば中台及び近隣諸国の水域に放射能汚染が生じる。[126]第二次大戦でも撃沈艦艇による環境汚染は発生したが、原子力推進艦艇撃沈に伴う汚染はその規模と継続期間においてこれまでにはないものになると懸念される。[127]しかし、この付随的環境損害は、台湾海峡海

---

[126] James Kraska, "How the United States Lost Naval War of 2015," *Orbis*, Winter, 2010, pp.35-45.

[127] 原子力推進艦艇喪失で大きな放射能汚染が発生しないこともある。米海軍は既に2隻の原子力潜水艦を事故で失い双方とも乗組員全員が死亡した。内1隻は沈没場所すら長く不明のままであった。喪失水域を特定できるほどの放射性物質が上昇してこなかったからでもある。しかし、原子力推進艦艇戦闘喪失ともなれば原子炉格納容器も破壊され強い汚染が生じる可能性が高い。

　武力紛争法は、原子力推進艦艇使用を禁止しない。そうした軍艦は、合法的目標でありその撃沈は違法ではない。合法的目標内部の大威力放出で周辺に損害を与える場合に攻撃を制限するという一般的規定もない。第一追加議定書第56条は、ダム、堤防及び原子力発電所の三種に限り「危険な力を内蔵する工作物及び施設」としてこれらが軍事目標となっていても攻撃を制限する。第二追加議定書もハーグ法系のこの制限を第15条で定める。しかし、原子力推進艦艇は両議定書のいう原子力発電所ではなく、米は議定書締約国でもない。海戦法規にはこの種の規定はない。

　原子力推進艦艇は機動性の高い兵器プラットフォームであるからその使用と破壊の禁止規則の成立は想像できない。攻撃制限の余地が見いだせるとすれば過度の付随的損害発生を違法とする原則においてであろうが、この原則を武力紛争当事国間で適用するためには検討すべき問題がいくつかある。第一は、付随的損害は軍事目標破壊に伴い発生する文民又は民用物の損害と認識されるが、攻撃で生じる巻き添え損害のみをいうのか又は攻撃自体から巻き添えは生じないが破壊された目標が放出する力によるいわば二次的損害も含むかである。さらに武力紛争当事国の環境は付随的損害関係規則適用のある民用物であるかも論点である。これらが肯定されても、付随的損害が過度か否かの困難な判断を要す。但し、付随的損害論を離れても環境についていえば、第一追加議定書第35条3項の自然環

空戦特有の問題ではないので、本章では前者二問題を論じる。

封鎖と海上捕獲

国際法上の封鎖すなわち近接封鎖（close-in blockade）は、戦時封鎖（belligerent blockade）と平時封鎖（pacific blockade）に区分される。戦時封鎖は、水上艦艇の巡航による実効性の確保並びに設定に関する対外的な宣言及び地方的告知を要す。中国が台湾沿岸に戦時封鎖を設定すれば、それは米南北戦争の北軍設定封鎖と同様に台湾の少なくとも交戦団体としての黙示的承認を意味する。それは、戦時封鎖にあっては武力紛争非当事国船舶でも封鎖線突破を企図すれば拿捕と没収を免れないとの法効果を生じるからである。設定要件は同様ながら平時封鎖は、通説によれば武力紛争の相手方船舶以外には効果が及ばず、その実施は必ずしも相手の地位の承認を意味しない。

台湾海峡における国際法上の封鎖設定に関しては、海峡全幅に設定可能かという地理的範囲の問題を最初に見ておきたい。戦時平時いずれの封鎖も相手方交通路遮断という海上経済戦目的であることからの帰結として自国やその支配地域の沿岸には設定できない。従って、中国は、台

境保護規定は、同議定書第49条3項の制限外であるので海戦への適用が考えられる（*See gererally*, Elmar Rauch, *The Protocol Additional to the Geneva Conventions for the Protection of Victims of International Armed Conflicts and the United Nations Convention on the Law of the Sea: Repercussions on the Law of Naval Warfare*, Duncker and Humblot, 1984, 165pp.; Henri Meyrowitz, "Le protocole additionnel de 1949 et le droit de la guerre maritime," *Review Générale de Droit International Public*, Tome 89(2), 1985, pp.243-298）。同議定書第35条類似の第55条は、第49条3項の制限を受けるが同項のいう「陸上の」文民又は民用物に放射能汚染が影響する場合には適用可能である（第二追加議定書はこうした規定を持たない）。

武力紛争当事国間では過度か否かの判断で困難はあるとしても法的判断基準はある。むしろ問題は非当事国に生じる放射能汚染の法的評価にあり、武力紛争非当事国はその排他的経済水域における一方の武力紛争当事国による他方の当事国の原子力推進艦艇撃沈で発生する放射能汚染の責任をいずれに対してどのような法的構成で追及していくかが問われる。そこではまず、非当事国は過度ではない付随的損害でも受忍する義務はないことが確認される必要があるが、非領水上の戦闘を禁止していなかった海戦法規と、海洋法そして環境法の規則の適用関係如何という問題に結局はなろう。*See also*, Sonja Ann Jozef Boelaert-Suominen, *International Environment Law amd Naval War, The Effect of Marine Safety and Pollution Convention during International Armed Conflict*, U.S. Naval War College Newport Papers, No.15, 2000, 364pp.

湾支配地域沿岸を封鎖しうるがそれが対岸中国沿岸にかかることは台湾支配の金門馬祖周辺を除いてできない。こうして海峡両岸にかかる単一封鎖水域設定は認められない。しかし、台湾周辺設定分と金門馬祖周辺設定分が重なれば海峡全幅が封鎖対象に結果としてはなる。

　海峡は重要な国際航路であることが多いから、武力紛争遂行の必要からとはいえ、そこでの通航阻止の問題性が海上中立法規の妥当を前提とする場合でもしばしば指摘されてきた。これは、海戦法規や海上中立法規が海洋法との関係で特別法であるから武力紛争当事国の必要が常に海洋法上の諸国の権利や自由に優位するかの問題の一部であるといいかえることができる。海峡全幅にかからず台湾沿岸のみを対象とする戦時封鎖であるとすると、武力紛争非当事国容認義務の問題が生じ、台湾の地位の黙示的承認も招くとはいえ、従前の海戦法規からすれば設定可能である。代替航路の有無が武力紛争の当事国と非当事国の必要調整上考慮されべき法的要素となるとの立場からしても、台湾海峡沿岸に中台以外の国はなく1909年ロンドン宣言第18条の禁止する中立港到達遮断はありえない上、台湾東方太平洋側の代替航路の存在からしても問題はない。また、平時封鎖が前述の通り対非当事国効果を持たないのであれば台湾沿岸設定自体にはなおさら法的問題はない。[128]

　戦時禁制品等の輸送遮断を行う海上捕獲が武力紛争非当事国船舶に対し中国によりなされれば、戦時封鎖同様、容認義務の有無が問題となり、通説的にはやはり台湾の一定の法的地位の承認を導くが、実施水域が台湾海峡であるということから何らかの制限が課されるわけではない。海峡通航の完全阻止は海上捕獲ではなしえないので、戦時封鎖で議論されるような航行確保要請との調整の必要性も低い。なお、台湾海軍が国際法上の封鎖を中国に対して実施することはその一部の沿岸であっても今日では実際上不可能であるが、海上捕獲であれば実施できる。[129]

---

[128] 1996年の台湾海峡における中国軍演習のため各国商船の海峡通航が止まったが、1965年のより小規模の台湾防空ミサイル演習時との比較においてすら諸外国の抗議は控え目であった。

[129] 台湾の海上捕獲法については、官振忠、「我國海上捕獲法制簡介」(『海軍學術雙月刊』、

潜水艦、ミサイルと機雷による通航阻止

中国が戦時封鎖を行う場合には台湾の一定の地位承認という結果を招く法的冒険となり、また戦時平時の封鎖双方ともに実効性要件から水上艦艇巡航という戦術的に困難な方法を求める。このため通航遮断を国際法上の封鎖で追求することは中台武力紛争でも考えにくい。むしろ、潜水艦、ミサイルや機雷のようなそれ自体では相手方武力紛争当事者に対してのみ指向が認められる手段を利用して海上交通路を断つと考えられる[130]。特に短距離弾道ミサイルの遮断効果は、台湾進攻を模擬した1996年射撃演習で実証済みである[131]。なお、潜水艦で国際法上の封鎖を行うとすれば、実効性要件から水上航行が求められるので潜水艦封鎖は実際にはまずできない。いうまでもなくミサイルや機雷では国際法上の封鎖を成立させない。右のような手段による通航阻止効果は、封鎖ではないから法的なものではなく、これらの使用が武力紛争の当事国と非当事国の商船その他に対しても危険であるため、結果として通航が遮断されるという事実上のものである。

こうした手段のうち潜水艦並びに弾道式及び巡航式のミサイルを使うのであれば、無差別攻撃がいかなる事態でも禁止されるので、目標識別を攻撃の都度行わなければならない。台湾海峡における潜水艦や長射程兵器使用に関する中心的論点は、視界外にある目標の識別をどこまで確実にすべきかという識別義務の程度である。これに関しては識別義務低減水域でもあるいわゆる排除水域（exclusion zone）の設定問題とともに扱う。

第44巻4期、2010年8月、全4頁）を見よ。海上捕獲と同様の積荷奪取を行う反徒と海賊の相違が国際法上議論されてきた。台湾刑法は第333条で海賊罪を定める（中華民国法務部英譯法規内容、http://mojlaw.moj.gov.tw/EngLawContent.asppx?id=77, visited 31 Jan. 2015）。同条には私的目的及び領水外発生の要件はなく（Chiang, *supra* note 11, p.9）、反徒船舶を同法上の海賊船舶から排除していなかったように思われる。

130　浅い台湾海峡では澎湖水道が「唯一的潛艦庇護所」とされる。劉仲強、「台灣周邊海域海洋環境資料及戰場經營」、『海軍學術雙月刊』、第41巻6期、2007年12月、5頁。

131　台湾周辺水域を通常航行する船舶の三分の一が航路変更を余儀なくされ、基隆と琉球諸島間の連絡船運航が停止するなど日本の船会社にも大きな影響がでた。Alessio Patalano, "Shielding the 'Hot Gates': Submarine Warfare and Japanese Naval Strategy in the Cold War and Beyond(1976-2006)," *Journal of Strategic Studies*, Vol.31, No.6, 2008, p.878.

機雷は、頭上を通る艦船の識別を得意とはしない。そこで無害化装置義務化や敷設水域制限で対応することになる。1945年以降の武力紛争における大規模機雷敷設としては、ヴェトナム戦争中の米海軍による北ヴェトナム領水敷設がある。これはハイフォン港その他港湾の機能停止目的の敷設で、武力紛争非当事国船舶航行を機雷で危険に曝すおそれはなく、敷設時に港内にあった船舶の触雷を除けば国際法上の深刻な問題はなかった。しかし、台湾上陸を企図する中国は、主要港湾敷設ではなく、海峡の南北入口や外側に米海軍来援阻止のため機雷堰を広く設定すると考えられる。[132] 台湾にとっても機雷は残された有力な進攻阻止手段であり、上陸正面の他[133]、潜水艦と航空機を用いて大陸沿岸に広く敷設しよう[134]。

こうして非領水において武力紛争の当事者に属する商船漁船及び非当事国艦船に危険が生じる。1907年のハーグ自動触発水雷敷設条約が感応機雷を包含するかたちで慣習法になっているとすれば、同条約第1条規定の無害化装置と同効果の装置を全機雷に与えることが国際的武力紛争では義務的とされる。より問題となるのは敷設水域である。ハーグ条約は、領水外敷設を禁止せず、「交戦国」による機雷敷設水域通告も義務的ではない。同条約第4条では「中立国」もその「沿岸ノ前面」に敷設することが許容されるが、敷設水域告示が必要である。非国際的武力紛争時敷設にはこのハーグ条約の適用は元来ないが、非領水敷設であれば航行の安全確保を国際的武力紛争の際よりも強く諸外国は要求できるように思われ

---

[132] 感応式沈底機雷は、水深200メートル程度まで容易に敷設できるから、台湾海峡内及び東シナ海の広い範囲で利用できる。水深2,000メートルで敷設可能な沈底又は繋維の新式機雷を中国も装備し始めたといわれ、それであれば沖縄舟状海盆やバシー海峡の深海にも敷設できる。Andrew S. Erickson, Lyle J. Goldstein and William S. Murray, *Chinese Mine Warfare, A PLA Navy 'Assassin's Mace' Capability*, China Maritime Study, No.3, China Maritime Studies Institute, U.S. Naval War College, 2009, p.90. 中国海軍外洋展開阻止のための日本による機雷敷設の有効性については、次を見よ。Toshi Yoshihara, *Going Anti-Access at Sea, How Japan Can Turn the Tables on China*, Center for a New American Security, 2014, p.7.

[133] 1944年に連合軍が上陸したノルマンディー海岸と英本土の地理的関係は、海峡幅員や上陸適地の長さで台湾海峡北部両岸と似ている。

[134] フォークランド戦争やイラン・イラク戦争では近代的海軍による領水外への大規模で組織的な機雷敷設はなかった。

る。

　武力紛争当事国が非当事国排他的経済水域で機雷を撒けるかも検討する必要がある。中国が米海軍来援を効果的に阻止しようと思えば、日本や比の排他的経済水域にも敷設するであろう。台湾による非当事国排他的経済水域内での防御的機雷敷設も想像される。かかる敷設が非当事国に対する武力攻撃となるかが争われようが、必ずしもそうはならないというべきである。伝統的海戦法規は、領水外すなわち当時の公海上の敷設を禁止していなかったこと、及び排他的経済水域制度が海洋法条約起草過程でも海戦法規や海上中立法規との調整の機会のないまま設けられるに至ったことから、[136]排他的経済水域敷設が全て自動的に沿岸国に対する武力攻撃になるとはいえないように思われる。もちろん、武力紛争非当事国の沿岸航行や漁業の阻止目的で敷設されればそれが当該沿岸国への武力攻撃を構成することが充分考えられる。そうではない敷設については、武力紛争の当事国と非当事国の必要を公海にあってどう調整したかの問題を排他的経済水域制度成立の新状況下でいかに調整されうるかの問題に変換して考えることになろう。

　但し、そこには先述の排他的経済水域内軍事的活動の海洋法条約上の許容性問題とは異なる要素があることが指摘される。すなわち、排他的経済水域におけるいわゆる平時の軍事的活動は、海洋法条約解釈適用の問題である一方、特に国際的武力紛争時の機雷敷設では、海洋法条約を含む平時の海洋法が海戦法規及び海上中立法規とどのような関係にあるかという先決的問題があって、海洋法条約のみの問題と考えることはできない。[137]従って、排他的経済水域についての沿岸国の管轄権行使及びそ

135　Wolff Heintschel von Heinegg, "Methods and Means of Naval Warfare in Non-International Armed Conflicts," Kenneth Watkin and Andrew J. Norris, *eds.*, *Non-International Armed Conflict in the Twenty-first Century*, U.S. Naval War College International Law Studies, Vol.88, 2012, p.222.

136　和仁、前掲注125、43頁。

137　海洋法と海戦法規の関係を検討する際の基本的視点については、以下を見よ。Richard Jack Grunawalt, "Belligerent and Neutral Rights in Straits and Archipelagoes," Thomas A. Clingan, Jr., *ed.*, *The Law of the Sea: What Lies Ahead?*, The Law of the Sea Institute, University of Hawaii, 1986, p.137. 和仁、前掲注125、56頁。

こに残る公海の自由の他の国による行使を「妥当な考慮」で調整する海洋法条約第58条3項の問題としては処理しきれない。

目標識別と排除水域設定

台湾海峡とその周辺水域のように多数の艦船航空機が通航する場所で長射程兵器を使用する際には目標識別は困難になる。識別義務は攻撃側にあることに疑いはないが、攻撃側の安全確保のため識別を途中で打ち切り射撃することがしばしばある。識別義務の程度は、第一追加議定書第57条2項(a)(i)のいう識別のための「すべての実行可能なこと」の範囲をめぐって地上目標についても議論されてきた。右の規定は、同議定書第49条3項の効果で海空戦には限定的な意味しか持たず、さらに同じ議定書の第26条1項では衛生航空機が接触地帯上空では「自己の責任で運航」されるといった定めがなされ、海上と空中にある目標の識別義務の程度は地上目標の場合よりも低いという解釈もありえる。

こうした法状況である上に、一定の範囲の水域とその上空で識別義務を一律に低減する方式もとられるようになった。1982年のフォークランド戦争で英が設定した全面排除水域 (Total Exclusion Zone) はそのような性格も持ち、フォークランド諸島から200海里内に進入の艦船航空機はアルゼンチン軍を支援すると見なすとして攻撃対象としていた。この結果として戦時封鎖と実際上は同じ通航阻止効果が生じるが、そういう説明はせずにアルゼンチン軍排除の戦術的必要からくる識別義務の低減を前面に打ち出して武力紛争非当事国容認義務の有無という海上中立法規上の難問との関わりを小さくする巧みな方式を英はとった。しかし、そのような識別問題に転換してしまうのであれば、領水外における航行や上空飛行の自由よりも武力紛争当事国の必要が優先する根拠は、当事国領域内における識別義務低減の場合よりも薄弱で見い出しがたいという批判を招くことになる。

台湾進攻でもこの排除水域方式がとられる可能性がある。本方式も領水外の艦船航空機に影響を与えるので中国によるその設定は台湾の法的地位承認に結びつきかねないが、武力紛争非当事国に容認義務を課すと

いう側面を封鎖や海上捕獲よりも希薄にできる。台湾海峡に面した大陸沿岸から例えば200海里の範囲で排除水域を設定すると台湾本島もそこに含まれ、大陸から台湾上空を覆う中国軍長射程防空ミサイル及び各種対艦ミサイルは、識別義務低減の利益を享受しつつ台湾海峡を渡る中国軍上陸部隊を掩護できる。但し、これが武力紛争非当事国排他的経済水域にかかるのであれば、機雷敷設と同様の問題を当該の沿岸国との間に生じる。

4　おわりに

　台湾海峡の国際法上の地位は、比較的簡単に定まると思われる。それは非領水回廊が存在するからである。台湾海峡両岸の直線基線は、個々の基線設定方法には問題があるとしても非領水回廊がかなりの幅で残るように引かれている。ここから台湾海峡は、海洋法条約を適用するとしたらその第36条設定の基準で通航制度が決まる海峡になる。そうであれば、同条のいう「同様に便利」の基準で判断すればよい。

　しかし、第36条には不明確な要素がある。それは、海峡の定義そのものがはっきりしない点であって、第36条の拡張的と縮小的の両方の解釈を許すことにもつながる。第36条海峡と認識するか否かで澎湖水道の地位も変わるであろう。この第36条の適用をするとしても「同様に便利」の基準は明確さを欠く。台湾海峡のように浅い海であれば、やや深い領水部があるならそこでの通過通航制度適用の主張もありえないことではない。

　台湾海峡に関してはこうした問題が存在するが、中台ともにそれらをことさらにとり上げることをせず、このため台湾海峡の地位をめぐる法状況そのものは安定していたといえる。興味深いことに、互いに正統政府たることを争っていた北京と台北の政府がそれぞれ相手の海洋法制に対して否定的な態度をとっておらず、これも安定の維持に寄与している。中国は、台湾及び澎湖水道に基線を設定せず、台湾は金門馬祖に領海基

線を持たないのである。さらに海峡中間線は、中台合意に基づくものではないにもかかわらず中国もこれを尊重している。

　但し、台湾が中国と統一しないまでもその強い影響下に入ったならば、中国の外洋海軍式思考への転換と並行して台湾海峡でのより強い管轄権行使を中国が求める可能性も排除されない。そのような管轄権の拡大が中台以外の諸国にも効果を及ぼすという説明は海洋法条約上は困難で法的妥当性を欠くのであるが、中国がこれを行うなら近隣諸国や米にとって好ましかった台湾海峡の安定的法状況に影響が生じる。

　中台武力紛争が発生した場合には台湾海峡が緒戦の主戦場になる。かなりの幅の非領水回廊があり、両側の領水部はいずれも武力紛争当事者の領水であるから、海峡であるという地理的状況は海戦法規や海上中立法規の適用からすればさほど大きな問題にはならない。もっとも、ここで生じる武力紛争の性質決定は難しい。武力紛争法は、国家的実体であればそれが国際的武力紛争の当事者となりうることを否定しない。また、非国際的武力紛争当事者の行為によっては相手方当事者の一定の法的地位の承認になるという実際的な規則も持つ。しかし、それでも中国一国論をこうした実際的な規則によって完全に無視できるとするまでの徹底した構成を武力紛争法はとっていないのである。

　武力紛争の当事国が非当事国の艦船航空機に対していかなる措置がとれるかは、武力紛争の性質に左右される。台湾海峡やその周辺水域で自国商船臨検やその積荷没収がなされるなどしたら、商船旗国や積荷所有者国籍国は、その法的対応を考えるにあたって武力紛争性質決定から始めなければならない。

　台湾海峡とその周辺の海空戦は、長射程誘導兵器がふんだんに投入される初めてのものになると思われる。米海軍の介入があれば双方が原子力推進艦艇を展開する点でも最初である。そのような海空戦がいわゆる第一列島線の東側でも戦われるであろうから、台湾海峡代替航路としての台湾本島東側航路でも危険が生じる。目標識別義務の程度など近代的海空戦に伴う法的諸問題は、フォークランド戦争において一通り提示さ

れたが、輻輳した台湾海峡周辺ではそのような問題が目立ったかたちで現れてくるであろう。

＊本章執筆にあたり李明峻教授（新台灣國策智庫研發長）、姜皇池教授（國立台灣大學法律學院）、洪政儀少佐（台灣行政院海岸巡防署、大阪大学大学院国際公共政策研究科博士後期課程）、及び張詩奡学生（同法学研究科博士後期課程）から中国法及び台湾法に関する貴重な教示を受けた。

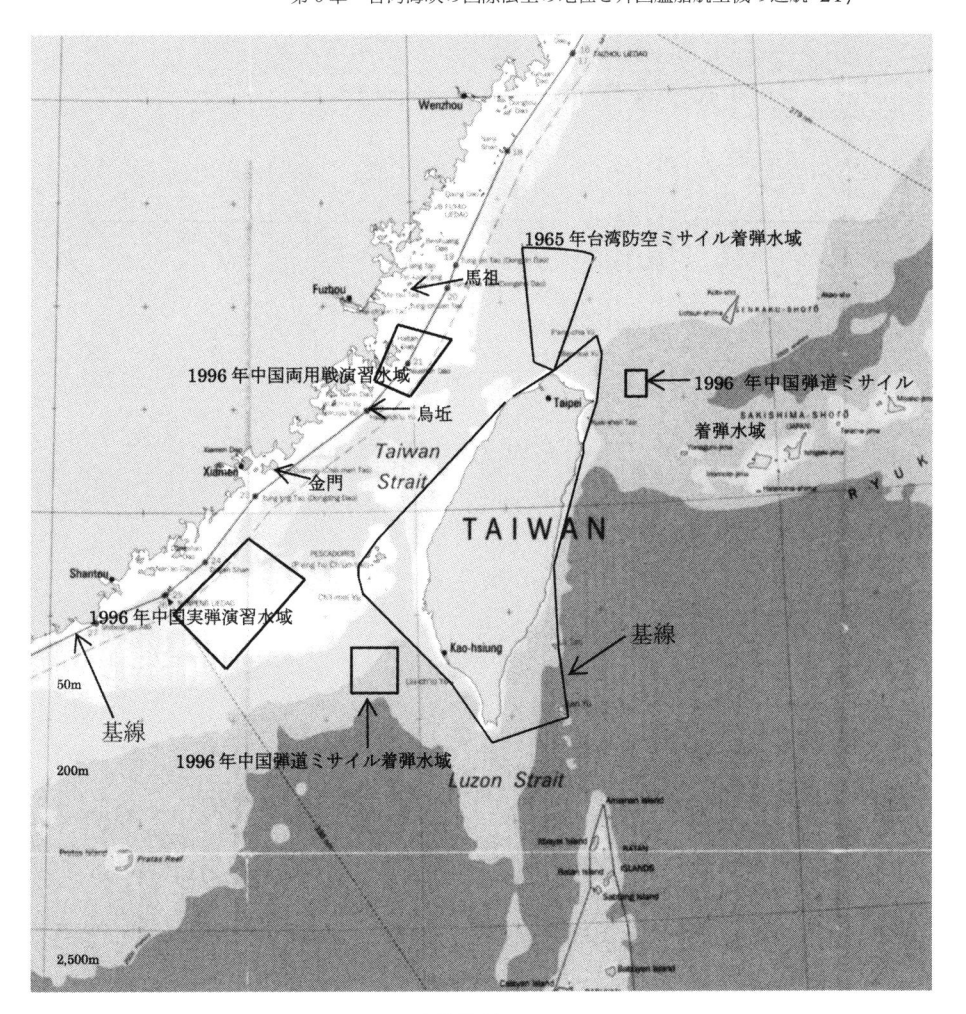

第 6 章　台湾海峡の国際法上の地位と外国艦船航空機の通航　217

台湾海峡

出典：地図は、*LIS*, No.117(*supra* note 69, p.7) 及び No.127(*supra* note 40, p.11) の掲載図をもととし、次の文献を参考に加筆したものである。Song, *supra* note 8, p.633; Elleman, *supra* note 22, pp.114-115; Roach, *supra* note 82, p.7. 図中領海基線は、中国と台湾がそれぞれ主張しているものを示す。基線の直線以外の箇所（台湾本島及び附属島嶼の一部海岸線）は、低潮線が基線であって地図では海岸線としてあらわされる。中国と台湾がそれぞれ釣魚島と釣魚臺列嶼と呼ぶ島の直線基線は中国設定により、台湾はそこでは低潮線を基線とする。台湾が支配する東沙諸島の直線基線は省略した。また、1995 年中国弾道ミサイル着弾円形水域 (10 海里円) は、1965 年台湾防空ミサイル演習着弾水域の一部と重なるという。

第7章 武力紛争時における国際海峡の法的地位
——通過通航権制度と海戦法規・中立法規との関係

和仁　健太郎

1　はじめに

本章は、武力紛争時における国際海峡の法的地位について検討する。すなわち、1982年国連海洋法条約が国際海峡(「国際航行に使用されている海峡」[1])[2]について規定する通過通航権(the right of transit passage)の制度(第34

---

[1] 「海洋法に関する国際連合条約(United Nations Convention on the Law of the Sea, 10 December 1982)」平成8年条約第6号, 1833 U.N.T.S. 3.

[2] 「海峡(strait; détroit)」の語は、国連海洋法条約において定義されてはいないが、「2つのより大きな海域を結ぶ狭い自然の水路(a narrow, natural passage connecting two larger bodies of water)」を意味するものと解されている。Ruth Lapidoth, "Straits, International," in *The Max Planck Encyclopedia of Public International Law*, ed. Rüdiger Wolfrum, Vol. 9 (Oxford: Oxford University Press, 2012), p. 619. 国連海洋法条約の国際海峡関連規定が適用されるのは、「海峡」のうち、「国際航行に使用されている(used for international navigation; servant à la navigation internationale)」ものに限られる(第34条1項)。正文の1つである仏語テキストでは意図的に現在分詞が用いられている("servant")ことから、第34条1項の定義を満たすためには、現に「国際航行に使用されている」ことが必要であり、「国際海峡に使用される」潜在的可能性があるだけでは不十分であるとされる。Wolfgang Graf Vitzthum, ed., *Handbuch des Seerechts* (München: Velag C.H. Beck, 2006), p. 140.（なお、1958年の「領海及び接続水域に関する条約」(昭和43年条約第11号。以下「領海条約」)の第16条4項では、「国際航行に使用される(servent à la navigation internationale)」という文言が用いられていた。Convention on the Territorial Sea and the Contiguous Zone, 29 April 1958, 516 U.N.T.S. 205.) しかし、「国際航行に使用されている」とはどのような状態のことであるのかは必ずしも明らかではなく、この文言の解釈が第34条の適用上最大の問題である。マルティン(Ana G. López Martín)は、2010年の著書において、世界中にある海峡がそれぞれ国連海洋法条約の何条の海峡であるかを示したカタログを付けており、それによれば、例えば我が国の海峡のうち、根室海峡、種子島海峡およびトカラ海峡の3つは通過通航権が適用される海峡であり、また、北方領土の間にある海峡のうち、択捉海峡、国後水道、色丹水道、多楽水道などにも通過通航権が適用されるという。Ana G. López Martín, *International Straits: Concept, Classification and Rules of Passage* (2010), Berlin: Springer, p. 205.

条〜44条)は、武力紛争時にも適用されるのかされないのか、仮に適用されないとすれば、武力紛争時の国際海峡にはいかなる内容の通航制度が適用されるのか、という問題である。(なお、本章では、後で述べる理由により、戦争・武力紛争の当事国を「交戦国」と、戦争・武力紛争の非当事国を「中立国」と呼ぶ。)

この問題は、(1)国際海峡の沿岸国が中立国である場合と、(2)国際海峡の沿岸国が交戦国である場合とに分けた上で、さらに、国際海峡を通航し、または通航しようとする船舶が、(a)交戦国軍艦[3]である場合、(b)交戦国商船[4]である場合、(c)中立国軍艦である場合、(d)中立国商船であ

---

3 国際法上、「軍艦(warship; navire de guerre)」とは、「一の国の軍隊に属する船舶であって、当該国の国籍を有するそのような船舶であることを示す外部標識を掲げ、当該国の政府によって正式に任命されてその氏名が軍務に従事する者の適当な名簿又はこれに相当するものに記載されている士官の指揮の下にあり、かつ、正規の軍隊の規律に服する乗組員が配置されているもの」と定義される(国連海洋法条約第29条)。この定義は、1958年の「公海に関する条約(Convention on the High Seas, 29 April 1958)」(昭和43年条約第10号, 450 U.N.T.S. 11)(以下「公海条約」)第8条2項で採用されていた定義とほとんど同一である(公海条約では「軍隊」ではなく「海軍」の文言を使っていた点など若干の文言の相違があるだけである)。また、1907年ハーグ第7条約(「商船ヲ軍艦ニ変更スルコトニ関スル条約(Convention relative à la transformation des navires de commerce en bâtiments de guerre, La Haye, 18 octobre 1907)」昭和12年条約第7号, Ministère des Affaires Étrangères, *Deuxième conférence international de la paix, La Haye 15 juin—18 octobre 1907: Actes et documents*, Vol.1 (1907), La Haye: Imprimerie Nationale, pp. 647-649)も、軍艦の定義として、①国の軍隊に属すること(「所属国ノ直接ノ管轄直接ノ監督及責任ノ下ニ置カルル」)、②軍艦であることを示す外部標識を掲げること(「軍艦ノ外部ノ特殊徽章ヲ附スルコトヲ要ス」)、③正式に任命された士官の指揮の下にあること(「指揮官ハ国家ノ勤務ニ服シ且当該官憲ニ依テ正式ニ任命セラレ其ノ氏名ハ艦隊ノ将校名簿中ニ記載セラルヘキモノトス」)、④乗組員が軍隊の規律に服すること(「乗員ハ軍紀ニ服スヘキモノトス」)という4つの要素を挙げていた(第1〜4条)。

4 「軍艦」の概念が実定国際法上確立しているのに対し、「商船(merchant ship; merchant vessel; navire de commerce)」の語を定義した条約規定は存在しない。例えば、国連海洋法条約は、「商船」の語を条約内で一度だけ、第2部第3節Bの見出しにおいて用いている(「商船及び商業目的のために運航する政府船舶に適用される規則」)が、その語を定義してはいない(「及び」という語で接続していることからすると、同条約は、商業目的政府船舶を「商船」とは別のカテゴリーの船舶と捉えているようである)。

この問題について、実定法の地位を有する文書ではないが、人道法国際研究所(International Institute of Humanitarian Law)が1994年に作成した「海上武力紛争に適用される国際法に関するサンレモ・マニュアル」(以下「サンレモ・マニュアル」)は、「商船」を「軍艦、補助艦または税関用もしくは警察用の船舶のような国の船舶以外の船舶であって、商業的または私的

る場合の少なくとも4つに分けて検討する必要がある((1 − a)、(1 − b)、(1

業務に従事しているもの」と定義している。International Institute of Humanitarian Law, *San Remo Manual on International Law Applicable to Armed Conflicts at Sea: Prepared by International Lawyers and Naval Experts Convened by the HIIHL* (1995), Cambridge: Cambridge University Press, p. 85. つまり、サンレモ・マニュアルによれば、商業的または私的業務に従事している船舶は、私有であるか国有であるかを問わず、「商船」のカテゴリーに属する(商業目的政府船舶は「商船」のカテゴリーに属する)ことになる(この点については、本章注5も参照)。

なお、サンレモ・マニュアルの意義について、同マニュアルの日本語訳を作成して出版した訳者たちは、「主として国家実行に重きを置いた現実的な研究により導かれ、また、各国専門家の多数意見を反映していることから、相応の説得力を持つものということができる。ただ、多数決で導かれた規定の一部には必ずしも主要海軍国の見解を反映していないところもあり、また、法の漸進的発達を考慮して設けられた規定には、既存の慣習法を重視する一部の国には受け入れ難いと思われるところもある。しかしながら、全体的にみると、不明瞭とされてきた部分を明確化したのみならず、国際社会の進展に適合させるべく海戦法規の再構築を図った画期的な成果であるということができよう」と評価している。人道法国際研究所(竹本正幸監訳、安保公人・岩本誠吾・真山全訳)『海上武力紛争法サンレモ・マニュアル解説書』(東信堂、1997年) v-vi頁。

5 海戦法規における船舶のカテゴリーは、軍艦と商船の2つに限られない。軍艦と商船以外の船舶をどのように分類するかについて定まった見解がある訳ではないが、例えば、前述のサンレモ・マニュアルは、①「病院船、沿岸救助用舟艇その他の衛生輸送手段」、②「軍艦」、③「補助艦(auxiliary vessel)」、④「商船」、⑤「通常は政府の被雇傭者が配置されているが、その船舶を補助艦たらしめるような任務を有していない政府船舶(government vessels which, though usually manned by government employees, do not have functions which would make them auxiliary vessels)」の5カテゴリーに分類している。同マニュアルによれば、「補助艦」とは、「軍艦以外の船舶であって、一の国の軍隊が所有しまたはその排他的監督下に置いており、かつ、当分の間政府の非商業的役務に従事するもの」をいう。具体的には、「部隊や軍事貨物の輸送」といった「自国の軍隊の後方支援(logistical support)」に従事する船舶であり、その船舶の乗組員は全員が文民であっても構わないものとされる。International Institute of Humanitarian Law, *supra* note 4, pp. 85, 91. サンレモ・マニュアルが⑤のカテゴリーを想定していることは一読しただけでは必ずしも明らかではないが、「商船」の定義規定に付けたコメンタリー(13.23)において、商船は、①〜③のいずれにも該当しない船舶であると述べた後、「しかし、そうする場合には、『商船』の語から、通常は政府の被雇傭者が配置されているが、その船舶を補助艦たらしめるような任務を有していない政府船舶を除外する必要があった」と述べている。*Ibid.*, p. 91. つまり、①〜③のいずれでもでもないものが自動的に商船であることにはならず、①〜④のいずれにも該当しない第5カテゴリーの船舶が存在するということである。同マニュアルは、「商船」を定義する際に、「軍艦、補助艦または税関用もしくは警察用の船舶のような国の船舶以外の船舶」[傍点引用者]と述べているから、⑤のカテゴリーに属する船舶として、具体的には税関用船舶や警察用船舶を想定していると解される。*Ibid.*, p. 85. 我が国の場合、例えば海上保安庁の巡視船はこの⑤のカテゴリーに属すると解される。

サンレモ・マニュアルによれば、軍艦と補助艦は軍事目標であり、それらの船舶の乗組

− c)、(1 − d)、(2 − a)、(2 − b)、(2 − c)、(2 − d) の合計 8 パターン[6])。本章で明らかにしようとするのは、これら 8 つの場合において船舶が有する通航権の内容、つまり、国際海峡の沿岸国は、外国船舶に対しどのような内容の通航を認めなければならないのか、あるいは通航を認める義務はなく、通航を禁止または制限することができるのかという問題である。なお、後述するように、(1) の場合には、中立国が外国船舶の通航を「認めなければならないか」だけでなく、外国船舶の通航を「認めてよいか」(通航を認めても中立が害されないか) も問題となる。

以下では、まず、戦時・武力紛争時における船舶航行制限の諸態様を分類・整理し、戦時・武力紛争時の国際海峡において行ってよいかどうかが問題となるのはどれであるかを特定する (2 節)。その上で、国際海峡の沿岸国が中立国である場合 (3 節) と沿岸国が交戦国である場合 (4 節) とに分けて、戦時・武力紛争時の国際海峡において船舶が有する航行権の内容を明らかにする[7]。3 節と 4 節のいずれにおいても、国連海洋法条約

───
員は敵軍に捕らえられた場合には捕虜となる。Ibid., pp. 154, 228. 軍艦と補助艦を分ける意味は、前者のみが敵対行為を行う資格を有するからである。Ibid., p. 90. 本章の検討対象である国際海峡の通航について、同マニュアルは、軍艦にも補助艦にも同一の規則が適用されるとの立場をとっている。Ibid., pp. 102-108.

なお、国連海洋法条約第 236 条では「軍の支援船 (naval auxiliary)」の語が用いられており、これがサンレモ・マニュアルにおける「補助艦」と等しいと言われる。真山全「海戦法規における目標区別原則の新展開 (一)」『国際法外交雑誌』第 95 巻 5 号 (1996 年) 15 頁。

6 ただし、議論の中心になるのは、(1 − a)、(2 − c) および (2 − d) の場合である。すなわち、国際海峡の沿岸国が中立国である場合において、その国が交戦国軍艦 ((1 − a)) に海峡通航を認める義務を負うのであれば、それ以外の船舶 ((1 − b)、(1 − c) および (1 − d)) については、より強い理由により通航を認める義務を負うと考えられる (本章 257、264-265 頁参照)。また、国際海峡の沿岸国が交戦国である場合において、その国が敵軍艦および敵商船 ((2 − a) および (2 − b)) の海峡通航を禁止できることは当然のことと考えられており、議論の焦点は、中立国軍艦と中立国商船の通航を禁止または制限できるかどうかである (本章 267 頁参照)。

7 国際海峡の中には、トルコ海峡 (the Turkish Straits：ボスポラス海峡およびダーダネルス海峡) やデンマーク海峡 (the Danish Straits：サウンド (エーレスンド；ズント) 海峡、大ベルト海峡および小ベルト海峡) などのように、個別条約により特別の制度が設定されている場合がある。そうした海峡のうち、戦時・武力紛争時における外国船舶の通航について明文で規定しているものについては、その条約条文を適用すればよく、一般国際法上の問題は生じない。また、そうした海峡に関する実行は、あくまでも個別条約の適用に関する実行であり、一般国際法の解釈・適用について関連性を有する実行とは見なされない。

採択前の国際法の状況を明らかにした後、その状況が、国連海洋法条約による通過通航権制度の導入によってどのように変化したか（あるいは変化していないか）を検討する。

戦時・武力紛争時における外国船舶の通航について明文で規定した条約として、例えば、トルコ海峡に関する1936年の「海峡制度ニ関スル条約（Convention concernant le régime des Détroits, Montreux, 20 juillet 1932）」（モントルー条約）（昭和12年条約第1号, 173 L.N.T.S. 62）がある。同条約第20条は、トルコが交戦国である場合の軍艦のトルコ海峡通航について、「戦時ニ於テ『トルコ』國ガ交戦状態ニ在ルトキハ第十條乃至第十八條［平時における軍艦の通航に関する規定：引用者注］ノ規定ハ適用セラレザルベシ。軍艦ノ通過ハ全ク『トルコ』國政府ノ裁量ニ委セラルベシ」と規定する。トルコが交戦国である場合の商船のトルコ海峡通航については、第5条1項が、「戦時ニ於テ『トルコ』國ガ交戦状態ニ在ルトキハ『トルコ』國ト戦争中ノ國ニ属セザル商船ハ何等敵ヲ援助セザルコトヲ條件トシテ海峡ニ於ケル通過及航行ノ自由ヲ享有スベシ」と定める。他方、トルコが中立国である場合の軍艦のトルコ海峡通航については、「戦時ニ於テ『トルコ』國ガ交戦状態ニ在ラザルトキハ軍艦ハ第十條乃至第十八條ニ規定セラルル所ト同一ノ條件ノ下ニ海峡ニ於ケル通過及航行ノ完全ナル自由（complète liberté de passage et de navigation）ヲ享有スベシ」（第19条1項）、「尤モ本條約第二十五條［この条約はトルコまたは他の国際連盟国が国際連盟規約に基づき有する権利および義務を害するものではないとの規定：引用者注］ノ適用ノ範囲内ニ属スル場合及『トルコ』國ヲ拘束スル相互援助條約ニシテ國際聯盟規約ノ範囲内ニ於テ締結セラレ、右規約第十八條ノ規定ニ従ヒ登録セラレ且公表セラレタルモノニ依リ被侵略國ニ與ヘラルル援助ノ場合ヲ除クノ外何レノ交戦國ノ軍艦ニ對シテモ海峡ノ通過ハ禁止セラルベシ」と規定する（第19条2項）。トルコが中立国である場合の商船通航については、第4条1項が、「戦時ニ於テ『トルコ』國ガ交戦状態ニ在ラザルトキハ商船ハ國旗及載荷ノ如何ヲ問ハズ第二條及第三條ニ規定セラルル條件ノ下ニ海峡ニ於ケル通過及航行ノ自由ヲ享有スベシ」と規定する。以上をまとめれば、次のようになる。①トルコが交戦国である場合、他国の軍艦にトルコ海峡通航を認めるかどうかはトルコの裁量に委ねられるが、中立国商船については原則としてトルコ海峡通航の自由を認めなければならない。他方、②トルコが中立国である場合、中立国軍艦は第10条〜第18条に定める条件に従いトルコ海峡を通航する権利を有するが、交戦国軍艦は原則としてトルコ海峡の通航を禁じられる。トルコが中立国である場合の交戦国商船および中立国商船については、トルコ海峡における自由航行権が認められる。

他方、デンマーク海峡に関する1857年条約（Treaty for the Redemption of the Sound Dues between Austria, Belgium, France, Great Britain, Hanover, the Hansa Towns, Mecklenburg-Schwerin, the Netherlands, Oldenburg, Prussia, Sweden-Norway, and Denmark, signed at Copenhagen, 14 March 1857, *Consolidated Treaty Series*, ed. Clive Parry, Vol. 116 (1969), Dobbs Ferry, N.Y. : Oceana Publications, pp. 357-371）には軍艦の通航に関する規定や戦時・武力紛争時の通航に関する規定がないから、戦時・武力紛争時のデンマーク海峡には一般国際法が適用される。したがって、同海峡に関する実行は、本章が検討する問題にとって関連性のある実行として扱うことができる。この点については、Akira Mayama, "The Influence of the Straits Transit Regime on the Law of Neutrality at Sea," *Ocean Development and International Law*, Vol. 26 (1995), p. 5.

なお、本章では、海戦法規 (the law of naval warfare) や中立法規 (the law of neutrality) が適用される可能性のある事態を「戦争・武力紛争」(「戦時・武力紛争時」) または単に「武力紛争」(「武力紛争時」) と、戦争・武力紛争の当事国を「交戦国」と、戦争・武力紛争の当事国でない国を「中立国」と、戦争・武力紛争が存在しない状態を「平時」と呼ぶ。これは、現代国際法における「戦争」や「中立」の概念の地位が依然として不明確であることに由来する。すなわち、第一次大戦以前の国際法において、国家間に戦争 (war) が発生した場合、戦争を行う国が交戦国 (belligerents)、交戦国以外のすべての国が中立国 (neutrals) とされ、交戦国相互間には交戦法規が、交戦国と中立国との間には中立法規が適用された。しかし、国際連盟規約 (1919 年) から国際連合 (以下「国連」) 憲章 (1945 年) に至る戦争・武力行使違法化によって、中立法規や海戦法規の妥当性に疑問が生ずるようになり、また、仮に中立法規や海戦法規が妥当するとしても、その適用が戦争の場合に限られるのか、それとも武力紛争の場合にも適用されるのか、さらに、そもそも現代国際法において「戦争」が成立し得るのか、「戦争」や「武力紛争 (armed conflict)」の概念にどのような法的効果が帰属するのか、現代国際法においては「交戦国」でも「中立国」でもない「非交戦国 (non-belligerent)」なる地位があり得るのではないか、といった一連の難問が生ずることになった。[8] これらの問題は依然として未解明であり、また、到底本章で明らかにできるような問題でもない。そこで、本章では、「戦争」(「戦時」)、「武力紛争」(「武力紛争時」)、「平時」、「交戦国」および「中立国」の語を、さしあたり前述の意味で用いることにする。また、本章では、「平時海洋法」という言葉も用いる。この言葉が指し示すものは、通常「海洋法 (the law of the sea)」と呼ばれるものと同一であるが、戦時・武力紛争時にのみ適用される海戦法規と異なり、「平時」においても適用される海洋の国際法 (これが海戦法規と抵触しない限度において戦時・武力紛争時にも継続的に適用されるか否かについては後に述べる) であることを明確にするため、便宜的に「平

---

[8] これらの問題については、さしあたり、和仁健太郎『伝統的中立制度の法的性格：戦争に巻き込まれない権利とその条件』(東京大学出版会、2010 年) 1-8 頁を参照。

時海洋法」という語でこれを表現することにする。

2　戦時・武力紛争時における船舶航行制限の諸態様

　戦時・武力紛争時において、船舶の航行は、様々な形で制限を受ける。戦時・武力紛争時において船舶の航行を制限する様々な措置について、定まった分類・整理の仕方がある訳ではないが、一応、①害敵手段（means of injuring the enemy）または敵対行為（hostilities）と総称され、交戦国が、戦争区域においてのみ行うことのできるもの、②水面防禦と総称され、交戦国だけでなく中立国も一定の場合に行い得るもの、③戦時・武力紛争時だけでなく、平時海洋法に基づき行えるもの、の3つに分けることが可能である。

　以下では、これらの措置の概要を説明し、これらのうち戦時・武力紛争時の国際海峡において行ってよいかどうかが問題となるものはどれであるかを特定する。なお、以下の（1）（害敵手段の行使）で論ずることは、あくまでも伝統的海戦法規を前提にした議論であり、国連憲章による武力行使違法化により、交戦国の行使できる害敵手段の内容が変容した可能性はもちろんあり得る。伝統的な海戦法規が現代の国際法において妥当しているか、妥当しているとしてもどのような内容のものとして妥当しているかは、前述の通り未解明の問題であり、また、到底本章で明らかにできるような問題でもない。以下で述べることは、伝統的海戦法規が現在においてもそのまま妥当していることを仮に前提とすればこうなる、ということである。

(1) 害敵手段の行使

　交戦国が海上において行使できる害敵手段としては、①敵軍艦に対す

9　水面防禦という言葉は必ずしも一般に用いられる言葉ではないが、この言葉を使うものとして、例えば、信夫淳平『戦時国際法講義』第3巻（丸善、1941年）155頁。

る攻撃 (attack)[10]、②敵軍艦の拿捕 (seizure) および戦利品 (booty of war) としての没収[11]、③敵軍艦および敵商船の乗組員の捕虜としての抑留、④敵商船および敵商船内の敵貨の拿捕および没収[12]、⑤戦時禁制品 (contraband of war) を輸送する商船の拿捕および戦時禁制品たる貨物 (一定の要件を満た

10 海戦における攻撃は、大砲の射撃、魚雷の射撃、爆雷の投下、機雷の敷設、衝角による衝突、航空機からの爆弾の投下等の手段により行われる。立作太郎『戦時国際法論』(日本評論社、1944年) 297頁。攻撃の対象にできるのは敵国の軍艦および補助艦のみであり、商船を攻撃の対象とすることは原則として許されない。商船に対する攻撃が許されるのは、臨検捜索権に服従しない場合 (軍艦または軍艦から派遣される士官に対し武器を使用して臨検捜索に抵抗する場合のほか、停戦命令に従わず逃走を企てることによって臨検捜索への不服従の意思を表示す場合や、商船が武装することにより臨検捜索への抵抗の意思をあらかじめ表示する場合などを含む) などに限られる。田岡良一『国際法学大綱』下巻 (巌松堂書店、1939年) 214-215, 370-371頁。

11 敵軍艦の拿捕・没収は、拿捕によって直ちに没収の効果を生ずる点で、捕獲審検所の検定を経てはじめて没収の効果を生ずる商船の海上捕獲 (本文の④〜⑦) と区別される。なお、戦利品のことを鹵獲品、敵軍艦その他の国有財産を戦利品として没収することを鹵獲ということもある。

12 敵商船および敵商船内の敵貨は、すべて拿捕・没収の対象となる (戦時禁制品であるか否か、封鎖侵破船であるか否か等を問わない)。敵船内の中立貨ならびに中立船内の敵貨および中立貨は、戦時禁制品である場合等を除いて没収されない。貨物の敵性の決定基準 (敵貨と中立貨を分ける基準) については、貨物の所有者の国籍を基準とする主義 (フランス主義) と貨物の所有者の住所地を基準とする主義 (英国主義) が対立し、1909年のロンドン宣言もこの対立を解消することはできなかった (第58条は、「敵船内の貨物の中立性または敵性は、その貨物の所有者の中立性または敵性により決定される」とだけ定め、所有者の中立性・敵性が何によって定まるのかを規定していない)。
　　ロンドン宣言 (「海戦法規に関する宣言」(Déclaration relative au droit de la guerre maritime, *Proceedings of the International Naval Conference, Held in London, December 1908-February 1909*, Cd. 4555, pp. 381-393) とは、海戦法規、特に当時の海戦で重要な位置を占めていた海上捕獲法について従来統一的な国家実行が存在しなかった状況において、この分野における法の統一を図るために10海軍国 (英国、ドイツ、フランス、イタリア、米国、ロシア、オーストリア・ハンガリー、スペイン、日本) を集めて開催されたロンドン会議 (1908〜09年) で署名された条約であるが、いずれの国も批准しなかったために発効しなかった。ロンドン宣言前文は、「署名国は、以下の各章に定める規則が、一般に認められた国際法の諸原則と概ね合致する (respondent, en substance, aux principes généralement reconnus du droit international) ことに合意する」と述べているが、そもそもロンドン宣言以前には海上捕獲法について統一的な国家実行が存在していなかった——だからこそロンドン会議を開催した——のであり、同宣言の多くの規定は、従来の慣習国際法を法典化したものではなく、会議参加国の妥協によって新たに作られた規則である。以上については、和仁健太郎「伝統的国際法における敵船・敵貨捕獲の正当化根拠 (一)」『阪大法学』第64巻2号 (2014年) 357-359, 378頁を参照。

す場合には戦時禁制品輸送船および同船内の非戦時禁制品たる貨物も）の没収[13]、⑥封鎖（blockade）を侵破する商船の拿捕ならびに同船および同船内の貨物の没収[14]、⑦非中立的役務（unneutral service）に従事する商船の拿捕ならびに同船および同船内の一定の貨物の没収[15]、⑧商船に対する臨検捜索（visit

---

[13] 戦時禁制品（contraband of war; contrebande de guerre; Kriegskonterband）とは、船舶により海上輸送される物品のうち、戦争の用に供され得る性質を有し（susceptible of belligerent use）、かつ、敵性仕向地（hostile destination）を有するもののことをいう（典型的には、武器や弾薬などが敵国の港に向かって輸送される場合）。交戦国は、戦時禁制品を輸送する船舶を海上（中立国領水を除く）で拿捕し、捕獲審検所の審検・検定を経て、戦時禁制品たる貨物を没収することができる。戦時禁制品輸送船および同船上の戦時禁制品以外の貨物（非禁制品貨物）をどのような場合に没収できるかについては国家実行が分かれ、英国は、①戦時禁制品たる貨物と同一所有者に属する輸送船および非禁制品貨物、②虚偽の書類をもって航海する戦時禁制品輸送船および同船上の非禁制品貨物、ならびに③船舶の所属国と捕獲国との間の条約において戦時禁制品と明記された物品を輸送する船舶および同船上の非禁制品貨物を没収した（英国主義）。他方、フランスは、1778年以降、戦時禁制品たる貨物が船内の貨物全体の価額の4分の3以上を占める場合には、戦時禁制品輸送船および同船上の非禁制品貨物を没収した（フランス主義）。以上については、和仁・前掲注(12) 373-374頁参照。

[14] 封鎖（blockade; blocus; Blockade）とは、交戦国が敵地（敵国領土または敵軍が占領する場所）の沿岸海域に艦隊を配置して封鎖線を張り、その線を越えて敵地と交通する船舶を拿捕することによって、敵地と外海との交通を遮断する行為である。交戦国は、封鎖を侵破する（breach a blockade）船舶を拿捕し、捕獲審検所の審検・検定を経て、封鎖侵破船およびその貨物のうち一定のものを没収することができる。封鎖侵破船が拿捕・没収の対象となることについて国家実行は一致していたが、封鎖侵破船の貨物をどのような場合に没収できるかについては、これを常に没収するフランス主義と、①船舶と同一所有者に属する貨物、②戦時禁制品たる貨物、および③所有者が船積みの際に船舶が封鎖港に向かうことを知らなかったことを証明できない場合の貨物を没収する英国主義とが対立した。ただし、これら2つの主義の相違は、封鎖侵破船の貨物のうち、貨物の所有者が封鎖侵破の意図を知らなかったことを証明した場合にその貨物を没収するかどうかだけであり、国家実行が分裂していた程度は、海上捕獲法の中では小さい方であった。ロンドン宣言は、「封鎖を侵破したと認められる船舶は、これを没収する。その貨物も同様に没収する。ただし、貨物が船積みされた時点において荷積人が封鎖侵破の意図を知らなかったか、または知り得なかったことが証明される場合は、その限りではない」（第21条）と規定し、英国主義に近い立場を採用した。以上については、和仁・前掲注(12) 374頁参照。

[15] 非中立的役務（unneutral service; Neutralitätswidrige Unterstützung）とは、敵国のためにする一定カテゴリーの人員および信書の輸送（carriage of persons and despatches for the enemy）のことである。どのような人または信書の輸送が非中立的役務を構成するかについては、国家実行上明確でない部分が多かったが、例えばオッペンハイム（L. Oppenheim）によれば、人については、①軍隊構成員であって、戦闘に加わるため戦地に向かうものまたは戦地から戻るもの、②軍隊構成員ではないが目的地において軍隊構成員となるもの、③軍隊構成

and search)、⑨海底電線の切断などの措置が含まれる（④〜⑧を総称して「海上捕獲 (capture at sea)」と、海上捕獲を規律する法のことを「海上捕獲法 (prize law)」という）。これらの措置は、⑨を除けば、当然のことながら、何らかの形で船舶の航行を制限する側面を含んでいる。

　害敵手段は、交戦国が、戦争区域 (region of war) においてのみ行使できる。戦争区域とは、国際法上、害敵手段を行使し得る場所のことであり、伝統的国際法では、中立国の領土、領水および領空を除くすべての地域お

員ではないが重要な地位 (a prominent position) にあり捕えられれば捕虜となるもの（国家元首、閣僚等）や、目的地において武器・弾薬の購入などに従事する代理人として派遣される者がそれに該当するという。オッペンハイムによれば、信書については、政治的な信書 (political despatches)、とりわけ戦争に関係するものを、敵国から、または敵国に向けて輸送する行為が非中立的役務を構成する。L. Oppenheim, *International Law: A Treatise*, Vol. 2, *War and Neutrality* (1906), London: Longmans, Green, and Co., pp. 447-448, 451. 非中立的役務に従事する船舶は拿捕され、捕獲審検所の検定を経て没収される。また、信書輸送の場合には当該信書が没収され、人の輸送の場合には当該人が捕虜となる。それ以外の貨物の処分については国家実行が分れたが、英国や日本などの慣行では、船舶と同一所有者に属する貨物を没収していた。なお、非中立的役務は、フランス語では「敵対的援助 (assistance hostile)」と呼ぶのが一般的である (1909年ロンドン宣言のフランス語正文もこの言葉を用いる)。また、非中立的役務は、沿革的には戦時禁制品制度の一部であったこと、および禁圧の方法が交戦国による海上捕獲に委ねられている点が似ていることから、19世紀から20世紀初頭まで学説では、「類似禁制品 (analogous of contraband; contrebande par analogie; analoge Kontrebande)」と呼ばれることが多かった（前述のオッペンハイムもこの言葉を用いる）。さらに、「準禁制品 (quasi-contraband)」、「輸送役務 (service de transport)」、「戦時禁制人 (contraband persons)」および「戦時禁制書 (contraband despatches)」などと呼ばれることもあった。以上については、和仁・前掲注 (12) 374-375 頁参照。

16　交戦国軍艦は、本文に挙げた④〜⑦の権利を実行するため、海上で発見するすべての船舶について、船舶の国籍、船舶の出港地および目的地、積荷および乗客の性質等を確認する必要がある。そのために認められるのが臨検捜索の権利 (the right of visit and search) であり、交戦国軍艦は、海上で発見するすべての船舶を停船させて船舶書類を査閲し（臨検）、必要のあるときはさらに船内の捜索を行うことができる。

17　内水、領海および群島水域を総称して領水 (territorial water) という。筒井若水『国際法辞典』（有斐閣、1998年）344頁。後述（本章注46）の海戦中立条約では「中立国領水 (les eaux territroiales d'une Puissance neutre)」の文言が使われている。海戦中立条約採択当時の国際法において群島水域の制度は存在していなかったが、現在では、海戦中立条約の適用上、中立国の群島水域も「中立国領水」に含まれると解されている。Dietrich Schindler, "Commentary," in *The Law of Naval Warfare: A Collection of Agreements and Documents with Commentaries*, ed. N. Ronzitti (1988), Dordrecht: Martinus Nijhoff Publishers, pp. 219-220.

よびその上空が戦争区域とされた[18]。現在の海洋法では、領海の外側に、沿岸国が一定の事項について管轄権を行使できる海域（接続水域、排他的経済水域（以下「EEZ」）および大陸棚）が存在し、これらの海域が武力紛争時において戦争区域に含められるか否かが問題となるが、一般には、戦争区域から除外されるのは、中立国の主権の下にある地域、つまり中立国の領土、領水および領空に限られ、中立国が一定の事項について管轄権を行使できるにとどまる海域（接続水域、EEZ および大陸棚）は、現在もなお戦争区域であると考えられている[19]。ただし、中立国の EEZ などで害敵手段を行使する交戦国は、沿岸国たる中立国の権利に「妥当な考慮（due regard）」（国連海洋法条約第 58 条 3 項）を払う義務を負うと言われることもある[20]。しかし、武力紛争時に交戦国が払うべき「妥当な考慮」の内容は定かではなく、したがってこの義務によって交戦国の害敵手段行使がどの程度制限されるかは明らかではない。

　このように、中立国の接続水域、EEZ および大陸棚については若干明らかでない部分があるが、少なくとも、交戦国が中立国領水内において害敵手段を行使できないことと、公海および交戦国領水内において害敵手段を行使できることは明らかである。そして、これらのことが、当該海域が国際海峡である場合に妥当しないと考える合理的な理由は、原則

18　Oppenheim, *supra* note 15, p. 80; Charles Rousseau, *Le droit des conflits armés* (1983), Paris: Editions A. Pedone, pp. 64-65; 立・前掲注（10）112-115 頁 ; 田岡・前掲注（10）216-217 頁。「戦争区域」は、「交戦区域」ということもある。なお、類似の概念として「戦場（theatre of war; théâtre de la guerre）」があるが、これは、実際に敵対行為が行われている場所のことである。

19　Elmar Rauch, *The Protocol Additional to the Geneva Conventions for the Protection of Victims of International Armed Conflicts and the United Nations Convention on the Law of the Sea: Repercussions on the Law of Naval Warfare: Report to the Committee for the Protection of Human Life in Armed Conflict of the International Society for Military Law and Law of War* (1984), Berlin: Duncker & Humbolt, pp. 33-38; Natalino Ronzitti, "The Crisis of the Traditional Law Regulating International Armed Conflicts at Sea and the Need for its Revision," in *The Law of Naval Warfare: A Commentary on the Relevant Agreements and Documents*, ed. N. Ronzitti (1988), Dordrecht: Martinus Nijhoff Publishers, pp. 26-32; Wolff Heintschel von Heinegg, "The Law of Armed Conflict at Sea," in *The Handbook of International Humanitarian Law*, ed. Dieter Fleck, 3rd ed. (2013), Oxford: Oxford University Press, pp. 473-474.

20　Heintschel von Heinegg, *supra* note 19, p. 474.

として存在しない。つまり、交戦国は、国際海峡のうち交戦国領水部分および公海部分において、害敵手段を行使して船舶の航行を制限できると考えられる。[21] 害敵手段行使の対象となる船舶は、海上のどこにいようが、船舶の種類または積荷の内容を根拠に、つまり、戦時禁制品輸送船の場合は、戦時禁制品を輸送していることを理由に拿捕され、敵軍艦と敵商船の場合は、敵軍艦や敵商船であるというだけの理由で攻撃または海上捕獲の対象となる。これらの船舶が攻撃または捕獲を免れるのは、中立国の主権の下にある海域、すなわち中立国の領水内にいる場合に限られるのであって、国際海峡のうち交戦国領水部分または公海部分に入っていったとたんに攻撃や捕獲を免れるようになるということは、あり得ないのである。

　もっとも、交戦国が行使する害敵手段のうち、対象海域における船舶の海上交通を一切遮断する行為である封鎖については、封鎖線を張る海域がすべて戦争区域（交戦国領水または公海）であっても封鎖を行ってはな

---

[21] E.g., Erik Brüel, *International Straits: A Treatise on International Law*, Vol. 1, *The General Legal Position of International Straits* (1947), Copenhagen: NYT nordisk forlag, p.108; R.R. Baxter, *The Law of International Waterways: With Particular Regard to Interoceanic Canals* (1964), Cambridge, Massachusetts: Harvard University Press, pp. 205-207; D.P. O'Connell, *The International Law of the Sea*, Vol. 1 (1982), Oxford: Clarendon Press, pp. 326-327; Rauch, *supra* note 19, p. 44; Wolff Heintschel von Heinegg, *Seekriegsrecht und Neutralitätsrecht im Seekrieg* (1995), Berlin: Duncker & Humbolt, p. 218. もっとも、この点に反対する学説が皆無という訳ではない。例えば、米海軍・主任法務官補佐（当時）のハーロウ（Bruce A. Harlow）は、「国際海峡の通航は国際通商および交通にとって極めて重要である」ことを根拠に、交戦国が「国際海峡において臨検捜索を行うことは許されない」と論ずる。Bruce A. Harlow, "UNCLOS III and Conflict Management in Straits," *Ocean Development and International Law*, Vol. 15 (1985), p. 206. しかし、ハーロウは、国際海峡における臨検捜索権行使の禁止という規則が慣習国際法として成立していることを論証してはおらず、彼の主張は立法論に過ぎない。ハーロウは、領海の幅が12カイリよりも狭かった時代に成立した伝統的海戦法規を現在の武力紛争にそのまま適用することを批判する。*Ibid.*, p. 204. しかし、領海の幅が現在より狭かった時代には、国際海峡内の公海部分は現在よりも広かったのであり、公海は戦争区域であってそこで臨検捜索その他の害敵手段を行使できたのであるから、領海部分がかつてよりも拡大した現在の国際海峡において害敵手段の行使を認めたとしても、船舶の航行を阻害する程度は今も昔も何ら変わらない。「国際海峡の通航は国際通商および交通にとって極めて重要である」ことは、今も昔も同じであろう。もし同じでないというならば、そのことを論証しなければならないが、ハーロウはそのことを論証していないのである。

第 7 章　武力紛争時における国際海峡の法的地位　231

らない場合があると主張されることがある。具体的には、河口部分はすべて敵国に属するが中立国領土内をも貫流する河川の河口部分の封鎖や、公海と公海とを結ぶ国際海峡の封鎖の可否について議論がある。公海と公海とを結ぶ国際海峡（沿岸国がすべて敵国である場合）の封鎖について、フォシーユ（Paul Fauchille）は、「海峡は……これを封鎖してはならない」[22]と述べているが、一般には、この問題は未解決の問題であると考えられている[23]。1909 年ロンドン宣言も国際海峡の封鎖について規定を欠いているが、第 18 条に「封鎖艦隊は、中立国港および中立国沿岸への到達を遮断してはならない（ne doivent pas barrer l'accès aux ports et aux côtes neutres）」との規定がある。ロンドン宣言は未発効条約であるが、第 18 条に定められた規則が仮に慣習国際法を反映する規則だとすれば、海峡が中立国港および中立国沿岸に通じる唯一の航路である場合には、当該海峡の封鎖は禁じられることになる。例えば、イランとオマーンが共同交戦国、米国が他方交戦国で、イラク、クウェート、カタール、バーレンなどが中立国である武力紛争が発生したと仮定した場合において、米国がホルムズ海峡を封鎖すると、たとえ封鎖線を張る海域がイランとオマーンの領水部分だったとしても[24]、イラク、クウェート、カタール、バーレン等の沿岸に通じ

22　Paul Fauchille, *Traité de droit international public*, Vol. 2, *Guerre et neutralité*, 8e ed. (1921), Paris: Librairie Arthur ROUSSEAU, p. 961.
23　E.g., L. Oppenheim, *International Law: A Treatise*, Vol. 2, *Disputes, War and Neutrality*, 7th ed., ed. H. Lauterpacht (1952), London: Longmans, Green and Co., p. 773; C. John Colombos, *The International Law of the Sea*, 5th ed. (1962), London: Longmans, p. 688.
24　ホルムズ海峡の幅は、もっとも狭いところで約 21 カイリである。Nilufer Oral, "Transit Passage Rights in the Straits of Hormuz and Iran's Threat to Block the Passage of Oil Tankers," *ASIL Insights*, Vol. 16, Issue 16, May 3, 2012, http://www.asil.org/insights/volume/16/issue/16/transit-passage-rights-strait-hormuz-and-iran's-threats-block-passage (accessed 25 June 2015). なお、イランが核兵器開発疑惑を理由とする同国への制裁に反発して行うことを示唆する、ホルムズ海峡のいわゆる「封鎖」は、同海峡における機雷の敷設を意味するのであれば、国際法上これを封鎖とはいわない。国際法上の封鎖とは、交戦国が封鎖線を張ってそれを実効的に維持することにより、封鎖線を通過する船舶を拿捕・没収する権能が当該交戦国に生ずるもののことをいう。交戦国が敵国沿岸の海上交通を遮断する方法としては、封鎖による以外に、敵国沿岸の前面に石材もしくは船舶を沈め、または機雷を敷設することにより船舶の交通を事実上遮断する方法がある（いわゆる「沈石封鎖（stone blockade）」）。しかし、沈石・沈船・機雷

る唯一の航路が遮断されることになるから、こうしたケースでホルムズ海峡を封鎖することは禁止されることになる。ただし、ロンドン宣言第18条が慣習国際法になっているか否かは明らかでない。

以上のように、封鎖については若干の問題があるものの、それ以外の害敵手段は、中立国領水部分を除き、国際海峡においても公海上とまったく同じように行使できる。したがって、国際海峡に固有の問題が生ずるのは、害敵手段（攻撃や海上捕獲）の対象とならない船舶、つまり中立国軍艦および中立国商船のうち、戦時禁制品輸送や非中立的役務に従事していないものについて、沿岸国がその航行に何らかの制限を課すことができるか、という点に絞られる[25]。害敵手段の対象とならない船舶の航行を制限する措置としては、平時海洋法を根拠とするもの（(2)）と、戦時・武力紛争時に特別に許容されるもの（水面防禦）（(3)）とに分けることができる。

(2) 平時海洋法に基づく船舶の航行制限

国連海洋法条約は、船舶の航行制度として、①領海における無害通航権、②国際海峡のうち一定のもの（(i) 海峡が海峡沿岸国の島および本土から構成されている場合において、その島の海側に航行上および水路上の特性において同様に便利な公海または排他的経済水域の航行が存在する海峡（第38条1項）[26]、ならびに (ii) 公海または1つの国のEEZの一部と他の国の領海との間にある海峡（第45条1項(b)号））[27]における「停止でき

敷設等による敵国の港や沿岸の閉塞の場合、閉塞された港や沿岸との海上交通は、単に事実上遮断されるだけであって、閉塞された港や沿岸に出入りする船舶を交戦国が拿捕・没収できるようになるという法的効果が生ずる訳ではない。

25　臨検捜索はすべての船舶に対して行使することができるが、臨検捜索の結果、拿捕事由の存在しないことが明らかになれば船舶を解放しなければならない。

26　例えば、イタリア本土とシチリア島の間のメッシーナ海峡がこれに該当する。いわゆる「メッシーナ海峡例外 (the Messina exception)」。第38条1項に該当する海峡の例については、Martín, *supra* note 2, pp. 95-98 を参照。

27　例えば、アカバ湾のティラン海峡がこれに該当する。第45条1項(b)号に該当する海峡の例については、Martín, *supra* note 2, pp. 99-100 を参照。

ない無害通航権 (non-suspendable innocent passage)」、③国際海峡における通過通航権[28]、④公海および EEZ における自由航行、という4種類の制度を定めている。船舶 (および航空機) にとっての自由度は、①→②→③→④の順で高くなる。例えば、①および②の権利を有するのは船舶のみであって航空機はこの権利を有しないのに対し、③の権利は航空機にも認められる[29]。また、領海を無害通航する潜水艦は浮上して航行する義務を負う (第20条) のに対し、国際海峡を通過通航する潜水艦は潜没したまま航行してよいと解される[30]。③が1982年国連海洋法条約によって新たに創設された制度であると一般には理解されている[31]のに対し、①と④は古くか

---

[28] 国際海峡であって通過通航権の制度が適用されないものとしては、停止できない無害通航権 (②) が適用される海峡のほか、「国際航行に使用されている海峡であって、その海峡内に航行上及び水路上の特性において同様に便利な公海又は排他的経済水域の航路が存在するもの」(第36条) がある。このような海峡の場合、海峡内の公海または EEZ 部分は自由航行であり、海峡内の領海部分は通常の無害通航権が適用される。こうした海峡の例としては、台湾海峡 (幅約74カイリ) のように幅が24カイリを超える海峡であって必然的に公海または EEZ 部分ができるもののほか、幅が24カイリ以下であっても、沿岸国が意図的に領海の幅を12カイリより狭く設定して公海または EEZ 部分を作り出す場合 (例えば我が国が宗谷海峡、津軽海峡、対馬海峡東水道、対馬海峡西水道および大隅海峡について領海の幅を3カイリにしている例) がある。第36条に該当する海峡の例については、Martín, *supra* note 2, pp. 83-89.

[29] 国連海洋法条約第17条は、領海を無害通航する権利を有する主体について、「すべての国の船舶は」と定め、航空機を含めていない。これに対し、同第38条1項は、国際海峡を通過通航する権利を有する主体について、「すべての船舶及び航空機は」と定め、航空機も通過通航権を有することを明らかにしている。

[30] 領海の無害通航については、国連海洋法条約第20条が「潜水船その他の水中航行機器は、領海においては、海面上を航行し、かつ、その旗を掲げなければならない」と定める。これに対し、国際海峡の通過通航に関する規定の中には第20条に相当する規定がないことに加え、潜水艦の潜没航行は「継続的かつ迅速な通過の通常の形態に付随する活動」(第39条1項(c)号) に含まれると考えられることから、潜水艦は国際海峡を潜没航行する権利を有するとの解釈が有力である。E.g., Lewes M. Alexander, "International Straits," *International Law Studies*, Vol. 64 (1991), p. 91; Heintschel von Henegg, *supra* note 21, p. 517; R. R. Churchill and A. V. Lowe, *The Law of the Sea*, 3rd ed. (1999), Manchester: Manchester University Press, p. 109; Vitzthum, *supra* note 2, p. 144; Donald R. Rothwell and Tim Stephens, *The International Law of the Sea* (2010), Oxford: Hart Publishing, pp. 240, 273.

[31] E.g., Robert Jennings and Arthur Watts, eds., *Oppenheim's International Law*, Vol.1, *Peace*, 9th ed. (1992), London: Longman, p. 636; Churchill and Lowe, *supra* note 30, p. 112.

ら慣習国際法上存在する制度である。②がいつから存在したかを正確に特定することは困難であるが、遅くとも 1958 年の領海条約において、「公海の一部分と公海の他の部分又は外国の領海との間における国際航行に使用される海峡」について規定されている(第 16 条 4 項)。[32]

それでは、本章の検討対象である国際海峡(②および③の航行制度が適用される海峡)において、沿岸国が平時海洋法を根拠にとり得る船舶航行制限措置としてはどのようなものがあるか。

まず、沿岸国は、通常の領海においては、「自国の安全の保護(兵器を用いる訓練を含む。)のため不可欠である場合には、その領海内の特定の水域において、外国船舶の間に法律上又は事実上の差別を設けることなく、外国船舶の無害通航を一時的に停止することができる」(国連海洋法条約第 25 条 3 項)が、前述の②および③の航行制度が適用される国際海峡において、このような措置をとることは許されない。国連海洋法条約第 44 条後段が「通過通航は、停止してはならない」と規定し、第 45 条 2 項が「1 の海峡における無害通航は、停止してはならない」と規定するのは、それらの海峡においては、「自国の安全の保護」を理由とした船舶の航行の一時的な停止(第 25 条 3 項に基づく措置)を行ってはならない、という意味である。したがって、国際海峡の沿岸国が、船舶の行動や航行の態様と無関係に、もっぱら自国の側の都合(例えば安全の保護)を理由として船舶の航行を制限することは、平時海洋法を根拠としてはできないことになる。

それでは、国際海峡を通航中の船舶の行動や航行の態様を理由として、沿岸国が何らかの措置をとることはできるか。この点、通常の領海にお

---

[32] 例えば、オッペンハイムは、1905 年の著書において、「領海(the maritime belt)内における航行、漁業および管轄権に関するすべての国際法規則は、海峡内における航行、漁業および管轄権にも同じように適用される(apply likewise)」と述べ、海峡について領海の無害通航権と異なる制度が存在するとは考えていない。オッペンハイムによれば、領海と海峡とで異なるのは、前者において軍艦が無害通航権を有しないのに対し、後者においてはそれを有する点である。L. Oppenheim, *International Law: A Treatise*, Vol. 1, *Peace* (1905), London: Longmans, Green and Co., pp. 243-244, 250. なお、この見解は、同書の第 8 版(1955 年)まで維持されている。L. Oppenheim, *International Law: A Treatise*, Vol. 1, *Peace*, 8th ed., ed. H. Lauterpacht (1955), London: Longmans, Green and Co., pp. 494, 511.

いて、「沿岸国は、無害でない通航を防止するため、自国の領海内において必要な措置をとることができる」(沿岸国の保護権)(国連海洋法条約第25条1項)。国際海峡のうち一定のものに適用される「停止できない無害通航権」(前述の②)と通常の無害通航権との違いは、第25条3項に基づく無害通航の一時的な停止ができないことであって、無害でない通航に対しては、「停止できない無害通航権」が適用される国際海峡であっても、やはり沿岸国は保護権を行使できる。ただし、その場合も、船舶の航行が「無害でない」必要があることは言うまでもない。

　他方、通過通航権が適用される国際海峡の場合、沿岸国が保護権またはそれと同種の措置をとれるかどうかは、難しい問題である。すなわち、国際海峡における通過通航権の場合、無害通航権と違って、通航が無害であること(「沿岸国の平和、秩序又は安全を害しない」こと)は求められていない。国連海洋法条約第39条および第40条は、国際海峡を通過通航する船舶が遵守すべき義務を規定しているが、これらの規定は、「通過通航権の条件(*condition*)ではなく、それ[通過通航権行使]に付随する義務(an obligation ancillary to it)」に過ぎず、これらの義務を遵守しないからといって船舶または航空機の通航が通過通航でなくなる訳ではない[33]。そして、「海峡沿岸国は、通過通航を妨害してはなら」ない(第44条)から、沿岸国は、第39条および第40条を根拠として通過通航を妨害する措置をとることはできず、船舶の旗国に対し外交的に抗議する等の措置しかとれないとも考えられる[34]。しかし他方、第38条3項は、「海峡における通過通航権の行使に該当しないいかなる活動も、この条約の他の適用される規定に従うものとする」と規定するから、「海峡における通過通航権の行使に該当しない……活動」については、「この条約の他の適用される規定」、すなわち無害通航関連規定が適用され、第25条1項に基づき保護権を行使することが可能であるとする見解もある[35]。しかし、何が「通過通航権の行

---

[33] Churchill and Lowe, *supra* note 30, p. 107 [傍点部分は原文ではイタリック].
[34] Vaughan Lowe, "The Impact of the Law of the Sea on the Naval Warfare," *Syracuse Journal of International Law and Commerce*, Vol. 14 (1988), p. 671.
[35] Churchill and Lowe, *supra* note 30, p. 107.

使に該当しない……活動」に当たるかについて定まった見解はなく、この問題への答えは今後の国家実行の中に見いだすしかないとも言われる[36]。

以上のように、平時海洋法上、国際海峡の沿岸国がとり得る措置としては、あるとしてもせいぜい無害でない通航を防止するための保護権しかなく、自国の安全の保護を理由とした船舶の航行制限（国連海洋法条約第25条3項が定める措置）は、前述の②の海峡においても、③の海峡においても、とる余地はない。戦時・武力紛争時においては、中立国が中立維持を目的として交戦国軍艦の領海通航を一律に禁止したり、交戦国が領海内において夜間の船舶航行を一律に禁止したりすることがあるが、そうした措置は、少なくとも国際海峡については、平時海洋法を根拠にして行うことはできないのである。

そこで、戦時・武力紛争時において、沿岸国が平時海洋法以外の何かを根拠にそうした措置をとり得るかどうかが、次に問題となる。

(3) 水面防禦

信夫淳平は、『戦時国際法講義』第3巻において「水面防禦」と題する1章を設け、その冒頭で、「国家はその国防権の発動として、自国の沿岸及び付近水面を防禦するに就て如何なる手段方法を執るも自由であること論を俟たない」と述べている[37]。信夫が水面防禦の形態として挙げるのは、①石材、船その他の沈設物による港口や水路の閉塞、②灯台の消灯、③機雷敷設、④防禦海面である。信夫は上記の引用文において、「如何なる手段方法を執るも自由」と述べてはいるが、まったく何の制限もないという趣旨ではなく、これらの手段方法が一定の制約に服することを前提に、その制約の内容を検討している。ただ、それがどのような制約なのかが、(1)や(2)で検討した問題と比べて不明確である。なお、これらの措置は、

36　A.V. Lowe, "The Commander's Handbook on the Law of Naval Operations and the Contemporary Law of the Sea," *International Law Studies*, Vol. 64 (1991), p. 123. ただし、例えば、敵軍艦を攻撃するために国際海峡内に停泊して待ち伏せする行為などは、明らかに「海峡における通過通航権の行使に該当しない……活動」であると言えるだろう。Lowe, *supra* note 34, p. 671.

37　信夫・前掲注(9) 155頁。

第7章　武力紛争時における国際海峡の法的地位　237

交戦国だけでなく、中立国も、自国防衛のため、または中立の維持のために行うことができる。

沿岸国が国際海峡たる海域において行ってよいかどうか、また、行ってよい程度が通常の領海の場合とどの程度異なるかは、前述の①～④のいずれについても問題となるが、主たる論点は、④の防禦海面を国際海[38]

---

[38] 例えば、国際海峡における機雷敷設については、次のような議論がある。1907年ハーグ第8条約（「自動触発海底水雷ノ敷設ニ関スル条約（Convention relative à la pose de mines sous-marines automatiques de contact, La Haye, 18 octobre 1907)」大正1年条約第8号, Ministère des Affaires Étrangères, supra note 3, pp. 650-653) の起草過程において、オランダは、公海と公海を結ぶ海峡における触発機雷の敷設を禁止する条文案を提案した。しかし、この案は結局採択されなかったので、同条約の適用上は、同条約の定める諸義務（無繋維触発機雷の場合には敷設者の管理を離れた後1時間以内に無害となる装置を施すこと、繋維触発機雷の場合には繋維を離れた後直ちに無害となる装置を施すことなど）に従う限り、国際海峡に触発機雷を敷設することも禁止されない。しかしそれにもかかわらず、「今日では、平和的な船舶航行 (der friedlichen Schiffahrt) に対し安全な通過通航の可能性が保障されない限り、国際海峡および群島航路帯に機雷を敷設することは原則として禁止されるということについて、一般的な意見の一致が存在する」と言われることがある。Heintschel von Heinegg, supra note 21, p. 394. 実際、例えば、前述のサンレモ・マニュアルは、「通過通航および群島航路帯通航に関する新しい制度が出来たことは、海峡や〔群島〕航路帯における機雷の敷設をそれ自体として違法 (unlawful per se) なものとする効果をもつものではない。しかし、それらの海峡や航路帯の国際航行にとっての重要性に鑑みれば、交戦国はそれらの海域において無制限の機雷敷設の権利を行使することは許されない」と述べ（コメンタリー89.1)、「国際海峡の通過通航および群島航路帯通航権が適用される海域の航行は、安全で、かつ、便利な代替航路 (safe and convenient alternative routes) が提供される場合を除き、害してはならない」と定める（第89項）。なお、「便利な代替航路」の意味について、コメンタリーは、例えば、スエズ運河を通り喜望峰を回る航路があるとの理由でジブラルタル海峡に機雷を敷設する場合には、「便利な代替航路」があるとは言わないと述べている。International Institute of Humanitarian Law, supra note 4, p. 174. また、米国海軍の「海上作戦の法に関する指揮官ハンドブック」も、「機雷は、中立船舶に対して用いることもできるが、中立船舶の国際海峡における通過通航または群島航路帯通航を否定する方法で用いてはならない」と述べている。U.S. Navy, The Commander's Handbook on the Law of Naval Operations (Edition July 2007) (NWP 1-14M), Chapter 9, Section 2.3.

機雷敷設については、敷設場所に関する制限の有無（国際海峡に敷設してよいかという問題）のほか、国際海峡内に違法なやり方で敷設された機雷（例えば、繋維を離れた後直ちに無害となる装置を施さない繋維触発機雷の敷設や、1907年ハーグ第8条約第3条が定める予防手段や通告を行わないで敷設された機雷など）の除去（掃海）を中立国が行えるかも問題となる。国際司法裁判所は、1949年のコルフ海峡事件（本案）判決において、北コルフ海峡に敷設された機雷に関する沿岸国アルバニアの国際法違反（通告義務違反）を認定しつつ、英国がアルバニア領海内で行った掃海活動については、アルバニアの領域主権を侵害する

峡において設定できるかどうかである。「防禦海面 (defensive sea area)」とは、沿岸防衛のために沿岸海域の一部を指定して、指定海域内における船舶の航行を一定の範囲で制限する措置のことである。防禦海面は、日露戦争 (1904～05年) の際に我が国が設定したのが最初であると言われる[39]。我が国は、明治37年 (1904年) 1月23日に勅令第11号「防禦海面令」[40]を公布し、「海軍大臣ハ戦時又ハ事変ニ際シ区域ヲ限リテ本令ニ依ル防禦海面ヲ指定スルコトヲ得」るものと定めた (第1条)。海軍大臣が指定する防禦海面内における具体的な規制内容は、「防禦海面ニ於テハ日没ヨリ日出迄陸海軍ニ属スルモノヲ除クノ外船舶ノ出入及通航ヲ禁ス」こと (第3条)、「防禦海面ヲ出入若ハ通航シ又ハ之ニ碇泊スル船舶ハ其ノ一切ノ行動ニ付所管鎮守府司令長官、要港部司令官ノ指示ニ遵フ」べきこと (第5条)、「本令又ハ本令ニ基キテ発スル命令ニ違背シタル船舶ニ対シテハ航路ヲ指定シテ防禦海面外ニ退去ヲ命スルコトヲ得」ること (第8条1項)、そして、この命令に「遵ハサルモノニ対シテハ必要ニ應シ兵力ヲ用ウルコトヲ得」ること (同2項) であった。防禦海面は、その後、第一次大戦中に米国などによっても設定されたが[41]、多くの場合、通常の領海において設定されており、国際海峡において設定してよいかどうかは、必ずしも明らかでは

干渉であって許されないと判示した。Affaire du Détroit de Corfou (Royaume-Uni/ Albanie), Fond, Arrêt, *C.I.J. Recueil 1949*, pp. 22, 34-35. 仮にこの判例が戦時・武力紛争時にも妥当するとすれば (その点については本章269-270頁参照)、国際海峡内に違法なやり方で機雷が敷設されている場合にも、中立国は、海峡内の少なくとも交戦国領水部分においてはこれを除去できないことになる。ただし、ハインチェル・フォン・ハイネックのように、「停止することのできない通過通航の規則が新たにできたこと、および国際通商にとっての国際海峡の重要性に鑑みれば、違法に敷設された機雷を中立国が除去する行為について、単に沿岸交戦国の主権に言及するだけでそれを国際法違反と言えるかどうかは疑問の余地がある」のであって、交戦国が機雷敷設に関する国際法規則を守る意思を有さず、かつ、他の同様に便利な航路が存在しない場合には、中立国が交戦国領海内で掃海活動を行ってよいという見解もある。Heintschel von Heinegg, *supra* note 19, pp. 533-534.

39 　山口開治「日露戦争におけるわが国防禦海面の国際法上の意義」『防衛論集』第11巻2号 (1972年) 41-64頁；吉田靖之「海戦法規における目標識別規則：目標識別海域設定を中心に」『法学政治学論究』第73号 (2007年) 11-12頁。

40 　勅令第11号防禦海面令『官報』第6166号 (明治37年1月23日) 345頁。

41 　Jürgen Schmitt, *Die Zulässigkeit von Sperrgebieten im Seekrieg* (1966)[Hamburg], pp. 23-24.

ない。

(4) まとめ

　以上の検討により、結局、(1)(害敵手段の行使)については、国際海峡に固有の問題は存在せず(中立国領水内で行使してはならず、中立国領水外では行使してよいという原則が、他の水域とまったく同じように妥当する)、逆に、(2)(平時海洋法に基づく船舶の航行制限)については、これを根拠に国際海峡内で船舶の航行を制限する措置をとる余地はほとんどないことが分かった。したがって、戦時・武力紛争時の国際海峡について問題となるのは、(3)(水面防禦)、とりわけ防禦海面の設定を国際海峡においてやってよいかどうか、そして、防禦海面を設定できる余地が、通常の領海の場合とどの程度違うか、また、沿岸国が交戦国である場合と中立国である場合とでどの程度違うか、という点に集約されるのである。

　そこで、以下ではこの問題を、沿岸国が中立国である国際海峡(3節)、沿岸国が交戦国である国際海峡(4節)とに分けて検討する。

　なお、海上捕獲((1)参照)の観点からは、敵商船(敵船)と中立商船(中立船)との区別が重要である(前者がすべて拿捕・没収の対象となるのに対し、後者は戦時禁制品輸送や封鎖侵破などの場合を除いて拿捕・没収されないため)が、両者を区別する基準(敵性(enemy character)の決定基準)としては、必ずしも船舶の国籍が用いられる訳ではない。船舶の敵性決定基準については、もっぱらその船舶が掲揚する権利を有する国旗、つまり船舶の国籍により決定する主義(フランス主義：das Flaggenprinzip)と、敵国の国旗を掲げていれば所有者のいかんを問わず船舶の敵性を肯定するが、中立国の国旗を掲げている船舶であっても、その所有者が敵人であれば船舶の敵性を肯定する主義(英国主義：das Flaggenprinzip と das Eigentumsprinzip の併用)とが対立していたのである。[42] 海上捕獲の分野では、「敵国商船」、「交戦国商船」、「中立国商船」といった言葉ではなく、「敵船(enemy ships)」および「中立船(neutral ships)」という言葉を用いるのが普通であるが、それは、船舶の敵性決定基準として、国籍

42　和仁・前掲注(12) 358頁参照。

以外の基準が使われることがあったためである。その意味では、本章の以下の記述においても、商船については「敵船」および「中立船」という言葉を用いるのが本来適切ではあるが[43]、中立国の側から見る場合には「敵船」という言葉は使えない——「交戦国商船」と呼ぶしかない——ため、中立船についても、「交戦国商船」という言葉と表現上の平仄を合わせるため、「中立国商船」という言葉を用いることにする。

3 沿岸国が中立国である国際海峡

(1) 問題の所在

　平時において、国家は、その領水内（国際海峡である場合を含む）において外国船舶にどのような活動を認めるのも原則として——領域使用の管理責任に違反する場合などを除いて——自由である。これは、国家が領域主権を有することの当然の帰結である。平時においては、国家がその領水内で外国船舶にどのような内容の通航権を「認めてよいか」ではなく、「認めなければならないか」がもっぱら問題となるのである。

　これに対し、戦時・武力紛争時において、中立国の自由は、中立法規によって一定の制約を受ける。中立国は、中立の地位を維持するためには、交戦国に対する軍事的な援助や便宜の供与を一定の範囲において差し控える必要があるからである（いわゆる「中立国の義務」）[44]。領水内における外国船舶の通航や活動についても、中立国が平時であれば領域主権に基づき有している自由は、中立法規により制約される。それでは、その制約はどのようなものであるか。本節で検討すべき第1の問題は、国際海峡の沿岸国が中立国である場合において、当該中立国は外国船舶に国際海峡通航を認めてよいか、認めてよい場合、どのような内容の通航を認め

---

[43] 所有と国籍とが異なることがしばしばあり得る商船と異なり、軍艦については、国籍と所有国とが異なるということはあまり想定されないため、「交戦国軍艦」および「中立国軍艦」という言葉を用いても問題は生じない。

[44] いわゆる「中立国の義務 (duties of neutrals)」の性質とその範囲については、和仁・前掲注8、とりわけ119-133, 152-159 頁を参照。

てよいかということである。

　他方、中立国と交戦国、および中立国と他の中立国との関係は、中立法規が規律している事項を除けば、平時国際法により規律される。そこで、平時において外国船舶が有している国際海峡通航権が、戦時・武力紛争時において制限されるかどうかが次に問題となる。言い換えれば、戦時・武力紛争時において、沿岸中立国は、外国船舶の国際海峡通航を認めなければならないか、認めなければならない場合、認めなければならない通航権の内容はどのようなものかという問題である。これが、本節で検討すべき第2の問題である。

　以下では、これら2つの問題について、国連海洋法条約採択前の国際法の状況がどのようであったかを明らかにした((2))後、この状況が、国連海洋法条約における通過通航権制度の導入によってどのように変化したか(あるいは変化していないか)を検討する((3))。なお、以下で検討することは、交戦国軍艦、中立国軍艦、交戦国商船、中立国商船の少なくとも4カテゴリーの船舶について問題となるが、議論の焦点は、交戦国軍艦の場合である。そこで、以下では、交戦国軍艦の場合を中心に検討し、そのことを踏まえて、交戦国軍艦について妥当することがそれ以外の船舶についてどの程度妥当するかを検討することにする。

(2) 国連海洋法条約採択前の状況

通航を認めてよいか

　1907年ハーグ第13条約(海戦中立条約)[46]の第10条は、「交戦国軍艦及

45　戦時・武力紛争時における船舶のカテゴリーについては、本章注5を参照。

46　「海戦ノ場合ニ於ケル中立国ノ権利義務ニ関スル条約 (Convention concernant les droits et les devoirs des Puissances neutres en cas de guerre maritime, La Haye, 18 octobre 1907)」大正1年条約第12号, Ministère des Affaires Étrangères, *supra* note 3, pp. 680-686. 海戦中立条約にはいわゆる総加入条項(「本条約ノ規定ハ交戦者カ悉ク本条約ノ当事者ナルトキニ限締約国間ニノミ之ヲ適用ス」)が入っており(第28条)、交戦国のすべてが条約当事国となっている場合に限り、当事国たる交戦国と当事国たる中立国との間に適用される。海戦中立条約の当事国数は30である。交戦国の中に条約非当事国が1つでも含まれる場合、または中立国が条約非当事国である場合には、中立に関する慣習国際法が適用される。

其ノ捕獲シタル船舶カ単ニ中立領水ヲ通過スルコト（le simple passage dans ses eaux territoriales）ハ、其ノ国ノ中立ヲ侵害スルモノニ非ス」と規定する。中立国は、陸上においては、交戦国軍隊に領土通過を認めてはならない（認めれば中立違反を構成する）とされる一方[47]、海上においては、「単ニ……通過スル」だけであれば、交戦国軍艦に領水通航を認めてよいとされるのである[48]。この規定は、従前の慣習国際法の規則を法典化したものであり[49]、その後の国家実行でも慣習国際法の地位を有するものとして扱われている[50]。

海戦中立条約第10条は、領水一般に関する規定であるが、国際海峡内の中立国領水部分にも当然に適用されると考えられている。通常の領水において交戦国軍艦に通航を認めてよいのであれば、海上交通の要衝である国際海峡については、より強い理由で同じことが当てはまるからである。したがって、国際海峡の沿岸国が中立国である場合、その中立国は、

---

[47] 本章では、中立法規において交戦国が中立国に対して行ってはならないとされる諸行為（例えば、中立国領水内における捕獲権や臨検捜索権の行使など）を「中立侵害」と、中立国が行ってはならないとされる諸行為（例えば、一方交戦国に対する軍事的援助の供与など）を「中立違反」と呼ぶことにする。

[48] 1907年ハーグ第5条約（「陸戦ノ場合ニ於ケル中立国及中立人ノ権利義務ニ関スル条約（Convention concernant les droits et les devoirs des Puissances et des personnes neutres en cas de guerre sur terre, La Haye, 18 octobre 1907）」大正1年条約第5号、Ministère des Affaires Étrangères, *supra* note 3, pp. 638-643）第2条および第5条。なお、中立国が交戦国軍隊に領土通過を認めてはならないという規則が成立したのは19世紀後半のことであり、18世紀以前には、陸上についても、交戦国の軍隊が中立国領土を通過する権利（無害通行権（transitus innoxius; passage innocent））を有するとされていた。この点については、和仁・前掲注(8) 129-130頁参照。

[49] 交戦国軍隊が中立国の領土を通過すれば中立侵害となるにもかかわらず、交戦国軍艦が中立国の領水を通過しても中立侵害にならないとされた理由は、①海上交通の特殊性と、②歴史的事情（陸地の沿岸海域が国家領域と見なされるようになったのが比較的最近であること）に求められる。田岡・前掲注(10) 416-417頁。

[50] Robert W. Tucker, *The Law of War and Neutrality at Sea* (1957), Washington: United States Government Printing Office, p. 232; 田岡・前掲注(10) 431-432頁。

[51] 例えば、後述する1940年のアルトマルク事件において、一方当事国である英国は海戦中立条約非当事国（署名はしたが批准はしなかった）であったが、英国も、他方当事国であるノルウェー（ノルウェーは条約当事国）も、海戦中立条約第10条に依拠して立論を行った。このことは、両国とも、同条が慣習国際法規則と同内容の規則であると考えていたことを意味する。Oppenheim, *supra* note 23, p. 695.

少なくとも「単ニ……通過スルコト」については、交戦国軍艦にこれを認めてよい(認めても中立違反にならない)。このことについては、学説上も国家実行上も異論はない[52]。ただし、認めてよい通航の内容などについて[53]、いくつか不明確な点もある。

不明確な点の第1は、交戦国軍艦に認めても中立侵害とは見なされない「単ニ……通過スルコト」とは何かである。海戦中立条約第10条は、中立侵害と見なされない交戦国の行為について規定したものであるから、「交戦国軍艦カ中立国領水ニ於テ捕獲及臨検捜索権ノ行使其ノ他一切ノ敵対行為ヲ行フコト」(第2条)のように、同条約において中立侵害行為の例として列挙された行為が「単ニ……通過スルコト」に該当しないことは明らかである。問題は、「単ニ……通過スルコト」に該当しないものとして、捕獲・臨検捜索その他の敵対行為以外にどのようなものがあるかである。

この点について争われた有名な先例が、1940年のアルトマーク事件である。本件は、捕虜として捕らえた約300名の英国商船乗組員を乗せ、ウルグアイ沖からドイツに帰還する際、英海軍によって制海権を握られているイギリス海峡を避けてノルウェー領海内を通航していたドイツ海軍の補助艦アルトマーク (Altmark) に対し、英海軍の駆逐艦コサック (Cossack) が戦闘を行い、アルトマーク船内にいた英国人捕虜を奪還した事件である。アルトマークは、英国軍艦に拿捕または攻撃されるのを避ける目的で、ノルウェー領海内を時間にして2日間、距離にして約400

---

[52] 海戦中立条約第10条は、中立国が交戦国軍艦に「単ニ中立領水ヲ通過スルコト」を認めてよい(認めても中立違反にならない)と定めているだけであり、「単ニ中立領水ヲ通過スルコト」以外の活動を認めてはいけないとは定めていない。「単ニ中立領水ヲ通過スルコト」以外の活動の中には、中立国が認めてよい(認めても中立違反を構成しない)ものと、認めてはならない(認めれば中立違反を構成する)ものとがある。例えば、中立国の港・泊地・領水における交戦国軍艦の停泊は、「単ニ中立領水ヲ通過スルコト」に当たらないが、中立国は一定の条件の下にこれを認めてよいものとされている(第12条・第24条)。海戦中立条約には、交戦国軍艦の停泊についてはそれなりに詳細な規定が置かれているが、港等に停泊せず領水内を通過するだけの交戦国軍艦に適用される規定として、ごく簡単な内容の第10条(および公許水先人の使用に関する第11条)しかないために、どのような態様または目的の通航であれば中立国が認めてよいのかが十分に明らかではないのである。

[53] E.g., Oppenheim, *supra* note 23, p. 696; Ronzitti, *supra* note 19, p. 15; Mayama, *supra* note 7, p. 3.

マイルも通航したのであり、これが「単ニ中立領水ヲ通過スルコト」と言えるかどうかが問題となったのである。なお、本件発生当時、英国とドイツは交戦国、ノルウェーは中立国であった。

この問題について、当事国であるノルウェーと英国は、それぞれ次のように主張した。まず、ノルウェーは、アルトマークの船内に捕虜が居たとしても、それは同船の通航の性質に影響を及ぼすものではなく、また、国際法上、軍艦の中立国領水通航に関する時間的制限は存在しないと主張した(アルトマークは「単ニ中立領水ヲ通過」していただけであるとの立場)。[54] これに対し、英国政府は、概略次のように主張して、本件におけるアルトマークの行動は「単ニ中立領水ヲ通過スルコト」に当たらないと主張した。[55] すなわち、アルトマークがノルウェー領海を通航した目的は「ノルウェー中立の保護の下で、軍事作戦(warlike operation)を完結させること」、つまり、ドイツ海軍の戦艦アトミラル・グラーフ・シュペー(Admiral Graf Spee)が大西洋で英国商船を破壊し、捕虜として捕らえた商船乗組員をドイツに向けて輸送するという軍事作戦の一環を構成するものだった。そして、アルトマークは大西洋から北海を横切ってドイツに戻るという通常のルートではなく、ノルウェー領海という迂回路を通ることによって、公海上で英国軍艦に拿捕されるのを回避し、ノルウェー領海を「避難場所(shelter)」として利用したのだから、アルトマークの行動は「単ニ中立領水ヲ通過スルコト」ではなかった、というのである。

このように、本件におけるアルトマークのノルウェー領海通航が「単ニ中立領水ヲ通過スルコト」であったかについて、ノルウェーと英国の見解は真っ向から対立した。当時の学説においても、この点に関する評価は真二つに分れた。[56] 結局、「単ニ中立領水ヲ通過スルコト」の正確な意味内

---

[54] Dormer to Halifax, February 20, 1940, *British Documents on Foreign Affairs: Reports and Papers from the Foreign Office Confidential Print*, Pt. 3, Ser. L, Vol. 1, pp. 165-166; Dormer to Halifax, February 21, 1940, *ibid.*, p. 169; Aide-mémoire, February 24, 1940, *ibid.*, p. 172; Dormer to Halifax, February 26, 1940, *ibid.*, pp. 176-178.

[55] Halifax to Colban, March 15, 1940, *ibid.*, pp. 180-186.

[56] アルトマークのノルウェー領海通航は「単ニ中立領水ヲ通過スルコト」であったとするものとして、Edwin Borchard, "Was Norway Delinquent in the Case of the Altmark?," *American Journal*

容については、国家実行上も学説上も見解が一致せず、その状態は現在でも変わっていないのである[57]。

第2に、「単ニ……通過スルコト」の概念については、平時海洋法における「無害通航(innocent passage)」の概念との異同も問題になる。この点について、ラウターパクト(H. Lauterpacht)は、オッペンハイム(L. Oppenheim)『国際法』の第7版(1952年)において、「単ニ……通過スルコト(mere passage)」の概念は、平時海洋法における「無害通航」の概念から借用したものであり、「通航が沿岸国の、特に『安全および秩序(safety and good order)』を害しない」という意味で「無害である(innocent)」ことを意味すると述べている。ラウターパクトによれば、アルトマーク事件のように、沿岸中立国がそれを認め続けた場合に実力を行使してでもそれを阻止しようという誘因が他方交戦国の側に生ずるような交戦国軍艦の通航は、中立沿岸国にとって無害でない通航(したがって「単ニ……通過スルコト」でないもの)に当たるという[58]。他方、ロウ(A.V. Lowe)によれば、国際司法裁判所がコルフ海峡事件(本案)判決において判示したように[59]、海洋法において船舶の通航目的(motive)は無害性の認定にとって意味をもたないのに対し、中立法上は、

---

of International Law, Vol. 34 (1940), pp. 289-294; Charles Cheney Hyde, International Law: Chiefly as Interpreted and Applied by the United States, 2nd revised ed., Vol. 3 (1947), Boston: Little, Brown and Company, pp. 2339-2340; 信夫淳平『戦時国際法講義』第4巻(丸善、1941年)493-494頁、反対の見解として、W.R. Bisschop, "The Altmark," Transactions of the Grotius Society, Vol. 26 (1940), pp. 67-82; C.H.M. Waldock, "The Release of the Altmark's Prisoners," British Year Book of International Law, Vol. 24 (1947), pp. 216-238; B.M. Telders, "L'incident de l'Altmark," Revue générale de droit international public, Vol. 48 (1948), pp. 90-100; Brunson MacChesney, "The Altmark Incident and Modern Warfare," Northwestern University Law Review, Vol. 52 (1957), pp. 320-343; Oppenheim, supra note 23, pp. 693-695; Tucker, supra note 50, pp. 236-238.

57 もともと、中立国領水内における交戦国軍艦の地位については、19世紀において一貫した国家実行が存在せず、1907年第2回ハーグ平和会議において海戦中立条約を作成した主たる目的の1つは、この問題に関する条約規則を新たに作ることであった。和仁・前掲注(8) 132-134, 141-143頁参照。したがって、タッカー(Robert W. Tucker)が指摘するように、「もしこの問題に関する答えがハーグ第13条約[海戦中立条約]の中に見つけられないのであれば、その答えが慣習法の中に見つけられるということは、さらにもっとあり得なさそうなことである(still less probable)」。Tucker, supra note 50, p. 235.

58 Oppenheim, supra note 23, p. 694.

59 Affaire du Détroit de Corfou, supra note 38, p. 30.

アルトマーク事件が示唆するように、軍艦の航行目的(アルトマーク事件で言えば、英軍艦による攻撃・拿捕を免れる目的)が「単ニ……通過スルコト」か否かの判断基準になる可能性があり、海洋法における「無害」概念と、中立法規における「単ニ……通過スルコト」の概念は必ずしも同一ではないという[60]。しかし、前述した通り、そもそも「単ニ中立領水ヲ通過スルコト」の概念の正確な意味内容自体が未だに明らかでない以上、この概念と「無害通航」との関係もやはり明確ではないと言わざるを得ない。

　不明確な点の第3は、中立国領水内(国際海峡である場合を含む)において「単ニ……通過スルコト」以外の行動を行う交戦国軍艦に対し、沿岸中立国がいかなる措置をとり得るか、またはとらなければならないかである。平時において、領海の沿岸国は、無害でない通航を防止するため、自国の領海内において「必要な措置(the necessary steps)」をとることができる(沿岸国の保護権)(国連海洋法条約第25条1項;1958年領海条約第16条1項)。通過通航権が適用される国際海峡において、通過通航に該当しない活動を行う外国船舶や、通過通航中の義務(国連海洋法条約第39条)を遵守しない外国船舶に対して沿岸国がいかなる措置をとり得るかは議論がある(2節(2)参照)が、いずれにしても、軍艦は「免除(immunity)」を享有する(国連海洋法条約第32条および第95条;1958年公海条約第8条1項)から、沿岸国は、外国軍艦が領海内で無害通航以外の活動を行う場合や国際海峡内で通過通航以外の活動を行う場合であっても、その軍艦に対して臨検・捜索・拿捕・抑留等の措置はとれないと解される[61]。軍艦の免除は、中立国

60　A.V. Lowe, "The Laws of War at Sea and the 1958 and 1982 Conventions," *Marine Policy*, Vol. 12 (1988), pp. 291. また、前述のサンレモ・マニュアルも、「無害通航」と「単ニ……通過スルコト」が異なる概念であるとの立場をとっている。同マニュアルによれば、平時海洋法における無害通航権の場合の「無害」とは、沿岸国の利益にとって有害でないという意味であるのに対し、武力紛争時における交戦国軍艦の通航は、それに加え、「他方交戦国にとって有害な活動に従事しないという意味においても『無害である』必要がある」という。International Institute of Humanitarian Law, *supra* note 4, pp. 98-99.

61　ただし、沿岸国の保護権と軍艦の免除との関係については、いくつかの考え方があり得るため、沿岸国は保護権の行使としても外国軍艦に対する臨検・捜索・拿捕・抑留等の措置をとれないと言えるかどうか、定かではない。すなわち、軍艦が免除される「管轄権」とはそもそも何かについては、大きく分けて、①「管轄権を……立法―裁判―執行というプ

ロセスを中心に見る見方」(「民事事件・刑事事件を念頭におき、裁判権を中心に据えて、裁判の実効性を高めるための捜査や執行権限を含めて管轄権を理解する」見方)と、②「管轄権を国家の統治権と同視する見方」がある。そして、①の考え方(狭い「管轄権」概念)に立つと、「沿岸国の保護権行使は対象船舶を沿岸国の裁判に付すための手続ではなく、沿岸国の裁判と関係ない以上、保護権と主権免除に矛盾はないとも言いうる」ことになる。他方、②の考え方(広い「管轄権」概念)に立つと、沿岸国の保護権と軍艦の免除との間に対立の契機が見いだされることになる。小寺彰「政府船舶に対する沿岸国の措置」『海洋の科学的調査と海洋法上の問題点(海洋法制研究会第一年次報告書)』(日本国際問題研究所、1999年)80頁。②の立場に立つ場合、沿岸国の保護権と軍艦の免除の関係は、免除が原則で保護権がその例外である――免除原則からすれば許されない措置であっても、無害でない通航を防止するために「必要な措置」であればとることができる――と捉えるか、保護権が原則で免除がその例外である――沿岸国は領海内で外国船舶に対し保護権を行使できるのが原則であるが、対象船舶が軍艦である場合には免除原則によって保護権が制約される――と捉えるかのいずれかになるであろう。

　軍艦の免除については、戦時・武力紛争時の一定の場合において中立国が交戦国軍艦に対してとる武装解除や抑留の措置(後述)との関係も明らかではない(これらの措置は「管轄権」の行使なのか)。ただし、アルトマーク事件との関係で後に紹介するウォルドック(C. H. M. Waldock)、ボーチャード(Edwin Borchard)およびハイド(Charles Cheney Hyde)(本章注66および67ならびにそれらに対応する本文を参照)は、いわゆる「軍艦の免除」を、「捜索の免除」("immunity from search of a warship")という、より具体的な意味で捉えた上で、「軍艦の免除」原則の例外の範囲(中立国が交戦国軍艦を抑留できる場合が海戦中立条約第24条所定の場合に限られるか否か)をめぐって争っているものと理解することができる。いわゆる「軍艦の免除」は、今日では「管轄権からの免除」と表現されることが多いが(例えば国連海洋法条約第95条)、その具体的な内容は、不可侵(inviolability)の特権および法権免除(裁判権および警察権の免除)の特権の2つである。立作太郎『平時国際法論』(日本評論社、1940年)494頁。不可侵とは、艦長の同意がある場合を除き、国の官吏が外国軍艦内に立ち入ってはならないということである。軍艦内に立ち入ってはならないのは、それが「管轄権」の行使であろうがなかろうが同じである。法権免除とは、国の裁判権と警察権が外国軍艦内に及ばないということであり、具体的には、例えば軍艦内で行われた犯罪について外国の裁判権は一切及ばない。外交使節団の公館内で外交官以外が行った犯罪については接受国の裁判権が及ぶとされるのと異なり、軍艦内で行われる犯罪は、誰が行った犯罪であろうと外国の裁判権が一切及ばないのである。その意味で、軍艦は、「法権の関係上所在国の領域外に在るが如く看做すとするの治外法権の元来の擬制の観念に殆ど全く適する」と言われる(同上492頁)。他方、軍艦に対して所在国の統治権(管轄権)がまったく及ばない訳ではなく、軍艦も港律の法令(港則および行船、衛生、警察に関する規則など)には従わなければならない。軍艦がこれに従わない場合、所在国は軍艦に注意を促し、それでも従わない場合には領水からの退去を命ずることができる(同上495頁)。

　このように詳しく見てみると、軍艦が外国の「管轄権から免除される」という言い方は大雑把すぎるのであって(例えば、港律の法令に従わなければならないということは、少なくとも港律という事項については沿岸国の立法管轄権が及んでいることを意味する)、国が

との関係では戦時・武力紛争時においても消滅しないので[62]、交戦国軍艦が中立国領水内において「単ニ……通過スルコト」以外の行動を行う場合であっても、中立国はこれに対して臨検・捜索・拿捕・抑留等の強制的措置をとれないのが原則である。

しかし、戦時・武力紛争時における軍艦の免除は、平時における免除とまったく同一内容のものである訳ではない。海戦中立条約は、第24条1項において「交戦国軍艦ニシテ中立官憲ノ通告アルニ拘ラス滞留スルノ権利ヲ有セサル港ヲ去ラサルトキハ、中立国ハ、該軍艦ヲシテ戦争ノ継続中出航スルコト能ハサラシムル為必要ト認ムル手段ヲ執ルコトヲ得(a le droit de prendre les mesures qu'elle pourra jeger nécessaire)」と、同2項において[63]「交戦国軍艦中立国ノ為ニ抑留セラルル(retenu)トキハ、将校其ノ他ノ艦員モ亦均シク抑留セラルヘシ」と定めており、一定の場合において中立国が交戦国軍艦を抑留できることを認めているからである。ただし、第24条は、入港を禁じられているにもかかわらず中立国港に入港する交戦国軍艦、および認められた滞留期間を超えて中立国港に停泊し続ける交戦国軍艦について適用される規定であって、港に入らずに中立国領海を航行する軍艦について、この規定そのものは適用されない[64]。

外国軍艦に対して何をやってよく、何をやってはならないのかを、より細かく検討する必要があることが分かる(その際、軍艦に対してとる措置が「管轄権」の行使であるかどうかは必ずしも重要な問題ではない)。そして、軍艦が不可侵の特権を有しているとすれば、臨検・捜索・拿捕・抑留といった艦内への立ち入りを伴う措置は、それが「管轄権」の行使であろうがなかろうが、原則としてとれないことになる。もちろん、海戦中立条約第24条のように、不可侵原則の例外を構成する規則が存在する場合は別である。平時における領海沿岸国の保護権については、国連海洋法条約第32条における「この節のA及び前2条の規定による例外を除くほか」との表現からは、「免除」原則の例外という位置づけがなされているように見えるが、問題は、保護権の内容として、軍艦に対する臨検・捜索・拿捕・抑留といった措置まで含まれているかどうかであろう。

62 Oppenheim, *supra* note 23, p. 730.
63 条文上は、交戦国軍艦に対して必要な措置をとることは中立国の権利(droit)とされているが、そのような措置をとることは中立国の義務でもあると解されている。Tucker, *supra* note 50, p. 242; 信夫・前掲注(56) 603頁。
64 陸戦において、中立国は、敵軍に追われた軍隊をその領土に受け入れて庇護する場合(これを"neutral asylum"という)には、その軍隊を武装解除し、戦争終結まで抑留しなければな

問題は、第24条の根底にあると想定される一般原則（中立法規の趣旨・目的ないし精神）を根拠にして、中立国領水内で「単ニ……通過スルコト」以外の行動を行う交戦国軍艦に対し臨検・捜索・拿捕・抑留等の強制的措置をとれないかどうかである。この点は、前述のアルトマーク事件をめぐって論争になった問題の1つであり、仮にアルトマークのノルウェー領海通航が「単ニ中立領水ヲ通過スルコト」に当たらないとしても、アルトマークは軍艦（少なくとも公船）[65]であるから免除を享有し、ノルウェー

らない（「陸戦ノ場合ニ於ケル中立国及中立人ノ権利義務ニ関スル条約」第10条1項）。中立国は、交戦国軍隊に領土への退避とその後の出国を認めれば、交戦国軍隊が一時的に避難し時機を図って戦場に復帰するための場所として自国の領土を使わせたことになる（つまり当該交戦国に軍事的便宜を与えたことになる）から、交戦国軍隊を庇護する場合には、軍隊を武装解除し抑留することによって、当該軍隊が戦争終結まで中立国の外に出ず、再び軍事活動に従事しないことを確保する必要があるのである。

これに対して海戦の場合、中立国が自国領水内において交戦国軍艦を抑留する実行は長い間存在せず、そうした実行が行われるようになったのは、日露戦争の時がはじめてであるとされる。信夫・前掲注(56) 601頁。ただし、交戦国軍艦を抑留する実行は、中立国の官憲により認められた滞留期間を超えて中立国港に停泊を続ける船舶に対して行われたものであって（海戦中立条約第24条は日露戦争におけるこの実行を踏まえて作られたものである）、港に入らず中立領水内を航行する交戦国軍艦に対し武装解除や抑留の措置がとられた実行は見当たらない。

海戦中立条約には、入港・停泊の場合に限らず、中立国領水における交戦国軍艦の活動一般に適用される規定として、「中立国ハ、其ノ港、泊地及領水ニ於テ前記規定ニ対スル一切ノ違反ヲ防止セムカ為、施シ得ヘキ手段ニ依リ監視ヲ行フコト (d'exercer la surveillance, que comportent les moyens dont elle dispose) ヲ要ス」と定める第25条があるが、「監視 (la surveillance)」に具体的に何が含まれるかは明らかでない。また、同条約第3条は、中立国領水内で捕獲された船舶の解放とその船舶に乗り込んだ捕獲乗組員の抑留に関する規定であって、やはり中立国領水内を航行する軍艦には適用されない。結局、タッカーが指摘するように、「ハーグ第13条約には、第3条と第24条を除いて、中立国の港および領水を濫用する交戦国に対して中立国がいかなる措置をとるべきか、またそもそも中立国がとるべき措置というものがあるかについて、明確な指針は存在」せず、「交戦国の違法な行動に対して中立国が抗議する義務があるかどうかさえ明らかでない」のである。Tucker, *supra* note 50, p. 260.

65　アルトマークは、「ドイツ海軍船舶 (Die Schiffe der deutschen Kriegsmarine)」というドイツ海軍の公式リストに「補給艦 (Trossschiff)」として登録されていた船舶であるが、これが軍艦であるか否かについては見解が分かれた。ただし、アルトマークが少なくとも「補助艦 (auxiliary vessel)」または「公船 (public ship)」であることに異論はなかった。本章注56に挙げた文献を参照。

が臨検や抑留等の措置をとる余地はなかったという見解（ノルウェー政府、ボーチャード、ハイド等）[66]と、軍艦の免除原則が戦時にも適用されることを認めつつ、「ハーグ第13条約［海戦中立条約］の全体の趣旨（the whole tenor）」から考えれば、交戦国軍艦が中立国領海内で中立法上許容されない行為を行っている合理的な疑いがある場合、中立国は軍艦内の捜索を含む調査や、状況によっては軍艦の抑留といった措置をとらなければならないという見解（ウォルドック）[67]とが対立した。しかし、やはりこの問題についても見解の対立はその後も解消されておらず、法の内容は現在でも依然として不明確なままであると言わざるを得ない。また、仮にウォルドックのような立場に立った場合、沿岸中立国は必要があれば交戦国軍艦に対して捜索や抑留等の措置をとらなければならないという議論が通常の領水だけでなく国際海峡にも妥当するのかが問題となるはずであるが、この問題はこれまで論じられたことがなく、法の内容は、この点についてもやはり不明確な状態のままである。

　以上のように、「単ニ中立領水ヲ通過スルコト」の概念については不明確な点がいくつも残されている。しかし、いずれにせよ、国際海峡の沿岸国が中立国である場合において、その中立国が交戦国軍艦に海峡通航を認めてよいこと自体に異論がないのは前述したとおりである。

　以上は、交戦国軍艦に関する議論であるが、その他の船舶（中立国軍艦、交戦国商船および中立国商船）についてはどのように考えればよいだろうか。沿岸中立国は、交戦国軍艦にさえ国際海峡通航を認めてよいのだから、その他の船舶（中立国軍艦、交戦国商船および中立国商船）の場合、少なくとも「単ニ……通過スルコト」については、当然これを認めてよいと考えられる。問題は、これらの船舶の場合、領水内（国際海峡である場合を含む）において「単ニ……通過スルコト」以外の行動であって交戦国軍艦には認めてはならないとされるものを認めてよいかどうかである。この点、中立国がその領水内において交戦国軍艦に認めてよい行動の範囲に制約が

---

[66] Borchard, *supra* note 56, pp. 292-293; Hyde, *supra* note 56, p. 2339.
[67] Waldock, *supra* note 56, pp. 221-222.

あるのは、中立国が中立の地位を維持するためには、いずれの交戦国にも軍事的便宜を与えてはならない(例えば自国領域を交戦国軍隊の戦争遂行のための根拠地として使わせてはならない)からである。そうだとすれば、交戦国の戦争遂行と無関係である中立国軍艦、交戦国商船および中立国商船については、領水内で認めてよい行動の範囲に制約はないと考えることができそうである。

　問題になり得るとすれば、海上捕獲の対象となる交戦国商船や戦時禁制品輸送船の中立国領水内(国際海峡である場合を含む)における航行その他の行動である。この点については、まず、商船が戦時禁制品を積んで中立国領水内を航行すること自体は、沿岸中立国の中立を害するものではない(したがって中立国はそれを認めてよい)とされている。海戦中立条約第7条が「中立国ハ、交戦者ノ一方又ハ他方ノ為ニスル兵器、弾薬其ノ他軍隊又ハ艦隊ノ用ニ供シ得ヘキ一切ノ物件ノ輸出又ハ通過ヲ防止スルヲ要セサルモノトス」[傍点引用者]と定めているのは、その例である。戦時禁制品輸送船の海峡通航が沿岸国の中立を害しないことは、常設国際司法裁判所のウィンブルドン号事件判決でも確認されている。[68]それでは、交戦国商船または戦時禁制品を輸送する中立国商船が交戦国軍艦による拿捕を免れる目的であえて中立国領水に入ってそこを航行する場合はどうであろうか。こうした場合に直接適用される条約規定は存在せず、また、中立国領水内における商船の地位については、中立国港における交戦国商船の停泊期間について若干の議論がある[69]くらいで、港に入らず領水内

68　常設国際司法裁判所は、1923年のウィンブルドン号事件判決において、「[スエズ運河やパナマ運河などの人工の]水路は、交戦国軍艦に通航を認めても[沿岸国]の中立が害されないという意味において、自然の海峡と同視される(assimilée aux détroits naturels)」と述べつつ、スエズ運河やパナマ運河(つまり「自然の海峡と同視される」水路)において沿岸国が交戦国軍艦や戦時禁制品輸送商船の通航を認めても、沿岸国の中立を害するものとはされてこなかったと指摘している。Affaire du vapeur « Wimbledon », *CPIJ, Série A*, n°1, pp. 25-28.

69　例えば、フォシーユは、平時において国家は外国商船に港における無期限の停泊を認めて構わないが、戦時において中立国は交戦国商船に無期限の停泊を認めてはならず、入港目的が消滅した場合(例えば貨物の積卸しや積込みが終了した場合)には出港を命じなければならないと述べている。フォシーユがそのように述べる根拠は、交戦国商船に無期限の停泊を認めれば、中立国領水の外において敵国軍艦に拿捕される危険からその商船を保護

を航行するだけの商船について海戦中立条約第10条を類推適用できるかに関する議論は見当たらない。仮に海戦中立条約第10条を類推適用できるとしても、交戦国軍艦に拿捕されるのを避ける目的で中立国領水に入ってそこを航行する——つまり中立国領水を避難場所として用いる——ことが「単ニ中立領水ヲ通過スルコト」に当たらないかどうかは、前述した通り、交戦国軍艦についてさえ見解が一致していない問題であり（アルトマーク事件について述べた箇所を参照）、商船について答えを出すのは一層困難である。

通航を認めなければならないか

国際海峡の沿岸国が中立国である場合において、その中立国は、軍艦や商船の海峡通航（特に交戦国軍艦の場合）を認めなければならないのか、あるいは通航を禁止または制限できるのか、通航を認めなければならないとすれば——つまり船舶が何らかの通航権を有するとすれば——、その通航権の内容はどのようなものであるか。

この問題について定めた一般条約の規定は存在しない。[70] 前述の海戦中立条約第10条は、中立国が交戦国軍艦の領水通航を禁止しなくてよい（通航を認めてもその国の中立は害されない）ことを規定したものであり、中立国が交戦国軍艦の領水（国際海峡である場合を含む）通航を禁止または制限してよいかについては何も定めていないのである。[71]

することになり、中立国が一方交戦国に不利、他方交戦国に有利な行為を行っていることになるからである。Fauchille, *supra* note 22, pp. 727-728. ただし、中立国領水内における商船の地位はほとんど議論されたことのない論点であり、フォシーユのような議論が一般に受け入れられている訳ではない。

70 個別の海峡に適用される特別条約の中にはこの問題に関する規定を置いているものもある（例えばトルコ海峡に関するモントルー条約など）。本章注7参照。

71 海戦中立条約第9条1項は、「中立国ハ、其ノ港、泊地又ハ領水ニ交戦国軍艦又ハ其ノ捕獲シタル船舶ヲ入ラシムルコト (l'admission dans ses ports, rades ou eaux territoriales) ニ関シテ定メタル条件、制限又ハ禁止 (les conditions, restrictions ou interdictions) ヲ交戦者双方ニ対シテ均等ニ適用スルコトヲ要ス」と規定しており、本条は、中立国が「領水ニ交戦国軍艦……ヲ入ラシムルコト」について条件または制限を課し、またはそれを禁止できることを前提としているようにも読める。ただし、条約案を作成した委員会は、「入ること (l'accès) と単なる通過 (simple *passage*) とは、区別する必要がある。本条で我々が問題にしているのは、中立

ただし、この規定が採択されるに至った経緯から、当時の諸国の見解を明らかにすることは可能である。すなわち、海戦中立条約を採択した1907年第2回ハーグ平和会議において、英国政府代表が提案し、会議における討論の基礎となった条文案は、第30条において、「中立国は、自らが必要であると認める場合には、交戦国の軍艦もしくは捕獲船舶または一定の船舶もしくは一定のカテゴリーの船舶が港または領水に入ること (l'accès) を戦争の全期間または一定期間において全面的にまたは部分的に禁ずる権利を有する」[72]と定める一方、第32条では、「前条までのいかなる規定も、戦時において交戦国の軍艦または補助船舶が中立領水を単に通航することを禁ずるもの (prohiber le passage simple) と解釈されてはならない」[73]と定めていた。これらの条文案に対して、第3委員会の下に設けられた検討委員会 (Comité d'Examen) では、おそらく英国案第30条の「入ること」が「通航」を含むものであるとの理解、したがって、同条は領海における交戦国軍艦の通航を禁止する中立国の権利を認めたものであるとの理解を前提に、同条の適用範囲から公海と公海とを結ぶ海峡を除外すべきであるとの提案 (スウェーデン) や、逆に、英国案第32条は交戦国軍艦が中立国領海を無害通航する権利を認めたものであるとの理解を前提に、第32条の適用範囲を公海と公海とを結ぶ海峡に限定すべきだとの提案 (デンマーク) がなされた。[74]検討委員会は、第3委員会に提出した報告

国が必要であると考える場合にその領水における停泊 (de séjourner) を禁ずる場合であって、中立国の領水を単に横切ること (de les traverser simplement) を問題にしているのではないのである」と述べている。Ministère des Affaires Étrangères, *Deuxième conférence international de la paix, La Haye 15 juin-18 octobre 1907: Actes et documents*, Vol. 3 (1907), La Haye: Imprimerie Nationale, p. 494 [傍点部分は原文ではイタリック].

72 条文案の原文は次の通り。"Un Etat neutre a le droit d'interdire totalement ou en partie, s'il le juge nécessaire, l'accès de ses ports ou de ses eaux territoriales aux navires de guerre ou au prises, ou encore à certains navires ou à certaines categories de navires, d'une Puissance belligérante, soit pour la durée entière de la guerre soit pour une période de temps déterminée." *Ibid.*, p. 698.

73 条文案の原文は次の通り。"Aucune des dispositions contenues aux articles précédents ne sera interprétée de façon à prohiber le passage simple des eaux neutres en temps de guerre par un navire de guerre ou navire auxiliaire d'un belligerent." *Ibid.*, p. 699.

74 *Ibid.*, p. 495.

書において、以上の議論を総括して、「[検討委員会で] なされた意見交換の結果、中立国は、中立の維持に必要であると考える限りにおいて、その領水の一部における単なる通過 (le simple passage) でさえ禁止することができるが、そうした禁止は、公海の2つの部分を結ぶ海峡には適用できないとの結論に至ったように思われる」と述べている。[75]

検討委員会によるこの総括は、ハーグ会議に参加したほとんどの国の見解を反映するものであった。しかし、異論がまったくなかった訳ではなく、日本政府代表は、「日本帝国の一部を構成する数多くの島や小島の間にある海峡であって、日本帝国の不可分の構成要素にほかならないものについて、日本はいかなる約束もしない」と発言した。[76] 日本政府代表が異論を述べたことの結果かどうかは定かでないが、最終的に採択された条約文には、国際海峡に関する特別の規定も、中立国がその領海において交戦国軍艦の通航を禁止できるかどうかに関する規定も置かれず、「交戦国軍艦……カ単ニ中立領水ヲ通過スルコトハ其ノ国ノ中立ヲ侵害スルモノニ非ス」と定める第10条の規定だけが置かれたのである。

海戦中立条約第10条の採択に至る以上の経緯については、ハインチェル・フォン・ハイネック (Wolff Heintschel von Heinegg) のように、「中立国に属する国際海峡の閉鎖禁止に明確に反対したのは日本だけであったが、他の諸国の代表が海峡に関する特別規定に合意しようとしなかった事実を無視することはできない」とし、「1907年の時点で [検討委員会が述べた] 趣旨の規則が存在していたかどうかは疑わしい」[77] と評価することも不可能ではないかもしれない。しかし、当時の多くの諸国が、沿岸国が中立国である国際海峡においては交戦国軍艦といえども通航権を有するとの見解を共有していた事実を無視することはできないであろう。

学説上も、ハーグ会議で多くの諸国が支持したのと同様の見解、つまり、中立国は通常の領水においては交戦国軍艦の通航を禁止・制限でき

75　*Ibid.*

76　*Ibid.*, p. 496.

77　Wolff Heintschel von Heinegg, "The Law of Naval Warfare and International Straits," *International Law Studies*, Vol. 71 (1998), p. 268.

るが、国際海峡においては通航を禁止できないとの見解をとるものが多かった[78]。例えば、オッペンハイムは、「第 1 巻第 188 節で述べたように、沿岸国は、平時においてさえその領海 (maritime belt) を外国の軍艦が通航することを禁止できるのだから、・領・海・が・国・際・交・通・の・主・要・経・路 (highways for international traffic) を構成する場合を除き、戦時において交戦国軍艦の通航を禁止できることは明らかである」と述べる[79]。また、タッカー (Robert W. Tucker) も、「この点 [軍艦の領水通航を禁止・制限する権利の問題] に関する中立国の権利は、戦時においても平時と同等であるから、中立国はその領水 (its waters) を交戦国の軍艦および捕獲物が通航することに厳しい制限を課す (place severe restrictions) ――そしておそらくは、完全に禁止する (prohibit altogether) ――ことが許される。少なくとも、・公・海・の・2・つ・の・部・分・の・間・に・あ・っ・て・国・際・航・行・の・経・路 (a highway for international navigation) ・と・し・て・使・用・さ・れ・て・い・る・以・外・の・水・域についてはそうである」と述べている[80]。

　国家実行上も、国際海峡の沿岸国が中立国である場合において、その中立国が交戦国軍艦の海峡通航を禁止または制限した例はほとんどなく、沿岸中立国は交戦国軍艦にも通航を認めてきた。すなわち、中立国が国際海峡における交戦国軍艦の通航を禁止した数少ない国家実行として、①第一次大戦において、デンマークがサウンド海峡、大ベルト海峡および小ベルト海峡の 3 海峡に機雷を敷設し、交戦国軍艦の通航を禁止した事例 (1914 年 8 月 6 日～ 1918 年 11 月 11 日)[81]と、②第一次大戦において、イ

78　本文で引用するものの他に、例えば、Henry Bonfils, *Manuel de droit international public (droit des gens): Destiné aux étudiants des facultés de droit et aux aspirants aux fonctions diplomatiques et consulaires*, 7e ed., ed. Paul Fauchille (1914), Paris: Librairie Arthur Rousseau, p. 334; Erik Castrén, *The Present Law of War and Neutrality* (1954), Helsinki: Suomalaisen Tiedeakatemia, p. 518; R.R. Baxter, "Passage of Ships through International Waterways in Time of War," *British Year Book of International Law*, Vol. 31 (1954), p. 201; Rauch, *supra* note 19, p. 44; Mayama, *supra* note 7, p. 1; International Institute of Humanitarian Law, *supra* note 4, p. 98, 立・前掲注 (10) 527 頁 ; 信夫・前掲注 (56) 496 頁。
79　Oppenheim, *supra* note 15, p. 348 [傍点引用者].
80　Tucker, *supra* note 50, pp. 232-233 [傍点引用者].
81　Erik Brüel, *International Straits: A Treatise on International Law*, Vol. 2, *The General Legal Position of International Straits* (1947), Copenhagen: NYT nordisk forlag, pp. 71-75. なお、デンマークは、商船については通航を禁止せず、日中に限り、かつ、デンマークの水先案内に服することを条件に通航を認

タリアがメッシーナ海峡を閉鎖した事例（1915年5月30日）[82]の2つの事例がよく知られている。しかし、中立国が国際海峡における交戦国軍艦の通航を禁止・制限した国家実行はこれら2つの事例に限られ、それ以外の場合において、中立国は、自国領水のうち少なくとも国際海峡たる部分については、交戦国軍艦にも自由航行を認めてきた[83]。中立国が通常の領水部分について交戦国軍艦の通航を禁止・制限する措置をとり、またはそうした措置をとる権利を有することを表明した例はあるが、そうした場合でも、国際海峡部分については航行禁止・制限の対象から除外し、交戦国軍艦にも通航の自由を認めてきたのである。例えば、1912年にデンマークが制定した中立規則[84]は、「事情により必要であると認められる場合には、もしくは［デンマークの］主権を保全し、または中立を保全するために、双方の交戦国に対して同一の条件において、交戦国軍艦が［コペンハーゲン港］以外のデンマークの港、停泊地またはその他の領水部分に入ることを禁止する権利を留保する」と規定しつつ、「北海とバルチック海を結ぶ『交通の自然航路』として知られるカテガット海峡、サウンド海峡、ならびに大ベルトおよび小ベルト海峡のデンマーク領海部分」については、港への入港の場合にのみ上記の権利が適用されるとし（第1条c）、

めた。

[82] Avis du ministre de la marine sur la navigation dans le détroit de Messine, 20 mai, 1915 (*Journal officiel de la République française* du 1er juin 1915, p. 3518), *Revue générale de droit international public*, Vol. 22 (1915), p. 216. 本告示のテキストは次の通り。"La navigation dans le détroit de Messine est interdite trois quarts d'heure après le coucher du soleil jusqu'à une demi-heure avant son lever. − La navigation est permise dans la journée par temps clair; tout en coservant les prescriptions en vigueur en ce qui concerne les navires de guerre, torpilleurs et sous-marins des marines nationale ou alliées, il est ordonné à tout navire de commerce national, allié ou neutre, d'attendre l'autorisation avant de franchir le détroit, pour les navires venant du Nord, en se maintenant sur le méridien de Forte-Apuria, à trois milles au moins, et échangeant les signaux avec ce sémaphore; pour ceux venant du Sud, en se maintenant sur le méridien du cap Dell Armi et en observant les mêmes prescriptions."

[83] Baxter, *supra* note 21, pp.190-192; Ronzitti, *supra* note 19, pp. 16-17.

[84] Royal Order No. 293, concerning the Neutrality of Denmark in Case of War between Foreign Powers, December 20, 1912, in *A Collection of Neutrality Laws, Regulations and Treaties of Various Countries*, ed. Francis Deák and Phillip C. Jessup, Vol. 1 (1939), Washington, D.C.: Carnegie Endowment for International Peace, p. 476.

交戦国軍艦がそれらの海峡部分に入って通航すること自体は禁止しない立場を明らかにした。デンマークは 1938 年にも同様の規則を制定し（1938 年中立規則第 2 条 2 項）、スウェーデンの 1938 年中立規則も、交戦国軍艦の通航を禁ずることのできる海域から「サウンド海峡内からクラクスハム灯台 (le phare de Klagshamn) と平行に引かれる北緯線まで」の海域を除外した（第 2 条 2 項）。[85]

　以上のように、従来の国家実行および学説は、通常の領海については、中立国が一定の場合において交戦国軍艦の通航を禁止・制限できることを肯定する一方、国際海峡については、そうした禁止または制限の権利を否定し、交戦国軍艦が国際海峡において通航権を有することを認めてきた。[86] 以上の議論は交戦国軍艦に関するものであるが、中立国軍艦、交戦国商船および中立国商船については、国際海峡の沿岸国たる中立国がこれらの船舶の通航を禁止または制限した先例は存在しないと言われる。[87] 交戦国軍艦でさえ通航権を有するのであれば、商船や中立国軍艦は、当然に通航権を有していると言ってよいであろう。

　それでは、沿岸国が中立国である場合の国際海峡において船舶（交戦国軍艦、中立国軍艦、交戦国商船、中立国商船）が通航権を有するとして、その通航権の内容はどのようなものであったか。その通航権は、無害通航、停止できない無害通航、通過通航といった、平時海洋法において存在する通航権のいずれかと同一であるか、またはそれらのいずれかに近い通航権だったのか。より具体的には、例えば、潜水艦は国際海峡を潜没航

---

[85]　1938 Stockholm Declaration regarding Similar Rules of Neutrality, in *The Law of Naval Warfare: A Commentary on the Relevant Agreements and Documents*, ed. N. Ronzitti (1988), Dordrecht: Martinus Nijhoff Publishers, pp. 788, 828.

[86]　ただし、ハインチェル・フォン・ハイネックは、中立国が国際海峡の閉鎖を差し控えてきた事実だけでは慣習国際法の存在を証明することはできず、国際海峡の閉鎖を差し控える義務があるとの法的確信の存在が証明されていないと述べ、「1982 年の第 3 次国連海洋法会議終了までの時点で、中立国が沿岸国である場合の国際海峡の完全な閉鎖を禁ずる国際慣習法は存在しなかったと結論せざるを得ない」と述べている。Heintschel von Heinegg, *supra* note 77, p. 269.

[87]　O'Connell, *supra* note 21, p. 326.

行する権利を有していたか、軍用機や民間航空機が国際海峡の上空を飛行する権利を有していたか、国際海峡を通過する交戦国軍艦が陣形を組んで航行する場合、陣形の組み方に制限はあったのか、交戦国軍艦がソナーによる監視を行いながら航行することはできたのか、といったことが問題になり得る。

しかし、国連海洋法条約採択前の戦時・武力紛争時において船舶および航空機が有していた海峡航行権の内容は、十分明確だった訳ではない。例えばロンツィッティ（Natalino Ronzitti）は、国際海峡の上空飛行について、沿岸中立国が交戦国軍用機にも国際海峡の上空飛行を認めてきた第二次大戦以降の国家実行の傾向を指摘しつつ、それが義務の意識に基づくものだったのかどうかを判断することはできないと述べて結論を回避している。[88] 潜水艦の潜没航行については、第二次大戦中に交戦国軍艦がジブラルタル海峡を潜没航行した実行があるが、スペインとモロッコの領海部分においても潜没航行していたのかどうかは不明であるとされ、[89] 交戦国軍艦が国際海峡を潜没航行する権利が国連海洋法条約採択前に存在したか否かについては、それを否定する学説が有力である。[90] 陣形の組み方やソナーによる監視については、それらの問題について論じたもの自体が見当たらない。[91]

このように、通航権の内容は細部においては不明確であったが、全体として見れば、国連海洋法条約採択前の国際法において、「沿岸国が中立国である場合の国際海峡の地位は、多かれ少なかれ平時における状況と

88　Ronzitti, *supra* note 19, p. 25.
89　O'Connell, *supra* note 21, pp. 321-322.
90　E.g., Ronzitti, *supra* note 19, p. 25; Mayama, *supra* note 7, p. 6.
91　国際司法裁判所は、1949年のコルフ海峡事件（本案）判決において、英国軍艦が北コルフ海峡を通航していた際に戦闘陣形（en formation de combat）を組んでいたか否かを検討し、英国軍艦は戦闘陣形を組んで航行してはおらず、一列の単縦陣で航行していた（en ligne de file, l'un derrière l'autre）と認定し、英国軍艦の通航は無害通航であったと判示した。*Affaire du Détroit de Corfou*, *supra* note 38, pp. 30-31. ただし、この事件で問題になったのは、（仮にアルバニア・ギリシャ間に戦争状態があったとして）交戦国（アルバニア）の領海に属する国際海峡を中立国（英国）の軍艦が航行した事例であるから、本文で問題にしていることとは直接には関連しない。コルフ海峡事件については、本章注119およびそれに対応する本文を参照。

同じ (more or less equated to the situation in time of peace)」であったと考えることができる[92]。つまり、沿岸国が中立国である国際海峡で船舶が有していた通航権は、当時の平時海洋法において存在した国際海峡通航権（無害通航権か、せいぜい停止できない無害通航権）に近い内容の通航権であったと考えることができ、通過通航権またはそれに近い内容の通航権が戦時・武力紛争時に存在していたとは言えないのである（例えば、前述のように、戦時・武力紛争時の国際海峡において潜水艦が潜没航行権を有していたとは言えず、また、航空機が上空飛行権を有していたとは言えない）。

(3) 国連海洋法条約採択後の状況

国連海洋法条約採択前の平時海洋法における国際海峡通航権の内容がどのようなものだったかは必ずしも明らかでない部分があるが、少なくとも通過通航権ではなかったことは明らかであり、無害通航権もしくは停止できない無害通航権またはそれらに近い通航権であったと考えられる。(2)で検討したのは、そのような時代における国際法の状況であった。

1982年に採択された国連海洋法条約は、国際海峡について、通過通航権という新たな制度を導入した。このことは、戦時・武力紛争時の国際海峡の法的地位にいかなる影響を与えたか、あるいは与えなかったか。以下では、この問題を検討する。なお、国連海洋法条約が新たに導入した法規則は、国際海峡の沿岸国が外国船舶に対して通過通航権を認めなければならないという規則であるから、これによって影響を受けたかどうかが問題となるのは、3節(2)後半部分(252-259頁)で検討した論点についてであり、3節(2)前半部分(241-252頁)で検討した論点（沿岸中立国が交戦国軍艦その他の船舶に国際海峡の通航を認めてよいか）についてそうした問題は生じない。

戦時・武力紛争時における国連海洋法条約の適用可能性については、(a)国連海洋法条約は、そもそも戦時・武力紛争時には適用されない（適用を

---

[92] Ronzitti, *supra* note 19, p. 20.

停止する)という考え方[93]と、(b) 国連海洋法条約は、戦時・武力紛争時にも継続的に適用され、それが海戦法規その他の特別法によって修正を受けるだけであるという考え方[94]がある。本章の著者は(b)説が妥当ではないかと今のところ考えているが、(a)説も、平時海洋法と海戦法規・中立法規が完全に分断していると考える訳ではなく、平時海洋法の変化(例えば、領海の幅、群島水域制度の導入など)が海戦法規・中立法規に影響を与えることは認めるので、結論が(b)説と大きく変わる訳ではない。また、いずれの説も、海戦法規・中立法規の中に平時海洋法と内容の異なる規則があれば、戦時・武力紛争時には当該規則が適用されると考える点では同じである。

実際、武力紛争時の国際海峡について通過通航権制度を適用ないし準用することは、少なくとも沿岸国が中立国である場合については(後述するように、沿岸国が交戦国である場合については別の考慮が必要となる)、(a)説の立場に立つ者によっても広く支持されている。

例えば、ラオホ(Elmar Rauch)は、国連海洋法条約が「平時法の一部であっ

---

[93] E.g., Rauch, *supra* note 19, p. 37; Elmar Rauch, "Military Uses of the Ocean," *German Yearbook of International Law*, Vol. 28 (1985), p. 233; Mayama, *supra* note 7, p. 9; Brian Wilson and James Kraska, "American Security and Law of the Sea," *Ocean Development and International Law*, Vol. 40 (2009), p. 277. この立場に立つ者は、しばしば、1958年ジュネーヴ海洋法条約の草案を起草した国連国際法委員会の報告書(*Yearbook of the International Law Commission*, Vol. 2, *Documents of the Eighty Session including the Report of the Commission to the General Assembly*, p. 256 ("The draft regulates the law of the sea in time of peace only."))や、スウェーデンが国連海洋法条約署名時に行った解釈宣言("It is also the understanding of the Government of Sweden that the Convention does not affect the rights and duties of a neutral State provided for in the Convention concerning the Rights and Duties of Neutral Powers in case of Naval Warfare (XIII Convention), adopted at The Hague on 18 October 1907.")を援用する。しかし、前者はあくまでも1958年ジュネーヴ海洋法条約に関する言明であって国連海洋法条約に関するものではなく、また、後者は海戦中立条約についてしか言及しておらず海戦法規および中立法規全般について述べたものではない(前述したとおり、海戦中立条約には国際海峡の通航に関する規定は存在しない)。

[94] E.g., Natalie Klein, *Maritime Security and the Law of the Sea* (2011), Oxford: Oxford University Press, p. 259. 国連海洋法条約採択以前の文献であるが、平時海洋法と海戦法規との関係について、前者は戦時・武力紛争時にも適用を停止せず、ただ後者によって部分的な修正を受けるだけである(lediglich teilweise modifiziert)との見解を明確に示すものとして、Schmitt, *supra* note 41, pp. 60-61.

て海戦法規を規律することを意図していない」[95]との立場をとるにもかかわらず、通過通航権の制度が武力紛争時の国際海峡(沿岸国が中立国である場合)にも適用されると主張する。ラオホは、国連海洋法条約採択前の国際法の状況について述べる箇所で、沿岸国が中立国である場合の国際海峡において交戦国軍艦が有する通航権は無害通航であったと述べており[96]、また、国連海洋法条約採択後に新たな慣習国際法が成立したことの論証もしていない。したがって、ラオホの議論は、国連海洋法条約の国際海峡関連規定が武力紛争時にもダイレクトに適用されるという議論でも、交戦国軍艦が慣習国際法に基づき通過通航権を有するという議論でもないことになる。

　ラオホの議論の趣旨は、「この概念[中立の概念]自体が将来の海戦において何らかの意味を持ち得るとすれば、それは、海洋法における新たな展開を考慮に入れて調整された(adjusted)ものでなければならない」、つまり、「海峡の通過通航に関する限り、中立法規は、海峡国の安全保障上の利益と、他のすべての国(海軍国を含む)の航行上の利益を調整して出来上がった、新しく、かつ、繊細なバランスを反映(reflect the new and delicate balance)しなければならない」ということである[97]。要するに、伝統的中立法規は、領海の幅が12カイリよりも狭かった時代に、領海の幅が狭いことを前提として成立したものであり、国連海洋法条約によってその前提が変化すれば、それに応じて中立法規の内容も変化するというのである。

　ラオホによれば、武力紛争時における通過通航権制度の適用は、中立法規の趣旨および目的にも合致するという[98]。すなわち、中立法規の趣旨・目的は、中立国が戦争・武力紛争に巻き込まれないようにすることである。しかし、交戦国軍艦の国際海峡通航の規制について中立国が裁量を有するとすれば、仮にその裁量を全交戦国に対して公平に行使したとしても、事実上は一部の交戦国の有利に、他の交戦国の不利に作用することがあ

---

[95] Rauch, *supra* note 93, p. 233. *See also*, Rauch, *supra* note 19, p. 37.
[96] Rauch, *supra* note 19, p. 44.
[97] *Ibid.*, p. 46.
[98] *Ibid.*, pp. 45-46, 48-49.

り得る。交戦国の置かれている地理的・地政学的状況は、交戦国ごとに異なるからである。それゆえ、戦略的重要性の高い国際海峡の通航について中立国が裁量を行使することは危険であり、その意味で、沿岸国の裁量の余地を制限した通過通航権の制度を武力紛争時にも適用すべきだというのである。

真山全が敷衍して紹介している米海軍のグリュナワルト海軍大佐 (退役) (Captain Richard Jack Grunawalt, USN (Ret.)) の議論[99]も、ラオホの議論に近い (グリュナワルトの論文自体は簡潔すぎて分かりにくい)。グリュナワルトによれば (真山による敷衍を含む)[100]、国連海洋法条約の国際海峡関連規定は、戦時に自動的かつ機械的に適用される訳ではない。通過通航権の制度は、もともとは、平時における海峡沿岸国と海峡利用国との間の妥当なバランスを実現することを意図したものだからである。しかし、このバランスは、戦時における交戦国と中立国との間のバランスも概ね反映するもの (outlines) であると言える。このバランスを反映するものとして、国連海洋法条約により創設された通過通航権制度は、中立法規の中に徐々に統合されつつある (are being integrated increasingly into the law of neutrality)。このことは、イラン・イラク戦争において中立諸国がホルムズ海峡のイラン領海部分についても通過通航権制度の適用を主張した事実によっても裏づけられる[101]。国際海峡の交戦国領海部分についてさえ通過通航権制度が適用されるのであれば、中立領海部分 (例えばホルムズ海峡のオマーン領海部分) につ

---

99 Richard Jack Grunawalt, "Belligerent and Neutral Rights in Straits and Archipelagoes," in *The Law of the Sea: What Lies Ahead?: Proceedings of the 20th Annual Conference of the Law of the Sea Institute, July 21-24, 1986, Miami, Florida*, ed. Thomas A. Clingan, Jr (1988), Honolulu: Law of the Sea Institute, William S. Richardson School of Law, University of Hawaii, pp. 137-140.

100 Mayama, *supra* note 7, pp. 13-14.

101 *Ibid.*, pp. 14, 29. 真山がそこで依拠しているのは、米国政府の次のような声明である。"The procedures adopted by the Untied States are well established and fully recognized in international practice on and over international waters and straits such as the Persian Gulf, Strait of Hormuz, and the Gulf of Oman. The United States has made clear they will be implemented in a manner that does not imped valid exercises of the freedom of navigation and overflight and of the right of transit passage." Marian Nash Leich, "Contemporary Practice of the United States relating to International Law," *American Journal of International Law*, Vol. 78 (1984), p. 884.

いては、より強い理由で通過通航権制度を適用すべきことになるというのである。なお、真山自身は、沿岸国が中立国である国際海峡に通過通航権制度を適用することについて、「領海の幅が拡大した時代における合理的な対応(rational response)であるように思われる」としつつ、通過通航権制度が交戦国の通航利益と中立国の安全保障上の利益との間の正確な均衡点であるかどうかは、「今後の実行によってのみ証明される」と述べており、これが現時点で実定法化しているとの考えは示していない[102]。

また、武力紛争時における通過通航権制度適用の実定法性を否定するロンツィッティも、国家実行の傾向としては、武力紛争時にも通過通航権制度を適用する方向に発展していることを肯定しており、また、それが実質的に見ても妥当であるとの考えを示唆している[103]。

さらに、武力紛争時における通過通航権制度の適用は、各国海軍等が作成したマニュアルにおいても支持されている。例えば、米海軍の2007年版「海上作戦の法に関する指揮官ハンドブック」(7.3.6)は、「1982年海洋法条約に反映されている慣習国際法は、交戦国および中立国の水上艦、潜水艦ならびに航空機が、国際航行に使用されているすべての海峡の水面、上空および水中を通過通航する権利を有することを定めている。中立国は、国際海峡におけるこの通過通航権を停止し、阻害し、またはその他の方法により遅らせてはならない。中立水域と重なる国際海峡を通過する交戦国の軍隊は、遅滞なく通過し、中立国に対する武力による威嚇または武力の行使を差し控え、ならびに敵対行動その他の通過に付随しない活動を差し控えなければならない。しかし、通過中の交戦国の軍隊は、その安全に必要な防禦的措置(軍事機器の発射および回収、保護陣形を組んだ航行(screen formation steaming)、ならびに音響および電子的手段による監視を含む)をとることができ、ならびに敵対行為または敵対的意図に対して自衛の対応をとることができる」と述べている[104]。カナダ軍のマニュアル

---

[102] Mayama, *supra* note 7, p. 14.
[103] Ronzitti, *supra* note 19, p. 26.
[104] U.S. Navy, *supra* note 38, Chapter 7, Section 3.6.

も、「交戦国の軍艦、補助艦および軍用機または補助航空機は、国際法が定めるところにより、中立国の海峡の水面、水中および上空において通過通航権を行使し、および群島航路帯通航権を行使できる」(812.1)と述べ、国際海峡を通過通航中の軍艦がとることのできる防禦的措置については、「中立国の海峡または群島航路帯通航権が適用される水域の水面、水中および上空を通過する交戦国は、その安全と両立する防禦的措置(航空機の発着艦、保護陣形を組んだ航行ならびに音響および電子的手段による監視を含む)をとることが許される。しかし、通過通航中の交戦国または群島航路帯を通航する交戦国は、敵軍に対する攻勢的行動(offensive operations)を行ってはならず、それらの中立水域を避難場所(a place of sanctuary)および作戦根拠地(a base of operation)として使ってはならない」(819.1)と述べている。[105] さらに、前述(本章注4参照)のサンレモ・マニュアルは、「平時において国際海峡および群島水域に適用される通過通航権および群島航路帯通航権は、武力紛争時においても引き続き適用される」(第27項前段)と定め、また、「中立国は、通過通航または群島航路帯通航権を停止し、妨害し、またはその他の方法により遅らせてはならない」(第29項)と定めている。軍艦がとることのできる防禦的措置に関する規定は、カナダ軍マニュアル(819.1)とまったく同一内容である。[106]

以上のように、沿岸国が中立国である国際海峡について通過通航権制度を適用ないし準用することは、合理的なものとして広く支持されている。以上の議論は、交戦国の軍艦および軍用機に関するものであるが、交戦国の軍艦および軍用機でさえ通過通航権を有するのであれば、それ以外の船舶や航空機(商船、民間航空機ならびに中立国の軍艦および軍用機)は当然に通過通航権を有すると言ってよいだろう。また、平時海洋法において通過通航権制度ではなく無害通航権制度が適用される海峡[107]や、停止

---

105 National Defence, *Joint Doctrine Manual: Law of Armed Conflict at the Operational and Tactical Levels* (B-GJ-005-104/FP-021, 2001-08-13), paras. 812.1, 819.1.

106 International Institute of Humanitarian Law, *supra* note 4, pp. 105-106.

107 国連海洋法条約第36条が適用される国際海峡(海峡内に航行上および水路上の特性において同様に便利な公海またはEEZの航路が存在する海峡)のうち、沿岸国領海部分には

第 7 章　武力紛争時における国際海峡の法的地位　265

できない無害通航権制度が適用される海峡の戦時・武力紛争時における[108]
法的地位については、論じられることがあまりないが、平時と同じく、
無害通航権制度または停止できない無害通航権制度を適用しても特に問
題は生じないように思われる[109]。ただし、国連海洋法条約第 36 条が適用
される国際海峡（海峡内に航行上および水路上の特性において同様に便利な公海
または EEZ の航路が存在する海峡）の場合、ラオホやハインチェル・フォン・
ハイネックが指摘するように、高速で飛行する交戦国軍用機は、航路の
形状によっては海峡内の公海航路または EEZ 航路の上空を正確に辿って
飛行することが困難であることがあり、かといって減速すれば敵の地対
空ミサイルによる攻撃の危険にさらされるという問題がある[110]。つまり、
平時においては「同様に便利な公海又は排他的経済水域の航路」と言える
ものであっても、戦時・武力紛争時においては「同様に便利」とは言えな
くなる場合があり得る。

　なお、戦時・武力紛争時において国際海峡を通過通航する交戦国軍艦
は、敵からの攻撃に備え、保護陣形を組んだ航行（screen formation steaming）、
之字運動（zig-zagging）、音響・電子手段（レーダー、ソナー等）による監視（acoustic
and electronic surveillance）、航空機の発着艦（launching and recovery of aircraft）等の
防禦的措置（defensive measures）をとることが考えられる[111]。仮に武力紛争時
の国際海峡に国連海洋法条約の通過通航権制度を適用または準用すると
すれば、交戦国軍艦がとるこうした防禦的措置と国連海洋法条約第 39 条
（通過通航中の船舶および航空機の義務）などの規定との関係が問題となる。

　音響・電子手段による監視については、国際海峡を通過通航中の船舶
が沿岸国の事前の許可なしに行うことを禁じられた「調査活動又は測量
活動（research or survey activities）」（国連海洋法条約第 40 条）に当たらないかが問
題になり得るし、之字運動については、「海峡……を遅滞なく通過するこ

　　 無害通航権が適用され、公海または EEZ 部分の航行は自由である。
108　本章注 26 および 27 ならびにそれらに対応する本文を参照。
109　例えばサンレモ・マニュアルはそのような立場をとる。*Ibid.*, pp. 107-108.
110　Rauch, *supra* note 19, p. 48; Heintschel von Heinegg, *supra* note 77, p. 274.
111　Mayama, *supra* note 7, p. 16.

と (proceed without delay through…the strait)」(同第 39 条 1 項 (a) 号) とは言えないのではないかが問題となる。航空機の発着艦 (「航空機の発着又は積込み (the launching, landing or taking on board of any aircraft)」) は、通常の領海においては無害通航に当たらない行為の例として明示的に列挙されている (同第 19 条 2 項 (e) 号) が、通過通航権関連規定の中には「航空機の発着又は積込み」を禁ずるものはない。しかし、航空機の発着艦は、「[海峡の] 上空を遅滞なく通過すること」(同第 39 条 1 項 (a) 号) とはかなり性格が異なる。保護陣形を組んだ航行については、通過通航中の船舶が差し控えるべきものとされる「継続的かつ迅速な通過の通常の形態に付随する活動以外のいかなる活動 (any activities other than those incident to their normal modes of continuous and expeditious transit)」(同第 39 条 1 項 (c) 号) に当たらないかが問題になるかもしれない。

　既に引用したように、米海軍のマニュアル、カナダ軍のマニュアルおよびサンレモ・マニュアルは、通過通航中の交戦国軍艦がこれらの防禦的措置をとれることを明確に肯定する。しかし、これらの措置を国連海洋法条約の諸規定の中にどのように位置づけるかについては、何の説明もしていない。前述の防禦的措置の中には、保護陣形を組んだ航行のように「当該船舶の安全のためにとられる通常の予防措置として容認され得るかもしれない (might be acceptable as a normal precaution for security)」ものもある一方、航空機の発着艦のように、「[国連海洋法] 条約の現行の条文の中には [許容される活動として] 含まれていない」ものもある。[112] 結局、ロウが指摘するように[113]、この問題に関する答えは、「条約の解釈についての [締約国の] 合意 ("agreed interpretation" of the Convention)」を構成するものとしての国家実行 (条約非締約国との関係では慣習国際法成立要件の 1 つとしての国家実行) の中に見いだすほかないのだろう。

---

[112] Lowe, *supra* note 36, p. 122.
[113] *Ibid.*

4　沿岸国が交戦国である国際海峡

(1) 問題の所在

2節(1)で述べたように、敵軍艦は、敵軍艦であるというだけの理由により攻撃・拿捕・没収の対象となり、敵商船は、敵商船であるというだけの理由により拿捕・没収の対象となる。沿岸交戦国がこれらの船舶について攻撃・拿捕等の措置に加えて自国領水内(国際海峡を含む)の通航自体を禁止することは、当然に許容されると考えられている[114]。ただし、これらの船舶について通航自体を禁止することは、ほとんど意味がないとも言える。なぜなら、通航自体を禁止した上で、禁止を犯して通航する船舶を違反に対する制裁として拿捕しても、通航自体を禁止せず、捕獲権等を行使して拿捕しても、何の違いも出てこないからである(通航を禁止してもしなくても、領水内に入りたい船舶は入ってくるであろうし、入ってきたら、沿岸交戦国としては、敵軍艦の場合は攻撃または拿捕し、敵商船の場合は拿捕すればよいだけの話である)。そのため、交戦国が領水(国際海峡を含む)における敵軍艦や敵商船の通航を禁止した先例は、ほとんど存在しないのである[115]。

問題は、害敵手段(攻撃、海上捕獲等)行使の対象とならない船舶、すなわち、中立国軍艦、および戦時禁制品輸送も封鎖侵破も非中立的役務も行っていない中立国商船の国際海峡通航について、交戦国がこれを禁止または制限できるかである[116]。以下では、国連海洋法条約採択前の国際法の状況を明らかにした上で((2))、それが国連海洋法条約による通過通航権制度の導入によっていかなる影響を受けたか(あるいは受けていないか)を検討する((3))。

114　E.g., Baxter, *supra* note 21, pp. 205-206; Wolfgang Münch, *Die Régime internationaler Meerengen vor dem Hintergrund der Dritten UN-Seerechtskonferenz* (1982), Berlin: Duncker & Humbolt, p. 44; Heintschel von Heinegg, *supra* note 21, p. 218.
115　Baxter, *supra* note 78, pp. 202-203.
116　Baxter, *supra* note 21, p. 207; Heintschel von Heinegg, *supra* note 21, pp. 218-219.

(2) 国連海洋法条約採択前の状況

中立国軍艦

　沿岸国が交戦国である国際海峡において、中立国軍艦は通航権を有するか、有するとした場合、その通航権の内容はどのようなものか。この問題に関連性を有する国家実行はほとんど存在しないと言われる。[117]ただし、この問題に関連する判例として、国際司法裁判所のコルフ海峡事件（本案）判決がしばしば引用される。[118]

　本件は、4隻の英国軍艦が北コルフ海峡のアルバニア領海部分を北上していたところ、そのうちの2隻が機雷に触れて爆発し、86名が死傷した（1946年10月22日）事件である。本章に関連する裁判所の判示事項の概要は、次の通りである。[119]すなわち、平時において国家が、公海の2つの部分の間にあり国際航行の目的に使用される (qui servent, aux fins de la navigation internationale) 国際海峡において軍艦を無害通航させる権利を有していることは、一般に認められており、国際慣行にも合致する。アルバニアは、北コルフ海峡が国際航行にとって二次的な重要性しか有さず、また、公海の2つの部分の間において必ずそこを通らなければならないような経路でもないと主張する。しかし、裁判所の見解によれば、アルバニアが主張するそれらの要素は重要ではなく、決定的な基準は、公海の2つの部分を接続しているという地理的状況 (la situation géographique du Détroit, en tant que ce dernier met en communication deux parties de haute mer) および海峡が国際航行の目的に使用されている事実 (fait que le Détroit est utilisé aux fins de la navigation internationale) である。英国政府代理人が裁判所に提出した資料によれば、1936年4月1日から1937年12月31日までの1年9ヶ月間に北コルフ海峡を通航した船舶の数は2,884隻（船舶の国籍はギリシャ、イタリア、ルーマニア、ユーゴスラビア、フランス、アルバニアおよび英国であった）であり、1年9ヶ月の間に2,884隻というのはかなりの数である。また、北コルフ海

---

[117]　Brüel, *supra* note 21, p. 110.

[118]　E.g., Baxter, *supra* note 21, p. 208; Ronzitti, *supra* note 19, p. 20; Heintschel von Heinegg, *supra* note 77, p. 265.

[119]　*Affaire du Détroit de Corfou*, *supra* note 38, pp. 28-29.

峡は、アルバニアとギリシャの国境であること、海峡内のすべての海域が両国の領海に属すること、および同海峡はコルフ港に出入りする船舶の交通にとって特別な重要性を有している事実も重要である。以上の理由により、「北コルフ海峡は、平時において沿岸国が船舶の通航を禁ずることのできない国際海上経路（voies maritimes internationales）の部類に属すると考えなければならない」。しかし他方、本件において北コルフ海峡の2つの沿岸国（ギリシャとアルバニア）は、同海峡に接するアルバニア領土の一部についてギリシャが領土権を主張したことにより、「通常の関係（relations normales）を維持していなかった」。「ギリシャは、アルバニアと技術的に戦争状態にある（techniquement en état de guerre）と宣言し、ギリシャが侵入してくる危険があることを理由に、当該地域において一定の警戒措置（mesures de vigilance）をとる必要があると考えていた。裁判所の見解では、アルバニアは、こうした例外的状況においては、海峡の軍艦通航について規制を課すこと（réglementer）を正当化されるだろうが、そうした通航を禁止し（l'interdire）、または特別の許可に服せしめる（l'assujettir à une autorisation spéciale）ことは正当化されない」。要するに、裁判所によれば、仮にアルバニアがギリシャと戦争状態または戦争状態に近い緊張状態にあったとしても、アルバニアは、第三国軍艦（中立国軍艦）が北コルフ海峡を通航することそれ自体を禁止することはできず、一定の規制措置を課せるだけだというのである。

　裁判所のこの判断は、当時のアルバニアとギリシャの間に戦争状態または武力紛争が存在していたことを前提とするものなのかどうか、必ずしも明らかではない。バクスター（R. R. Baxter）は、裁判所が「アルバニアは、ギリシャと技術的に戦争状態にあると宣言していた」事実に言及していることを根拠に、裁判所は「アルバニアが事実上の戦争状態（in a de facto state of war）にあったことを前提にしてこの結論を導いたのかもしれない」と述べ、コルフ海峡事件判決が示した判例は、沿岸国が交戦国である場合の国際海峡について妥当すると論じている[120]。しかし他方、裁判所は、領海

120　Baxter, *supra* note 21, p. 208.

内に機雷が敷設されていることを知りながらそれを英国軍艦に通報しなかったことに関するアルバニアの国際義務違反を認定する際、「この義務は、1907年ハーグ第8条約に基づくものではない。同条約は、戦時に適用されるものだからである。そうではなく、この義務は、人道の基本的考慮のような、ある種の一般的で、かつ、広く承認された諸原則 (certains principes généraux et bien reconnus, tels que des considérations élémentaires d'humanité) に基づく。[人道の基本的考慮は、] 平時においては、戦時におけるよりもずっと絶対的 (plus absolues encore) なものである」と述べていることからすると、アルバニア・ギリシャ間における戦争状態の存在を否定していると考えられる。ただし、裁判所が法的な意味での戦争 (de jure war) と武力紛争ないし事実上の戦争とを区別し、後者の存在を前提としていた可能性はあり得る (バクスターはそのような理解であろう)。

いずれにせよ、本件において沿岸国であるアルバニアとギリシャとの間に緊張状態が存在したことは裁判所が認定しており (両国は「通常の関係を維持していなかった」)、そうした緊張状態においてすら国際海峡の軍艦通航に「規制を課すこと」ができるのであれば、戦時・武力紛争時においては、当然にそうした規制を課すことが許されるであろう。

中立国商船

沿岸国が交戦国である国際海峡において、中立国商船は通航権を有するか、有するとした場合、その通航権の内容はどのようなものか。この問題について関連性を有する国家実行は、中立国軍艦の場合と同様、ほとんど存在しないと言われる[122]。数少ない国家実行として、日露戦争 (1904〜05年) 中に交戦国日本が津軽海峡に防禦海面を設定した例[123]や、第二次大戦中に同じく交戦国日本が津軽海峡および宗谷海峡に防禦海面を設定した例[124]がある。日本が行ったこれらの防禦海面設定は、いずれも、明治37年の防禦海面令を根拠とするものであったが、前述の通り、防禦海面

---

[121] *Affaire du Détroit de Corfou, supra* note 38, p. 22.
[122] Baxter, *supra* note 21, p. 207.
[123] 明治38年4月18日海軍省告示第14号『官報』第6536号 (明治38年4月18日) 683頁。
[124] 昭和16年12月8日海軍省告示第38号『官報』第4476号号外 (昭和16年12月8日) 1-2頁。

令は、防禦海面内における一切の船舶の航行を禁ずるものではなく、①夜間（日没から日出まで）の航行を禁ずることと、②それ以外の時間帯に防禦海面内を通航する船舶に対し、所管鎮守府司令官および要港部司令官の指示に従うよう義務づけることを内容とするものだった（本章238頁参照）。日露戦争の際の津軽海峡防禦海面と第二次大戦の際の宗谷海峡防禦海面は、防禦海面令に沿った内容のものであり、諸外国から抗議はなされなかったようである[125]。他方、第二次大戦の際の津軽海峡防禦海面は、夜間だけでなく、日中においても、特別の許可を得た船舶以外の通航を禁ずる内容のものであり[126]、これに対してはソ連から抗議がなされた[127]。

　学説上は、沿岸交戦国は中立国商船の国際海峡通航を全面的に禁止することはできないのが原則であるが、水先案内の義務づけや通航を日中に限定するなどの措置をとることはでき[128]、さらに、「極めて切迫し、やむを得ない事情があるとき（in the most urgent and compelling of circumstances）には、最後の手段として、［沿岸交戦国］が海峡内の中立船舶通航を完全に遮断することもできる[129]」と言われる。

(3) 国連海洋法条約による通過通航権制度導入の影響

　以上のように、沿岸国が交戦国である国際海峡における船舶（中立国軍艦および中立国商船）の通航については、関連する国家実行・判例が極めて少ないものの、沿岸国たる交戦国は、航行の全面的な禁止はともかく、航行に何らかの規制（例えば夜間の航行を禁止する措置）を課すことは、少なくとも許容されると考えられていたと言えるだろう。この状況は、国

125　Schmitt, *supra* note 41, p. 15
126　この措置について、根拠法令たる防禦海面令との関係でどのような整理がなされたのかは定かではない。
127　油橋重遠『戦時日ソ交渉小史：1941〜1945年』（霞ヶ関出版、1974年）42-44頁 ; 外務省東亜局東欧課作成（竹内桂編集・解題）『戦時日ソ交渉史』（ゆまに書房、2006年）378-399頁。
128　Karl Zmanek, "Meerengen," in *Wörterbuch des Völkerrechts*, ed. Hans-Jürgen Schlochauer, Vol 2 (1961), Berlin: Verlag Walter de Gruyter & Co., p. 495; Baxter, *supra* note 21, pp. 208-209; Ruth Rapidoth, *Les détroits en droit international* (1972), Paris: Editions A. Pedone, p. 50.
129　Baxter, *supra* note 21, pp. 208-209.

連海洋法条約による通過通航権制度の導入によって変化したのだろうか。つまり、（2）で検討したのは、平時海洋法における国際海峡通航権が、通過通航権よりも自由度の低い通航権（無害通航権、またはせいぜい停止できない無害通航権）であった時代の国際法の状況であるが、平時海洋法の国際海峡通航権がより自由度の高い通過通航権に変わったことによって、戦時・武力紛争時における国際海峡通航権の内容にも変化が生じたのかどうかが問題となる。

　この問題については、まず、沿岸国が交戦国である国際海峡の場合、通過通航権よりも自由度の低い通航権しか保障されないとする学説がある。例えば、ハインチェル・フォン・ハイネックは、中立国潜水艦が平時の国際海峡において有する潜没航行の権利は、沿岸国が交戦国である場合には、「自国の沿岸海域における船舶交通の状況をできる限り正確に知る交戦国の利益」によって制限され、中立国の潜水艦は、沿岸国が交戦国である国際海峡においては浮上して航行することを求められるという[130]。また、中立国航空機が平時の国際海峡において有する上空飛行の権利については、航空機の速度は船舶よりもずっと速く、沿岸交戦国が短時間で航空機の身元特定を行って必要な対応措置を講ずることは困難である――それにもかかわらず中立国航空機に上空飛行を認めなければならないとするのは沿岸交戦国にとって危険である――ことから、航空機の上空飛行権は、交戦国が沿岸国である国際海峡においては適用されないという[131]。また、中立国が沿岸国である国際海峡について通過通航権制度を適用・準用することが実質的に考えて合理的であることを示唆するロンツィッティも、国際海峡内を潜没航行する敵国潜水艦と中立国潜水艦とを識別することが不可能であることを挙げ、国際海峡の沿岸国が中立国である場合には通過通航権制度を、国際海峡の沿岸国が交戦国である場合には無害通航権制度を適用するというダブル・スタンダードにな

130　Heintschel von Heinegg, *supra* note 21, pp. 223-224.
131　*Ibid.*, pp. 224-225.

らざるを得ないと述べている[132]。

　他方、潜没航行権や上空飛行権を特に制限することなく通過通航権制度の適用・準用を肯定するものもある。例えば、カナダ軍のマニュアル (815.1) は、「中立国の軍艦、補助艦、軍用機および補助航空機 (auxiliary aircraft) は、交戦国の国際海峡および群島水域の水面、水中および上空において、国際法が定める通過通航権を行使することができる。中立国は、予防的措置として (as a precautionary measure)、通航権を行使することについて、時宜を得た通報 (timely notice) を交戦国に行わなければならない」と述べている[133]。サンレモ・マニュアル (第 26 項) もカナダ軍のマニュアルとほとんど同一内容であり、「中立国の軍艦、補助艦、軍用機および補助航空機は、交戦国の国際海峡および群島水域の水面、水中および上空において、一般国際法が定める通過通航権を行使することができる。中立国は、予防的措置として、通航権を行使することについて、時宜を得た通報を交戦国に行わなければならない」と定める[134]。米海軍のマニュアル (2.5.3.1) は、「沿岸国は、平時において、国際海峡の通過通航をいかなる目的のためであっても阻害し、または停止してはならない。国際法のこの原則は、他国と武力紛争状態にある沿岸国と平和関係にある国の通過船舶 (軍艦を含む) にも適用される」と述べている[135] (少し分かりにくい言い方であるが、要するに、交戦国が沿岸国である国際海峡において、中立国の船舶が通過通航権を有するという意味である)。

　このように、沿岸国が交戦国である国際海峡における通過通航権制度の適用については、それを平時と比べてどの程度制限するか (潜没航行や上空飛行まで認めるのか) について見解が分かれている。この問題に対する答えは、カナダ軍マニュアルやサンレモ・マニュアルが定める「時宜を得た交戦国への通報 (timely notice to the belligerent State)」だけで当該交戦国の安全が確保できるかどうかに依存するだろう。なお、いずれの学説・マニュ

132　Ronzitti, *supra* note 19, p. 26.
133　National Defence, *supra* note 105, para. 815.1.
134　International Institute of Humanitarian Law, *supra* note 4, p. 104.
135　U.S. Navy, *supra* note 38, Chapter 2, Section 5.3.1.

アルにおいても、沿岸国が交戦国である場合の国際海峡において通航権を有するのは中立国の船舶(および航空機)であり、敵国の軍艦や軍用機にまで通過通航権や無害通航権を認めなければならないと主張するものは存在しない。

5　おわりに

　本章では、戦時・武力紛争時における国際海峡の法的地位について、沿岸国が中立国である場合と、沿岸国が交戦国である場合とに分けて、国連海洋法条約採択の前と後の国際法の状況を検討した。この問題に関する国際法の内容は、過去においても現在においても細部については不明確な部分が多いが、現在では、戦時・武力紛争時においても通過通航権制度を原則的に適用するとの見解が広く支持されている。ただし、戦時・武力紛争時における船舶の通航権は、それが通過通航権(に近い通航権)であれ、無害通航権(に近い通航権)であれ、平時よりも制限的に適用される。通航権が平時よりも制限される度合いは、①中立国の領海のうち国際海峡たる部分＜②中立国の通常の領海＜(＝?)③交戦国の領海のうち国際海峡たる部分＜④交戦国の通常の領海、の順で大きくなる(②は本章の検討の対象外としたため、②と③の関係は定かでない部分がある)。すなわち、①の場合、沿岸中立国は、交戦国軍艦を含む外国船舶に平時と同じ内容の通航権を認めるのが——それが実定法化しているかどうかはともかく——合理的であると考えられているのに対し、③の場合、沿岸交戦国は、平時におけるのと異なり、敵国の軍艦や軍用機に通航を認める必要がないのは当然のことと考えられているし、中立国の船舶や航空機についても、潜没航行や上空飛行まで認める義務はないとの議論がある。②と④は本章の検討の対象外の問題であるが、②の場合、少なくとも国連海洋法条約採択前の国家実行・学説では、①と違って交戦国軍艦の通航を禁止してよいと考えられてきた。

　船舶の通航権を平時よりも制限的に適用すべき度合いが中立国よりも

交戦国の場合に大きいのは、交戦国と交戦国は相互に敵対行為を国際法上合法的に行い得る状態にあるのに対し、交戦国と中立国は相互に敵対行為を合法的に行い得る状態にないことに由来する。すなわち、交戦国は、中立国領水内で敵対行為を行ってはならない(海戦中立条約第2条)から、交戦国軍艦がこの規則をきちんと守る限り、中立国が交戦国軍艦に領水内への立入りと通航を認めても、その中立国には何の危険も生じない。そうだとすれば、中立国は、交戦国軍艦が平時であればもっていると解される無害通航権[136]を戦時・武力紛争時において否定する根拠を原則として有しないはずである。とはいえ、戦時・武力紛争時には、不測の事態(交戦国の軍艦と他方交戦国の軍艦が中立国領水内で衝突し、交戦を始める事態)の生ずる可能性が、平時よりは大きい。また、アルトマーク事件が端的に示すように、中立国が交戦国軍艦に認めて構わないとされる「単ニ中立領水ヲ通過スルコト」の範囲については、諸国の間で見解が一致していないため、中立国が「単ニ中立領水ヲ通過スルコト」であると判断して容認した交戦国軍艦の行動であっても、他方交戦国が「単ニ中立領水ヲ通過スルコト」ではなく中立国領水の濫用であると判断して自力救済的手段[137]に訴える可能性を払拭できない。これらの可能性を払拭できない以上、中立国としては、予防的に、交戦国軍艦の自国領水内への立入りを一切禁じたいと考えるであろう。しかし、中立国のこの懸念は、心配だから念のため予防的に立入りを禁じておきたいという程度のものであるから、通常の領海についてはともかく、国際海上交通の要衝である国際海峡に

---

136 ただし、特に第二次大戦以前には、軍艦は平時においても無害通航権を有しないとの学説がかなり有力であった。例えば、先に引用したオッペンハイム(おそらくタッカーも)は、平時において沿岸国が外国軍艦の領海通航を禁止できる(軍艦は平時においても無害通航権を有しない)との立場をとった上で、平時においてすら軍艦の領海通航を禁止できるのであれば、戦時には当然に可能であると論じた。本章注79および80ならびにそれらに対応する本文を参照。

137 アルトマーク事件において、英海軍の駆逐艦は、ノルウェー領海内でアルトマークと戦闘を行い、アルトマーク内に居た英国人捕虜を奪還した。英海軍のこの行為について、英国政府は「状況によりとらざるを得ないと思われた行動」としか説明しなかったが、当時の学説は、これを「自己保存(self-preservation)」または「自力救済(self-help)」の措置として説明した。本章注55および56に挙げた資料と文献を参照。

おいてそうした予防的措置(船舶の立入りと通航を禁ずる措置)をとることは正当化しがたい。国連海洋法条約採択前の国家実行と学説において、中立国は通常の領水については交戦国軍艦の通航を禁止できるが[138]、国際海峡の場合はその限りでないとの見解が支配的だったのは、そのためであると考えられる。

これに対して、戦時・武力紛争時において交戦国が置かれる状況は、中立国の場合と根本的に異なる。つまり、交戦国は、敵国によっていつでも合法的に攻撃その他の敵対行為を行使される危険にさらされている。それゆえ、交戦国が敵軍艦に領海内(国際海峡である場合を含む)における通航権を認めなくてよいのは当然のことである(そんな危険なことを認める義務があるはずがない)。また、商船、民間航空機ならびに中立国の軍艦および軍用機は、交戦国に対して敵対行為を行い得る地位にはないが、だからといってこれらの船舶や航空機に領海や国際海峡における通航を平時と同じように認めなければならないことにはならない。夜間や悪天候時の航行、潜没航行、上空飛行など、航行の態様によっては、領海や国際海峡内を通航または飛行している船舶や航空機が敵軍艦・敵軍用機なのか、それとも中立国軍艦・軍用機または商船・民間航空機なのかを、交戦国が直ちには識別できず、または識別が不可能な場合があり得るから、商船、民間航空機ならびに中立国の軍艦および軍用機にそうした態様の航行・飛行まで認めなければならないとするのは、交戦国の安全を害するのである。

本章で検討した問題は、条約中に明確な規定が存在しない問題であるため、法規範の正確な意味内容は、結局は国家実行——国家実行は、条約当事国間では「条約の適用につき後に生じた慣行であって、条約の解釈についての当事国の合意を確立するもの」(条約法に関するウィーン条約第31条3項(b)号)としての意味を、条約非当事国との関係では慣習国際法の成立要件の1つとしての意味をもつ——によって決まると言うほかない。

---

[138] 中立国が領海における交戦国軍艦の通航を禁止できるという従来の考え方が今日でもなお妥当するかは、本章では検討しなかったが、当然問題になり得る論点である。

ただし、基本的な考え方としては、平時海洋法における通航権制度（国際海峡の場合は通過通航権その他の通航権）を出発点とし、戦時・武力紛争時において交戦国と中立国がそれぞれさらされる危険を考慮して通航権を平時よりも制限的に適用することになる。沿岸国が中立国である場合、少なくとも国際海峡については、平時の通航権制度をほぼそのまま適用して問題はないと考えられる（265頁で述べたように、戦時・武力紛争時において交戦国軍艦や軍用機が置かれる状況に鑑みれば、交戦国軍艦・軍用機については、平時よりも自由度の高い通航権を認めざるを得ないかもしれない）。他方、沿岸国が交戦国である場合の国際海峡については、4節で検討したようにいろいろな考え方があり得るが、中立国潜水艦の潜没航行や中立国軍用機の上空飛行を認めなければならないとするのは、交戦国にとって酷なのではないかと思う。そして、戦時・武力紛争時における潜没航行権や上空飛行権を仮に否定するのであれば、それは通過通航権というよりも、無害通航権に近い内容の通航権と言った方がよいのかもしれない。

第8章　国際海峡をめぐる実務的対応
―― 海運に関連する戦争保険について

長谷　知治

1　はじめに

　海上輸送は、重量ベースで日本の国際貿易の99％を占めるなど、日本の経済社会の生命線となっている。国際海上輸送の基幹航路としては、マラッカ・シンガポール海峡、ホルムズ海峡を始めとする国際海峡等の海上交通のチョーク・ポイントを航行する必要があるが、これらの海域は紛争や海賊等の危険を有している一方、有事の場合においては、迂回が困難又は迂回ができるとしても航海距離の増加による航海日数や燃料消費量の増加等海上輸送に大きな支障を生じさせることとなる。他方、例えばイラン・イラク戦争時においても、航行制限海域内の就航に特別慰労金が支給され、夜間航行規制や船団方式による入出港等の制限が存在するものの、基本的には護衛等もない中で航行することを求められている。こうした紛争地域の航行をどのように担保するかは、実務上は大きな問題であるが、有事に備え、また有事の際の損害賠償等リスクマネジメントの観点からは、海上保険の付保はその対応策の一つと考えられる。

　国際海峡は必ずしも紛争地域とは限らず、戦争保険の在り方は国際海峡固有の論点ではないが、海上交通上の要路を占め、マラッカ・シンガポール海峡、ホルムズ海峡等テロ、海賊、戦争等が発生し、また依然としてその蓋然性を有するとも考えられる国際海峡に係る論点の一つとして、海運に関連する戦争保険について触れることも無意味ではないと思われる。また、戦争の発生態様は巨額損害が連続的に発生する傾向があり、

保険の歴史を見ると、戦時を中心として、日本、英国や米国においても、保険業界を揺るがすような事態に直面している。このような経緯を踏まえれば、戦争保険を検討対象とすることも意義を有するものと考えられる[1]。

　本章においては、海運関連の戦争保険を対象とし、まず、海上保険について概観の上、担保危険である戦争等の定義について整理する。次に商法第815条の「法定の免責事由」または「保険契約上に別段の定め」とも関連するが、国内法、条約において戦争危険がどのように取り扱われているか、整理する。第三に、船舶保険、貨物保険、賠償責任保険といった保険の種類ごとに約款を踏まえ、保険料率等に着目して整理した上で、イラン・イラク戦争、湾岸戦争など過去の戦争における船舶関係の戦争保険の事例についても紹介する。

　最後に、戦争危険については、幾度となく国営保険の必要性について言及されているところ、2012年6月に公布・施行された「特定タンカーに係る特定賠償義務履行担保契約等に関する特別措置法」(いわゆる「タンカー特措法」)は、EUによるイラン制裁を直接の要因として、海上保険に係る再保険をイギリスに委ねていることの脆弱性に対応し、国が再保険を提供するわけではないものの、交付金を日本船主責任相互保険組合(以下「JPI」という。)に提供するものとして、国家再保険に類似するものと考えられることから、同制度にも触れつつ、再保険を中心に海運関連の戦争保険について考察を行うこととしたい。

　なお、国際海峡とも関連の深いテロ・海賊については、戦争危険の一部として取り扱われる場合もあれば、海上危険として取り扱われる場合もある等、保険上の取り扱いが変遷している特徴的な担保危険でもあり、簡単に触れることとしたい。

2　海上保険の概要

---

[1] 新谷哲之介「海上保険における戦争危険の実際」『損害保険研究』74巻3号(2012)151頁。

(1) 海上保険の種類

　海運に関連する戦争保険について整理・分析する前提として、船舶関連である海上保険の全体像についてまず概観したい。損害保険の一般種目は海上保険であるマリンとノンマリンに大別され、海上保険は、通常は、船舶保険と貨物保険に分類される。

　船舶保険は、船舶に生じた滅失損傷によって生じた所有者利益のほか、賠償責任や保険事故に遭遇したことにより支出した費用等を填補対象としている。

　貨物保険は、貨物が滅失又は損傷した場合にその損害を填補する保険であり、内航貨物海上保険、外航貨物海上保険及び運送保険に分かれ、外航貨物海上保険は船舶と航空機等を問わない。船積み前や荷卸し後のトラックや鉄道による接続の陸上輸送も船舶による輸送と合わせて海上保険の対象となっている。運送保険とは国内の航空輸送、陸上輸送、フェリーで輸送される貨物が対象である。

(2) 海上保険契約について

　海上保険契約とは、「航海」に関する「事故」によって「保険の目的」に生ずるべき「損害の填補」を目的とする契約をいい（商法815条）、「保険者」は「法定の免責事由」または「保険契約上に別段の定め」がある場合を除いて、「保険期間中」保険の目的に付き、航海に関する事故に因って生じた一切の「損害を填補する責に任ず」と規定している（商法816条）。このように、まず商法第815条及び第816条において規定される海上保険契約の要素ごとに概観すると以下のとおりである。

　「航海」に関する事故であることから、陸上の各種保険とは異なる。

　「保険の目的」物とは、海上保険において海上危険が作用する対象物、具体的には船舶、貨物、石油掘削施設、旅客や船員の手荷物等である。海上保険の種類はこの目的物に着目して分類される。

　「保険期間」は、保険者は無条件に無限の時間、危険を負担するわけにはいかないため、保険者の負担する危険の発生すべき期間、すなわち保

険者の責任の開始から終了までの期間をいう。「期間保険」は保険期間が一定の期間を標準として定められる保険である。船舶は航海中も港内停泊中も常に危険にさらされているので、船舶保険の大部分は期間保険で契約される。

「航海保険」は一定の航海を標準として保険期間を定める保険である。運送の対象となる貨物はある地点からある地点まで運送されれば危険負担者の危険は終了するため、貨物海上保険の大多数は「航海保険」が付けられる。[2]

「航海に関する[3]事故」が「損害を填補」する対象となる担保危険であり、保険給付を生じさせる対象を画するための基本概念である。[4]海上保険に係る担保危険については、海上危険(マリンリスク)と戦争危険(ウォーリスク)に分類される場合がある。[5]海上危険は平常時の海上輸送に係る危険であり、損害もあらかじめ予想される範囲内と考えられる。主要な危険として、沈没、座礁、乗揚げ、火災、爆発、衝突、強盗等である。戦争・ストライキ危険は、投棄リスクと分類され、極めて異常な状況下で突発的に発生する人為的な危険であり、一度発生すると損害が巨額に上るこ

---

2 木村栄一・大谷孝一・落合誠一編：『海上保険の理論と実際』弘文堂(2011年)135-148頁。
3 「航海に関する」の意味内容と範囲については論争があり、航海事業に付随する修繕等の一定の陸上作業や陸上輸送の位置づけについては、これらも広義の航海事業の一部として、そこに生ずる危険も公開に関する事故と解する広義説と航海の事故は航海の過程及び環境において発生する事故とする狭義説が対立し、コンテナ輸送が発達した現在の状況を考えると広義説が適合するとの意見がある(木村他、前掲書、160頁)
4 海上危険として海上保険に関する法が適用されるか否かを画するという意義及び海上保険契約における担保範囲を画する概念としても重要である。
5 かつては、戦争危険は海上危険の一つとされていた。即ち、ナポレオン戦争以前は通常の海上保険証券により引き受けられて標準保険証券から除外するということはまれであったが、この戦争を契機として武器が著しく発達し、このため戦争の規模も大きくなり、その危険も広範囲に及ぶようになった。また、海上においても潜水鑑や魚雷の発明により海軍力が増強され、戦争の危険度が予測困難になってきたので、戦争危険は通常の保険証券では担保すべきではないという考えが大勢を占めるようになり、1889年にロンドン保険業者協会において、通常の海上保険証券に戦争危険を免責する約款を挿入することが決議されるに至った(加用信三郎「船舶戦争保険の現状と問題点」『海運』681号(1984年)10-14頁)。

とから、海上危険とは別の約款が用いられている[6・7]。

貨物保険及び船舶保険について、海上危険及び戦争危険ごとに保険約款との関係を示すと、以下の表のとおりである。

	海上危険		戦争危険	
	国内	英国等	国内	英国等
外航貨物保険	・SGフォーム（本文約款）＋ロンドン協会貨物約款（ICC）1963（特別約款）	・SGフォーム（本文約款）＋ロンドン協会貨物約款（Institute Cargo Clause）(ICC) 1963（特別約款）	SGフォーム：捕獲拿捕不担保条項により免責＋協会戦争約款	SGフォーム：捕獲拿捕不担保条項により免責＋協会戦争約款
	（内航）貨物海上保険普通保険約款（2010年約款）	→・MARフォーム＋ICC1982又はICC2009	（内航）約款5条により免責＋通常戦争危険は付保せず	ICC2009第6条により免責＋2009年協会戦争約款
船舶保険	船舶保険普通保険約款（日本の引受の大宗）（2010年約款）	・SGフォーム（本文約款）＋ロンドン保険業者協会（ITC）(Institute Time Clause) 期間約款-船舶（ITC-Hulls）1881 →・MARフォーム＋ITC1983、又は1995、又は2003	約款第11条により免責＋戦争保険特別約款	ITC第23条により免責＋IWSC (Institute War and Strike Clause Hulls-Time)

(3) 海上保険市場の概要

IUMI (International Union of Maritime Insurance 国際海上保険連合) の統計によると2013年度の世界の海上保険料は約342億ドルであり、ヨーロッパが約52.6％、アジアが25.5％を占めている。このうち貨物保険が53％、船舶保

---

6 藤沢順・横山健一・小林卓視『海上リスクマネジメント』(成山堂書店、2010年) 47-48頁；木村他、前掲書、165-171頁。
7 一般的な海上保険論や海上保険法の概説書においては、保険の目的物に危険が発生することによって損害を被る可能性又は損害を被る可能性のある経済的利益である「被保険利益」及び生じた損害が特定の事故に起因する結果と言えるかどうか、填補責任を負わせることが妥当かどうかという「因果関係」も主要な論点として説明されるが、本章においては対象としていない。

険が 23％、賠償責任保険が 6.5％、石油開発が 15.4％を占めている。海上保険市場は貿易物流、海運市況、石油開発の動き等に連関して変動すると言われるが、2000 年当時の約 110 億ドルと比較して 3.4 倍となっている。

貨物保険について見ると、2011 年度の保険料のうち日本が 8.5％で世界第二の市場となっており、中国が 9.5％で第一位となっている。

船舶保険(石油開発、賠償責任保険を含む)については、イギリスが再保険を含めると 21.8％で第一位であるが、以下、ノルディック諸国、中国、日本と続く。こちらも中国の伸長が著しい。[8]

3 担保危険としての戦争等について

(1) 戦争等の意義について

戦　争

戦争危険とは、戦争に関係する各種危険を包含する概念となっており、文脈によってその内容が変わるほか、社会通念上、取引上の観念で解釈されるため、国際法上の定義よりは広く解釈されると言われる[9][10]。例えば、自国と他国との戦闘行為に限定されず、宣戦布告なき武力闘争や政権争奪の武力闘争など広い意味を有する。[11]また、戦争危険は遺棄魚雷のように戦争終了後でも残存している。多くの判例を通じても、狭義に解されるべきではなく一般的・普遍的な意味で解されるべきことが明ら

---

[8] IUMI 2014 Global Marine Insurance Report http://www.iumi.com/

[9] 笹井忠寿「海上保険戦争危険論 1」『損害保険研究』第 23 巻第 4 号(1961 年)244-245 頁；木村他、前掲書、169-170 頁；松島恵『海上保険論』(損害保険事業総合研究所、2001 年)93-94 頁；新谷、前掲書、136 頁。

[10] 保険上の war の多くは戦時国際法上の行動・行為そのものであるゆえに、国際法上の戦争に該当するか否かに係わらず、保険上の war の危険について、その発現状況、事象としての態様、事象の根拠などを解明しようとすれば、再び国際法に帰着するのであり、国際法の定義よりも広範な概念であるとしても国際法と無関係というわけではない。(新谷、前掲書、140 頁)。

[11] 藤沢他、前掲書、284 頁。

かにされている[12][13]。

　約款においては、2009 年の協会戦争約款（Institute War Clauses（Cargo））においては、第 1 条において、戦争危険については、

　①戦争、内乱、革命、反逆、反乱もしくはこれらから生じる国内闘争、または交戦国によりもしくは交戦国に対して行なわれる一切の敵対行為、②捕獲、だ捕、強留（拘束）、抑止または抑留及びこれらの結果またはこれらにおける一切の企図の結果、③遺棄された機雷、魚雷、爆弾、またはその他の遺棄兵器と具体的に列挙することにより、war およびその類似の危険を明確化している。さらに、第 1 項においては、「または敵対勢力によってもしくは敵対勢力に対して行なわれる一切の敵対的行為（or any hostile act by or against a belligerent power）」と記載することで、必ずしも戦争を国際法上の定義に限定することなく、広範にわたる概念であることを示している[14]。

　なお、貨物海上保険については、マリンリスクは、約款上は倉庫から倉庫までの間が約款の適用となるが、戦争危険については、保険期間は本船に積み込まれた時から、仕向港において本船から荷卸しした段階に終了し、陸上にある間はカバーされない（Waterborne Agreement: 陸上戦争危険不担保協定）。陸上にある間に攻撃されると莫大な損害が出て、保険会社の支払い能力をはるかに超える損害が発生するため、こうしたリスクをカバーすること自体が不可能であるためとされる[15]。

---

[12] M. D. Miller, *Marine War Risks* (2005), Lloyd's of London Press, p.40.

[13] Institute War Clauses（1980）では SGForm に基づき、FC & S（free from capture and seizure）clause で一旦免責された戦争危険を復活担保しているが、この FC & S Clause においても "consequences of hostilities or warlike operations, whether there be a declaration of war or not" と定めることで、敵対行為や軍事的行動は宣戦を布告するか否かを問わないことを明示しており、すなわち国際法上の戦争でなくとも実質的な戦争を担保することを示している（新谷、前掲書、139 頁）。

[14] 新谷、前掲書、139 頁。

[15] 貨物戦争危険料率表においては、By Sea に War & Strike として港域外の陸上輸送を伴う場合、すなわち仕出地・仕向地が仕出港・仕向港の所在する同一行政区域外にあり、奥地陸上輸送を伴う場合（積み替えに伴い奥地陸上輸送がある場合を含む）の料率も掲示されているが、これは陸上のストライキ危険を担保するものであり、陸上戦争危険不担保協定の例

海 賊

海賊については、船舶保険及び貨物保険とも保険約款上は定義規定はない。Maritime Insurance Act（MIA：英国保険法）1906 の解釈規則第 8 条によると、海賊とは暴動を起こす旅客及び海岸から船舶を奪う暴徒を含むと[16]のみ規定し、定義していない。

海賊の取り扱いについては、歴史的に戦争保険で扱われたり、海上危険として扱われたりと行き来している[17]。船舶保険については、船舶保険普通保険約款上は戦争危険とされているが、ロンドンで広く使われている ITC 上においては、海上危険とされている。もともとは、1937 年までの捕獲拿捕不担保条項では海賊行為は海上危険とされていた。しかし 1936 年 7 月にスペイン内乱が勃発し、地中海その他の水域で国際不明の潜水艦及び飛行機による加害行為が頻発したため、海賊も捕獲拿捕不担保条項に追加され、戦争保険とされた[18]。それが 1983 年の Clause 改定によって海上危険に復帰し、これにともなって戦争危険から除外されている。一方、北欧マーケット等、日本同様に海賊危険が戦争保険での取り扱いのままであるマーケットもある[19]。2009 年以降ソマリア沖の海賊が問題となっているが、特定の海域で巨額の損害を生じる可能性が高くなったことに伴い、2010 年以降特別条項を貼付して海賊を ITC の担保危険から除外し、一方で協会戦争保険約款において追加して引き受けることが一般的となった[20]。

また、貨物保険においては、1963 年の協会貨物約款（ICC）では戦争保険

外を定めているものではない（安田海上火災保険編『やさしい貨物保険』（有斐閣、1988 年）258-260 頁）。

16 停泊中の船舶に陸上から行われた掠奪的攻撃が pirates に当たることは判例で確立している（木村他、前掲書、169 頁）。

17 海上危険である violent theft に類似し、戦争危険である capture にも似た側面もあり、位置づけが困難である（テンプルマン『海上保険』（損害保険事業総合研究所、1991 年）205 頁；木村他、前掲書、169 頁）。

18 加藤修「海上保険における戦争リスクについて」『保険学雑誌』第 536 号（1992 年）、55-74 頁。

19 損害保険会社ヒアリングによる。

20 木村他、前掲書、356-357 頁。

に含めていたが、1982年及び2009年のICC(A)では免責とされず、海上危険として取り扱われている[21]。内航貨物運送約款も同様である。

テロ

テロについては、例えば2009年協会貨物約款(A)7条3項において、「テロ行為、すなわち、合法的にあるいは非合法に設立された一切の政体を、武力または暴力によって転覆させあるいは支配するために仕向けられた活動を実行する組織のために活動し、あるいはその組織と連携して活動する者の行為」と定めている。テロ危険は、貨物保険においては、1963年のICCにおいては悪意をもって行動する者に含まれ免責とされていたが、1982年のICCにおいてはストライキ危険に係る規定である第7条に明定の上、免責されており[22]、2009年の改正においても維持されている。この免責はストライキ危険特別約款により復活担保される[23]。船舶保険においては、テロは戦争危険に含まれている。

(2) 戦争危険に関する国内法及びに主な運送関連条約上での取り扱い

商法等における海上保険契約としての取り扱い

まず、国内法について見ると、陸上保険の場合は、保険法第17条で法定免責事由とされているが[24]、海上保険の場合は商法第829条に定める法

---

21 木村他、前掲書、323頁；藤沢他、前掲書、84頁。
22 2009年新協会貨物約款の第7条は「この保険は、いかなる場合においても、以下の滅失、損傷または費用をてん補しない。」とし、7.3において「一切のテロ行為、すなわち、合法的にあるいは非合法に設立された一切の政体を、武力または暴力によって転覆させあるいは支配するために仕向けられた活動を実行する組織のために活動し、あるいはその組織と連携して活動する者の行為によって生じるもの」と定めている。
23 藤沢他、前掲書、75-76、84頁。
24 保険法(平成二十年法律第五十六号)第17条は、損害保険について保険者の免責を規定しており、「保険者は、保険契約者又は被保険者の故意又は重大な過失によって生じた損害をてん補する責任を負わない。戦争その他の変乱によって生じた損害についても、同様とする。」としている。生命保険についても、第80条において、「次に掲げる場合には、保険給付を行う責任を負わない。」とし、「四 戦争その他の変乱によって給付事由が発生したとき。」と規定している。なお、保険法改正前は第10章保険の第1節損害保険の第1款中の第640条として、「〔戦争・変乱による免責〕第六百四十条 戦争其他ノ変乱ニ因リテ生シタル損害ハ特約アルニ非サレハ保険者之ヲ填補スル責ニ任セス」と規定されていた。

定の免責事由は、①保険目的の性質・瑕疵・自然の消滅、被保険者の悪意・重過失、②航海に必要な準備をしていない、③傭船者等の悪意・重過失等と定め、戦争については規定されていない[25]。商法上の海上保険と保険法の関係については、商法第815条第1項において「海上保険契約ニハ本章ニ別段ノ定アル場合ヲ除ク外保険法（平成二十年法律第五十六号）第二章第一節乃至第四節及ビ第六節並ニ第五章ノ規定ヲ適用ス」と規定している。保険法第17条は故意または重大な過失など商法第829条第1号に該当する規定を掲げているが、戦争等を掲げていないのは、商法第829条を商法第815条の「別段の定め」と位置付けていると考えられ、保険法第17条を海上保険には適用しない趣旨と解するのが妥当と考えられる。さらに、戦争危険が海賊危険などとともに海上保険により保険されるべき常態危険であったという沿革的事情からもそのように考えられること[26][27]から、商法上は戦争危険について排除する特約をしない限り保険者は責任を負うこととなる[28]。通常は約款により免責とし（例えば船舶保険普通保険約款第11条）、必要な場合は特約を締結し、追加保険料を支払うことにより保険カバーがなされる。他方、現在海商法関係の改正について法制審議会（運送・海商関係）部会で議論されており、2015年3月に中間試案が決定された。同試案では第829条を改め、戦争その他の変乱によって生じた損害を免責事由の一つとして規定している。

船舶所有者の責任から見た戦争危険の取り扱い

25　商法第八百二十九条　保険者ハ左ニ掲ケタル損害又ハ費用ヲ填補スル責ニ任セス
　一　保険ノ目的ノ性質若クハ瑕疵、其自然ノ消耗又ハ保険契約者若クハ被保険者ノ悪意若クハ重大ナル過失ニ因リテ生シタル損害
　二　船舶又ハ運送賃ヲ保険ニ付シタル場合ニ於テ発航ノ当時安全ニ航海ヲ為スニ必要ナル準備ヲ為サス又ハ必要ナル書類ヲ備ヘサルニ因リテ生シタル損害
　三　積荷ヲ保険ニ付シ又ハ積荷ノ到達ニ因リテ得ヘキ利益若クハ報酬ヲ保険ニ付シタル場合ニ於テ傭船者、荷送人又ハ荷受人ノ悪意若クハ重大ナル過失ニ因リテ生シタル損害
　四　水先案内料、入港料、燈台料、検疫料其他船舶又ハ積荷ニ付キ航海ノ為メニ出タシタル通常ノ費用
26　前掲注3参照
27　大森忠夫『保険法』（有斐閣、1957年）236頁。
28　落合誠一「我が国船舶戦争保険の法律問題」『国際商事法務』vol.10（1982年）2頁。

ⅰ）商法等

　上述の通り、担保危険としての戦争危険は、陸上分野においては代表的な免責危険であるが、海上保険では保護の対象として、担保危険の一つとなっている[29]。この関連で、商法上は船舶所有者は海上活動から生じる取引上の債務及び船長その他の船員の不法行為に基づく損害賠償債務については免責ではない[30]。この関係で、船舶所有者の責任については、海上活動の特別な危険にかんがみて、船舶所有者等の責任の制限に関する法律（以下「船主責任制限法」という。）に基づき、有限責任が認められている。船主責任制限法においては、責任制限の対象とされる債権及び責任制限の対象から除外される債権のいずれにおいても戦争等に関連する規定は存在しない[31]。

29　海上保険においては、生成初期から戦争危険は海賊と同じく主要な担保危険となっていた。ギリシャ・ローマ時代の冒険貸借（航海事業者（船舶所有者又は荷主）が船や積み荷を担保にして金融業者から借金をし、船が無事寄港すると元金に多額の利子を付けて返済するが、船が航海中に戦は海賊と同じく主要な担保危険となっていた。ギリシャ・ローマ時代の冒険貸借（航海事業者（船舶所有者又は荷主）が船や積み荷を担保にして金融業者から借金をし、船が無事寄港すると元金に多額の利子を付けて返済するが、船が航海中に戦争・海賊等の海上事故に遭遇して全損となった場合には借金の返済を免除されるという契約）においても同様であった（木村他、前掲書、50、169頁）。

30　商法第六百九十条において、「船舶所有者ハ船長其他ノ船員ガ其職務ヲ行フニ当タリ故意又ハ過失ニ因リテ他人ニ加ヘタル損害ヲ賠償スル責ニ任ズ。」としている。また、第七百六十六条 第五百六十六条、第五百七十六条乃至第五百八十一条及ヒ第五百八十八条ノ規定ハ船舶所有者ニ之ヲ準用スとして、陸上輸送の責任規定を準用している。

31　船主責任制限については、1957年の海上航行船舶の船舶所有者の責任の制限に関する国際条約の批准及び船主責任制限法の制定が1975年になされ、規定された。
　これらの条約の批准や法律の制定前からも、改正前の商法第690条に基づき委付主義による船主責任制限制度を実施していた。これは、船舶所有者はその債権者に対して、人的無限責任を負うが、特定の種類の債権に関しては船舶や運賃等を委付することによってその責任を免れるとする制度である（日本海事センター編『船舶油濁損害賠償保障関係法令・条約集』（成山堂、2011年））。同条約は1976年に責任限度額の大幅な引き上げや責任制限阻却事由の厳格化等を内容とする海事債権についての責任の制限に関する条約（76LLMC）及び1996年の改定議定書によりさらに改正された。なお、1975年には同時に油濁損害賠償保障法が制定されている。商法上、第833条等一定の場合に保険の目的物を保険者に委付して保険金全額の請求を認める委付制度を規定しているが、紺位置保険の目的物は撤去義務等公法上、私法上の義務を伴っている場合が少なくないことから、約款上、商法上の委付事由を包含する形で保険金額の全部を支払う全損の定義を設けるとともに保険の目的物の

但し、船主責任制限法の基となる1996年の海事債権についての責任の制限に関する条約第3条において、責任制限の対象から除外される債権として、(b) 油による汚染損害についての民事責任に関する国際条約に定める油による汚染損害についての債権、(c) 原子力損害についての責任の制限を規律し、または禁止する国際条約又は国内法の適用を受ける債権等を規定している。この関係で、1992年の油による汚染損害についての民事責任に関する国際条約 ((International Convention on Civil Liability for Oil Pollution Damage, 1992。以下「CLC」という。) や原子力損害賠償責任について定めるパリ条約 (Paris Convention on Third Party Liability in the Field of Nuclear Energy)、ウィーン条約 (Vienna Convention on Civil Liability for Nuclear Damage)、補完的補償条約 (Convention on Supplementary Compensation for Nuclear Damage) について見ると、戦争は免責とされている[32]。

ⅱ) 船舶所有者が責任を負う条約等

1992年の油による汚染損害の補償のための国際基金の設立に関する国際条約 (以下「国際基金条約」という。)、2001年の燃料油による汚染損害についての民事責任に関する条約 (以下「バンカー条約」という。)、2007年の海難残骸物の除去に関するナイロビ国際条約 (以下「海難残骸物条約」という。) 2010年の危険物及び有害物質の海上輸送に関連する損害についての責任並びに損害賠償及び補償に関する国際条約 (以下「HNS条約」という。) のい

委付はできないことを明記している。商法上の委付に関する規定は任意規定であり、約款は有効と解されている (木村他、前掲書、242-243頁)。

32　各条約の関連条文は以下のとおりである。CLC第3条 所有者は、次のことを証明した場合には、汚染損害について責任を負わない。(a) 当該汚染損害が、戦争、敵対行為、内乱、暴動又は例外的、不可避的かつ不可抗力的な性質を有する自然現象によって生じたこと 2004年に改正された原子力の分野における第三者責任に関するパリ条約第9条運転者は、武力紛争、敵対行為、内戦又は反乱に直接起因する原子力事故によって引き起こされた原子力損害について、この条約に基づく責任を負わない。2004年に改正された原子力損害についての民事責任に関するウィーン条約第4条第3項 運転者は、武力紛争、敵対行為、内戦又は反乱に直接起因する原子力事故によって引き起こされた原子力損害について、この条約に基づく責任を負わない。原子力損害についての補完的保障に関する条約付属書第3条第5項(a) 運営者は、武力紛争行為、敵対行為、内戦又は反乱に直接起因する原子力事故によって生じた原子力損害に関しては責任を負わない。

ずれにおいても、戦争は免責事由とされている[33]。

運送責任から見た戦争危険の取り扱い

海上運送人の責任については、1924年の船荷証券に関するある規則の統一のための国際条約及び1968年改正議定書及び1979年改正議定書(ハーグルール、ハーグウィスビールール)及びこれを国内法化した国際海上物品運送法[34]第4条第2項において、戦争、暴動、内乱については免責とされている[35]。ここに言う戦争は船舶が中立国に属する場合も含まれる。また

---

[33] 各条約の関連条文は以下の通りである。

国際基金条約 (International Convention on the Establishment of an International Fund for Compensation for Oil Pollution Damage, 1992) 第4条2(a) 基金は次の場合には1の規定に基づく義務 (汚染損害を被った者に対し、その者がその損害について92CLCの下で十かつ適正な賠償を受けることができない場合に補償を行う) を負わない。(a) 汚染損害が、戦争、敵対行為、内乱若しくは暴動によって生じ、または軍艦もしくは国により所有され若しくは運航される他の船舶で事故の時に政府の非商業的役務にのみ使用されていたものから流出し若しくは排出された油によって生じたことを基金が証明した場合

バンカー条約 (International Convention on Civil Liability for Bunker Oil PollutionDamage, 2001) 第3条3 船舶所有者は、次のことを証明した場合には、汚染損害について責任を負わない。(a) 当該汚染損害が、戦争、敵対行為、内乱、暴動又は例外的、不可避的かつ不可抗力的な性質を有する自然現象によって生じたこと

海難残骸物条約 (Nairobi International Convention on the Removal of Wrecks, 2007) 第10条1(a) 第11条の適用を条件として、登録船主は第7条、第8条及び前条の規定に基づく海難残骸物を発生させた海難が次のいずれかに当たることを登録選手が証明した時はこの限りではない。(a) 当該汚染損害が、戦争、敵対行為、内乱、暴動又は例外的、不可避的かつ不可抗力的な性質を有する自然現象によって生じたこと

HNS条約 (International Convention on Liability and Compensation for Damage in Connection with the Carriage of Hazardous and Noxious Substances by Sea) 第7条2(a) 所有者は、次のことを証明した場合には、責任を負わない。(a) 当該損害が、戦争、敵対行為、内乱、暴動又は例外的、不可避的かつ不可抗力的な性質を有する自然現象によって生じたこと

[34] 国際海上物品運送法も船荷証券の重量または梱包単位での責任制限が可能とされている(第13条)。この場合、船主責任制限法に基づく責任制限との関係が問題となるケースがあるが、船主責任制限法は倒産手続きに類似した一種の集団的債務処理手続きである一方、国際海上物品運送法は個々の運送契約上の損害賠償請求権に対する実体法上の制限であるとして、まず国際海上物品運送法が適用され、その結果制限された運送契約上の損害賠償請求権が船主責任制限手続きにおいて責任制限に服すると解するとしている(東京地判平成15年10月1日判タ1148号283頁。洲崎博史「国際海上物品運送法13条と船主責任制限法に基づく責任制限手続の関係」『旬刊商事法務』1840号(2008年)122-124頁。

[35] 国際海上物品運送法は次のように規定している。第4条第2項 運送人は、次の事実があ

海賊行為及びこれに準ずる行為についても免責とされている[36]。船客賠償に関する 2002 年アテネ条約[37]（以下「アテネ条約」という。）においても、戦争等については免責とされている[38]。運送人は賠償責任保険を手配する。

4　海運関連の戦争危険に対する保険の概要

(1) 船舶戦争保険について

　国内の場合、船舶保険普通保険約款第 11 条第 1 号〜第 7 号では、戦争、変乱、だ捕、抑留、暴動、海賊ストライキなどによる損害については免責されているため、戦争保険特別約款によって、戦争などの危険による損害を改めて別の契約として復活担保することとなる。保険金の対象損害としては、全損、修繕費、共同海損分担額、損害防止費用、衝突損害賠償金である。①日本国または外国の公権力による強制使用、強制買上または検疫、貿易もしくは関税に関する法令に基づく処分、②イギリス、

つたこと及び運送品に関する損害がその事実により通常生ずべきものであることを証明したときは、前項の規定にかかわらず、前条の責を免れる。ただし、同条の注意が尽されたならばその損害を避けることができたにかかわらず、その注意が尽されなかつたことの証明があつたときは、この限りでない。三 戦争、暴動又は内乱　四 海賊行為その他これに準ずる行為

36　船荷証券統一条約第 4 条第 2 項 (e) 及び (f) に相当する。

37　アテネ条約 (The Athens Convention relating to the Carriage of Passengers and their Luggage by Sea) については、日本は批准していないが、船舶の旗国が締約国の場合、運送契約締結地が締約国の場合、運送契約上の発着地が締約国内の場合の国際運送に適用される。アテネ条約は乗客の死傷や手荷物等に対する運送人の責任や責任制限等を規定しているものであり、注 22 で指摘したように船主責任制限関連法制や海上物品運送関連法制との関係が同じく論点として存在するが、考え方としては同じである。すなわち、アテネ条約及び三つの海上物品運送法下の制限権はクレーム毎に適用されるのに対し、1976 年等の制限条約または同様の国内法下の「総体的」制限は、海上物品運送法及びアテネ条約の下でも制限される個々のクレームを含めて、すべての有効なクレームの総体に適用される (Richard Williams, Limitation -Inter relationship between the right to "package" (or "individual claim") limitation and "global" limitation, Gard News 146 (1997))。

38　アテネ条約第 3 条 1 運送人は、次のことを証明した場合には、責任を負わない。(a) 当該損害が、戦争、敵対行為、内乱、暴動又は例外的、不可避的かつ不可抗力な性質を有する自然現象によって生じたこと

アメリカ、フランス、ロシアおよび中国のうちいずれかの間の戦争の発生等の場合は免責される。なお、普通期間保険を ITC で引き受ける場合は、戦争保険は Institute War and Strike Clauses Hulls-Time で引き受ける[39][40]。

保険料率

特徴として、航路定限があり、外航船に適用される航路定限は、平時の状態であるとされる「一般世界水域」と、戦争危険度の高い「除外水域」に分けられており、除外水域は航路定限から除外されている。保険料も一般世界水域は期間建（3 か月、6 か月、9 か月、1 か年）の基本料率を適用した保険料を、除外水域は航海の都度その除外水域の危険度に応じた航海建の割増保険料を支払うこととなる。除外水域は情勢に応じて都度変更されるが、Joint War Committee のものが参考とされる。割増保険料は保険料の提示から通常 48 時間以内に水域に入ることを条件とし、かつ、当該水域内での滞泊制限日数（通常 7 日または 14 日）に限り当該提示保険料は有効である。滞泊が当初の制限日数を超過する場合には、新たな割増保険料の提示を受けることが必要となる。

保険契約の解除と自動終了

大規模な戦争が発生した場合、船舶の被る損害が巨額のものになる可能性が高まり、その損害の規模・累積により民間保険会社が商業的に戦争保険の引き受けを継続することが困難になる可能性がある。こうした不測の事態を想定し、戦争保険等においては保険契約の「解除」と「自動終了」といった特別な規定が設けられている。「解除」については、保険期間の中途において当初予測しなかったような事態が発生した場合、7 日前の書面予告をもって契約の解除を行うことができる。「自動終了」の規定は、解除予告の有無に関わらず、英国、アメリカ、フランス、ロシア、中国のいずれかの間の戦争、または日本、外国の公権力による本船の強制使用のいずれかが発生した場合、保険契約は自動的に終了する。

---

[39]　木村他、前掲書、348 頁。
[40]　4 節 (1) の記述は東京海上日動火災ホームページ等による。
　　　http://www.tokiomarine-nichido.co.jp/hojin/marine_site/senpaku/senso/index.html

PI 保険

　PI 保険においては、保険契約規定第 35 条（一般除外規定）第 1 項第 2 号によって、てん補対象から除外されている P&I 戦争危険について、P&I 戦争危険特別条項に基づき、一定の条件及び範囲でてん補対象としている。賠償責任保険については、基本的には戦争免責の主張がなされるが、戦争免責の主張が不可能な場合として、乗組員の死亡傷病に関する雇用主としての労働協約等に基づく災害補償責任がある。

　一般的に P&I 戦争保険は、一定限度額までは船舶戦争保険と合わせて付保されている。P&I 戦争保険が付いた船舶戦争保険の保険金額を超過する事態が生じた場合には、その超過分は組合が「P&I 戦争危険特別条項」により提供している超過額（2013 年度現在の保険金額は米貨 5 億ドル）までてん補対象としている。

　なお、船舶戦争保険と同様に保険契約の解除と自動終了について規定されている（特別条項第 4 条及び第 5 条）[41]。

(2) 貨物保険について

概　要

　戦争・ストライキ危険に係る貨物保険については、免責事由に該当しない限り一切の危険を担保する 2009 年協会貨物約款（A）においては、第 6 条で免責とされ、協会戦争約款及び協会ストライキ約款で補償される。すべてが復活担保されるわけではなく、滅失と損傷のみであり、戦争危険による費用は填補されない。また捕獲、拿捕は戦時のもののみが対象であり平時の捕獲、拿捕等は填補されない。貨物に対する戦争危険は、海上危険と一括して、1 枚の保険証券によって担保されるのが一般的である[42]。

　保険期間は、船舶に積込まれた時にのみ開始し、最終荷卸港または荷卸地において船舶から荷卸される時または最終荷卸港または荷卸地に船

41　日本船主責任相互保険組合「保険契約規定の解説」(2010 年) 136 頁。
42　東京海上火災保険会社編『損害保険実務講座 第 4 巻 貨物保険』(有斐閣、1987 年) 148 頁。

舶が到着した日の午後 12 時から起算して 15 日を経過する時のうち、いずれか最初に起きた時に終了する（協会戦争危険特別約款第 5 条）。このほか、3.1.1 のとおり陸上危険不担保条項が存在する。

保険料率

保険料率については、従来はロンドンの戦争保険料率委員会（War Risks Rating Committee[43]）の作成、公表する戦争・ストライキ危険料率表（war and strikes risks schedule）に基づき、戦争・ストライキ保険の料率を設定していた[44]。しかし、2004 年秋に、the Joint Cargo Committee は、料率表を戦争およびストライキに関連するリスクが高まっている特定の地理的地域のリストに変更した。地域については、Elevated, High or Severe と分類し、これらは H/C（Held Covered の略であり、その都度取決めとされる）の対象とされ、料率は料率表ではなく、それぞれアンダーライター等に確認するということとなった[45]（Marsh, 2012）。このため、日本の各保険会社は、このリストのほか、個別に契約しているリスクコンサルの定めるリスクを参考に貨物戦争保険料率表を定めている。公表されている料率表[46]は、概ねリスクを国単位で表示しており、リストにある複数の国を通過する場合には、その中で一番リスクの高い国の割増保険料を支払うこととなる。また、外為法違反やワシントン条約違反とならぬよう、合法的な輸送に限ると

---

[43] 戦争保険料率委員会はロンドン保険業者協会とロイズ保険業者協会の合同機関として設置された委員会で、それぞれ同数から成る合計 10 名前後の委員会であり、第 2 次大戦の開始とともに活動を開始しており、世界的な権威を有していた。

[44] 当時の料率表の料率は 7 日以内に本船あるいは航空機が積地を出帆・離陸する貨物に適用する料率を示したもので、7 日間を超える将来の料率はその危険の性格上、表示できないことになっていた（東京海上、前掲書、150 頁）。

[45] Marsh（2012）：Joint Cargo Committee Watch List, http://usa.marsh.com/NewsInsights/ThoughtLeadership/Articles/ID/26314/Joint-Cargo-Committee-Watch-List.aspx#

[46] 例えば、日本興亜損害保険株式会社「貨物保険ニュース」http://www.nipponkoa.co.jp/catalogue/gaikou_kaijou/pdf/war_srcc_schedule.pdf や三井住友海上火災保険株式会社ホームページ http://www.ms-ins.com/marine_navi/cargo/info/warrate/index.html。貨物保険料率表には not applicable を意味する N/A という記載もあるが、これは内陸の国のことであり、海上輸送が存在しないため、適用無しとなっている。

注が付されている[47]。

5 過去の事例

(1) イラン・イラク戦争

　イラン・イラク戦争は1980年9月22日、イラク軍のイラン領侵攻によって勃発した。戦争開始以来シャトル・アラブ川流域に約70隻に及ぶ船舶が閉じ込められた。また、1984年3月27日にイラク軍機が、ギリシャ籍タンカーFILIKONLを攻撃して船舶攻撃が開始されて以来、停戦時までに被弾した船舶は総計406隻、333人の船員が死亡、317人が負傷した。このうち日本人乗組船舶の被弾は12隻であり、日本人2人が犠牲となった。

　保険料率について見ると、ペルシャ湾に就航する船舶に対する戦争保険割増料率が初めて適用されたのは、1979年7月28日からで0.02275%から、両国を巡る情勢の変化に連動して乱高下を繰り返し、87年末にはイラン・イラク周辺の水域においても0.375%の高い料率となった。1988年8月20日の停戦発効以降、ペルシャ湾水域における割増料率は徐々に引き下げられ0.0375%となり、さらに、浮遊機雷の除去作業の進展等により、1988年11月25日には0.01875%にまで引き下げられた。1989年2月10日には同水域における平穏化に伴い、イラン水域（北緯29度45分以北）およびイラク領海水域を除く全水域における割増料率の適用は撤廃されることとなった[48]。

　また、保険処理については、それまでは第4次中東戦争によって爆撃を受けた山城丸事件等直接船体等に攻撃を受けたものであったが、一定区域内に封鎖された船舶への対応が初めて求められた。1981年9月29日付で船舶所有者より保険者に対し「本船が抑留され、かつ解放される見込

---

[47] イラクのみに注が付されているが、イラクに限定されるものではないと考えられる（損害保険会社より聴取）

[48] 日本船主協会『船協海運年報1989』(1989年) 144-145頁。

がない」として委付の申出がなされた。1982年6月、ヘレニック・ウォークラブが同クラブ加入船舶の全損を決定し、保険処理の動きがみられるようになり（小谷，1982：26-28）、保険者は、出港禁止の事実により、本船は抑留という保険事故があると認められ、かつ、解放の見込もないほか、シャトル・アラブ川の掃海作業の期間が最低6か月であることから、相当の期間内に解放される見込みはないと判断し、6隻の船舶に対し、1982年末に総額約110億円の戦争保険金を支払った[49]（林田，1983：295-297）。

(2) 湾岸戦争

1990年8月2日、イラクによるクウェート北部への侵攻に始まったイラク・クウェート紛争は、クウェート全土に侵入したイラク軍が占拠をつづけ、膠着状態となったが、1991年1月17日多国籍軍による武力行使が開始された。その後同年2月28日多国籍軍が戦闘行為を停止し、3月1日イラクが国連安保理決議受諾を決定したことにより、事実上湾岸戦争は終結をみた。

保険料率を見ると、船舶戦争保険割増料率は、一時期最高で1.7％にまで上昇した[50]。また、貨物戦争危険料率を見るとラスタヌラ港のサウジの主要石油積出港の船積みレートは0.0275％の平常地域レートが、侵攻後0.1％となり、1991年1月18日には3.5％まで引き上げられた。決議受諾後の3月19日は0.05％まで落ち着いた[51]。

(3) 米国同時多発テロ

2001年9月11日に発生した米国同時多発テロは、国際的な再保険市場に深刻な打撃を与えるとともに、被害を受けた航空業界のみならず船舶や貨物の分野においても戦争保険料率の引上げが行われるなど重大な影響を与えた。事件後、テロ危険に対する保険カバーの需要は急激に増大

49　林田桂「船舶戦争保険の現状と問題点について」『損害保険論集 創立五十周年記念』（損害保険事務研究所、1983年）295-297頁。
50　日本船主協会『船協海運年報1991』（1991年）178、184-186頁。
51　桜井雄策「湾岸戦争と戦争保険Ⅱ　貨物戦争保険」『海運』767号（1991年）45頁。

したが、再保険者は、2002年の再保険特約更改時において、本リスク発生の予測困難性と巨額損害の可能性を強く懸念し、引受にあたりテロ危険の再保険条件からの除外を要求した。これに伴い、その多くを再保険に依存する世界各地の元受会社のテロ危険の引受は激減し、保険料率も高騰した。このため、その対策としていくつかの国において政府支援を前提とするテロ保険プールを創設する動きが出てきた[52][53]。

船舶戦争保険については、現行の保険契約が損害保険会社から一方的に解除され、別途割増保険料の支払いが発生する除外水域が新たに設定され、さらにその後、基本料率の引上げも行われた[54]。

また、PI保険については、テロリズムにより船舶所有者が第三者に与えたCLC上の損害・費用について、国際PIクラブがテロ免責を適用する旨回報したが、テロ免責では、CLC上の保障契約の要件を満たさない恐れがあると指摘されて撤回した。すなわち、CLC第3条2(b)で定める免

---

[52] 再保険研究会「本邦及び海外主要国における再保険の概況」損害保険事業総合研究所（2003年）172頁。

[53] 商業物件の国際テロ危険に対する米国連邦政府の財政支援が盛り込まれた再保険プールが、2002年11月26日成立の時限立法"Terrorism Risk Insurance Act of 2002"に基き設立され、時限立法は2014年12月末まで延長されている。スペインのCONSORCIOは、スペイン政府が自然災害・戦争に至らない武力行使に加えテロもカバーする。フランスは、GAREAT-国営保険会社のCaisse Centrale de Reassuranceが管理し、商工業物件の財物保険に限定したテロリズムの再保険カバーを提供している。ドイツのEXTREUSは2002年9月にドイツ政府が設立し、25億ユーロ以上の産業用建物・動産及び事業中断による喪失利益を対象として、再保険を提供している（日原勝也・川上洋二・川瀬敏明「交通分野におけるテロ日がに対する金銭的リスクマネジメントについての調査報告書」国土交通省国土交通政策研究所（2006年）3-11頁、大沢教男・竹貫征雄『再保険』（損害保険事業総合研究所、2008年）148頁）。

[54] 9月19日に損保各社は「保険契約解除・自動終了特別条項」に基づき、7日後の9月27日午前0時をもって現行の契約を解除する旨、各船社に通知した。同時に除外水域設定の連絡があり、引き続き戦争保険を継続するためには除外水域の設定等の引受条件（割増保険料の支払い等）に合意することが必要となった。さらに10月3日には、再度、10月11日午前0時より、現行の契約を解除する旨の通知が損保会社からあり、引き続き付保するためには戦争保険料の引上げに合意することが条件とされた。
　除外水域は、ペルシャ湾、アンゴラ、イスラエル、レバノン、リビア、エリトリア、ソマリア、コンゴ、リベリア、スリランカ、シエラレオネ、ユーゴスラビア、アカバ湾・紅海、イエメン、パキスタン、オマーン、シリア、アルジェリア、エジプトであった（日本船主協会、『船協海運年報2002』(2002年) 102-103頁）。

責事由として、「専ら損害をもたらすことを意図した (intent to causedamage) 第三者の作為・不作為によって生じた汚染損害」が含まれており、この免責条項の解釈如何によっては、テロ行為が油濁損害の発生を意図したものとして、当該損害が船舶所有者の責任対象から除外される可能性がないとは言えないが、過失責任を原則とする通常の不法行為と異なり、CLCは油タンカーの船舶所有者の無過失責任を原則としている関係上、免責が認められない可能性もあった。

JPI は、保険契約規定第 35 条（一般除外規定）において、組合員（その使用人、代理人を含む。）の寄与過失の有無にかかわらず、生じた損害及び費用について免責する事由として、テロリズム行為も規定しているが、テロリズム行為に該当するか否かに関し争いが生じた場合には、理事会の決定を最終のものとしている。また、CLC 等の対象で他の保険によって回収できないものについては、国際グループプール協定によるカバーの対象としており[55]、規定上は不明確であるが、JPI は 2002 年 2 月 20 日以降も従来と同様に CLC 上の賠償責任を負うとし[56]、規定はその後変更されているものの保障する運用がなされているようである。

(4) イラク戦争

2003 年 3 月 20 日午前 11 時 30 分（日本時間）、米英軍等によるイラクへの軍事攻撃が開始され、2003 年 5 月 1 日に米大統領より終結宣言がなされた。開戦と同時に海運貨物に関連する各種保険の料率が一気に上昇し、

---

[55] 2002 年には CLC 船主責任（テロリズム行為等）特別条項を新設し、CLC 上の賠償責任を負うこととし、外航タンカーの場合には、先ずタンカー船主が付保している船舶戦争保険に求償し、それを超える金額につき最大 2 億ドルを限度としててん補することとしていたが、国際 PI グループが、クラブルール上「テロリズム行為」を含めたてん補除外事由があろうとも、CLC に基づき発行された保険契約証明書や FMC（米国連邦海事委員会）へ提供された保証状のもとでグループクラブが負う責任で、他の保険より回収できないものについては、国際グループプール協定によるカバーの対象となることを明確にすることが合意されたため、特別条項は廃止された（日本船主責任相互保険組合『「CLC 船主責任（テロリズム行為等）特別条項」廃棄について」特別回報第 03-017 号（2004 年））。

[56] 2002 年 2 月 5 日 P&I 特別回報第 01-014 号。

米英によるイラク攻撃開始直後、大手損害保険各社はクウェート、イラン、サウジアラビアなどイラク周辺地域向けの貨物戦争保険の料率を平時の0.05%から約40倍の2%程度に引き上げた。船舶戦争保険の料率も最大で平時の十数倍に設定した[57]。

6 海運に関する戦争保険に係る政策的検討

　海上保険においては、戦争危険は、海上危険と異なり、基本的には免責の上特約等により復活担保されるものであり、対象地域も除外水域等が設定され、割増保険料が求められるほか、保険契約の解除や自動終了の規定も存在している。また、このように保険の免責の対象であることから、船舶所有者の責任や運送人の責任に関する国際条約においても、戦争が原因で発生した損害に対しては免責されている。

　このように戦争危険については、ある意味担保特約等によってのみ保障されるものであり、数少ない対応策である。他方、保険としてはその発生や危険の度合いが予測困難であり、かつ、一旦事故が発生すれば巨額の損害が集積して起こりうる、すなわち20年又は30年に一度に巨額の損害が発生し、その他の年にはほとんど損害がないという特色をもっていることから、毎年の収入保険料は巨損発生時の支払いに備えて積み立てておかねばならない[58]。また、戦争保険の引受けにあたっては、民営である限り一国の保険市場のみの引受けは不可能であり、我が国の損害保険業界が国際的再保険を利用して引受け能力の充実を図っていかざるをえず、国際的に通用する保険料率に影響されざるを得ない[59]。例えば、昨年の2012年以降においても、EU制裁により、ヨーロッパにおいて、再保険の引受がなされなくなったことによって、イラン産原油のタンカー輸送も影響を受け、日本も対応を迫られることとなった。このため、ま

57　LOGI-BIZ『有事のマネジメント』(ライノス・パブリケーションズ、2003年) 21頁。
58　小谷嘉須雄「イラン・イラク戦争における抑留船舶の保険処理について」『海運』第659号 (1982年) 26-28頁。
59　香川正行「船舶戦争保険の一考察」『海運』第671号 (1983年) 26-31頁。

ず、このような事態に日本政府がどのように対応したのか、2012年に公布・施行されたタンカー特措法を事例として概観することとする。

(1) 特定タンカーに係る特定賠償義務履行担保契約等に関する特別措置法

タンカー特措法成立の背景

　イラン原油の海上輸送をめぐり、EUは2012年1月23日付理事会決議2012/35に従い、2012年1月23日以降に結んだ船舶保険、貨物保険の再保険引き受けを禁止する一方、油濁事故に備えた賠償責任保険の再保険は、6月末まで制裁の適用除外としてきた。外交交渉を続けるものの、2012年7月1日以降、イラン産原油を輸送するタンカーについてEU域内の企業による再保険の引受けが禁止される可能性が生じていた。すなわち、再保険の引受が禁止される場合には、対人・対物損害については、事実上無保険となり、タンカーの運航に支障をきたすこととなるほか、油濁損害についても、保険金額が、船舶油濁損害賠償保障法で締結が義務づけられている強制保険の要件を満たさないこととなる恐れがあった。

法律の概要

　このため、タンカー特措法は、イラン産原油を輸送するタンカーの運航に伴い生ずる損害の賠償について、損害保険契約でカバーされる金額を超える金額(再保険の上限の76億ドルからJPIが引き受ける800万ドルを除した部分)を、政府がJPIに対し交付する契約(特定保険者交付金交付契約)をタンカー所有者と締結することとした。また、タンカー所有者は、政府に対し納付金(1年間で1500万円(特措法施行令第3条))を納付する。平成24年度については、保険金額の下限は再保険なしで引き受けられている保険金額である800万米ドルを、平成24年度の予算額を算出する際に使用する換算レート(1ドル=81円)を用いて本邦通貨に換算した額である6億4800万である。また、上限は同じく保険契約の保険金額の国際的な水準である約76.6億米ドルに平成24年度の予算額を算出する際に使用する換算レートを用いて本邦通貨に換算し千円単位で切り上げた額6094億6717万8000円を、担保上限金額の算定の基礎となる金額として定めている。

平成 24 年度予算においては、タンカー特措法附則第 3 条により、担保上限金額の合計額が 9 兆 1322 億 8767 万円を超えない範囲内と定めている。平成 25 年度予算以降は財務省との折衝により決定される[60]。

これにより、イラン産原油を輸送するタンカーの運航に伴い損害が生じた場合、その賠償について JPI に対し、特定保険者交付金を交付することとし、無保険状態を回避した 7 月 1 日以降も引き続きイラン産原油の我が国への輸送が可能となった[61]。

結局、EU は 6 月 25 日の外相理事会で適用除外措置を延長せず、EU 理事会規則 267/2012 の Article 11-1 (d) 及び 12 (2) の規定に従い、7 月 1 日からイラン原油を輸送するタンカーについて、EU 域内企業による再保険は禁止された。石油会社は 7 月下旬以降、タンカー特措法に基づきイラン原油輸入を開始した。保険の補償対象額を抑制するため、ペルシャ湾内を航行する VLCC を 1 隻だけに限定し、石油各社で積み期日をずらして 15 隻を順番にイランへ配船することとした[62]（日本海事新聞, 2012）。平成 24 年度においては国と海運会社との間で 13 隻のタンカーについて特定保険者交付金交付契約を締結された[63]（国土交通省 (2013)：第 5 章）。2013 年 8 月末現在、EU による制裁措置は継続している一方、日本のイラン産原油の輸入量は 2011 年度の 1800 万 kl から 2012 年度は 1100 万 kl と約 4 割減少し、全輸入量に占める割合も 8.8％から 4.8％に減少している[64]（経済産業省, 2013）。

60　法案関係者ヒアリングによる（平成 25 年 8 月 20 日）。
61　タンカー特措法は、2011 年に成立した「展覧会における美術品損害の補償に関する法律」（平成二十三年法律第十七号）を参考としている。この法律は、美術品の損害につき、政府が補償契約を締結できることを定め、優れた美術品をより多くの国民が鑑賞できるよう、国が支援するものであり、損害総額の一定部分は主催者が負担、それを超える部分を国が補償することとし、補償上限額を定め、毎年度の補償契約の締結の限度額を予算で定めている。
62　日本海事新聞「EU/ イラン原油禁輸を決定。『当面の影響は限定的』」、2012 年 6 月 21 日。
63　国土交通省海事局「平成 25 年度海事レポート」(2013 年) 第 5 章。
64　経済産業省『石油統計年報』(2013 年)。

(2) 戦争保険に係る国家再保険について

　タンカー特措法は、国が無保険状態を回避するために、既存の補償契約制度を参考に工夫して創設したものであった。他方、こうした事態を完全に克服し、長期的見地に立って保険料率の平準化を図り、安定した引受けのできる方途を講ずるためには、国営再保険の力を借りざるをえないとの意見もある[65]。4で見た通り、解除予告の有無に関わらず、英国、アメリカ、フランス、ロシア、中国のいずれかの間の戦争については、契約は自動終了となり、国営再保険に移行する制度を作らない限り、保険担保は存続しえないとの指摘もある[66]。諸外国においては国営の再保険制度を創設し、海運に係る戦争保険の last resort としての役割を果たしている一方、そのような事態になった場合、日本経済の生命線である海運が非常に不安定な状態に晒されることとなる。イラン・イラク戦争時においては、日本船主協会より運輸省に対して、損害保険協会から大蔵省に対して、国営の船舶戦争保険の再保険制度の創設について陳情が行われている[67]。

　このように、海運を巡る戦争保険に係る論点の一つとして、国家再保険制度の在り方は重要な検討課題と考えられることから、その可能性について検討することとしたい。すなわち、地震再保険等国営の再保険制度が存在する中で何故海運に関する戦争保険はその対象とされていないのか、海運に係る戦争保険が安定的に提供されるため、国家再保険は解決策の一つとして有効なのか、また、官から民へという流れの中で国家再保険はその流れに逆行するのではないか等について、検討を試みたい。

戦争保険に係る国家再保険の過去の経緯

---

[65] 香川、前掲書、30 頁。
[66] 小田達雄「国営戦争保険制度について」『海運』455 号 (1965 年) 15-21 頁。
[67] 結果においては、国営の国家再保険制度は設立されなかったものの、民間の保険事業者が船舶戦争再保険プールを創設し、イギリス等に再保険を出再するに当たっては、危険分散を図ることによって、保険料率の乱高下等を少しでも抑える努力がなされたほか、税法上の特例措置についても対応された。

まず、過去において、我が国が戦争保険に係る国家再保険を行った事例が存在することから簡単に振り返りたい。第一次世界大戦勃発に伴い、船舶、積荷に対する戦争保険料率が急騰し、わが国の貿易に重大な障害が生じてきたため、戦時海上保険補償法(大正三年九月十二日施行)に基づき、政府指示の戦争保険料率で引受けた契約について、保険会社が保険金を支払った場合は、その保険金のうち80%を政府が補償した。このような政府補償にもかかわらず、政府指定の戦争保険料率による引受に対して不安をもつ保険会社の中には、戦争保険の引受を拒絶したり、政府指示の保険料率よりも高い保険料率を要求する会社も存在したりしたことから、3年後には同法は廃止され、新たに戦時海上再保険法が施行し、政府指定の戦争保険料率による引受については、全額再保険が引き受けられ、大正9年まで存続した。

　第二次世界大戦時には、戦争の拡大とともにその料率が高騰したため、政府はこれを抑制するため1939年12月以降指示料率を決定し、この料率で引受けた契約による保険会社の損失については政府が補償する措置を採った。さらに第二次世界大戦の拡大に伴い戦争保険の英国への再保険が困難となり、1940年6月から損害保険国営再保険法に基づいて政府が全額再保険を引受けることとなった。対象船舶は、日本籍船、日本人または日本法人が借受けた外国船舶等で、政府徴用船、外固または外国人に貸渡された船舶は除かれた。

　第二次世界大戦後も、海上保険について、1955年5月31日まで国の再保険が存在した。そのうち、船舶戦争保険に関する超過損害再保険は、朝鮮動乱が始まった1950年度に導入され、同年七月三日以降政府によって引き受けられた。[68]

国家(再)保険の現状

　現在、我が国においては、民間損害保険会社が負う地震保険責任を政府が再保険し、再保険料の受入れ、管理・運用する地震再保険、林業経

---

[68] 長崎正造『船舶保険の諸問題』(損害保険企画、1980年) 70-76頁、日本船舶保険連盟15年史編集委員会『船舶保険昭和の歩み』(日本船舶保険連盟、1979年) 12、63-65頁。

営の安定等に資するため、政府が保険者となり、森林所有者からの保険料等を主な財源として、森林国営保険法に基づき、森林の火災、気象災（風害、水害、雪害、干害、凍害、潮害）及び噴火災による損害をてん補する森林保険、世界的な経済変動にかかわらず貿易・投資を安定的に行うため、利用者からの保険料を原資として、超長期で収支相償となるよう運営する貿易再保険等7つの保険又は再保険を実施している。これらは特別会計改革の基本方針に基づき、改革に向けた検討が行われている最中であるが、地震再保険については改正等は行われない。[69]

また、諸外国については、テロ等については前注53のとおりであるが、米国においては、米国籍船のうちMARADの助成金受給船ないし融資被保証船に関するものを対象に、損失補償額が1億ドルまでのものについて、連邦政府は発生した損害の90%までの補償を提供する。[70] また、特に船舶戦争保険については、例えば、英国においては、クラブが引受けた英国が関連する戦争その他の敵対行為に起因する危険（Queens Enemy Risks）については、イギリスが旗国となっている船舶の95%を政府が再保険を引受けている。[71]

検　討

まず、第一に、国家再保険の過去の事例については、第一次世界大戦中は保険料率の高騰に対応したものであったが、第二次世界大戦時及び戦後においては、日本とイギリスの差が大きい又は戦後のため海外で再保険引き受けがなされなかったために、政府が再保険を行ったという事情があり、またこの再保険は海運に関わる保険に限定されたものではないことに留意する必要がある。

次に、我が国の政府が関与している再保険の現状について見ると、貿易再保険は世界的な経済変動に対応したものであるが、それ以外の地震再保険、農業共済再保険、森林保険、漁船再保険等は、主に地震、災害

---

[69]　2013年2月27日行政改革推進会議（第1回）資料4参考資料（特別会計）
[70]　日原他、前掲書、3-4頁；日本船主責任相互保険組合「米国テロリズム保険法　最終規則について」特別回報第03-010号（2003）。
[71]　M. D. Miller (2005) *Marine War Risks*, Lloyd's of London Press: 467-475.

等異常事象による集積的巨大リスクに対応したものであり、戦争、テロのような政治的社会的巨大リスクに対応した制度は、現在は存在していない。例えば、個別的巨大リスクである原子力は、日本原子力プールを構築し、損害保険会社が共同でプール事務を行い、さらに各国の保険プール間で再保険契約が結ばれている。また、国は、原子力損害の賠償に関する法律および原子力損害賠償補償契約に関する法律に基づき、地震等に対する政府補償契約や事業者に対する無限責任に対する必要な援助を行うこととしており、再保険を引き受けるというような形態ではない。そうした観点からは、船舶保険及び外航貨物保険についても、それぞれ日本船舶保険再保険プール及び外航貨物再保険プールの下、危険の分散又は平準化のために、あらかじめ外国損害保険会社等を含む他の損害保険会社との間で共同して再保険をすることを定めておかなければ保険契約者や被保険者に著しく不利益を及ぼすおそれがあるとして、再保険約款の決定、再保険料率の決定等が行われており、原子力保険プールと同様に、独占禁止法の適用除外とされている。[72] 再保険の機能は、そもそも、①平準化されたポートフォリオを構築し、巨大災害に対する保護等保険者の事業成績を安定化すること及び②巨大リスクに対応した負担能力の超過分を補完するといった保険者の引き受け能力の補完という観点であること[73]にかんがみると、この②の観点からは国家再保険によることが必要なのか、国としての負担割合を考えると原子力やタンカー特措法のような対応も比較検討する必要があるものと思われる。

　第三に、官から民へという流れからすると、超過部分のみの再保険という考え方はあるものの、民間の損害保険会社は、船舶戦争保険についても、平時・有時を問わず、長年にわたりサービスを提供しながら、適正な引受けを行ってきていること、また、戦争等については特殊であるが、

---

[72] 公正取引委員会「保険業における競争法の適用除外制度に関する比較法的研究」(2011年) 16頁。
[73] 大谷光彦監修、トーア再保険株式会社編『再保険』日経BPコンサルティング (2011年) 1-4頁。

損害保険会社はノウハウを蓄積しており、任せるのが最も効率的であり、契約者にとっても良策であるとの指摘もあり[74][75]。ポリティカル・リスクとして、過去のスエズ動乱からイラン・イラク戦争、ソマリア沖の海賊に至るまで、国は再保険を行っていないことにもかんがみると、我が国が紛争当事者となり、日本周辺が除外水域として指定されるような事態でなければ、国自らが再保険を行うことは困難なように見受けられる。なお、国家再保険の問題については、タンカー特措法の国会審議においても議論となったが、収支相当の原則や大数の法則の観点から、国家再保険によることは難しい旨説明している[76]。

7　おわりに

以上の通り、戦争危険を中心に海運に関する戦争保険について整理し、国家再保険の可能性について検討を行った。戦争危険は、国内紛争を含む広範な概念であり、テロ・海賊等類似の事象も存在するところ、アジ

---

[74]　香川、前掲書、27頁。

[75]　美術品については、損害保険業界より民業圧迫の恐れがあるとの指摘もあったが、展覧会とは世界各地からリスクを長期にわたり集積するもので、リスク分散の観点から例外的であり、近年の我が国における展覧会全体の集積額が数千億円の規模になっていることを考えると、民間だけで保険を担うには構造的限界があるとしている。近年では、自然災害の発生による損害率上昇のため、民間保険会社が市場で再保険を手配することも困難になっているともいう（寺倉憲一「美術品の国家補償制度」『調査と情報』第691号（2010年）4頁）。

[76]　第180回国会参議院国土交通委員会平成24年06月19日吉田博美議員の国会質問に対する金融庁審議官の答弁においては、「再保険のためには二つの条件として、収支相等の原則、保険料の総額と保険金の総額が相等しくなるということ、もう一つの原則が大数の法則、多数の事例が集まると事故が発生する確率が分かり、保険料の計算が可能になるということが必要である。

　今回の事案については、まず収支相等の原則については、油濁等の事故発生の確率が極めて低い一方、事故が発生した場合には支払が巨額になるため困難である。地震保険制度のように超長期で保険料の総額と支払保険金の総額を等しくするというのも考えられるが、今回はこのような長期間のものではなく、やはり収支相等しくするということも困難である。また、大数の法則については、イラン産原油輸入タンカーの所有者が少数であるため、多数のリスク事例が集まらず、大数の法則によって事故発生確率を予測できないため、保険料の計算が困難である。」と説明している。

アだけでなく、シリア、エジプト等中東情勢も不透明な現状にあって、国際海峡を巡る情勢も不安定であり、海運に関する戦争保険の重要性は、現在においても大きな意味を有しているものと考える。無論、国家の危機管理として、戦争勃発時に国民の生命・財産・生活を守る為には、最初に、如何なる対策が必要かを検討することが必要であり、全体的な政策対応の中で保険のメカニズムをどのように活用するのか、その為には戦時に備え平時の保険はどうあるべきかの議論が不可欠と考えられる[77]。これは戦争保険にも免責事由が存在し、保険は万能ではないことからも重要である。

また、積み残された課題として、イラン・イラク戦争時のような乱高下する保険料率により積極的に対応し、危険分散を図ることがある。1996年の保険業法改正を機に設立された外航貨物保険プール、日本船舶保険再保険プールの活用は勿論のことであるが、イギリスを中心とする海外再保険市場の活用は欠かせない。しかしながら、ヨーロッパ情勢の影響を受けるという問題が依然として存在し、これに如何に対応するか引き続き検討する必要がある。現在の再保険市場は、欧米に偏在していることから、わが国の市場が再保険分野でも成長していけば、他の国の利益にもつながる[78]。日本の海事クラスターの推進の観点からは、その方策を検討することは意義があると思われるし、さらに言えば、日本だけでは難しい場合、例えば船舶関連の産業が集積しているシンガポールなどを中心に、アジア域内市場再保険機構の創設のようなアジア地域を中心とする対応が考えられる。2.3でみたようにアジアが保険市場で占める割合が高まっていることもあり、必ずしも非現実的とは言えないと思われる。現に、アジア船主がメンバーであるアジア船主フォーラムの船舶保険委員会においてもアジアにおける船舶保険市場設立可能性の検討も行われてきた[79]。そのためにも、第二に、保険商品、料率、クレーム処

---

[77] 大石正明「巨大リスクとしての戦争危険について」『保険学雑誌第』560号 (1998年) 37頁。
[78] 中出哲「わが国の海上保険の現状の課題と進むべき方向性」『海事交通研究』61号 (2012年) 3-12頁。
[79] 日本船主協会『船協 海運年報1999』(1999年) 47頁。

理などのノウハウや情報がロンドンに集まり、蓄積しているが、何故ロンドンが中心として維持し続け、そのためにイギリス政府等がどのような対応をしているのか、研究していく必要があろう[80][81]。こうした課題も含め、安定的な戦争保険のあり方について検討していくこととしたい。

謝辞：本章は日本海洋政策学会課題研究への参加を通じてまとめたものである。本研究への参加の機会を頂いたこと及び研究会において有益な指摘を頂いたことに感謝申し上げる。なお、本章をまとめるにあたってはJSPS科研費26512003及び同24121011の助成を得た。

---

80 中出、前掲書、11頁。
81 このほかにも、海賊対策の一環である、武装及び非武装の警備員と保険との関係については、IMOの船舶所有者等に対する暫定ガイダンスである「ハイリスクエリアにおける船上での民間武装警備員の使用についての船舶所有者、運航者、船長に対する改訂暫定ガイダンス」(MSC41.1/Circ.1405/Rev.2)においては、民間武装警備会社選定の基準や民間武装警備員のサービス条項における考慮事項の一つとして保険が取り上げられている。民間武装警備員の派遣から生じる責任、損失等は船舶所有者の貨物や責任保険に影響を与える恐れや民間警備会社が民間武装警備員による火器の運搬や使用等に関して保険を付保すべきこと等が指摘されている。P&I保険組合も、船舶所有者が非武装または武装警備員を船上に雇用することは、それ自体P&I保険に抵触せず、船上に非武装警備員を雇用することには反対しないとしている (Gard, Piracy and insurance, GARD News 195 (2009))。なお、ノルウェーのセキュリティー規則第21条は、船会社に対し、民間武装警備員を使用する前に、海賊に起因する責任、損失、経費または支出を補償する保険会社に通知を行うことと、個々の保険会社が要求する情報を提供することを義務付けている (野田雅夫「海賊対策―乗船武装警備員の使用 (ノルウェーの法制) (下)」『日本海事新聞』(2011年12月28日))。

索 引

【欧字】

Anti-Access/Area-Denial(A2AD) 173, 180
CDEM 規制 98
COLREG 条約 53
DWR 123
EEZ 229
EP-3 177, 196
Formosa 157
Great Barrier Reef Marine Park 海域 126
IMO 119, 122, 123, 125-127
MARPOL73/78 条約 53
MARPOL 条約附属書 55
MEH（Marine Electric Highway） 123
PI 保険 294
police control 124
PSSA 123, 126
screen formation steaming 263, 265
ships' routeing system 123, 125
SOLAS 条約 53, 59
TSS 123
zig-zagging 265

【ア行】

新たな日米防衛協力のための指針 28
アルジェリア内戦 201
アルトマーク事件 242, 243, 245, 249, 275
安全水域 119
石垣水道 179
イスラエル軍 202
一般法 183, 184
イラン・イラク戦争 24, 211, 262
イラン民間旅客機撃墜事件 207
インペカブル 177
ヴィリツキー海峡 71
ウィンブルドン号事件 251
ヴェトナム戦争 211
烏坵 157, 172, 190, 194
烏坵凹陥 169
雲彰隆起 157, 169
衛生航空機 213

択捉海峡 219
沿岸国の保護権 16, 235, 246, 247
援助施設 120
大隅海峡 233
沖縄舟状海盆 211
沖永良部島 179
沖ノ鳥島 178, 180
オックスフォード・マニュアル 31
オーランド諸島 185

【カ行】

海峡制度ニ関スル条約 184, 223
海峡中間線（海峡中線） 170, 173, 215
海峡内の公海航路 117
海峡閉鎖（closure） 206
海空戦 205
海軍のマニュアル 266
外国軍艦 178
外国軍用艦船領水港湾進入管制規則 196
外国人漁業規制法 35
外国船舶航行法 13
解釈宣言 21
海上経済戦 208
海上交通安全法 195
海上作戦の法に関する指揮官ハンドブック 237, 263
海上中立法規 164, 205, 212, 213, 215
海上保安庁法 14
海上保険 281
海上保険契約 281
海上捕獲 209, 210, 214, 228, 230, 232, 239, 251, 267
海上捕獲法 209
海戦中立条約（海戦ノ場合ニ於ケル中立国ノ権利義務ニ関スル条約） 228, 241, 250, 253
　第 2 条 275
　第 3 条 249
　第 7 条 251
　第 9 条 1 項 252
　第 10 条 242, 243, 252, 254
　第 11 条 243
　第 12 条 243

索　引　311

　　　第24条　243, 247-249
　　　第25条　249
海戦法規　164, 165, 205, 212, 215, 224, 225, 260
海賊　210
海賊行為　164
海賊罪　210
海底電線　195
害敵手段　225, 228-230, 232, 239, 267
海南島　196
海洋基本計画　13
海洋基本法　9
海洋構築物　118, 119
海洋法　212
カテガット海峡　256
カナダ軍のマニュアル　263, 264, 266, 273
カナダ北部船舶通航業務海域規則
　　　（NORDREG）81
貨物保険　294
環境保護区（MPA）55
艦隊演習　180
関門海峡　188
基隆　172, 191, 210
危険な力を内蔵する工作物及び施設　207
基線　158, 187
機能的基準　90
九（十一）段線　189
強化された無害通航権　6, 106, 107
強制水先　126
強制水先制度（mandatory pilotage system）126
漁業事件　86
漁業主体　163
漁船　206
極海コード（Polar Code）102
機雷　210, 231, 236-238, 268, 269
　　　――除去　152
　　　――掃海　26
　　　――敷設　206, 214
禁止水域　195
近接封鎖　208
金門　157, 159, 172, 174, 175, 194, 195, 209, 214
金門島　171
金門砲戦　171
空戦法規　205
国後水道　219

軍艦　220
　　　――・政府船舶　93
　　　――の免除　246, 247, 248
軍事警戒区域　174
軍事的活動　175, 176, 178, 180, 181, 212
軍事目的調査　178
群島航路帯通航権　237, 264
群島国家　191
群島水域　109, 228, 260
原子力推進艦船　196
原子力推進艦艇　207, 215
原子力発電所　207
故意かつ重大な汚染行為　111, 113
公安機関海上法執行工作規程　174
公安部辺防管理局海警勤務規程　174
行為態様別規制　15
公海　193
公海条約（公海に関する条約）220
　　　第8条1項　246
　　　第8条2項　220
公海の自由　176
公海ポケット　115, 116
攻撃型原子力潜水艦　179
航行の自由プログラム　178
航行の通常の形態　107
杭州湾　174
交戦国　224
交戦団体　201, 203
交戦団体承認　200-203, 206
交戦区域　229
航路帯　108-110, 113, 120-124
国際海峡　158, 168, 179, 181
国際海峡への進入（アプローチ）経路　193
国際海事機関（IMO）99
国際人道法　165
国際水路機関　159
国際的武力紛争　200-202, 215
国連憲章（国際連合憲章）224
　　　第2条4項　198, 199, 201
国際連盟規約　224
国際司法裁判所　27
国連海洋法条約（海洋法に関する国際連合条
　　　約）3, 162, 170, 177, 178, 181, 183-187, 190, 212,
　　　214, 215, 219

第 5 条 191
第 7 条 187, 190, 191
第 8 条 192
第 8 条 2 項 192
第 10 条 187
第 10 条 6 項 188, 189
第 17 条 233
第 19 条 2 項 51
第 19 条 2 項 (e) 号 266
第 20 条 233
第 21 条 1 項 51
第 25 条 1 項 235, 246
第 25 条 3 項 175, 192, 234-236
第 29 条 220
第 32 条 246, 248
第 34 条 165
第 34 条 1 項 41, 219
第 34 条～44 条 219
第 3 部 166, 168, 170, 184, 186, 192, 193
第 35 条 166, 167, 192
第 35 条 (a) 193, 194
第 35 条 (c) 183-187
第 36 条 158, 165, 166, 168, 179, 192, 193, 205, 214, 233, 264, 265
第 36 条海峡 167, 194
第 37 条 46
第 38 条 1 項 232, 233
第 38 条 3 項 235
第 39 条 235, 246, 265
第 39 条 1 項 (a) 号 266
第 39 条 1 項 (c) 号 170, 233, 266
第 40 条 235, 265
第 42 条 181
第 42 条 1 項 41
第 42 条 1 項 (a) 52
第 44 条 234, 235
第 45 条 165
第 45 条 1 項 46
第 45 条 1 項 (a) 及び 2 項 193
第 45 条 1 項 (b) 号 232
第 45 条 2 項 234
第 58 条 172, 175, 176
第 58 条 3 項 229
第 59 条 176
第 87 条 176
第 95 条 246, 247
第 211 条 6 項 56
第 233 条 56
第 236 条 222
第 311 条 186, 187
第 311 条 2 項 182, 183
第 311 条 3 項 182
第 311 条 5 項 183, 184
第 319 条 1 項 162
国連国際法委員会 18
国連代表権 160, 161
黒海 185
国家間武力紛争 201, 206
国家三要件 161
国家承認 160, 162
国家性 161
国共内戦 199, 202
個別的自衛権 152
コルフ海峡事件 90, 237, 245, 258, 268, 269

【サ行】

サウンド海峡 222, 255-257
三国干渉 189
三通 197
サンニコフ海峡 71
サンフランシスコ講和条約 194
残余権 176
サンレモ・マニュアル 29, 220, 221, 222, 237, 246, 264, 265, 266, 273
シーレーン防衛 152
指揮官のための海軍作戦法規便覧 22
識別義務 213, 214
自決権 204
　　──行使団体 198, 201, 205
色丹水道 219
自動触発海底水雷ノ敷設ニ関スル条約 237
ジブラルタル海峡 20, 237, 258
下関講和条約 194
集団的自衛権 25, 153, 199
ジュネーヴ海洋法会議 171
ジュネーヴ海洋法条約 260
ジュネーヴ諸条約 204, 205
　　共通第 2 条 200, 203, 204

共通第3条 202
ジュネーヴ諸条約第一追加議定書 200-205
　　　第1条4項 203, 204
　　　第26条1項 213
　　　第35条3項 207
　　　第49条3項 204, 208
　　　第55条 208
　　　第56条 207
　　　第57条2項(a)(i) 213
　　　第96条3項 203
ジュネーヴ諸条約第二追加議定書 205
　　　第15条 207
ジュネーヴ捕虜条約 202
主要五海峡 179
シュレスウィッヒ・ホルシュタイン戦争 188
商船 206, 220
商船ヲ軍艦ニ変更スルコトニ関スル条約 220
小三通 195
上空飛行 258, 259, 272-274, 276, 277
小ベルト海峡 222, 255, 256
条約法に関するウィーン条約第31条3項(b)号 276
ショカルスキー海峡 71
清 188
深喫水航路 123
新3要件 25
新南群島 194
水面防禦 225, 236
制限水域 195
西沙群島 194
正統政府 206, 214
政府船舶 221
接合説 51
接触地帯 213
接続水域 116, 118, 158, 197, 229
尖閣諸島 14
全国人民代表大会常務委員会关于批准《联合国海洋法公约》的决定 1/2
戦時禁制品 209, 226, 227, 230, 232, 239, 251, 267
戦時封鎖 206, 208-210, 213
船種別規制 15
潜水艦 169, 203, 210
潜水艦船 169, 170, 196
戦争 224

戦争危険 284
戦争区域（region of war） 229-230
船舶戦争保険 292
船舶通航業務（VTS） 99
船舶通報制度（SRS） 58, 93, 99
潜没航行 233, 257-259, 272-274, 276, 277
全面排除水域 213
戦利品 226
掃海 237
相互主義 164
宗谷海峡 233, 270, 271
測量活動 265
測量測地法 176
即時釈放 110, 114
ソ連エコーII級原子力潜水艦 179

【夕行】
第一次大戦 238, 255
第一列島線 178
対艦ミサイル 214
対抗措置 146, 164
第三次国連海洋法会議 3, 48
第二次大戦 270, 271
大ベルト海峡 222, 255, 256
大陸棚 229
大陸棚条約 175
大陸船舶 195-197
台湾海岸巡防法 194
台湾海峡 157, 233
　　──危機 170-173, 195, 199
　　──中立化 173
台湾関係法 163
台湾決議 197
台湾進攻 197, 198, 200
台湾地区及び大陸地区人民関係条例（臺灣地區與大陸地區人民關係條例） 197
台湾灘 157
台湾排他的経済水域法 181
台湾防空ミサイル演習 209
台湾防空ミサイル演習着弾水域 217
台湾領海法 180-182, 189, 191, 192, 196
ダーダネルス海峡 222
種子島海峡 219
拿捕 226, 246, 248, 249, 251, 252, 267

多楽水道 219
多良間島 179
短距離弾道ミサイル 210
中華人民共和国海上交通安全法 195
中華人民共和国政府关于中華人民共和国領海基线的声明 190
中華人民共和国专属经济区和大陆架法 176
中華人民共和国測绘法 177
中華人民共和國政府關於領海的聲明 171
中華人民共和國領海及毗連区法 177
中華民國憲法（1947年）199
中華民國專屬經濟水域及大陸礁層法 181
中華民國領海及鄰接區法 175
中国一国論 159, 160, 198, 203, 215
中国弾道ミサイル着弾円形水域 217
中国排他的経済水域法 176, 177, 189
中国明級ディーゼル電池潜水艦 179
中国領海宣言 170, 188, 195
中国領海法 190, 196
中台関係 159
中台直通航路 197
中台武力紛争 199, 202, 204
中台民間直通航空路 174
中台黙約 182
中菲海道通行協定暨農漁業合作備忘録 164
中立違反 242, 243
中立義務 203
中立港到達遮断 209
中立国 206, 224, 211
中立侵害 242, 243
中立法 206
中立法規 224, 240, 242, 260, 261
長射程誘導兵器 215
朝鮮戦争 173
釣魚臺列嶼 191
釣魚島 190
調査活動 265
直線基線 69, 83, 159, 167, 187, 190-192, 195, 214
地理の基準 90
沈石封鎖 231
ツアプセ 202
通過通航 106-110, 112, 115, 117, 120, 121, 124, 127, 158, 181, 257
通過通航権 5, 88, 108, 111, 112, 179, 219, 233, 235, 259-264, 271, 272, 274, 276
通過通航制度 8, 41, 158, 166, 168, 181, 185, 186, 192, 193, 205, 214
通航許可制 93
通常の航行のための航路 109
津軽海峡 233, 270, 271
対馬海峡東水道 179, 233
停止されない無害通航制度 42, 48
停止できない無害通航権 232, 235, 257, 259, 264, 265, 272
低潮線 158, 191
ティラン海峡 232
デーヴィス海峡 167
敵性 226, 239
敵対行為 225, 274, 276
適当な執行措置 110, 111
デンマーク海峡 222, 223
動員戡乱時期 200
動員戡乱時期臨時條款 199, 200
東沙諸島 189, 197
東山島 173
トカラ海峡 219
特定海域 10
特別な (sui generis) 水域 116
特別敏感水域 (PSSA) 55, 126
特別法 183, 184
ドミトリー・ラプテフ海峡 71
トリーキャニオン事件 53
トルコ海峡 185, 222, 223, 252
ドレーク海峡 167
トレス海峡 39, 61, 126, 127, 166

【ナ行】
内海 188
内水 228
内戦 206
南海政策綱領 189
南北戦争 208
ニカラグア事件判決 27
日米安保条約 179
日露戦争 238, 249, 270
日清戦争 188
日中民間漁業協定 174
入域禁止措置 60

索引 315

根室海峡 219
ノルマンディー 211

【ハ行】
ハーグ国際法典編纂会議 18,43
ハーグ自動触発水雷敷設条約 211
ハーグ諸条約 204
ハーグ第7条約 220
ハーグ第8条約 237,270
ハーグ第13条約 241
　第10条 241
排除水域 210
排他的経済水域 158, 172, 175, 176, 180, 181, 212, 229
バシー海峡 182, 211
バシー海峡漁船航路帯通航に関する協定及び農漁業協力に関する覚書 164
八二三砲戦 171
漢級原子力潜水艦 179
漢級潜水艦 180
反国家分裂法 200
反徒 203, 206, 210
半閉鎖海 149
非核三原則 11, 179
東シナ海 157, 179
非国際的武力紛争 200-202, 205, 206, 211, 215
非中立的役務 227, 232, 267
氷結水域 66
非領海囲饒水域 115, 117
非領水回廊 158
非領水中央回廊 158, 170, 175, 186, 187, 193
封鎖 151, 214, 227, 230, 231, 239, 267
封鎖線 208
フォークランド（マルビナス）戦争 207, 211, 213, 215
フォンセカ湾 188
付随的環境損害 207
付随的損害 207, 208
武力行使違法化 224, 225
武力による威嚇 198
武力不行使原則 198
武力紛争 200, 224
武力紛争法 165
豊後水道 188

分離説 50, 57
分離通航帯 108-110, 113, 120-124, 141
米海軍のマニュアル 273
米華相互援助条約 197
米華相互防衛条約 173, 196
閉鎖海 149
平時封鎖 208
米巡洋艦ヴィンセンス 207
米ソ公海事故防止協定 148
米ソ無害通航統一解釈 180
米中関係正常化 170, 173
米中共同コミュニュケ 198
ペルシャ（アラビア）湾 129, 149
便宜置籍船 197
防禦海面 236-239, 270, 271
防禦海面令 271
防空識別圏 179
防空ミサイル 214
防空ミサイル演習 171
澎湖諸島 157, 171, 174, 187, 189, 191, 194, 197
澎湖水道 157, 159, 169, 191, 192, 214
放射能汚染 207
法上（de jure）の戦争 201
ボウディッチ 176
ポーク海峡 188
捕獲審検所 226
北西航路 66, 180
保護権 124
補助艦 221
ボスニア湾 185
ボスポラス海峡 222
渤海湾 174, 188
北海航路 66
北極海域汚染防止法 79
北極海航路 39
北極海航路の通航に関する規則 82
北極評議会 74
北方三島 171, 191
ボニファシオ海峡 39
捕虜 202, 226, 243, 244
ホルムズ海峡 i, 20, 231, 232, 262
本土と島からなる海峡 193

【マ行】

マラッカ海峡 20
ミサイル演習 171-173, 198
水先 125
水先案内 122, 123, 125, 126, 255, 271
水先案内制度 61, 93
南シナ海 189
民間協定 164
民間航空機 206
民族（人民）自決権行使団体 203
民用物 207
無害通航 158, 196, 245
無害通航規則の統一解釈に関する共同声明（米ソ統一解釈）17
無害通航権 13, 50, 88, 197, 232, 234, 235, 259, 264, 265, 272, 274, 275
無害通航制度 192
無線周波数の聴取 108
メッシーナ海峡 107, 127, 232, 256
メッシーナ例外 107, 232
目標識別 210, 213
　　──義務 215
モザンビーク海峡 168
モントルー条約 39, 184, 185, 223, 252

【ヤ・ラ・ワ行】

U型線 189
容認義務 209, 213
抑留 246, 248, 249, 250
余裕水深（under-keel clearance requirement, UKC）122, 123
陸戦中立条約（陸戦ノ場合ニ於ケル中立国及中立人ノ権利義務ニ関スル条約）242
第10条1項 249
琉球海溝 157
琉球嶼 191
琉球諸島 210
領域主権 240
領域使用の管理責任 240
領海 228
領海沿岸国の保護権 248
領海条約（領海及び接続水域に関する条約）5, 18, 116, 190, 234
　第5条2項 193
　第14条5項 51
　第16条1項 246
　第16条4項 44, 46, 219, 234
　第17条 51
領海宣言（1958年）190
領海法（中国、1992年）191, 195
　第2条 195
領海法（日本、1977年）7, 34, 105
領海法附則 179
領水 188
両用戦演習 172
緑島 191
臨検捜索 226-228, 230, 242, 243, 246, 248, 249
歴史的権利 189
歴史的水域 84, 188-190
歴史的湾 188, 189
レバノン危機 171
ロンドン宣言 27, 209, 226, 231
　第18条 231, 232
湾口閉鎖線 187, 190

執筆者紹介 (執筆順)

坂元　茂樹 (同志社大学法学部教授)　編著者、第 1 章
　奥付編著者紹介参照。

石井　由梨佳 (防衛大学校専任講師)　第 2 章
　主要著作：「公海と排他的経済水域における「上空飛行の自由」の意義：防空識別圏を巡る実行を中心に」『国際安全保障』42 巻 (2014 年)、「国際刑事裁判所と戦争犯罪——ルバンガ事件判決の評価を中心に」『国際法研究』2 巻 (2014 年)、「国際法上の海賊行為」鶴田順編著『海賊対処法の研究』(有信堂高文社、2015 年近刊予定)。

西本　健太郎 (東北大学大学院法学研究科准教授)　第 3 章
　主要著作：「海洋管轄権の歴史的展開 (一) ～ (六・完)」『国家学会雑誌』125 巻 5・6 号 (2012 年) ～ 126 巻 3・4 号 (2013 年)。

奥脇　直也 (明治大学法科大学院教授)　第 4 章
　主要著作：「捕鯨裁判の教訓：国際協力義務との関係において」『日本海洋政策学会誌』第 4 号 (2014 年)、「協力義務の遵守について」——『協力の国際法』の新たな展開」江藤淳一編『国際法学の諸相』(信山社、2015 年)、「国連海洋法条約における協力義務——情報の収集・提供・共有の義務を中心として」柳井俊二・村瀬信也編『国際法の実践』(信山社、2015 年)。

中谷　和弘 (東京大学大学院法学政治学研究科教授)　第 5 章
　主要著作：『国際法　第 2 版』(共著、有斐閣、2011 年)、『ロースクール国際法読本』(信山社、2013 年)、「サイバー攻撃と国際法」岩沢雄司・中谷和弘編『国際法研究』3 号 (信山社、2015 年)。

真山　全 (大阪大学大学院国際公共政策研究科教授)　第 6 章
　主要著作："The Influence of the Straits Transit Regime on the Law of Neutrality at Sea," *Ocean Development and International Law*, Vol.26 (1995), Issue 1.「震災と外国軍隊——東日本大震災及び東京電力福島第一原子力発電所事故における米軍及び他の外国軍隊の救援活動の国際法的検討」初川満編『緊急事態の法的コントロール——大震災を例として』(信山社、2013 年)、「侵略犯罪に関する国際刑事裁判所規程カンパラ改正——平和及び安全の維持制度の不完全性と selective justice——」『国際法外交雑誌』第 114 巻、第 2 号 (2015 年)。

和仁　健太郎（大阪大学大学院国際公共政策研究科准教授）　第 7 章
　主要著作：『伝統的中立制度の法的性格――戦争に巻き込まれない権利とその条件』（東京大学出版会、2010 年）、「海上捕獲法の正当化根拠――ロンドン宣言（1909 年）以前の学説・国家実行の検討」『国際法外交雑誌』113 巻 4 号、2015 年。「国際法における"unit self-defense"の法的性質と意義」『阪大法学』65 巻 1 号、2015 年。

長谷　知治（東京大学公共政策大学院客員研究員）　第 8 章
　主要著作：「環境に優しい交通の担い手としての内航海運・フェリーに係る規制の在り方について――カボタージュ規制と環境対策を中心に」『海事交通研究』59 号（2010 年）、「自動車グリーン税制を中心とした自動車環境対策の政策決定過程と政策変容」『公共政策研究』第 11 号（2011 年）、「国内海運に係る輸送の安全確保について：組織安全マネジメントの活用」『日本海洋政策学会誌』第 4 号（2014 年）。

編著者紹介

坂元　茂樹（さかもと　しげき）

同志社大学法学部教授。法学博士。

主著：『条約法の理論と実際』東信堂（2004年）、『講座国際人権法1〜4』（共編著）信山社（2006年、2011年）、『国際立法の最前線』（編著）有信堂高文社（2009年）、『現代国際法の思想と構造Ⅰ・Ⅱ』（共編著）東信堂（2012年）、『普遍的国際社会への法の挑戦』（共編著）信山社（2014年）など。

国際海峡

2015年10月1日　初　版第1刷発行　　　　　　　　　　〔検印省略〕

定価はカバーに表示してあります。

編著者Ⓒ坂元茂樹／発行者　下田勝司　　　　　　　印刷・製本／中央精版印刷

東京都文京区向丘1-20-6　　郵便振替 00110-6-37828

〒113-0023　TEL (03)3818-5521　FAX (03)3818-5514

発行所　株式会社 東信堂

Published by TOSHINDO PUBLISHING CO., LTD.

1-20-6, Mukougaoka, Bunkyo-ku, Tokyo, 113-0023, Japan

E-mail : tk203444@fsinet.or.jp　http://www.toshindo-pub.com

ISBN978-4-7989-1315-5　C3032　Ⓒ SAKAMOTO, Shigeki

東信堂

国際法新講〔上〕〔下〕	田畑茂二郎	〔上〕二九〇〇円 〔下〕二七〇〇円
ベーシック条約集 二〇二五年版	編集代表 田中・薬師寺・坂元	二六〇〇円
ハンディ条約集	編集代表 松井芳郎	一六〇〇円
国際環境条約・資料集	編集 松井・富岡・田中・薬師寺・坂元・高村・西村	八六〇〇円
国際人権条約・宣言集〔第3版〕	編集代表 松井芳郎	三八〇〇円
国際機構条約・資料集〔第2版〕	編集代表 香西・安藤・小畑・徳川	三三〇〇円
判例国際法〔第2版〕	編集代表 松井芳郎	三八〇〇円
国際法	松井芳郎	三八〇〇円
国際環境法の基本原則	松井芳郎	三八〇〇円
国際民事訴訟法・国際私法論集	高桑昭	六五〇〇円
国際機構法の研究	中村道	八六〇〇円
国際海峡	坂元茂樹編著	四六〇〇円
条約法の理論と実際	坂元茂樹	四二〇〇円
国際立法──国際法の法源論	村瀬信也	六八〇〇円
日中戦後賠償と国際法	浅田正彦	五二〇〇円
21世紀の国際法秩序──ポスト・ウェストファリアの展望 市民のための国際法入門〔第3版〕	浅田正彦編著	二九〇〇円
国際法から世界を見る──市民のための国際法入門〔第3版〕	松井芳郎	二八〇〇円
国際法／はじめて学ぶ人のための〔新訂版〕	大沼保昭	三六〇〇円
小田滋・回想の海洋法	小田滋	四八〇〇円
小田滋・回想の法学研究	小田滋	七六〇〇円
国際法と共に歩んだ六〇年──学者として裁判官として	小田滋	六八〇〇円
国際法学の地平──歴史、理論、実証	寺谷広司編著	六八〇〇円
核兵器のない世界へ──理想への現実的アプローチ	中川淳司編著	二三〇〇円
軍縮問題入門〔第4版〕	黒澤満編著	二五〇〇円
ワークアウト国際人権法	黒澤満	三〇〇〇円
難民問題と『連帯』──EUのダブリン・システムと地域保護プログラム 人権を理解するために	W・ベネデック編 中坂・徳川編訳	二八〇〇円
難民問題のグローバル・ガバナンス	中坂恵美子	二八〇〇円
	中山裕美	三二〇〇円

〒113-0023 東京都文京区向丘1-20-6　TEL 03-3818-5521　FAX 03-3818-5514　振替 00110-6-37828
Email tk203444@fsinet.or.jp　URL:http://www.toshindo-pub.com/
※定価：表示価格（本体）＋税